云南里山乡彝族语言使用现状及其演变

The *Status Quo* and Evolution of Language Use of the Yunnan Lishan Yi Nationality

戴庆厦　主编

Edited by

Dai Qingxia

作者　戴庆厦　田　静　金海月
　　　时　建　赵　敏　崔　霞

Authors　Dai Qingxia　Tian Jing　Jin Haiyue
　　　　Shi Jian　Zhao Min　Cui Xia

商務印書館

The Commercial Press

2009年·北京

图书在版编目(CIP)数据

云南里山乡彝族语言使用现状及其演变/戴庆厦主编.
—北京:商务印书馆,2009
(新时期中国少数民族语言使用情况研究丛书)
ISBN 978-7-100-06536-8

Ⅰ.云… Ⅱ.戴… Ⅲ.①彝语—使用—研究—通海县 ②汉语—使用—研究—通海县 Ⅳ.H217 H1

中国版本图书馆 CIP 数据核字(2009)第 015270 号

YÚNNÁN LĬSHĀNXIĀNG YÍZÚ YŬYÁN SHĬYÒNG XIÀNZHUÀNG JÍQÍ YĂNBIÀN

云南里山乡彝族语言使用现状及其演变

戴庆厦 主编

商务印书馆出版
(北京王府井大街36号 邮政编码 100710)
商务印书馆发行
北京瑞古冠中印刷厂印刷
ISBN 978-7-100-06536-8

2009年8月第1版 开本 787×1092 1/16
2009年8月北京第1次印刷 印张 19½ 插页 6

定价:45.00元

课题组成员在里山乡政府前合影（前排从左到右：崔霞、田静老师、戴庆厦教授、赵敏、金海月老师；后排右一：时建老师）

目　　录

Contents

第一章 绪 论

本章主要介绍开题缘由、云南里山彝族的概况以及调查方案的制订等几个问题，目的在于帮助读者更好地理解全书所要论述的内容。

第一节 开题缘由

语言国情调查研究，是对语言使用的现状进行调查与分析，对语言的发展、演变作出理性、科学预测与判定的一门科学。它有助于语言学、民族学、人类学、社会学等学科理论研究的拓展与深化，还有助于国家民族政策及语言政策的制订。

里山彝语属于彝语南部方言"石建"（石屏—建水）次方言，主要分布于云南省通海县里山彝族民族乡，使用人口近四千人。里山彝族乡周围地区，多为汉语西南官话使用区，里山彝语处在汉语区的包围之中。将里山彝语作为个案，研究其使用特点以及演变的规律，对语言使用规律、双语关系和语言接触的研究，都具有一定的理论意义和实用价值。

国内外语言学界对里山彝语使用情况和结构特点的研究，仍属空白，是一块未被认识的"荒地"，存在许多有价值的课题。比如，受到强势语言汉语长期、持续的影响，里山彝语的使用现状究竟呈现何种面貌？里山多数彝族为什么能保留使用自己的母语，为什么有的地区已转用汉语，其内在和外在的因素是什么？里山彝族的全民双语是如何实现的？诸如此类的问题摆在我们的面前，值得我们作深入的调查、思考与分析。

改革开放二十多年以来，原本较为闭塞的里山彝乡已逐步走向开放，外来人员前来从事商贸活动或加工制造业的日渐增多，本乡本土的百姓外出务工、求学的也越来越多。在这种形势下，部分青少年的母语能力呈下降态势。那么，这种语言能力的"下滑"具体表现在哪些方面？青少年的"语言空档"能否于成年之后得到一定程度的补足？这些问题值得深入探究，也都是本书所要关注的重要内容。

里山彝族与周围汉族的交往历史久远。改革开放以来彝族与汉族的关系更为密切，里山彝语与当地汉语、普通话之间的接触更为频繁。在与汉语接触的大背景下，里山彝语的语音、词汇和语法方面受到哪些影响？在语言借贷的动态过程中，内部机制与外在因素的作用有何不同？这也是语言国情调查所必须回答的问题。

鉴于上述存在的问题，我们中央民族大学"985 工程"创新基地组成"里山彝语的使用现状及其演变”调查组，于 2007 年 7 月至 8 月在云南省通海县里山彝族民族乡进行了为期一个月的田野调查。调查组一行六人，深入彝寨入户调查，进行访谈和记录。在当地干部、群众的大力支持与协助下，获得了大量的第一手材料，形成了有关里山彝语使用方面的一些认识。我们希望这些亲自调查的材料，能够为国家新时期民族问题的解决与民族语文政策的制订，提供有益的参考。我们也希望通过这次调查能够深化、拓展对语言接触理论的认识，同时为本地区双语教学的深入开展提供一定的帮助。

第二节　里山彝族概况

彝族是我国西南地区历史悠久的少数民族之一，主要分布于四川、云南、贵州和广西四个省份。在东南亚、南亚等与我国接壤的一些国家与地区，也有部分彝族分布。在云南，彝族是人口最多的一个少数民族，共有 416 万余人（2005 年），占全国彝族总人口的 62.1%。云南彝族分布于澜沧江以西的绝大多数县（自治县）、市。其中，楚雄彝族自治州、红河哈尼族彝族自治州、玉溪市是彝族分布最集中的三个地区。云南彝族的主要支系有聂苏、纳苏、勒苏、车苏、阿哲、罗罗、罗卧、阿细等，各支系的自称和他称多达数十种，且自称和他称之间也互有交叉。里山彝族属于聂苏支系。

一、人口分布与自然环境

里山乡下辖 4 个彝族村委会（里山、大黑冲、象平和芭蕉）和 2 个汉族村委会（五山、中铺），共有 41 个自然村，44 个村民小组。2005 年底全乡总人口为 8320 人，人口密度为每平方公里 83 人，人口自然增长率 5.78‰，总农户数 2092 户，农业人口 8082 人，机关 150 户，人口 258 人。

里山乡彝族的分布总体上呈“大杂居，小聚居”的态势。里山乡的主体民族为汉族和彝族，另有哈尼、拉祜、蒙古、傣、回、白等 6 个少数民族，多为外乡或者外地的嫁入者或入赘者。汉族人口 4220 人，占全乡总人口的 50.7%；彝族 3894 人，占 46.8%；其他少数民族 206 人，仅占 2.5%。如图 1－1：

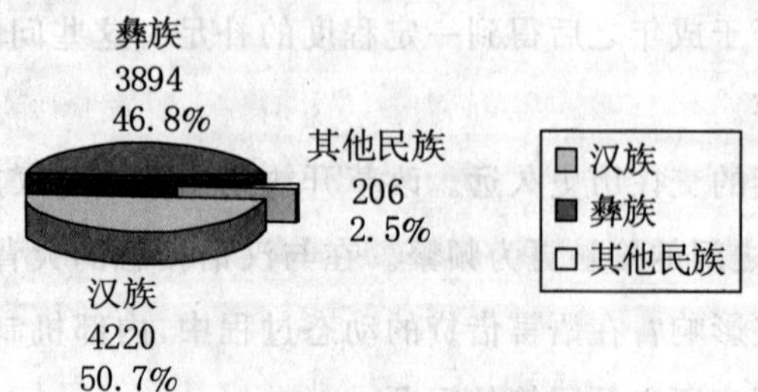

图 1－1

里山彝族民族乡地处云南省玉溪市通海县南端，位于东经102°6′，北纬24°0′，总面积为100.01平方公里，南北长9公里，东西宽18.5公里。里山乡东接杨广镇与华宁县，西连九街镇，南与高大乡和建水县曲江镇毗邻，北与秀山镇接壤，距通海县城仅5公里。修建于上世纪50年代中期的“建—通”（“建水”至“通海”）省道以及2004年开通的“建—通”高速公路贯穿全境。

里山彝族多居于山区与半山区。“山高、箐深、水冷”是对其自然景观的最为简约的概括。区内山峦起伏，最高海拔2227米（辣麻子箐石归心），最低海拔1680米（象平村三家沟底）。属于哀牢山系的龙凤山俊秀巍峨，贯穿全区。彝区之内沟壑、山涧纵横交错，旱季干涸时节人马尚可通行，雨季来临则山洪恣肆。境内溪流广布，除了属于珠江水系、西江水系的库南河、白木箐等较大的河流外，另有数不清的山涧小溪与河汊沟渠。此外，附近还有抚仙湖、星云湖和阳宗海等众多湖泊拱卫。

彝族地区四季差异不甚明显，可大致分为旱、雨两季，降雨集中在5—10月，年降雨量通常在800—1200毫米之间。一年中最低气温出现在1月，最高气温在8月，平均气温15.2℃，无霜期平均为230天，属较典型的中亚热带高原季风气候。温暖的气候，肥沃的土地，充足的水源，茂密的森林，这些条件都为彝族的生存繁衍及发展创造了有利条件。

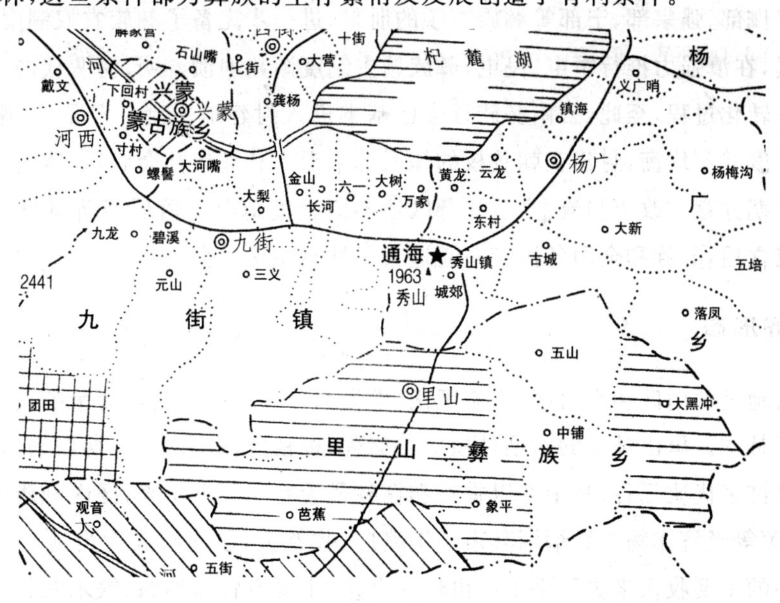

图1-2

里山彝族喜好于依山傍田、林木环绕的向阳地带建村立寨，通常30—40户人家即可聚落为村。也有一些为百余户聚成的大型村寨。居室建筑主要有土掌房、尖顶草屋、瓦房等三种类型。土掌房结构简陋，屋内以木立柱，四壁多为土坯夯实而成。简单的土掌房多为单层单间，多依山而建；高级一些的土掌房一般是二层结构，有封闭庭院，中间留有天井。尖顶草屋为单层单间，多以土坯或毛石筑墙，屋顶铺以茅草。彝族地区的瓦房一般是土木结构的二层楼房，式样以正三两耳或者正三四耳的庭院建筑为多。彝家堂屋之内多设有火塘，塘火终年不熄，主要为取暖、照明、炖煮食物之用。建国以后，特别是上世纪 80 年代以来，彝族的居住条件得到较大的改善。如今，尖顶草屋早已弃用，土掌房被砖混结构的现代建筑所替代。

二、历史渊源

彝族为北下氐羌族群与南方土著部落长期文化交融的结合体，是一个具有悠久历史的民族。至今已有两千多年文字记载的历史。在汉文文献中，彝族先民秦汉时期即有“昆明”之谓；两汉、魏晋称彝族为“叟”；唐、宋时期为“乌蛮”；元、明、清至民国多称“倮倮”；中华人民共和国成立后，经过民族识别，并根据广大彝族人民的共同意愿，以“彝”作为统一的民族称谓。

根据现存的一些图腾遗迹进行推断和部分史料记载，在远古时代，彝族先民经历了漫长的以母权制为主要特征的原始公社经济形态，而后进入以生产资料私有为特征的彝族父系社会。至 31 世祖笃慕时，由于世居地洪水泛滥，部落首领笃慕遂率彝族先人从金沙江一带向南迁徙，最后来到现今云南境内。其中的一部进入了滇南今红河哈尼彝族自治州的石屏、建水一带。里山彝族大多就是在距今四五百年前陆续由石屏、建水等县相继迁入汇聚而成的。根据部分里山彝族村民家谱的记载，现今里山乡芭蕉村委会的龙、普等姓多可追溯至石屏的龙朋、哨冲等地。

公元 8 世纪南诏国强势崛起，在滇彝族多被纳入南诏国奴隶制部族体系中。继起的大理政权通过对罗伽部、强宗部、宁部等彝族首领的册封，进一步完备了彝族农奴制度。南宋末年，元军大举入滇，在滇强力推行军屯、民屯，彝族领主制度渐趋崩溃。明、清两代的“改土归流”进一步加速这一转化过程，至此，云南彝族社会已基本进入封建地主制。但是，云南彝族封建地主制的发展程度并不均衡，封建王朝政权的体系远未深入到彝族社会底层，因而不同层次的经济制度得以长期并存，“改土归流”之后的彝区还不同程度地存有落后经济制度的残留。中华人民共和国成立后，彝族和全国各民族一起进入了社会主义社会。

三、经济形态

里山彝族地处的山区和半山区，土质肥沃，雨量充沛。这里生长着大量的松树、柏树、杉树和金竹等经济林木。里山彝乡的水稻种植历史悠久，种植区域广泛。长期以来，勤劳智慧的彝族人民培育出许多优质稻谷，其中尤以香谷和糯谷最为有名。近年来，区内彝族还广泛种植烟草、水果和蔬菜等经济作物。烤烟因其市场销路广、收益大，已逐渐成为当地支柱型的经济作物和彝族百姓的重要收入来源。手工业也较为发达，主要有竹器编织、铁木农具打制、酿酒、烧炭、制陶等，其中竹制品和包谷酒不仅畅销于周边县、市，甚至远销至昆明、南宁等省会城市。在彝族所处的半山区缓坡地带，还分布着成片的天然草场。肥美的草料和充沛的水源为山羊、黄牛、水牛等牲畜的放养提供了优良的自然条件。如今的里山乡，已全面实现了村村通水、通电、通公路，电视、电话、手机已基本普及，摩托车、微型汽车也已开始进入了寻常百姓家。

四、传统文化

1. 宗教信仰 里山彝族过去普遍信仰万物有灵的原始宗教。原始宗教主要有图腾崇拜、自然崇拜和祖先崇拜。作为母系氏族社会的产物,图腾崇拜将自然物奉为亲族和祖宗。在彝族的灵异世界中,每一个姓氏或宗族都有图腾传说,只要图腾一致,就可找到拥有共同祖先的语言。宗教活动的核心人物是毕摩(又称"贝玛"、"白马")。作为本民族的通灵者,毕摩的主要职能是祭祀和占卜,此外,还兼通医术、历史典故和彝文。如今,里山的毕摩主要从事的是一些丧葬、开路祭祀之类的宗教活动。彝族的原始宗教还有许多自然崇拜的性质,如祭龙山、祭密林、祭天、立夏求雨等。这些原始宗教崇拜又多与农业生产有关,如六月初六祭山神、七月十三接祖、七月十四祭天,等等。明清以降,随着汉族的大举南迁,儒教、道教、佛教等对彝族原始宗教有所渗透。在云南彝区,尤其是那些与汉族杂居的地域,普遍供奉有玉皇大帝和观音娘娘,尊崇孔夫子和关公也多为彝人接受与认可。在里山乡的芭蕉村、象平村等彝寨的公房中,至今仍供奉着佛祖和观音娘娘。村民逢年过节、婚丧嫁娶,都要前来参拜,祈愿风调雨顺、家庭和睦、六畜兴旺。

2. 饮食习惯 里山彝族早先多食用苞谷、荞麦、马铃薯等杂粮。随着稻谷的普遍种植以及产量的提高,目前彝区以稻米为主食,副食多为肉类、鱼类和蔬菜等。酸辣咸菜色味俱佳,回味长久,是彝族的特色菜肴。大块肉,又称盖碗肉,是彝家节庆时餐桌上的必备佳肴。彝族成年男子普遍喜烟好酒,常以水烟筒吸食毛烟,饮用自酿的低度苞谷酒。彝族民风纯朴,热情好客,凡有客人造访,必邀约至堂屋的正方入座,以鸡鸭鱼肉和自家熬制的白酒盛情款待。彝族老乡喜饮毛绿茶,有的也常采集些具有消火、解暑功用的香芝麻叶作为饮料。

3. 民族服饰 里山彝族传统服饰多姿多彩,具有鲜明的民族特色。男子一般上着白色衬衣,外罩黑色京绒小褂,小褂上两排银币作扣,再配以花腰带,显得精神俊朗。民国后,男子服饰逐步改变,如今除少数老年人仍身着本民族传统服装,青壮年男子服饰多与周边汉族无异。彝家妇女通常在内衣和外衣的领口、袖管、衣襟处镶以花边,再外加银链。围腰则多以青布为底,中间绣制各种花边图案。"三道红"是当地妇女的特色头饰。姑娘头发梳成两辫,配以假发绕顶,扎四道红色头绳,再以青纱罩住头发,露出四道红线于脑后。婚后妇女则两辫合一,改扎三道红头绳,余下与姑娘时相同,因此有"三道红"之名。彝族女性的饰品均以银器为主,有项链、手镯、耳环、银铃等。里山彝族的姑娘和年轻媳妇还喜爱一种线绒头巾,这种头巾佩戴方便,色彩鲜艳而又不失雅致。现今,彝族妇女的服饰基本趋于时装化,但逢年过节仍喜爱穿着本民族的传统服装。

4. 婚姻习俗 里山彝族婚姻习俗与汉族同中有异,饶有趣味。早先的青年男女在婚姻方面多不能自主,双方须经父母首肯,推出生辰八字后,才可成婚。成婚当日,新人在鼓乐唢呐相伴下,经由毕摩或本族长辈老人唱诵喜歌,手撒五谷和铜钱之后,行天地拜谒之礼,双双进入洞房。里山彝族闹新房俗称"摇鸡头"。新婚之夜,新娘、新郎与亲朋好友围坐桌旁,将鸡头放入两个相扣的大小碗内晃动,稍后揭开小碗,鸡头所指方向即为被罚饮酒者。在里山芭蕉等村寨,新婚的第二夜盛行"闹洗脚水"。新娘事先备好洗脚水,先伺候公婆,以示孝敬与尊重之义。然后端水邀请亲朋好友洗脚,有生性顽皮的青年常会趁乱抓些黑灰或烟锅子等放入盆中,或者干脆涂抹于脚底，将洗脚水弄脏，让新娘频繁换水，以此试探新人是否具有隐忍勤劳的品德。在所有的传统婚俗中，最为独特的当属“不坐家”。新娘过门后的第三天就将箱柜锁好返回娘家，只有逢年过节、春种秋收之时，才由新郎接回。如今，里山彝族的一些特有婚俗已日渐式微，“不坐家”之类的风俗已不再流行。

5．丧葬礼仪　里山彝族历史上盛行火葬，至明代中叶才改兴土葬。丧葬仪式举行时，毕摩吟诵《鲁西则》、《阿松黑》、《则依则夺书》、《指路经》和《送魂书》等彝族古老经文，给亡者指路，使他们能够循着先辈迁徙而来的路线，返回到祖先生息的远方。按彝族的风俗，出殡时一定要事先择定吉日，由毕摩高呼：“活的出来，死的入土。”待爆竹燃放，唢呐吹响，棺木才能入土。现在，里山芭蕉村委会仍有两位毕摩能够吟诵《指路经》，但对吟咏内容往往不知所云。在里山的一些村寨，早先还有夭亡、暴毙者不得埋入祖坟的“家法祖训”。如今，里山彝族传统繁琐的丧葬礼仪已趋于简便，一些“家法祖训”也失去了往日的效力。

6．传统节日　里山彝族的传统节日丰富多彩而又颇具特色。按照是否原生，节日可大致分为两类：一为与汉族共有的，比如春节、清明节、端午节、中秋节、元宵节等；一为本民族原生的，比如祭龙、祭山神、祭沟头、祭沟尾、做青苗会、火把节等。其中，最为著名的当属祭龙节和火把节。祭龙节是彝族的重要节日，时间多安排在农历二月初一或初二的属龙之日。同云南各地彝族一样，里山彝寨都有世代公认的“龙山”和“龙树”。祭龙时要公推出一位60岁以上、声望显赫的男性长者作为主持。先到“龙山”（或“龙林”）去“请龙”，取来“龙蛋”，然后举行盛大仪式清扫“龙树”。祭龙后的两、三天内，各家各户的亲朋好友欢聚一堂，杀鸡宰鹅，对“龙树”进行祭奠，祈求春霖普降，五谷丰登，六畜兴旺。及至晚间，篝火点燃，全寨男女老幼相聚一处，饮酒纵歌，酒宴酣畅，往往会一直持续到深夜。火把节是里山彝族最为隆重的节日。每年农历六月二十四日的前后三天，除个别村寨外，里山彝乡的男女老少都要身穿节日盛装，举办摔跤、斗牛、跳乐等大型传统演艺活动。入夜，村寨中先点燃巨型火炬，各家各户都拿出自备的小火把。几个青壮年将火炬高高举起，围绕着房前屋后、田间地头巡游，为首的高声诵念：“火把火把秋，谷子几大秋，火把火把灼，谷子几大箩。”以此来驱虫除害，去邪消灾，祈求五谷丰登，人畜平安。巡游结束，人们在歌舞场地或田边较为宽敞的地方，燃起熊熊篝火，载歌载舞。有关火把节的来源，民间传说颇多，其中最为流行的一种说法是说玉皇大帝妒忌人间繁华，意欲遣派瘟神向大地播撒各种蛇蝎毒虫，一位好心大臣不忍心让人类罹此大难，就提前向人类透露了这一消息。于是人们在六月二十四日，就准备许多火把，巡游呼号，驱除虫害。火把节又是彝族青年男女谈情说爱的好机会。每逢节日来临，青年男女都身着节日盛装，身背食品饮具围坐在篝火旁，抚琴高歌，互诉倾慕之情，彼此心仪者即可私订终身，约请媒人提亲。

7．民间禁忌　彝家传统的民间禁忌颇多，大致可分为行为禁忌、食物禁忌和语言禁忌三种。行为禁忌涵盖广泛，包括骑马进入别的村寨，使用女性的旧衣料来缝补男性的衣服，坐在门槛上或背靠门坊，在屋内吹口哨等。食物禁忌主要是忌食非正常死亡的动物，忌在家中烹食狗肉之类。语言禁忌主要包括：禁止在长辈或客人面前说秽语，忌晚辈直呼长辈姓名，忌在出门之前说晦气的话。

8. 文学艺术　流传于里山彝乡的神话、传说、民间故事以及叙事长诗颇多。多是口耳相传，有的有老彝文写本。其中，有天地起源、人类繁衍的历史神话传说，如《洪水滔天》、《天仙张四姐》、《火把节的传说》、《太阳和公鸡》；有斗智斗勇的人物故事、动物故事，如《斗牛山的传说》、《神童和宝刀》、《不嫁女的传说》；有爱情传说《竹笛情》、《普沙姑娘》、《鸟依人》。此外，彝族还有诸多寓言故事，像《狗和青蛙》、《森林和溪水》等。流传较广的叙事长诗主要有《阿咨与阿佐》、《夺叶若沙非》、《洛贝》等，均以五言韵文写就，情节曲折生动，人物形象鲜活，语言简洁质朴。

里山彝族的音乐舞蹈种类繁多，有柔韧灵活的"烟盒舞"、情绪欢畅的"罗作舞"、浑厚古朴的"彝族打歌"、热情奔放的"阿细跳舞"以及韵律独特的"铜鼓舞"和"金竹舞"等。彝族谚语云："彝族生来会唱歌，一唱就是几大箩，唱得太阳落西坡，唱得金星从东来，百灵鸟听歌停了叫，牛羊听声忘吃草。"彝族是一个能歌善舞的民族，无论是在劳作间隙，还是年节婚丧，都要以歌舞抒发情感。彝族民歌唱词内容广泛，是彝族民间文学创作的重要源泉之一。在传统的彝族社会中常以歌唱的形式再现历史、传承风俗、强调风化、表达情爱。唱腔多据唱词内容，或流畅委婉，或抑扬顿挫，极具艺术感染力。除上述的"烟盒舞"、"罗作舞"等民间歌舞之外，在里山乡最为流行、同时也是最负盛名的当属"五山腔"。

起源于里山乡大黑冲、五山一带的"五山腔"，与本地的"四腔"、建水县的"山药腔"和石屏县的"海菜腔"并称为滇南彝族四大名腔。它是一种仅以月琴伴奏，基本上以清唱方式出现的民间声腔艺术形式。"五山腔"以高亢激扬、唱腔婉转、演唱难度极高而名居四大名腔之首。凡是有幸领略过"五山腔"的，都会发自内心地用"余音绕梁"、"慷慨激昂"、"抑扬顿挫"等词语来形容它。如今的"五山腔"正受到越来越多的各界人士的喜爱。

第三节　调查方案

本节主要交代全书的调查方法、语言能力等级的划分、年龄段的划定以及调查阶段的划分等问题。

1. 关于调查方法。本次调查主要采用个案穷尽式调查法。为此，我们先按照乡派出所提供的户籍簿，将全乡彝族的姓名、年龄、家庭成员等项目逐一登录下来，然后经入户调查和访问、测试，摸清所有人的语言能力。我们多次前往芭蕉、象平、里山村等彝族聚居区，使用"彝语四百词测试表"、"彝语句法测试大纲"对青少年的语言使用情况进行调查，对母语能力进行测试。此外，我们还分头到学校、机关、集市等单位进行调查，走访了村民、村干部、公务员、教师、学生等各方面有代表性的人物。

本书主要以语言学的研究方法为主，此外还综合运用民族学、人类学、文化学、统计学的知识和方法对个案进行综合分析。试图通过不同学科的知识和方法的有机结合，对调查对象进行全面的统计与分析，在综合分析的基础上，力求得出科学的结论。

2. 关于语言能力等级的划分。语言能力等级的划分主要参照“听”、“说”、“读”、“写”四项基本技能，但目前彝族现存文字已为大多数普通彝族母语者所不识，仅用于个别毕摩指路诵经之用，与日常生活中的交际相去甚远。因此，彝语实际上与有语言而无文字伴生相随的语言并无二样。为此，本书对于语言能力的等级区分仅从“听”、“说”两方面进行。依据“听”、“说”标准，在体现科学性的同时，充分顾及到分类的可操作性，本书将彝语的语言能力分为三个等级：“熟练”、“略懂”和“不会”。三个等级的划定标准为：

(1)“熟练”：彝语“听”、“说”能力俱佳，日常生活中能够自如地运用彝语进行交际。

(2)“略懂”：彝语“听”、“说”能力均为一般或较差，或“听”的能力较强，但“说”的能力较差，日常生活中以使用汉语当地方言为主，仅具有彝语的部分交际能力。

(3)“不会”：彝语的“听”、“说”能力已完全丧失，转用汉语。

因智障或聋哑造成语言障碍的极少数人，不计入统计范围。

3. 关于年龄段的划分。依据语言习得特点，本书将年龄段划分为三段：6—19岁，20—59岁，60岁以上。由于6岁以下儿童（0—5岁）的语言能力不甚稳定，所以本书将调查对象的年龄划定在6岁（含6岁）以上。成年段母语人年龄相差40岁，实际上涵盖了青年、中年两大年龄段。虽然这两个年龄段跨度较大，但属于该年龄段的人语言能力已成熟，代际性差异不甚明显，因而不必进一步细化、切分。

4. 关于调查阶段的划分。此次调查大致可分为五个阶段：

(1) 材料准备阶段（2007.5.18—2007.7.4）。搜集课题相关的资料，制定相应的调查计划，设计调查问卷和调查表。

(2) 入户调查阶段(2007.7.7—2007.8.5)。通过深入彝寨访谈记录，积累大量的第一手原始材料，并对收集到的材料加以分类，拟出写作大纲。

(3) 正文写作阶段(2007.7.18—2007.8.20)。在分析材料的基础上，依照写作提纲，完成初稿，提炼观点。

(4) 补充调查阶段（2007.8.3—2007.8.6）。核实材料，补充语料，对全文的架构进行调整。

(5) 统稿成书阶段（2007.8.20—2007.9.16）。对文字加以润色，统一体例，对注释、图表、标点符号等加以规范，设计封面。

第二章　里山彝语使用的现状及其成因

里山彝族除大黑冲村的居民外，大部分人稳定地使用母语。上至年逾古稀的老人，下至年幼懵懂的孩童，基本上都会说彝语。无论是在里山的政府机关，还是田间地头，只要有彝族，总有使用彝语的场合。里山彝族使用母语的情况究竟如何？是什么因素使得里山彝族较好地保留彝语？本章主要根据实地的调查材料，分析里山彝语的使用现状，并进一步分析形成这种使用现状的各种因素。

第一节　里山彝族大部分人稳定地使用彝语

为了全面地了解里山彝族的语言使用情况，我们对4个彝族村进行了穷尽式的调查。4个村共有彝族3322人，约占里山彝族总人数的85.3%。我们逐一统计了村中每户家庭、每位成员的姓名、性别、年龄、民族、文化程度、彝语语言能力。

里山4个彝族村可分为三种类型：第一类是彝族聚居的村寨，包括芭蕉村、象平村以及里山村的十、十一、十二、十三组。这一地区，彝语保留得较好，各组的彝语使用情况也比较一致。这一类的彝族有2343人，占4个彝族村总人口的70.5%。第二类是彝族和汉族杂居的村寨，包括里山村的一组和二组。由于长期和汉族杂居，这一地区彝族的彝语水平存在不同的层次，年长者较好，青少年儿童略差。这一类的彝族有153人，占4个彝族村总人口的4.6%。第三类是已转用汉语的大黑冲村，这一类的彝族有826人，占4个彝族村总人口的24.9%。本章主要分析第一和第二类地区的彝语使用情况。第三类（大黑冲村）彝族村的语言使用情况留在第四章专门分述。

一、聚居区彝语使用情况

（一）总体分析

我们对上述第一类彝族聚居的13个组（自然村寨）的彝语使用情况进行了穷尽式的调查和统计。调查对象是6岁以上（含6岁）、有正常语言功能的人。有效调查人数为2343人。具体使用彝语的情况如下：

表 2-1

调查点（村民小组）		彝族人口数	熟练		略懂		不会	
			人口	百分比	人口	百分比	人口	百分比
芭蕉村	一组	188	188	100	0	0	0	0
	二组	340	340	100	0	0	0	0
	三组	242	240	99.2	2	0.8	0	0
	四组	208	207	99.5	1	0.5	0	0
	五组	194	189	97.4	2	1.0	3	1.6
	六组	31	31	100	0	0	0	0
象平村	一组	192	191	99.5	0	0	1	0.5
	二组	130	130	100	0	0	0	0
	三组	127	127	100	0	0	0	0
里山村	十组	188	188	100	0	0	0	0
	十一组	194	194	100	0	0	0	0
	十二组	214	214	100	0	0	0	0
	十三组	95	95	100	0	0	0	0
合计		2343	2334	99.6	5	0.2	4	0.2

从表 2-1 可以看出，里山乡聚居区 13 个组村民的彝语水平非常一致。这一类型的彝语使用情况，主要有两个特点：

一是各组熟练使用彝语的比例都很高，平均值是 99.6%。芭蕉村一组、二组、六组，象平村二组、三组以及里山村 4 个组彝语的“熟练”级比例均为 100%。这表明彝族聚居区的彝语仍保持着强大的生命力。

二是各村寨中彝语水平“不会”级和“略懂”级的比例较低。“不会”级的仅有 4 人，仅占调查总人数的 0.2%，“略懂”级的仅有 5 人，仅占调查总人数的 0.2%。在芭蕉村一组、二组、六组，象平村二组、三组和里山村 4 个组，均没有彝语属于“不会”或“略懂”级的人。

在实地调查中，我们观察到的情景与以上调查数据是一致的。在村寨里，彝人之间都使用本民族语交谈。无论男女老幼、家庭内外，彝语都是彝族挂在嘴边的语言。虽然他们都会说汉语，但在族内更愿意、更习惯用彝语交谈。我们看到，他们刚刚还用汉语和我们交谈，但一见到同族人就马上转用彝语交谈，语码转换非常快。彝语不仅是彝族人的最主要的交际工具，也是彝族之间维系民族感情的媒介。

这里需要进一步分析少数彝语水平较低者的具体情况。调查数据显示，彝语使用水平属于“略懂”级的 5 人是：芭蕉村三组 20 户的龙应来、龙华英；芭蕉村四组第 43 户的龙一；芭蕉村五组第 2 户的张雪梅和第 56 户的张传富。他们的家庭成员的基本情况如下：

表 2-2

序号[①]	家庭关系	姓名	出生年月	民族	文化程度	彝语水平
20	户主	龙家贵	66/11	彝	小学	熟练
	配偶	菜红梅	68/08	汉	小学	略懂
	长女	**龙华英**	91/05	彝	文盲	略懂
	次子	**龙应来**	99/08	彝	小学	略懂
43	户主	龙兆贵	37/11	彝	小学	熟练
	配偶	普桂珍	33/10	彝	文盲	熟练
	次子	龙自和	73/02	彝	小学	熟练
	孙子	**龙一**	00/01	彝	学前	略懂
2	户主	张自富	72/03	彝	初中	熟练
	配偶	姚美红	73/12	汉	小学	略懂
	母亲	普秀英	32/06	彝	文盲	熟练
	长女	**张雪梅**	97/09	彝	小学	略懂
56	户主	李正才	54/06	彝	文盲	熟练
	配偶	张桂英	51/07	彝	文盲	熟练
	长女	李桂珍	79/11	彝	小学	熟练
	女婿	**张传富**	78/01	彝	小学	略懂
	三女	李桂华	84/12	彝	初中	熟练

从表 2-2 中可以看出，彝语水平属于“略懂”的 5 个人中有 4 个人是青少年儿童，而且有的出生在族际婚姻家庭，这 4 人是：龙一（7 岁半），张雪梅（10 岁），龙华英（16 岁），龙应来（8 岁）。出生于族际婚姻家庭的 3 人是：龙应来、龙华英以及张雪梅。3 人的母亲均为汉族，受母亲影响，他们的第一语言都是汉语，日常用语也是汉语。他们的彝语是从父亲、祖父母等其他人那里听来的，因此十分有限。7 岁半的龙一很少说彝语，所以彝语水平不高。张传富是从九街镇三家村入赘到芭蕉村的女婿。九街镇三家村汉族较多，当地彝语受汉语影响很大，很多彝族已不会说彝语。张传富本人虽为彝族，但已转用汉语。

彝语水平属于“不会”级的 4 人是：芭蕉村五组第 70 户的孙诗琪、第 64 户的李超、李黎以及象平村一组第 16 户的龙珏妃。他们的家庭成员基本情况如下：

表 2-3

序号	家庭关系	姓名	出生年月	民族	文化程度	彝语水平
70	户主	孙保义	51/11	彝	小学	熟练
	配偶	李秀珍	52/02	彝	文盲	熟练
	长子	孙友	74/10	彝	初中	熟练
	长媳	吴莉	76/01	汉	高中	不会
	次子	孙文	78/08	彝	初中	熟练
	孙女	**孙诗琪**	98/05	彝	小学	不会

① 序号是各个村寨内部每户家庭的编号。后同。

64	户主	李绍亮	71/01	彝	初中	熟练
	配偶	储美芬	67/10	汉	中专	不会
	长子	李超	92/02	彝	初中	不会
	长女	李黎	94/06	彝	小学	不会
16	户主	龙顺昌	66/02	彝	小学	熟练
	配偶	马文丽	70/11	傣	小学	熟练
	长女	龙俊秀	92/01	彝	初中	熟练
	次女	龙珏妃	98/11	彝	小学	不会

从表 2-3 可以看出，彝语水平属于"不会"级的 4 个人均为少年儿童，孙诗琪 9 岁，李超 15 岁，李黎 13 岁，龙珏妃 9 岁。他们不会说彝语均是受其母亲影响。孙诗琪的母亲吴莉和李黎、李超的母亲储美芬均为汉族，龙珏妃的母亲马文丽为傣族。4 个人的母亲在孩子出生后只教他们汉语。

从以上的材料来看，在聚居区内，主要有三种人彝语水平不高：青少年、族际婚姻家庭中的儿童以及外来人员。

(二) 不同年龄段彝族彝语水平

我们将里山彝族分为三个不同的年龄段，分析他们彝语的使用情况。

1. 60 岁以上

表 2-4

调查点（村民小组）		总人口	熟练		略懂		不会	
			人口	百分比	人口	百分比	人口	百分比
芭蕉村	一组	34	34	100	0	0	0	0
	二组	41	41	100	0	0	0	0
	三组	32	32	100	0	0	0	0
	四组	33	33	100	0	0	0	0
	五组	36	36	100	0	0	0	0
	六组	3	3	100	0	0	0	0
象平村	一组	39	39	100	0	0	0	0
	二组	22	22	100	0	0	0	0
	三组	16	16	100	0	0	0	0
里山村	十组	29	29	100	0	0	0	0
	十一组	28	28	100	0	0	0	0
	十二组	31	31	100	0	0	0	0
	十三组	16	16	100	0	0	0	0
合计		360	360	100	0	0	0	0

数据显示，60 岁以上老人的彝语水平均属于"熟练"级。彝族聚居的村寨过去都相对封闭，而彝语世代相传，是当地彝族最主要的交际工具，所以年长的彝族均能较好地掌握母语。老人大多能用彝语唱本族民歌、讲故事、出谜语。

2. 20—59岁

表 2-5

调查点（村民小组）		总人口	熟练		略懂		不会	
			人口	百分比	人口	百分比	人口	百分比
芭蕉村	一组	106	106	100	0	0	0	0
	二组	201	201	100	0	0	0	0
	三组	159	159	100	0	0	0	0
	四组	135	135	100	0	0	0	0
	五组	118	117	99.2	1	0.8	0	0
	六组	22	22	100	0	0	0	0
象平村	一组	111	111	100	0	0	0	0
	二组	79	79	100	0	0	0	0
	三组	85	85	100	0	0	0	0
里山村	十组	117	117	100	0	0	0	0
	十一组	128	128	100	0	0	0	0
	十二组	129	129	100	0	0	0	0
	十三组	54	54	100	0	0	0	0
合计		1444	1443	99.9	1	0.1	0	0

从表2-5可以看出，20—59岁的彝族几乎都能熟练地掌握彝语。彝语在这一年龄段保留得相当好。彝语水平属于“略懂”的仅1人，即芭蕉村五组第56户的张传富。其具体情况已在上文中作过分析，这里就不再赘述。

3. 6—19岁

表 2-6

调查点（村民小组）		总人口	熟练		略懂		不会	
			人口	百分比	人口	百分比	人口	百分比
芭蕉村	一组	48	48	100	0	0	0	0
	二组	98	98	100	0	0	0	0
	三组	51	49	96	2	4	0	0
	四组	40	39	97.5	1	2.5	0	0
	五组	40	36	90	1	2.5	3	7.5
	六组	6	6	100	0	0	0	0
象平村	一组	42	41	97.6	0	0	1	2.4
	二组	29	29	100	0	0	0	0
	三组	26	26	100	0	0	0	0
里山村	十组	42	42	100	0	0	0	0
	十一组	38	38	100	0	0	0	0
	十二组	54	54	100	0	0	0	0
	十三组	25	25	100	0	0	0	0
合计		539	531	98.5	4	0.7	4	0.7

从表 2-6 中可以看出，6—19 岁的彝族青少年中，大部分能自由运用母语与本族人交际。因受到族际婚姻家庭中母亲所使用的语言的影响，少数青少年彝语水平偏低。在这一年龄段中，彝语水平属于“略懂”和“不会”级的有 8 人，他们语言使用的具体情况已在上文中作过分析，在此不再重复。

值得注意的是：在统计彝族青少年（6—19 岁）彝语能力时，我们发现，虽然绝大多数人可以熟练地运用彝语进行日常交际，但其母语水平却与其实际年龄偏离。彝族青少年虽然能运用常用词汇进行一般交际，但其听和说的能力偏低。常见的、能看得到的词汇（例如手、脚等）会说，但很多不常见的、看不到的词汇（例如：心、肺等）不会说。

我们从彝语词汇中抽出了 100 个难度偏大的词汇，包括一些不常见的事物和动物的名称、一些表示抽象行为的动词以及一些使用频率相对较低的词，对部分村民的语言能力进行了测试。下面介绍两位村民的测试情况，这两位村民的基本情况是：

1. 普丽，女，彝族，12 岁，芭蕉村二组村民，现在里山乡中心小学上六年级。其父母均为彝族。被测试人一直在家乡生活、上学，没有长期外出的经历。

2. 李春梅，女，彝族，19 岁，芭蕉村二组村民，初中学历，现在龙玉蔬菜脱水菜场打工。其父母均为彝族。被测试人虽为本地人，但初中毕业后，有在外地人所开工厂打工的经历。

测试结果见表 2-7。

表 2-7

汉语词	音标	普丽	李春梅
虹	vɛ̱^{31} mo^{31} ɕi^{55} ʑi^{31}	D	A
雹子	lu^{33} thi^{31} mo^{31}	A	B
沟	ʑi^{31} kɤ^{33}	C	B
草地	sɿ^{33} phɛ^{33} dɛ^{31}	C	A
泡沫	ʑi^{31} po^{31} lu^{55} mo^{31}	D	C
锈	mi^{55} dʑi^{33}	A	A
草木灰	kho^{31} mo^{31}	D	B
辫子	m^{33} tɛ^{55}	D	A
额头	nɤ^{55} bu^{33} tsã^{55}	A	A
彝族	nɛ̱^{33} sɿ^{55} pho^{31}	C	A
结巴	ɔ^{55} zɤ̃^{31} thi^{31}	C	B
绵羊	xɔ^{31} mo^{31}	A	A
燕子	tɕi^{55} ka̱^{31} li^{55} mo^{31}	A	A
鹦鹉	ɔ^{55} dʑi^{33} ni^{55} mo^{31}	D	A
四脚蛇	tɕhi^{31} bɛ̱^{31} tu^{55} mo^{31}	D	A
鳝鱼	xɔ^{31} dʑi^{31} mo^{31}	D	A
树梢	ɕi̱^{33} m^{33} kɤ^{33}	C	D
石榴	ʑɛ̱^{33} nɔ^{55}	A	A
白菜	ɣɔ^{31} phɛ^{31} thu^{31}	C	A
青菜	ɣɔ^{31} ni^{31} tɕɛ̱^{31}	C	A

扁豆	ɔ^{55} nu̱^{33} dʑi^{55}	D	B
稗子	vi^{31}	D	C
青苔	ʑi^{31} na̱^{31} ni^{55} mo^{31}	B	C
花椒	dzɤ̱^{31}	B	A
开水	ʑi^{31} tshɔ^{31}	B	A
衣襟	thɔ^{31} ɬo^{55} phe^{31}	D	C
衣袖	lɛ̱^{31} du̱^{31}	A	A
扣子	thɔ^{31} dzu^{33} khu^{55}	C	A
裤腿儿	ɬo^{31} gɤ̱^{31}	C	A
篦子	m^{33} tsɔ^{55}	D	A
手镯	lɛ̱^{31} dzõ^{31}	C	A
背带	pɛ^{55} ti^{31}	D	A
蓑衣	ɕɛ^{55} ʑɛ^{55}	D	A
被子	ʑi^{55} bu^{33}	A	A
园子	go^{31} tsho^{31} mi^{55}	D	D
秤	tsã^{55}	C	A
锁	dzo^{33} po^{33}	C	A
钥匙	dzu^{33} khɔ^{31}	A	A
斧头	nɤ^{55} dzu^{33}	C	A
刨子	ɕi^{31} dzɤ^{33}	D	B
麻袋	tsɔ^{55} tɛ^{33}	A	A
筛子	xo^{55} tɕɛ^{55}	B	A
柴刀	ɕi^{33} ɣɤ^{33} du^{31}	D	B
谜语	su^{33} tsha^{55}	D	A
锣	tɔ^{55} po^{31}	D	C
力气	ɣo^{33}	B	A
裂缝	dʑi^{55} dzɔ^{31}	A	C
左	ɔ^{55} fɛ^{33}	A	A
右	ɔ^{55} zo^{33}	D	A
前年	sɿ^{33} nɛ̱^{33} khu^{31}	A	A
别人	ɔ^{31} dzo^{55}	A	A
小	nɛ^{55}	B	A
远	vɤ^{33}	A	A
近	mɔ^{31} vɤ^{33}	C	A
满	d ɛ̃^{31}	B	A
扁	pɛ^{31} thɔ^{31} thɔ^{31}	A	A
瘦	ɕɛ^{55}	C	A
密	dʑi^{55}	D	A
软	nɤ̱^{33} bɤ̱^{33}	A	C
冷	dʑɛ̱^{33}	A	A
臭	tshɿ^{31}	A	A
涩	tsɿ^{31}	D	A
富	xɤ̱^{31}	A	A

穷	so^{33}	C	A
剥	thɯ^{31}	B	A
编(篮子)	ʑĩ^{31}	D	A
蹭	sɛ^{33}	D	A
缠(线)	li^{33} khɛ^{31}	A	A
沉	dõ^{31}	D	B
穿(针)	s ɛ̃^{31}	D	A
搓(绳子)	va̱^{31}	C	A
打喷嚏	ɔ^{55} thi^{31} mu^{31}	C	A
点(火)	tu̱^{31}	C	A
挂	kuo^{33}	A	A
发抖	bi^{31} li^{31} ko^{55}	C	A
割(草)	tshɛ^{31}	A	A
浸入	ti̱^{33}	A	A
锯	ʑi^{31}	A	A
扣	khu^{33}	D	C
聊天	lɛ^{55} go^{31}	D	A
磨(面)	tshɿ^{33}	A	A
劁(猪)	tɤ̱^{31}	D	D
撕	tɕi^{33}	A	A
掉(下)	tɕhɛ^{31} lo^{33}	C	A
闩(门)	khu^{55} khɛ^{31}	C	A
涮	ɬɔ^{33}	C	A
塌	thɔ^{31}	D	C
淌(泪)	zɛ^{33}	D	C
推动	ti^{55} lɯ̱^{33}	C	A
消失	na^{31} uo^{35}	D	D
相信	dzã^{31}	A	A
熏	fu^{33}	D	A
凿	tso̱^{31}	C	A
张(嘴)	khɔ^{31}	A	A
着凉	dʑɛ̱^{33} tshɛ^{31}	D	A
(马蜂)蛰	t ĩ^{55}	C	A
转(身)	tsɔ^{55} khu^{31}	C	A
(鸡)啄(米)	thu^{33}	A	A
足够	lu̱^{31}	A	A
驱赶	te^{31}	A	A

表 2-8

被测试人	测试结果			
	A	B	C	D
普丽	32	8	27	33
李春梅	78	8	10	4

在100词测试中，12岁普丽熟练掌握的A级词汇仅有32个，经过考虑后能想起的B级词汇有8个，听说过但不会说的C级词汇有27个，从来没有听说过的、不知道的D级词汇有33个。从普丽的母语使用情况可以了解到：10岁左右的青少年彝族的母语水平低于其实际年龄应掌握的母语水平，尤其是说的能力低于听的能力。青少年这个年龄段母语能力发展不充分，甚至出现"空档"的情况，与其进入学校系统学习汉语有关。但当九年制义务教育结束后，他们中的大部分从学校回到村寨，又能接受社区语言的第二次习得，母语水平会在短时间内得到提高。19岁的李春梅已经初中毕业了。从测试结果上看，她已能较好地掌握大部分词汇，不懂的词仅有4个。说明年纪稍长的彝族青年的母语能力已在稳定地发展。

综上所述，聚居区内三个不同年龄段的彝语使用情况可以归纳为以下几点：

1.在里山乡，不同年龄段的人之间的彝语使用情况比较一致，差异较小。每个年龄段中，熟练使用彝语的比例都较高。最高的是60岁以上的年龄段，"熟练"使用比例高达100%；最低的是6—19岁年龄段，所占比例是98.5%。这说明，聚居区的彝族都能较好地掌握彝语，尤其是年长者，彝语掌握得非常好。

2.彝语仍然具有较强的生命力，但在不同的村寨、不同的年龄段以及不同的使用场合，彝语的使用具有不同的特点。

3.彝语能力在不同年龄段发展不平衡，青少年彝族的母语水平明显低于其实际年龄应掌握母语的水平，出现"母语空档"。

4.从部分个案来看，母亲的语言、家庭用语对青少年的彝语影响较大。部分族际婚姻家庭中的孩子受母亲语言的影响。

（三）不同场合彝族彝语水平

在不同的使用场合中，彝语和汉语既有分工，又有互补。在同一场合中，既可以使用彝语，也可以使用汉语。语言的选择取决于对话双方的交际需要。

1.家庭内部

家庭用语中，族内婚姻家庭和族际婚姻家庭语言的使用情况存在差异。具体有以下两种情况：

(1) 族内婚姻家庭的用语以彝语为主。

大部分彝族人都掌握彝语和汉语两种语言，但在家庭中，他们都习惯使用彝语交流，很少说汉语。正如里山村下许家庄村村民李应起说的："彝族人说彝语说习惯了，现在开口就是彝话。"彝语是维系彝族民族情感的纽带，不会彝语，很难真正融入本族生活中去。外出打工的彝族，无论离家有多远，回到家乡后，也仍然要说彝语。芭蕉村二组的村民孔宪付告诉我们："哪怕去到河口那么远的地方打工，回来后，也是要说彝话的。"

在里山彝族聚居的村寨家庭，经常可以见到一家三代人、甚至四代人用彝语互相交谈。很多嫁往或入赘到外地的彝族，逢年过节回家或平时打电话回家，也都和家人说彝语。村民普家红告诉我们："我的妻子是汉族，在自己的小家，我和妻子、孩子说汉语，但回到父母家（其父母为彝族），我还是习惯说彝话。"

（2）族际婚姻家庭内部一般都使用汉语。

嫁出或入赘到外地的彝族几乎都用汉语与非本族人交流。嫁入或入赘到彝族聚居区的外族人也几乎都用汉语与彝族家人交际。彝族人对本民族人不说母语内心有抵触，但对外来人使用什么语言则持宽容的态度。如，村民李家来和李家才都娶了汉族的媳妇，在家庭内部，两兄弟都主动地转用汉语与妻子交际，只有遇到本族人时才说彝语。

族际婚姻家庭对下一代的语言影响更为明显。部分彝族聚居区的族际家庭中，孩子已不说彝语而改用汉语。尤其是母亲对下一代子女的影响特别大。大量族际婚姻家庭的家庭用语已变为汉语，孩子父母也有意识地培养子女说汉语，致使子女汉语水平较高，而彝语水平偏低甚至丧失母语能力。

2.学校

里山彝族乡建立了较完善的九年义务制教育体系，彝族儿童和青少年都享有包括学前教育（学前班）、小学教育以及初中教育的权利。汉语在学前、小学以及初中三个教育阶段都属于必修课程。三个教育阶段中，除学前班采用民族语辅助教学外，其他两个阶段教师都使用普通话教学，学生也使用国家统一规定的教材。因此，在里山各学校的课堂教学中（英语教学除外），教师及学生都使用汉语普通话。

在彝族聚居区的学前班教学中，教师常采用彝语辅助教学。因为儿童的第一语言为彝语，上学前班之前的汉语水平十分有限。如果对他们直接采用汉语教学，很难听懂。所以，为了教学的需要，有经验的老师多采用彝语来辅助教学。李艳珍是通海一中毕业的彝族学生，也是里山乡芭蕉村二组（落水洞寨）学前班的教师。她告诉我们："几乎每个自然村寨都有学前班，学前班的课堂用语是普通话。但在彝族聚居的村寨，部分儿童只会听、不会说汉语，所以在刚开始教学的时候，常用彝语作解释。学习时间长了以后，他们就能接受普通话教学了。"她还告诉我们："经过两三年的学前班学习，上小学的彝族学生的汉语基本都没有问题了。"

进入小学教育阶段，彝族学生已具有说汉语的初步能力。张姚波老师回忆说："过去，曾有个别学生上一年级时，学习汉语还很吃力。那是因为学生家里经济贫困，没有上过学前班。这几年，已经没有这样的现象了，一年级的学生学汉语一点儿也不吃力。"经过小学六年汉语的学习，升入初中的彝族学生，汉语都说得很好，很熟练了。

彝族是里山的主体民族之一，学校里彝族教师的比率相对较高。老师之间的用语，一般是彝族老师之间在工作时间说汉语，休息时间说彝语。李艳珍老师告诉我们："我们老师在上班时间，平时开会的时间都是说汉语，下班后见到本民族的老师就说彝话。"如果是与其他外族老师交谈，则都使用当地汉语方言交谈。

里山乡的每个自然村寨几乎都有学前班，里山乡有一所中心小学——通海县里山彝族乡中心学校。学校始建于1945年，辖两所完小，两所初小以及一所一师一校点（即一所学校一个老师一个校点)。两所完小分别设在大黑冲乡和里山乡,两所初小分别设在五山乡和中铺乡。还有一所一师一校点在五里箐乡。过去,学校还设有初中部,1994 年初中部归并给了通海十六中。根据当地的实际情况,学校办成了寄宿制学校。学生周一至周五在校上课,只有周六和周日可以回家。学生们之间在下课后说哪种语言,与他们的民族成分有关。一般情况是:彝族和非彝族之间说当地汉语或普通话,彝族学生之间说彝语。还有一部分不会说彝语的彝族学生,在和本族同学或非本族同学交谈时也使用当地汉语。今年 12 岁的李梓瑞是芭蕉村的村民,现在在里山中心小学五年级读书,她告诉我们,自己平时在学校上课时说普通话,下课后见到彝族同乡就说彝语,周末回到村寨和家人、朋友以及本族同学也说彝话。

在入户调查时,我们访问了很多上学前班的儿童,他们告诉我们,老师要求我们说汉话,老师平时也和我们说汉话。在开家长座谈会时,老师还多次强调学生的家长要配合老师和孩子多说汉语。因此,彝族老师和本族学生之间说彝语的情况很少,即使在课余时间,彝族老师和本族学生也多说汉语。

3.政府机关

乡政府机关汉族干部较多。据里山乡乡办公室主任林维齐介绍:“在乡政府的 50 多个工作人员中,仅有 5 个人是彝族。”汉语是乡政府机关的公务用语,这里的工作人员都会说汉语。我们在去乡政府了解语言使用情况时,乡政府正好在召开“云南省数字农村建设情况调查工作会”。我们看到,会议上使用的全为汉语。来乡里开会或联系工作的各组的组长,汉语水平也较好,他们之间的交流都是使用汉语。

对于组一级的基层干部而言,会说彝语能更好地开展工作。彝族聚居区的居民虽然都懂汉语,但彝语和汉语相比,彝语更为熟练。部分常年生活在彝族村寨的彝族人,特别是老年人,听不懂汉语的宣传文件或政策法规,这时候就需要各组的组长或主任用彝语再解释一遍。另外,在组上开会时,村民们也习惯用彝语讨论。我们发现,组里用来通知事项的广播也根据实际需要使用两种语言:当传达上级指示或宣读文件时,使用汉语;当需要用广播召集义务工出工或者找人时,则使用彝语。

4.其他单位

里山乡有一所卫生院——里山彝族乡卫生院。卫生院共有 9 个大夫,其中 2 个是彝族。28 岁的普丽芬是从玉溪卫校毕业后分配到卫生院工作的彝族大夫,她向我们介绍说:“我们这地方彝族和汉族都多。卫生院里,汉族医生只会说汉语,彝族医生两种语言都会说。如果医生是汉族,来看病的病人都说汉语;如果看病的医生是彝族,则病人和我们说汉语或彝语,我们都能听懂。”当我们问来看病的彝族人与医生交流有没有困难时,她说:“交流上基本没有问题,大多数彝族都会说汉语。这里的护士也是汉族,她们听彝族人说汉语也听得懂。当然也有个别年纪特别大的彝族老人说惯了彝语,说汉语说得不清楚,这个时候,别的医生也会请我们去做翻译。”除了乡卫生院,里山村还有一个卫生所,芭蕉村还有一个卫生所和一个妇幼卫生所。三个卫生所的三位医生都曾是自然村的卫生员,都是彝族。里山村卫生所的陈发明医生告诉我们:"自从实行了农村新型合作医疗后,到卫生所来看病的人少了。过去这里来看病的彝族人多,医生和病人之间也说用彝话,特别是一些老一点儿的彝族老乡来看病已惯了,常来。彝族人之间用彝语交流方便点儿。"

里山乡既有汉族人开的商店,也有彝族人开的商店。在里山乡乡政府附近的公路上有十几家小商店和饭店。我们挑选了几家商店、饭店进行了走访。彝族人经营商店的老板说,他们对本族顾客说彝语。富华商店是一家由彝族人和汉族人(老板是汉族人,他的妻子是彝族人)共同经营的商店。商店的女老板普秀华告诉我们:"来买东西的人很杂,有汉族,有彝族,还有路过此地的外地人。对于初次见面的顾客,我们都说汉语。见到很熟的彝族老乡,我也会说彝语。"

综上所述,里山彝族乡的不同场合中,彝语和汉语的使用存在互补。两种语言没有主次之分,一般是选择交际双方都熟悉的语言。

二、杂居区彝语使用情况

(一) 总体分析

里山村一组和二组属于第二类,即彝族和汉族杂居的村寨。这类地区的彝族长期和汉族杂居,彝语水平有所降低。特别是青少年、儿童母语能力偏低,甚至有些儿童已出现语言转用。两组的有效调查人数为153人。具体使用彝语的情况如下:

表 2-9

调查点(村民小组)		总人口	熟练		略懂		不会	
			人口	百分比	人口	百分比	人口	百分比
里山村	一组	119	111	93.2	4	3.4	4	3.4
	二组	34	29	85.3	2	5.9	3	8.8
合计		153	140	91.5	6	3.9	7	4.6

从上表可以看出,杂居区彝族的彝语水平较聚居区彝族的彝语水平要低一些,甚至有部分人出现了语言转用的现象。下面是一些未能较好掌握彝语的村民的具体情况。

调查数据显示,彝语水平属于"略懂"级的有6人。他们是:里山村一组第3户的李志刚,第22户的李婷,第55户的许玉萍和许国有;里山村二组的第16户的龙昆和龙伟。其家庭成员的基本情况如下:

表 2-10

序号	家庭关系	姓名	出生年月	民族	文化程度	彝语水平
3	户主	李家德	68/10	彝	小学	熟练
	配偶	孙玉兰	68/11	彝	小学	熟练
	长女	李会	90/06	彝	初中	熟练
	长子	李志刚	94/11	彝	小学	略懂

22	户主	祁绍武	48/05	汉	小学	不会
	配偶	许桂华	53/01	汉	小学	不会
	三女	祁艳芬	80/12	汉	初中	不会
	女婿	李国文	71/12	彝	小学	熟练
	外孙女	**李婷**	98/04	彝	小学	略懂
55	户主	许家文	70/01	汉	小学	不会
	配偶	施玉珍	69/01	彝	小学	熟练
	长女	**许玉萍**	91/11	彝	小学	略懂
	长子	**许国有**	95/12	彝	初中	略懂
16	户主	汪翠萍	64/10	汉	小学	不会
	婆婆	龙冯氏	19/04	汉	文盲	不会
	长子	**龙伟**	85/07	彝	小学	略懂
	次子	**龙昆**	90/10	彝	小学	略懂

表 2-10 显示,"略懂"级的 6 人中,有 5 人是青少年或儿童,而且有的出生在族际婚姻家庭。属于青少年、儿童的 5 人是:李志刚（13 岁）,龙昆（17 岁）,李婷（9 岁）,许玉萍（16 岁）和许国有（12 岁）。出生于族际婚姻家庭的 5 人是:李婷、许玉萍、许国有、龙昆及龙伟。这 5 人中,有的母亲是汉族,有的父亲是汉族。他们的家庭用语都是汉语。5 个人的第一语言也是汉语。他们的彝语是从家庭其他彝族成员那里听来的。李志刚的父母最先教授其汉语,在家中也多说汉语。他在村寨中也一直用汉语与其他人交流,故其彝语水平不高。

彝语水平属于"不会"级的有 7 人。他们是里山村一组第 66 户的李超和李二,第 67 户的李娜和李佳,里山村二组第 11 户的普丽仙、普应才和普应德。他们的家庭成员的基本情况如下:

表 2-11

序号	家庭关系	姓名	出生年月	民族	文化程度	彝语水平
66	户主	李家来	66/10	彝	小学	熟练
	父亲	李发贵	33/04	彝	文盲	熟练
	长子	**李超**	89/11	彝	初中	不会
	长女	**李二**	94/06	彝	小学	不会
67	户主	李家成	69/07	彝	小学	熟练
	配偶	郭艳	69/07	汉	小学	不会
	母亲	普秀仙	38/05	彝	文盲	熟练
	长女	**李娜**	94/02	彝	小学	不会
	次女	**李佳**	99/05	彝	小学	不会
11	户主	普正贵	36/06	彝	文盲	略懂（智障）
	配偶	胡玉仙	41/06	汉	文盲	不会
	次女	**普丽仙**	66/11	彝	小学	不会
	长子	**普应才**	68/12	彝	小学	不会
	次子	**普应德**	73/12	彝	小学	不会

上表显示,彝语水平属于"不会"级的 7 人中有 3 人是少年儿童。他们是:李二（13 岁）、李娜（13 岁）和李佳（8 岁）。他们均出生于族际婚姻家庭。李超虽然已 18 岁,但他的母亲是

汉族，平时只教孩子汉语，而且家庭内部的主要用语也是汉语。第11户的普丽仙、普应才以及普应德三兄妹的父亲有智力残疾，母亲胡玉仙为汉族，家庭用语为汉语。

(二) 不同年龄段彝族彝语水平

下面分三个年龄段进一步考察杂居区彝语的使用情况。

1. 60岁以上

表 2-12

调查点（村民小组）		总人口	熟练		略懂		不会	
			人口	百分比	人口	百分比	人口	百分比
里山村	一组	22	22	100	0	0	0	0
	二组	2	2	100	0	0	0	0
合计		24	24	100	0	0	0	0

60岁以上彝族老人的彝语水平和聚居区一样，都是"熟练"级。表明年长者依旧较好地掌握母语，母语是其最主要的交际工具。

2. 20—59岁

表 2-13

调查点（村民小组）		总人口	熟练		略懂		不会	
			人口	百分比	人口	百分比	人口	百分比
里山村	一组	66	66	100	0	0	0	0
	二组	27	23	85.2	1	3.7	3	11.1
合计		93	89	95.7	1	1.1	3	3.2

表2-13表明，杂居区内绝大部分中年彝族能较好地掌握母语。里山村一组和二组的彝族人数较少，有个别人彝语水平不高的原因是受家庭语言环境的影响。

3. 6—19岁

表 2-14

调查点（村民小组）		总人口	熟练		略懂		不会	
			人口	百分比	人口	百分比	人口	百分比
里山村	一组	31	23	74.2	4	12.9	4	12.9
	二组	5	4	80.0	1	20.0	0	0
合计		36	27	75.0	5	13.9	4	11.1

从表2-14可以看出，杂居区彝族青少年彝语的水平明显偏低，部分青少年甚至已不会说。青少年彝语水平偏低的主要原因是缺少使用彝语的大环境。

三、聚居区和杂居区彝语使用情况对比

表 2-15

调查点	总人口	熟练		略懂		不会	
		人口	百分比	人口	百分比	人口	百分比
聚居区	2343	2334	99.6	5	0.2	4	0.2
杂居区	153	140	91.5	6	3.9	7	4.6

可以看出，聚居区彝语的使用与杂居区彝语的使用有较大差别。聚居区彝语的“熟练”级比率明显高于杂居区，而杂居区彝语“略懂”和“不会”级的人口比率也明显高于聚居区。

聚居区和杂居区彝语使用情况存在较大差异，其主要原因是：

1. 聚居区彝族人数众多，彝语是聚居区最主要的交际工具，也是彝族维系民族情感的纽带。无论是家庭内部、生产生活，彝族人都离不开彝语。聚居区内族际婚姻相对较少，家庭内青少年、儿童的第一语言普遍为彝语。

2. 杂居区内，汉语和彝语都是交际的主要工具。但汉语不仅可用于本族人之间交际，也可用于彝族与其他民族的交际，汉语的使用面大于彝语，使用频率高于彝语。杂居区内，族际婚姻家庭较多，父母对子女的语言习得影响较大。在族际婚姻家庭，子女的第一语言多为汉语。

第二节 里山彝族稳定使用彝语的条件和因素

过去，里山彝族村相对封闭，彝语世代相传，天天使用，所以能被较好地保留；如今，里山彝族村已对外开放，彝语面临汉语的冲击，但却依然能够在大部分彝族区中被稳定使用，没有出现明显的衰退。是什么原因使彝语被较好地保留？本节将主要分析彝语被稳定使用的各种因素。

一、相对聚居是里山彝族保留母语的客观条件

里山乡的主体民族是汉族和彝族。据人口统计数据（2005 年），全乡总人口为 8320 人，其中汉族有 4220 人，占全乡总人口的 50.7%；彝族有 3894 人，占总人口的 46.8%。除彝族外，还居住着哈尼、拉祜、回、蒙古、傣、白等 6 个少数民族，这 6 个少数民族有 206 人，仅占全乡总人口的 2.5%。

里山彝族的分布具有局部的聚居性：芭蕉村、象平村以及里山村的十、十一、十二、十三组属于彝族聚居的村寨；里山村的一组和二组属于彝族和汉族杂居的村寨；五山村、中铺村和里山村的三、四、五、六、七、八、九组属于汉族聚居的村寨。

芭蕉村、象平村以及里山村的总人口为 2437 人，其中彝族有 2343 人，占 96.2%。13 个组彝族人口数所占比例如下：

表 2-16

村民小组		全组人口数	彝族人口数	彝族人口数占全组人口数百分比
芭蕉村	一组	193	188	97.4
	二组	357	340	95.2
	三组	257	242	94.2
	四组	213	208	97.7
	五组	204	194	95.1
	六祖	31	31	100
象平村	一组	205	192	93.7
	二组	134	130	97.0
	三组	136	127	93.4
里山村	十组	190	188	98.9
	十一组	201	194	96.5
	十二组	216	214	99.1
	十三组	98	95	96.9
合计		2345	2343	96.2

里山村的一组和二组属于彝族和汉族杂居的村寨，其总人口为 405 人，其中彝族有 153 人，占 37.8%。彝族的分布呈现局部聚居状态。两个组中彝族人数所占比例如下：

表 2-17

村民小组		全组人口数	彝族人口数	彝族人口数占全组人口数百分比
里山村	一组	314	119	37.9
	二组	91	34	37.4
合计		405	153	37.8

从彝族聚居的单一组来看，彝族的分布同样呈聚居状态。各组彝族家庭户数所占比例如下：

表 2-18

村民小组		全组户数	彝族家庭户数	彝族家庭户数占全组户数百分比
芭蕉村	一组	50	49	98
	二组	88	86	97.7
	三组	68	64	94.1
	四组	48	48	100
	五组	49	45	91.8
	六组	7	7	100
象平村	一组	61	60	98.4
	二组	39	37	94.9
	三组	39	39	100
里山村	十组	48	48	100
	十一组	49	49	100
	十二组	50	50	100
	十三组	25	24	96
合计		621	607	97.7

局部聚居组中彝族家庭户数所占比例如下：

表 2-19

村民小组		全组户数	彝族家庭户数	彝族家庭户数占全组户数百分比
里山村	一组	77	25	32.5
	二组	25	8	32.0
合计		102	33	32.4

从统计数据上看，在彝族聚居区的单一组中，彝族家庭占全寨户数的比率最高为100%，这样的组有6个；比率最低为91.8%，平均比率高达97.7%。彝族分布的聚居性是显而易见的。

过去，由于经济落后、交通不便、相对封闭，居住在村寨（组）内的彝族村民与外界接触较少。因而这些地区的彝语容易保存，不受外界干扰，得以世代相传。芭蕉村主任李生宝回忆说："通往各组的柏油路大概是在70年代才修好的。这之前，到各个寨子的路很难走，都是俗称的'毛路'（只能走马车的路）。马车也是当时最主要的交通工具。芭蕉村的一、五组（两组相连）建在山的半中间，到组上的路特别难走，路中间都是很高的野草，只有胆子特别大的人才敢骑单车走那种山路。"芭蕉村67岁的老人李高云说："新中国成立前，村子里没有路，人都是穿草鞋，都是在山头上走，后来公路修通了，才从山里出来。"村民李春梅也说："彝族的村寨都建在山间，如果不是去过，根本找不到。比如说芭蕉村四组（五里箐寨）离县城有12公里毛路，外人都害怕去那儿，怕方向走错了，有生命危险。"2000年，里山乡才开通了电话，又有"6+1锅盖"接收的电视（当时只能收到3—4个台），相对封闭的环境才逐渐改善。

近几年，和大多数民族地区一样，随着经济的发展，人口流动性的增强，里山彝族外出打工人员有逐渐增多的趋势。但总的看来，外出打工者的数量仍然较少。据统计数字显示，2006年里山乡劳动力资源总数为5557人，仅有362人从事非农业行业。另外，出外打工具有季节性和短期性，不是长期的。里山彝族乡没有出现大量外出打工者的主要原因是：外出打工所获得的经济收入与在家务农的经济创收不相上下，而且在外打工缺少自由。所以很多彝族更愿意待在家里，通过种植烤烟、蔬菜以及水果来维持生活。芭蕉村主任李生宝告诉我们："出去打工的工钱少，所以去打工的人也不多。大部分彝族更愿意干田里的活，挣的钱一样多还不受工厂老板的限制。"外出打工的彝族所选择的地点都离家较近，经常可以回家。如芭蕉村村民李春梅在脱水蔬菜厂打工，工厂离里山乡很近。她告诉我们："以前打工的少，现在多起来点儿。打工的，多是去到昆明和玉溪那些近点儿的地方。而且要农闲的时候才去，农忙的时候，是不会去打工的。"

里山乡外来务工人员也很少。据乡政府统计数据（2005年），全乡共有乡镇企业108个，其中建筑企业4个，工业企业21个。全乡共有商品流通企业45个，旅游饮食服务业37个。这些企业的创办，必然会带来一些外族的劳务人员。但少量外来务工人员并没有改变彝族的聚居状况。因为外来人员通常统一居住于村寨外围的工厂宿舍，离彝族聚居村寨较远，而且与村寨内彝族的联系也不紧密。

里山彝语是彝族聚居村寨时时、日日、人人都使用的语言工具,须臾不能离。这一客观现实为彝语的长期保留和使用,提供了一个广阔的空间和必要的基础。

二、较强的民族内部凝聚力是里山彝族保留母语的重要条件

彝族是里山乡的主要民族,在里山乡总人口中,彝族占46.8%。在我们调查里山彝语使用情况的整个过程中,都强烈地感受到里山彝族对自己民族身份的自豪感,对传承母语的使命感。这种强烈的民族意识和对本族母语的热爱,是里山彝族保留母语的一个重要条件。

彝族是一个内部凝聚力很强的民族,他们共同的特征是习惯把所有的彝族看作一家人。很多彝族人都曾表达过对自己民族的喜爱。下许家庄村民李秀玲说:"对一个彝族人来说,其他彝族就是自己的亲人。"她生动地形容说:"我们彝族出门要是斗着(遇到)另一个说彝话的,硬是要拉回家吃顿饭才行呢!"下许家庄副组长普家红也说:"我们都很高兴自己是彝族人。彝族人有一些和其他民族不一样的生活习惯、性格脾气,但这些不一样是彝族人共有的,所以彝族人就特别容易谈得来。"

我们曾开玩笑地问下许家庄村民李秀玲:"你们彝族之间就不吵架?"她爽朗地笑着说:"怎么不会?挨得近的彝族之间常会闹矛盾,但只要是在外面,彝族和彝族总是互相帮助的。就像两兄弟,在家会吵架,但只要出了门,就是一体的。"

彝族人常把自己对民族的一种热爱转化为对自己民族语言的须臾不离。在里山,我们清楚地感觉到彝族在生活的每个角落、每时每刻都使用彝语。我们不只一次地遇到这样的情景:刚刚还用汉语和我们交谈的彝族人,一遇到彝族人,就立即转用彝语和他们打招呼。当我们问到这一现象时,他们都异口同声地说:"太自然了,大家都是彝族人,一张嘴说的肯定就是彝话。我们就喜欢听自己民族的话!"他们还说,如果一个彝族不说自己本民族的语言,就会很容易受到同族人的排斥。在统计"彝族语言观念调查表"时,我们看到部分受访者在回答"如果有人在外地学习或工作几年后回到家乡,不再说彝语,您如何看待?"这一问题时,大都选择"反感"或"听着别扭"选项。这说明,彝语的使用不仅代表了彝族的民族情感,也成为彝族之间互相认同的工具。李秀玲说:"出去打工或当兵后回来不说彝话的人,我们都不理皮(理睬)他,都觉得这样的人忘本,把自己祖宗的东西都忘了,亲戚朋友也会教训他;而那些出去很久,回来还是说彝话的人,我们整个村子的人就都会敬佩他,说这个人才是真正的彝族。"

彝族较强的内部凝聚力还表现在对民族节日以及传统文化的重视上。我们看到,保护彝族传统文化的工作不仅里山政府在做,里山的每个彝族人都参与。芭蕉村村民李春梅说:"我们彝族常过的节日有两个:火把节和祭龙节。在过祭龙节时,每家每户都会出钱,举办宴会,大家一块吃饭、喝酒和看舞龙;过火把节时,不同寨子的彝族也会聚在一起唱歌跳舞。这些活动都是自发的,我们都会参加。"里山乡普家忠乡长介绍说:"我们已经组织民间艺人整理了我们里山独有的'五山腔'"。里山乡中心小学的张姚波老师也告诉我们:"我们学校有一个做了五六年的云南省教育科研省级立项课题,名为'彝族歌舞课程开发与运用研究'。课题的目的是

研究如何更好地保留彝族的传统舞蹈和歌曲。为此,学校编写了彝族传统歌舞的教材,聘请了彝族的艺术家给学生们上课,每年还组织一次彝族歌舞的汇演,学生们还有一周两次的彝族舞课间操。希望通过种种活动加强对彝族传统文化的保留。"

里山彝族对自己民族身份、民族文化的自豪和认同感也决定了里山彝族的语言观念。语言观念,又称语言观和语言态度,是指个人或集团(包括方言区、民族)对某种语言的价值及行为倾向的评价,包括如何认识和理解某种语言的地位,采取何种情感。里山彝族稳固的民族意识决定了他们具有热爱自己母语的情感。他们为什么这么热爱自己的母语呢?因为语言是多功能的,除了运用于交际,还承载着认识客观世界、传达情感信息、传承历史文化等功能。"语言像一面镜子,能如实地照出不同民族的特点。"[①]民族共同的心理素质需要通过语言来表达。很多彝族人都曾表示,自己喜欢听到本民族的语言。他们觉得,彝语不仅是本民族最主要的交际工具,还是表达民族情感的媒介。对他们来说,本民族语就是一张名片,一旦听到熟悉的语言,就会将对方视为一家人。在外地,彝族人之间团结互助、相亲相爱的举动更是民族内部强大凝聚力的表现。

三、国家语言政策是里山彝族保留母语的重要保障

为了保障各少数民族都可以根据自己的条件和意愿使用和发展本民族的语言和文字,我国宪法明确规定:"各少数民族都具有使用和发展自己语言文字的自由"。国家关于少数民族语言的政策,保障了里山彝族彝语的使用。

在里山,乡政府机关的公务用语是汉语还是彝语,是根据实际需要来决定的。在彝族高度聚居的村寨,在基层工作中,彝语仍是最通用的工作用语。据芭蕉村主任李生宝介绍:"我们开会都使用汉语,但当工作组(汉族)不在的时候,我们也用彝语讨论。当我们向下一级村小组长解释政策时,也常使用彝语。"我们到芭蕉村二组(落水洞寨)入户调查时,听到村里用彝语广播。当我们就寨里广播用语询问村民李家彬时,他介绍说:"寨里广播会根据广播内容而选择语言:用汉语读文件,比如宣传森林防火等;用彝语通知事项,比如召集义务工出活等。"我们走访的彝族聚居村寨的几位村民也告诉我们:"大的政策方针都是用汉语传达的,但很多时候我们只能听个大概(听懂大概),我们还要再听听干部们彝话咋个说(彝语的解释)。"

里山的中小学主要使用汉语教学,但据我们了解,针对大部分彝族儿童母语水平高于汉语水平的状况,村寨的学前班均不同程度地采用彝语辅助汉语教学。里山中心小学的张姚波老师告诉我们:"各村基本都设有学前班,民族学生 5 岁左右就可以到学前班学习汉语。"象平村村民李有德曾是学前班的教师,他介绍说:"学前班里有一部分学生不会听也不会说汉语,老师总是先用汉话教,后用彝话再解释。"芭蕉村村民李春梅告诉我们:"在我上学前班的时候(1996 年左右),学前班里需要用彝语辅导的学生多。现在的学前班年龄大的和年龄小的学生

① 参见戴庆厦《语言和民族》,中央民族大学出版社,1994 年,第 3 页。

都有，年龄大的学生可以用彝语辅导年龄小的学生。另外，现在很多小孩在家里已经学过汉语，所以需要彝语辅导的学生没有以前多了。"在进行入户调查时，我们特意找到一些学前班的儿童，向他们了解双语教学的情况。绝大多数的儿童都表示喜欢学前班的学习。芭蕉村二组学前班的学生孔祥（6岁半）说："学前班里，哥哥和老师教我汉语。学前班里有彝族老师。我不知道的汉语，老师就用彝话告诉我，我觉得汉话不难学。"

里山的派出所、医院、邮局以及银行等行政、事业单位的工作用语是汉语。政法司法机关的用语除了使用汉语外，根据实际需要也使用彝语。邓兴鹏是里山乡派出所的一名警官，他告诉我们："派出所内的公务用语是汉语，因为除一名联防队员以外，其他警员均为汉族。但是，我们依然遇到过彝族人习惯用彝语来表述的情况，特别是本族人之间的纠纷。这个时候，我们就会叫懂彝话的队员来做翻译，再用汉语来调解。"他还告诉我们："在法院，很多彝族人因为着急，也会直接说彝语，这个时候我们请当事人所在小组的组长或其他村干部做翻译。"医务活动中，也是汉语和彝语并用的，不同场合下语言使用的情况也不同。里山有乡中心医院，医生与患者的交流几乎都讲汉语。但在里山乡中心医院附近的私人诊所，诊所的医生陈发明为彝族，他能用彝语和患者自由交流。

里山有彝族人开的商店，也有汉族人开的商店。我们对彝族人的商店进行了走访，发现在店内的语言选择主要是根据顾客的民族情况来定的。第一次来买东西的顾客，与老板都是用汉语交谈。彝族顾客在知道商店老板为彝族后，均会习惯性地改用彝语与老板交谈。李家来和李家才彝族兄弟俩共同经营了发兴饭店和发兴商店，我们走访了饭店和商店的语言使用情况。他们告诉我们："来吃饭和来买东西的人大多说汉语，但如果是认得的彝人，就挨(和)我们说彝话。不一样的人我们挨（和）他们说不一样的话。"

据我们观察，在里山，只要有彝族人在的场所，就会使用彝语。

四、家庭与社区的语言氛围是里山彝族保留母语的坚实基础

语言具有传继性，语言习得的一个主要方法是依靠家庭和社区的语言教育。与汉语的有意识教育相比，里山彝族母语的保留更多地依靠自然习得。家庭语言氛围、整个村寨（社区）语言环境对彝族儿童语言习得的影响是至关重要的。

学龄前儿童（0—6岁）母语的自然习得主要是在家庭内完成的。该阶段家庭成员（主要是父母）每日每时都对孩子说母语，孩子听到的也是自己的母语，这就使得孩子从学话开始就熟悉自己的母语，为他们一生的母语习得奠定基础。65岁的李桂芬是象平村人，她告诉我们，她两岁的小孙女，"我们说哪样话，她就听哪样话，彝话和汉话都学。"芭蕉村下许家庄13岁彝族少年李自富的父母均为彝族，他告诉我们："父母先教我说彝话，我两岁的时候，父母教我说汉话。"芭蕉村村民李家彬也告诉我们："我小的时候，父母先教我说彝话。"据我们了解，在彝族聚居的村寨，绝大多数儿童的第一语言均为彝语。里山村十一组（平坝寨）村民普家富的话解释了为什么在彝族聚居村寨，孩子都会彝语。他说："在彝汉杂居的村子，娃娃不会彝语也能

过；但在整个彝人的村子，娃娃不会彝语就过不了日子。”彝族人（尤其是彝族聚居区的彝族村民）的这种稳定的、连续的家庭教育是彝语世代相传的坚实基础。此外，村寨的语言环境也为彝族儿童习得母语提供了自然的语言环境。儿童跟随父母在村寨里走窜，能听到乡亲们的彝语，有意无意地提高了自己的母语能力。

随着年龄的增大，彝语社区对彝族儿童乃至青少年母语习得的影响，在某种程度上，甚至超过了彝族家庭对子女的母语教育。很多10岁左右的儿童都表示，他们彝语水平的提高，得益于与他们一起玩的小伙伴。很多孩子的父母也强调，孩子更多的彝语是与其他彝族儿童交流中学会的。李家彬还说：“我们这儿大人小孩都会说彝话，小的时候和大家在一起，彝话就全都会说了。”下许家庄彝族少年李自富也说：“小朋友在一处玩，一起说彝话，一起学彝话。”象平村39岁村民沐永顺说：“孩子大一点儿以后，即使他的妈妈是汉族，和村子里的彝族在一处也就自己学会彝话了。大家互相交流，语言自然就成熟了。”象平村村民李桂芬也说：“村子里彝族毕竟是多数，比例多。娃娃在村里，1到3岁，样似（什么）都会。”芭蕉村二组（落水洞寨）的7岁村民李英是学前班的学生，她告诉我们：“学前班的老师规定我们要讲汉语，要求我的家长也和我说汉话。但我和班里的同学、朋友在下课后也会说彝话。”在我们对青少年儿童进行彝语四百词测试时，很多次遇到过这样的情景：被测试的儿童周围挤满了其他儿童，这些平时一起玩耍的孩子都跃跃欲试地要回答测试词汇。在测试结束后，孩子们挤在一堆，嘻嘻哈哈地议论刚才会说或不会说的词。社区母语环境对儿童母语习得的影响是巨大的，正是从小母语的耳濡目染，形成了彝族儿童母语的自然习得。

在非彝族聚居的地区，除了家庭的语言环境外，还有促进彝语习得的语言社区。这样的社区大致可分为两类：一是学校彝语社区，另一是集体外出打工者的彝语社区。

学校彝语社区，是指进入学龄期的彝族青少年在学校的母语习得。不能否认，进入学校学习的彝族青少年要花费大量精力学习汉语，但彝族青少年并未完全脱离母语环境，在课余的时间、在周末，彝族青少年使用的语言依然以彝语为主。芭蕉村二组（落水洞寨）村民李艳芝就读于通海县第十六中学的初一年级，她告诉我们：“我小的时候就日日（天天）和朋友说彝话，在学校里也经常和朋友说彝话。”校园里，彝族学生和同族的同学、朋友有自己营造的“小”母语社区。这样的“小”社区对彝族母语的习得依然具有促进作用。

集体外出打工者的彝语社区是指多个彝族相约在外打工形成的言语社团。他们在劳动之余约在一起玩时都使用自己的母语，这也有意无意地巩固了自己的母语。

彝族年轻人初中毕业后，除较少一部分学生到玉溪、昆明等城市继续学习或就业外，大部分都回到村寨。这些年轻人回家后，会选择外出打工。这样很多年轻人因为考虑到安全、照顾家庭等问题，会相约同族同乡到就近的工厂打工，他们在共同的工作场所，形成了另一类“小”母语社区。李春梅和同组的另外3个同龄人在通海变压器集团下属的脱水菜厂工作，她告诉我们：“我们工厂有来自里山村五组、六组以及象平、里山等村的彝族，大家经常在一起说彝话。只要有3个彝族在一起，我就一定说彝话。”

五、里山乡的经济模式是里山彝族保留母语的有利条件

里山乡属山区乡，最高海拔2227米，最低海拔1680米。这里的彝族多选择依山临田、林木环绕的向阳地建盖村寨，以40—50户人家聚落为寨，偶尔亦有少至5—7户、多达百户的村落。历史上，里山彝族地区的经济模式经过了从原始种植业向传统种植业、再向特色种植业的转变。这三种不同的经济模式均有利于里山彝语的保留及使用。

在中华人民共和国成立以前，大部分彝族地区沿用较原始的种植方式，农作物以包谷、高粱、马铃薯以及荞麦等山地旱作物为主。单一粮食的生产成为彝族社会经济结构的主要模式，各种矿产资源几乎从未被开发利用。原始种植模式所引起的作物低产量和自然灾害的侵袭，致使彝族的粮食生产不能自给，采集、狩猎以及各种手工副业成为伴随原始农业生产、加强彝族农家经济的主要辅助手段。这种原始的种植方式将彝族人"捆绑"在田间地头，使彝族人困守农田，几乎与外界隔绝。

中华人民共和国成立之后，彝族的经济模式转为种植业。种植业有助于彝族保持高度的聚居性，也有利于彝语的保留。1978年以后，在改革开放的形势下，里山形成特色种植业。以烤烟、甘蔗为主的经济作物种植面积逐年扩大，蔬菜等其他作物以及果木、经济林木也得到了相应发展。1989年，里山烤烟等经济作物播种面积占全乡耕地总面积的46.22%。经济作物收入在种植业收入中占55.84%，占全乡农村经济收入的47.15%。2006年，全乡共有栽烟户1449户，实有烤房1589座，种烟面积8412亩，烟叶收购数量共98万公斤，收购金额950.37万元，占全乡经济总收入的16%；全乡蔬菜的种植面积达8836亩，总产量有1983.6万公斤。新发展的特色种植业经济模式的转型，并未改变该地区以村寨为中心、以土地为依托发展经济的总体模式，也就未能从根本上对里山彝语的稳定使用造成威胁。在里山，农业依然是主要生产部门，全乡的大部分经济收入来自于农业，里山彝族也将大部分时间和精力投入到农业生产中；里山乡的工业和商业规模还很有限，农村贸易也多集中于烟叶、蔬菜以及水果等为数不多的农产品上。里山乡仍是以农业为主体；家庭联产承包责任制和包干到户政策的实行也只是促使农民集中更多的体力、精力以及财力投入到农业生产当中。

总之，里山乡经济模式的改变并未改变其以村寨为单位，以农业种植为根本的生产方式。这种生产方式保障了彝族的相对聚居，为彝语的保留提供了合适的土壤。里山彝族的经济模式成为保证彝语稳定使用和发展的有利条件。

第三章　里山彝族使用汉语的现状及其成因

里山彝族除了使用自己的母语外，绝大多数人都能兼用汉语。在调查中，我们发现除极少数老年人外，男女老幼基本上都能说汉语，大部分地区的语言生活属于既保持母语又兼用汉语的双语类型。里山彝族使用汉语的现状究竟如何，为什么会出现彝、汉双语并行，是什么原因和条件使得他们既能保留母语又能熟练地掌握汉语？这是本章所要论述的问题。

第一节　汉语是里山彝族主要的语言工具

我们共选择了4个彝族村委会中的19个小组进行了广泛的调查，并根据不同年龄段和不同场合，考察了彝族汉语的使用情况。调查得出的结论是：汉语是彝族日常生活中重要的语言工具，绝大部分村民都是“汉语—彝语”双语人。在本民族内部使用彝语，在与汉族和其他民族交往时使用当地汉语方言。无论是杂居区还是聚居区，无论是老人还是儿童，无论是文化程度高的还是低的，都是如此。由于聚居区和杂居区的情况略有不同，所以下面分别叙述。

一、聚居区汉语使用情况

里山乡彝族聚居区包括里山村十、十一、十二、十三4个小组、象平村的3个小组和芭蕉村的6个小组。统计数字如下表：

表 3-1　里山村汉语能力统计表

年龄段	总人口	熟练		略懂		不会	
		人口	百分比	人口	百分比	人口	百分比
6—19岁	159	159	100	0	0	0	0
20—59岁	428	428	100	0	0	0	0
60岁以上	104	93	89.4	10	9.6	1	1.0
合计	691	680	98.4	10	1.5	1	0.1

表 3-2 象平村汉语能力统计表

年龄段	总人口	熟练		略懂		不会	
		人口	百分比	人口	百分比	人口	百分比
6—19岁	97	97	100	0	0	0	0
20—59岁	275	275	100	0	0	0	0
60岁以上	77	49	63.6	27	35.1	1	1.3
合计	449	421	93.8	27	6.0	1	0.2

表 3-3 芭蕉村汉语能力统计表

年龄段	总人口	熟练		略懂		不会	
		人口	百分比	人口	百分比	人口	百分比
6—19岁	283	237	83.7	45	16.0	1	0.3
20—59岁	741	619	83.5	122	16.5	0	0
60岁以上	179	121	67.9	57	31.8	1	0.6
合计	1203	977	81.2	224	18.6	2	0.2

以上3表显示，里山村十、十一、十二、十三组的6—19岁及20—59岁两个年龄段的彝族村民都能熟练地掌握汉语。60岁以上的人中，89.4%的为“熟练”级，9.6%的属“略懂”级，1.0%的属“不会”级。象平村村民汉语为“熟练”级的占93.8%，“略懂”级的占6.0%，“不会”级的只占0.2%。芭蕉村汉语熟练或略懂的高达99.8%，不会汉语的仅2人。

我们到象平村调查时，村民沐永顺热情地用汉语和我们打招呼，告诉我们他爱人是汉族，孩子小时候就先学会了汉语，彝语是后来与彝族小朋友一起玩耍，以及经常听年长的人说彝语才自然学会的。他的儿子沐建国（10岁）既可以用彝语交流，也可以用汉语交流，两种语言交替自如，和汉族的母亲则用汉语交流。还有一个4岁的学前班学生，主动前来和我们用汉语打招呼，告诉我们在学前小班老师平时都教他们说汉语。

我们在芭蕉村遇到一个河南小伙子在村里做小买卖，许多彝族妇女都是用汉语与他交谈，讨价还价。我们还遇到一些中小学生，他们告诉我们，上课的时候老师都说普通话，就连彝族老师也只说普通话；课外时老师们都和他们讲当地汉语，彝族老师和彝族学生在一起时，也主要说汉语，很少说彝语。在学生宿舍里，同学们都说普通话，其中一个女孩告诉我们，她很多好朋友都是汉族，她们在一起都说普通话。

在里山乡，汉语的使用频率很高，汉语已成为人们日常生活、劳动生产中重要的语言工具。人们根据不同对象、不同场合来选择语言，灵活地转换“彝—汉”语码。

在里山乡派出所，我们看到派出所的公务用语是汉语，与彝族老乡交流时也都使用汉语，彝族老乡们也乐意与他们说汉语。

在乡政府所在地的机关、企业，汉语的使用频率也很高。各民族干部之间一般都说汉语。平时乡政府大大小小的会议都是说汉语。乡人大主席说：“开会的时候会有汉族同志参加，我们就讲汉语，不然我们说彝语，汉族同志就听不懂，也就不了解我们的意思，也不知道我们在做什么。我们也经常会在下边开村组干部会、群众会，都是说汉语。大家都认为，在工作上，要讲通用语言。"我们还看到，每天都有很多彝族群众到乡政府办事，遇到不懂彝语的，就都使用汉语。

我们从芭蕉村返回的途中，有一位彝族老人搭我们的车进城。他用汉语告诉我们，他是一位法院的离休干部，离休前他在工作中都是说汉语，不说彝语。老人家对我们说："彝语只能解决小部分问题。没有汉语解决不了问题，讲汉语大家才听得懂。""汉语就像人民币一样，没有汉语就寸步难行。"

在聚居区的家庭里，虽然普遍使用彝语，但有的家庭为了让子女从小学会汉语就对子女说汉语，有的是为了配合学校的汉语学习，主动在家庭内给孩子创造学习汉语的环境。

二、杂居区汉语使用情况

里山彝族杂居区主要集中在里山村下许家庄和上许家庄两个小组。统计数字见下表：

表 3-4　上许家庄、下许家庄汉语能力统计表

年龄段	总人口	熟练		略懂		不会	
		人口	百分比	人口	百分比	人口	百分比
6—19 岁	36	36	100	0	0	0	0
20—59 岁	93	93	100	0	0	0	0
60 岁以上	24	20	84	3	12	1	4
合计	153	149	97.4	3	2.0	1	0.6

上表显示，下许家庄和上许家庄汉语熟练者高达 97.4%，只有 0.6% 的人不会汉语。年轻人及儿童的汉语能力都比较高，19 岁以下的人汉语能力均为 100%，20—59 岁的中青年汉语能力熟练者达到 100%。60 岁以上的只有 3 人略懂汉语，1 人不会汉语。其中下许家庄有 2 人汉语能力属"略懂"级，1 人属"不会"级。上许家庄有 1 人属"略懂"级，是高龄女性，主要原因是很少出门，生活面窄，只靠彝语也能维持日常交际。

下许家庄和上许家庄是彝汉杂居区。在两个小组的总人口中，彝族共占 38.1%。与汉族及其他民族杂居，使得他们认识到只有掌握汉语，才能更好地与其他民族进行交流。两个小组的交通都比较方便、与外界接触比较多，因此掌握汉语的比例相对较高。上许家庄和下许家庄的彝族村民母语基本上是彝语，而且口语能力较强，彝族村民之间都使用彝语，与其他民族及外来的人交流时都能熟练地使用汉语，而且两种语言转换自如。

在下许家庄的族际婚姻家庭，下一代部分人的第一语言是汉语，不会说彝语。比如，第 55 户的许玉萍和许国有、第 66 户的李超和李二、第 67 户的李娜、李佳和李二，由于父亲或母亲是汉族，家庭内部多使用汉语，很少使用彝语，再加上父母从小就教他们汉语，因此他们平日主要说汉语，很少使用彝语，彝语的水平处于"略懂"级和"不会"级。下表是族际婚姻家庭的语言使用情况：

表 3-5

序号	家庭关系	姓名	出生年月	民族	文化程度	第一语言及水平	第二语言及水平
55	户主	许家文	70/01	汉	小学	汉语,熟练	彝语,不会
	配偶	施玉珍	69/01	彝	小学	彝语,熟练	汉语,熟练
	长女	许玉萍	91/11	彝	小学	彝语,略懂	汉语,熟练
	长子	许国有	95/12	彝	初中	彝语,略懂	汉语,熟练
66	户主	李家来	66/10	彝	小学	彝语,熟练	汉语,熟练
	父亲	李发贵	33/04	彝	文盲	彝语,熟练	汉语,熟练
	长子	李超	89/11	彝	初中	汉语,熟练	彝语,不会
	长女	李二	94/06	彝	小学	汉语,熟练	彝语,不会
67	户主	李家成	69/07	彝	小学	彝语,熟练	汉语,熟练
	配偶	郭艳	69/07	汉	小学	汉语,熟练	彝语,不会
	母亲	普秀仙	38/05	彝	文盲	彝语,熟练	汉语,熟练
	长女	李娜	94/02	彝	小学	汉语,熟练	彝语,不会
	次女	李佳	99/05	彝	小学	汉语,熟练	彝语,不会

下许家庄的李琴告诉我们,她和父母在一起看电视、讨论问题时,经常使用汉语。主要是因为有时说彝语讲不明白,用汉语和他们一说就全明白了。她还说,在她上小学期间,父母辅导她学习的时候都是说汉语。

我们从下许家庄发兴饭店的调查中获知,这个饭店的老板娘（彝族）和当地的彝族村民在一起时都用彝语聊天。她还告诉我们:“彝族和汉族都是一样的,没有分别,如果有陌生人来的话,都说汉语。”我们访谈时,村寨里的几个彝族和汉族村民聚在她的饭店里打麻将,老板娘用彝语和他们交流。当彝族村民知道我们的来意时,马上用汉语和我们聊天,在下许家庄,像这位老板娘这样能使用两种语言的人是很普遍的。

我们还走访了汉族村民沈丽珍在村头开的小卖部。她告诉我们,彝族来买东西时,她用汉语和彝族村民交流。如果同时有彝族买东西的话,彝族村民之间又会马上使用彝语交流。

无论是聚居区还是杂居区,无论男女老幼,彝族村民都普遍使用彝语和汉语。遇到彝族说彝语,遇到汉族说汉语;他们的行政用语主要是汉语;学校教学用语是汉语。下面是两个彝族村民的调查表。

表 3-6　不同场合语言使用情况调查表

调查点:芭蕉村二组

被访者姓名:李春梅　　　年龄:19

请按要求在表中空白处划"√"

对象 交际场合		本族人		非本族人	
		汉语	彝语	汉语	彝语
见面打招呼			√	√	
聊天			√	√	
生产劳动			√	√	
买卖			√	√	
看病			√	√	
开会	开场白		√	√	
	传达上级指示	√	√	√	
	讨论、发言	√	√	√	
公务用语		√		√	
广播用语			√	√	
学校	课堂用语	√	√	√	
	课外用语		√	√	
节日、集会			√	√	
婚嫁			√	√	
丧葬			√	√	

表 3-7　不同场合语言使用情况调查表

调查点：下许家庄

被访者姓名：李应起　　　　年龄：67

请按要求在表中空白处划"√"

对象 交际场合		本族人		非本族人	
		汉语	彝语	汉语	彝语
见面打招呼			√	√	
聊天			√	√	
生产劳动			√	√	
买卖			√	√	
看病		√		√	
开会	开场白		√	√	
	传达上级指示	√		√	
	讨论、发言	√	√	√	
公务用语		√		√	
广播用语		√		√	

学校	课堂用语	√		√	
	课外用语		√	√	
节日、集会			√	√	
婚嫁			√	√	
丧葬			√	√	

三、聚居区和杂居区汉语使用情况比较

1. 二者的共性:数据显示:无论是杂居区还是聚居区,基本上都保留母语。彝语在杂居区和聚居区属于稳固使用型。村民普遍都会汉语,也能把汉语作为交际工具。"彝语—汉语"兼用是杂居区和聚居区语言使用的共同特点。(对彝族杂居区和聚居区彝族彝语和汉语能力的统计见表3-8)

2. 二者的差异:杂居区彝族村民尤其是青少年母语能力略低,汉语水平略高。主要表现在词汇量的大量减少,一些细致的概念无法区分,而且对长句不太习惯。主要表现在语感和理解能力上。

表3-8　3个村委会彝族彝语和汉语的使用情况如下(彝族人口数为有效统计人口数)

	村民小组		彝族人口数	彝语			汉语		
				熟练	略懂	不会	熟练	略懂	不会
聚居区	芭蕉村	一组	188	188	0	0	94	93	1
		二组	340	340	0	0	307	32	1
		三组	242	240	2	0	224	18	0
		四组	208	207	1	0	202	6	0
		五组	194	189	2	3	120	74	0
		六祖	31	31	0	0	30	1	0
	象平村	一组	192	191	0	1	189	3	0
		二组	130	130	0	0	115	14	1
		三组	127	127	0	0	117	10	0
	里山村	十组	188	188	0	0	178	9	1
		十一组	194	194	0	0	193	1	0
		十二组	214	214	0	0	214	0	0
		十三组	95	95	0	0	95	0	0
杂居区	里山村	一组	119	111	4	4	116	2	1
		二组	34	29	2	3	33	1	0
合计			2496	2486	11	11	2227	264	5

第二节　里山彝族全民兼用汉语的成因及条件

里山彝族全民兼用汉语有多种原因和条件,包括地理条件、学校教育、语言态度、对汉族的

亲和力、大量吸收汉语成分等因素，这些因素有主有次，各有其作用。分述如下：

一、地理条件是里山彝族兼用汉语的重要条件

里山乡地处滇中地区，位于县城南端，东与杨广接壤，南与高大、建水和曲江接壤，西与九街毗邻，北与城郊毗邻，距县城仅5公里。从县城坐汽车到里山乡政府，最多只需10分钟。距离县城较近的地理分布特点，是里山彝族全民兼用汉语的一个重要条件。村民经常去县城，在与其他民族交往中获取大量的新信息。

近半个世纪以来，里山乡的交通有了很大的改善，乡内外修建了许多公路，来往车辆络绎不绝，把里山乡与县城连成了一片。这给里山乡的对外交流提供了方便，也为他们提高文化水平和汉语水平创造了条件。乡长普家忠说："我们这里交通比较便利，上世纪50年代中期修建的'建—通'（'建水'至'通海'）省道以及新近开通的'建—通'高速公路贯穿全境。无论是到昆明，还是到西双版纳，都很方便。交通便利了，人员交流就更密切了，使用汉语的场合就更多了。"

里山彝族的分布虽然具有局部的聚居性，但从总体上看仍呈"大杂居、小聚居"态势。在全乡人口中，彝族只占46.8%，而汉族和其他民族人口却占全乡人口总数的一半以上。这种分布局面，也是里山彝族兼用汉语的一个重要条件。他们要与周围的汉族和其他民族实现经济文化交流，就必须掌握汉语；不懂得汉语，就无法顺利地发展自己的经济文化。即便是像象平、芭蕉等村的彝族聚居区，由于周围分布着汉族和其他民族，也需要懂得汉语。里山乡人大主席李汝成告诉我们："大黑冲是彝族聚居区，但由于在地理位置上靠近华宁县，经常和汉族在一起，从小就会说汉话。"里山村是里山乡政府的所在地，是彝汉杂居区。全村共13个村民小组，其中一、二两组是彝汉杂居，十、十一、十二、十三4组是彝族聚居，其他组为汉族聚居。一、二两组彝、汉各占一半，十、十一、十二、十三4组具有局部的高度聚居性，但其周围有汉族村寨。在这样的分布条件下，6个组的彝族村民从小就兼用汉语。里山村党总支书记普文武介绍说，彝族村民上学前班时就开始系统地学习汉语，而且一般在两年左右就能熟练地掌握汉语了。

随着经济的发展，村民们已将生意做到县城、省城以及全国各地，甚至有些农产品远销海外。里山乡有很多乡镇企业，如蔬菜脱水厂、豆制食品厂、顶鲜食品厂、酱菜厂、石山嘴水泥厂、昆通钢铁厂等。很多村民在乡镇企业务工，不走出家门就很容易接触到外界经济上和文化上的信息。村民们意识到与外族人交流必须掌握汉语。据芭蕉村二组李春梅（19岁）介绍，她在龙玉食品有限公司打工，很多职工都不是彝族，她在公司基本上都使用汉语。

二、重视学校教育是里山彝族兼用汉语的重要推动力

学校教育是里山彝族学习汉语的重要场所。历史上，里山彝族就重视学校教育，举办了以汉语文为教学用语的学校。他们兼用汉语文的能力大多是在学校里获得的。

新中国建立后，里山彝族乡更加重视学校教育。如今，里山乡共有中心学校1所，下辖两所完小，两所初小，一所一师一校点。在校学生1006人，教职工76人，其中特级教师1人，省级骨干教师1人，小学高级教师26人。至2006年，在校老师的文化程度：9人为大学本科，40人为专科，21人为中师。

1988年以来，里山教育事业实现了跨越式发展。他们整合了教育资源（22个设学点撤并为5个）；兴建校舍8212.67平方米，总投资617.4万元，结束了全乡小学无一平方米钢（砖）混结构房的历史。而且加大了现代技术教育设备的投入，5所学校建起了远程教育及光碟播放系统。里山中心学校每个教室配备了34英寸的彩色电视机及DVD，多媒体室、语音室、计算机室、音乐室、舞蹈室、课件室等功能室设备齐全，建成了集远程教育、有线电视、闭路电视、光碟播放、上网“五位一体”的校园网络及校长、教务、政教、总务计算机办公管理系统。素质教育质量位居全县前列。为了提高在校学生的汉语水平，学校本着“提高办学品位，办人民满意的教育，为每位学生的可持续发展打基础”的办学理念，积极开展教育科研与教学改革。学校注重校园文化建设，学生进得来、留得住、学得好、有特长，八年来入学率、巩固率均为100%，据2006年统计的年鉴数字显示，毕业率为100%。15周岁人口初等教育完成率达98%，17周岁初级中等教育完成率达97.8%。学校的课程包括语文、数学、英语、社会自然、音乐、美术、计算机和体育。每天都有两节语文课，而且每周还有两节作文课。彝族学生的听、说、读、写能力都在原有的基础上取得了很大的进步。

里山彝族乡中心学校还是玉溪市规模较大的山区少数民族地区寄宿制学校。寄宿制也有助于彝族学生更好地掌握汉语。学生一周有5天在学校，只有两天在家，说汉语的时间大大超过了说彝语的时间。比如：芭蕉村二组的李艳芝（14岁，初一）上小学时就已住校，周五回家，周日晚上返回学校，在学校与同学们大部分时间都说汉语，有时在村里也说汉语。里山村一组的李明琴（15岁，初二），在学校寄宿，只在周末回家，在学校和同学们都说汉语，有时和彝族同学在一起也说汉语。里山乡中心学校德育主任张姚波介绍说：“在学校、上课时间都使用普通话，下课后，老师和学生一般用当地汉语交流，少数民族学生之间偶尔用民族语交流。”他认为，彝族学生使用汉语的水平和汉族学生使用汉语的水平差不多。在他们学校，有些彝族学生的普通话甚至比汉族学生说得还好。

学前班教育是提高教育水平和少数民族汉语文水平的重要环节。近几十年来，里山乡一直十分重视学前班教育，各个村基本上都设有学前班。5岁左右的彝族儿童都可以进入学前班学习。几年前，部分村寨学前班的老师还使用彝汉双语教学来辅助学生学习汉语，如今学前班的老师基本上都使用汉语教学，使用全国统一的教材，有语文、数学、音乐、舞蹈、课外活动等课程，每天都有两节语文课，重点提高学生的汉语水平，包括听、说、读、写的能力。学前班汉语教学的开展，使彝族学生能够尽早适应汉语教学，而且还开拓了彝族学生的视野。象平一组的原学前班老师李有德告诉我们：“以前有的小孩有时候听不懂汉语，所以我们会先说一次汉语，然后用彝语给他们解释一下。刚入学的时候，他们用彝语来回答问题。现在的小孩不一样了，进了学校，就能听懂，也能说。”我们在调查中看到，儿童在进入学前班后，教学普遍使用普通话和当地汉语方言，即使是彝族老师，在教学中也使用普通话和当地汉语方言，不再使用民族语。进入小学后，老师都使用普通话，课堂上要求学生学习汉语，多使用汉语。而且为了配合儿童更好地掌握汉语，要求家长也要在生活中多与学生用汉语来交流。芭蕉村二组的李法应（8岁）、李琴芬（13岁）告诉我们说，在学前班时老师用普通话教他们，上课时都说汉语，连彝族老师也说汉语。李家发（30岁）谈及他女儿的汉语使用情况时说：“学前班规定，为了学生更好地学习汉语，学校要求家长配合学校，和孩子们交流时要多说汉语。”张姚波主任说：“现在每一个学生的家长都要自己的孩子学习好，看到了语言发展的趋势，都希望孩子学好汉语。而且现在六七岁小学生的家长都是30多岁，他们的思想比较开放和超前。为了不让孩子输在起跑线上，在孩子还小的时候，就有意识地教孩子学习汉语。所以很多彝族学生说汉语，甚至普通话，一点儿也不吃力。”

三、语言态度是里山彝族兼用汉语的重要保证

语言态度是对语言地位、语言前途的认识。语言态度如何，关系到是否乐意使用这种语言。如果认为这种语言很重要，不能离开它，就会去使用它、保护它；如果认为这种语言不起什么作用，没有保留的需要，就不会去使用它、保护它。里山彝族对汉语又是一种什么态度呢？

为此，我们对里山彝族的语言态度进行了问卷调查。主要调查对象为里山村、芭蕉村和象平村的彝族村民。年龄从13岁到49岁不等。

调查显示：91%的彝族村民认为掌握汉语很有用。只有9%的认为“有些用”。82%的人认为学习汉语的首要目的是为了便于与外族人交流。他们说：“要和外族人交流就得学会汉语。”有18%的认为学习汉语首要目的主要是为了升学的需要，为了让孩子或自己更好地接受教育，家长愿意配合学校帮助孩子学习汉语。没有人认为“学习和掌握汉语没有用”，而且也没有人认为学习汉语的首要目的是“找到好的工作，得到更多的收入”。可以看出，人们是把汉语作为重要的交际工具来学习的。因此，他们学习的汉语要求很强烈。这是里山彝族村民具有普遍性的一种语言态度。

对“如果彝族人成为汉语单语人”的态度，50%的人认为语言的发展趋势要顺其自然。而且他们也不担心哪一天就不会说彝语了。他们说：“我们是彝族，当然会彝语了。从小就说彝语的。”

当问到“有人在外地学习或工作几年后回到家乡，不再说彝语了”这一问题时，59%的人认为是“可以理解”的。从调查问卷中得知，他们都希望既能说彝语，又能说汉语。对本民族的语言使用采取顺其自然的态度。里山彝族认为语言兼用是很自然的事情。有59%的人认为汉语普通话最重要，认为普通话是先进文化的发展方向。虽然他们在很多场合都使用彝语，对汉语普通话的期望值比较高。这种开放的语言态度也是他们能很好地掌握汉语的一个重要原因。

我们在与各年龄段的青少年接触中发现，里山彝族的青少年基本上可以和我们用汉语交流。绝大部分的人愿意把孩子送到用汉语授课或用汉语和英语授课的学校学习。对下一代的语言使用态度的调查显示：很大一部分人希望他们“会说普通话和彝语”。84%的人希望他们会说“普通话”，认为说普通话是语言使用发展的趋势。这些都说明，开放的语言态度是里山彝族兼用汉语的一个重要保证。

四、对汉族的亲和力是里山彝族兼用汉语的重要条件

语言与社会的关系常常表现为语言和民族的关系。长期以来，里山乡汉族和彝族和谐相处，相互融合。里山彝族乡地理位置上靠近县城秀山镇，与建水县毗邻。历史上，秀山镇和建水县都是云南的文化重镇，文化气息相当浓厚，当地居民尊孔崇儒，重视文化教育，里山也受到秀山镇和建水县汉文化的影响，村民们都愿意接受、学习汉文化。

彝族和汉族接触频繁，关系密切，从不互相排斥。比如，象平一组原是三个大队，一个彝族大队，两个汉族大队。彝族居住在后山，汉族居住在前山。在上世纪80年代后，三个大队合并为现在的一个小组。直到现在，彝族和汉族的土地都没有明显的界限，两个民族在同一片土地上交错耕种，按抽签分配土地。从名字上也可看出，一些60岁以上的彝族老乡都有彝族名字，但他们说叫彝族名字很不方便，不如用汉族名字方便一些。现在的青年人及儿童都只使用汉族名字了。

里山乡乡长普家忠（彝族）认为：“凡是有利于民族发展的，都不要回避，更不能有抵触。像婚姻等已经与其他民族融合在一起了，彝族和其他民族可以自由通婚，没有民族限制，彝族姑娘可以嫁入汉族寨子，汉族姑娘也可以嫁入彝族寨子。”而且他还认为：“族际婚姻对汉语的使用是一个比较直接的影响。”在族际婚姻的家庭中，下一代从小兼用彝、汉两种语言，并熟练掌握，在日常交际过程能自由使用任何一种语言。比如，师云琴（10岁，小学三年级），父亲叫兰开云，贵州人，汉族。她从小随外婆长大，先学会彝语，父亲也教她说汉语，全家人在一起交流时也多使用汉语。她5岁左右便学会说汉语，并在日常交际中使用汉语。李洪福（58岁），女婿为贵州人，汉族，平时与女婿交流时，都使用汉语，不使用彝语。李生宝（42岁），大儿媳是里山村汉族，虽然能稍微听懂一些彝语，但平时家人与大儿媳只用汉语来交流。象平一组的沐永顺（39岁），妻子为汉族，儿子沐建国（10岁），第一语言为汉语，只有父子之间交流时才会使用彝语，总体来说，家庭用语为汉语。

对汉族的亲和力不仅表现在以上几方面，还表现在节日上。现在彝族村民虽有彝族节日，但也和汉族一起过一些汉族节日，像清明节、端午节、中秋节、春节、元宵节等。春节时，同样和汉族一样走亲访友，祝福拜年；元宵节时，也跳狮子；清明节时也祭拜先人；端午节吃粽子；中秋节吃月饼。在时间上和过法上都与汉族一样。里山乡汉族老年人有老年活动节，一年两次，彝族、汉族搭伙跳舞、娱乐。而且每年的农历六月十九和腊月都会有庙会，每家每户凑些钱，每户派一个人参加，在本村土地庙举行。彝族、汉族都会参加这些活动。同样，彝族的节日，如祭龙

节、火把节等，彝族村民会发出通知，相互转告，邀请汉族和其他民族参加。不同民族在一起磕头、烧香、献食品果品。我们看到，每个村寨都有家庙。下许家庄的家庙原是汉文化祖宗祠堂，现在已是彝、汉两个民族共同使用的场地，每当有节日或婚嫁时，大家都会相聚在一起。

里山彝族在心理上与汉族接近，各方面自然地也会相互影响，语言上也不例外。调查时，我们发现彝族村民普遍认为汉语很有用，学习汉语的热情很高。不分年龄大小、文化程度高低，他们都愿意学习汉语。汉族也尊重彝族使用彝语的习惯，认为彝语和汉语同样重要，并认为彝语也是一种重要的语言工具。有些汉族甚至也学会使用彝语。如下许家庄的小组组长许维富（53 岁，见附录八照片），是在彝汉杂居寨子长大的汉族，他 10 岁左右开始学彝语，现在能说一口与彝族一样流利的彝语。连彝语中的清浊声母、松紧元音都能地道地发出。在我们测试青少年的四百个基本词时，有些连彝族青少年都不会的词，他都能脱口而出。

五、里山彝语大量吸收汉语成分为语言兼用创造了有利条件

语言兼用能力的大小除了受社会文化条件制约外，还受到母语特点的制约。母语的特点与兼用语相近的，母语中吸收较多兼用语成分的，都有利于兼用语的习得。

在社会主义建设新时期，随着经济一体化的发展以及各种媒体传播手段的普及，新事物、新概念不断进入彝族村民的日常生活中。这就使得彝语中的汉借词越来越多。而且，彝语的语音系统和语法结构也受到汉语的影响，与汉语趋同。如，语音系统中，增加了许多鼻化元音或带鼻辅音韵尾的元音，增加了一些复合元音韵母；借用汉语的连词构成各种复句；吸收汉语的表达法遣词造句，甚至在语言使用的风格上也吸收了汉语的一些特点等。语言接触的这些变化，有助于彝族更好更快地学习汉语。

经过长期的积累，汉语借词已遍布彝语词汇系统的各个领域。在我们所记录的 2170 个彝语基本词汇中，汉语借词共 577 个（包括汉语借词和汉语半借词），占基本词汇的 27%。在不同类别中都有汉语借词：表示天文、地理的词，如：xɤ^{31}“湖”、pɔ^{55} tsɿ^{31}“平坝”、kõ^{31}“矿”、kai^{33}“街”；表示人体器官的词，如：pɔ^{33} pɔ^{33}“疤”、mɛ^{31}“手脉”、ku^{33} sui^{33}“骨髓”、ʑɔ^{33} tsɿ^{31}“肾”；表示人物、亲属的词，如：kã^{35} pu^{35}“干部”、xo^{31} sã^{35}“和尚”、ɔ^{55} te^{33}“父亲”、ku^{33} ʑɛ^{33}“女婿”。表示动物的词，如：sã^{33} ʑã^{31}“山羊”、ɕõ^{31}“熊”、fu^{31} li^{33}“狐狸”、u^{33} kui^{33}“乌龟”；表示植物的词，如：tɕi^{31} tsɿ^{33}“橘子”、ph ĩ^{31} ko^{33}“苹果”、uã^{33} tshõ^{33}“葱”、tsɿ^{33} mɔ^{33}“芝麻”；表示食品的词，如：pɔ^{31} ko^{31}“八角”、kuã^{55} m ɛ̃^{55}“面条”、tou^{31} fu^{33}“豆腐”、xu^{31} tɕo^{55}“胡椒”；表示衣着的词，如：tɕh ĩ^{31} tsɿ^{31}“裙子”、tshã^{31} xã^{31}“草鞋”、vɔ^{31}“袜子”、sɿ^{55}“丝”；表示房屋建筑的词，如：tshã^{33} khu^{55}“仓库”、tsɤ^{33} lã^{33}“走廊”、tsuã^{33}“砖”、tɔ^{55} m ɛ̃^{31}“大门”；表示用品、工具的词，如：tshui^{31}“锤子”、fɛ̱^{31} liɔ^{55}“肥料”、vã^{31}“网”、kɤ^{33} tsɿ^{31}“钩子”；表示文化娱乐的词，如：ko^{33}“歌”、ɕi^{55}“戏”、tɕho^{31}“球”、ɕ ĩ^{55}“信”；表示宗教或抽象概念的词，如：phu^{31} sa^{55}“菩萨”、sõ^{55}“香”、fu^{31} tɕhi^{33}“福气”、ʑ ĩ^{55} tɕhi^{55}“运气”；表示方位、时间的词，如：nã^{31}“南”、tui^{55} mɛ^{31}“对面”、kha^{31} sɿ^{31}“开始”、tõ^{33}“冬”。表示数量的词，如：

thõ³¹“桶”、fɛ⁵⁵“份”、lõ³¹“两”、mu³³“亩”。表示代替、指示、疑问的词，如：tsɿ⁵⁵ tɕi³¹“自己”；表示性质、状态的词，如：di⁵⁵“低”、khõ³¹“空”、vɛ⁵⁵“歪”、luã⁵⁵“乱”；表示动作、行为的词，如：fã⁵⁵ tɕa³³“放假”、tsã³¹“积攒”、khau⁵⁵“靠”、mo³³“摸”等。以上是就基本词汇的汉语借用情况而言的。实际上，在日常生活用语中，彝语中的汉语借词数量已超过了 20%。随着新事物、新概念的不断出现，汉语新词术语源源不断地进入了彝语词汇系统，而且在不同人中出现了差异，已无法作出比较确切的量的统计。

里山彝族对待汉语成分进入彝语的态度呈开放性。当问及如何看待里山彝语有如此多的汉语成分时，乡长普家忠说：“这是事实。新事物、新现象不断出现，这些在彝语里以前是没有的，老辈人也从来没听说过的，不借用汉语怎么办？还有些词语，用彝语说起来不太简便，所以借用汉语的说法。我现在抽的‘红塔山’烟（指手上的烟），用汉语就是简单的 3 个字，要翻译成彝语来说又‘弯’又‘绕’，不易被认可，所以，我认为，彝语中汉借词多了一些是正常的，也是合理的。”

里山彝族之所以能够全民兼用汉语是一种客观需要。这种客观需要有它的历史继承性。从所了解的情况来看，前两代就会使用汉语，随着社会的进一步发展，必然将会继续一代一代的继承下去。

第三节　汉语和彝语的双语关系

双语现象，是一个民族或一个社团使用两种或两种以上语言的现象。对双语现象的研究，必须弄清两种语言的关系，包括双语互补、双语和谐等方面的内容。里山彝族是一个双语的民族，两种语言在使用中存在各种交错复杂的关系。

一、双语互补

里山彝族的双语——彝语和汉语，存在于一个社会中，各自在不同的领域分别使用。彝语、汉语的语言互补，表现在使用功能和表达功能两个方面。

1. 语言使用功能的互补

一种语言由于自身使用功能上的不足，使用者就有可能选择兼用另一种功能较强的语言，这就形成了语言使用功能的互补。在历史上，彝族与汉族长期相处，互相融合，出于交际的需要，很多人兼用汉语。出现了双语现象。彝语和汉语二者在使用功能上构成互补关系，彝族在不同的语言环境可以自由选择交际语言。

彝语主要在家庭、村寨内使用，用于本族人交流和民族文化的传承。不论是过去还是现在，彝语在彝族人民日常生活及社会生活中都发挥着重要的作用。但进入现代化建设的新时期，彝族与外界的接触不断增强，与其他民族的交往越来越频繁，彝语已经无法满足交际的需要，必须使用兼用语——汉语。因而无论聚居区还是杂居区，彝族村民都普遍兼用汉语。汉语不仅用在不同民族之间的交际，还广泛用于其他社会生活中。在快速发展的今天，仅用母语是很不够的，只有兼用汉语，用汉语补充才能适应社会发展的需要。

芭蕉村村委会主任李生宝（42岁）告诉我们，开会的时候，经常会用到汉语，如果需要详细的解释，就会使用彝语。乡政府、派出所、卫生所、邮电所等基本上将汉语作为工作用语。在学校早先有些刚入学的儿童偶尔还需要用母语来进行辅导教学，现在学校教育基本上都使用汉语普通话教学。随着社会经济的发展，里山乡出现了很多乡镇企业，很多彝族村民进入各种企业务工，他们也都得使用各民族的共同语。汉语的作用在里山彝族的生产生活中呈不断上升的趋势。

2. 语言表达功能的互补

语言是随着社会的发展进步而不断丰富发展的。语言的丰富发展有两种途径：一是通过本族语的再生、调整，提高本族语表达能力；二是通过语言接触吸取外族的语言成分来丰富自己。里山彝语两种途径都有，但在半个世纪以来，里山彝语主要通过语言接触吸取汉族的语言成分来丰富自己，增强自己的表达能力。

在长期的语言接触中，彝语受到汉语广泛的影响。汉语借词遍及词汇各个领域，包括天文地理、动物、植物、人体器官、衣着、数量、亲属称谓等方面，扩充和丰富了彝语的词汇系统。汉语的影响不仅表现在词汇方面，还表现在语法方面。里山彝语借用了虚词，包括副词和助词，副词如“就”、“又”、“更”等，助词如“着”、“过”等。还借用了形修名结构、述补结构等，进一步巩固确立了一些新的语序。

二、双语和谐

里山彝族虽然重视学习汉语，但并不会导致“汉—彝”两种语言不和谐。彝族对自己的语言持开放态度，他们重视汉语学习，对汉语的期望值高于母语，甚至有的家长宁愿削弱母语去加强汉语学习。新中国建立以来，由于我国施行了语言平等政策，各民族都有使用和发展自己语言的自由，少数民族使用本族语言得到法律的保护，母语和汉语的关系总体上是和谐的。即使是在当前广泛重视汉语的形势下，少数民族语言也未出现被歧视的现象。当然，随着现代化建设的不断深入，少数民族母语和兼用语汉语的关系如何摆放、如何处理好，是一个需要认真研究解决的问题。

第四章　大黑冲彝族的语言转用

语言转用，也称语言替换，是指一个民族或民族中的一部分人放弃了本族语转而使用另外一种民族语言的现象。语言转用是语言使用功能的一种变化，是语言发展中出现的语言关系的转变。

里山乡大黑冲村委会下辖6个彝族村民小组（“秀水沟”、“小荒田”、“大黑冲”、“新小黑冲”、“上打马坎”、“下打马坎”）和1个汉族村民小组（“辣麻子箐”）。据村民家谱记载，大黑冲彝族为滇南世居彝族的一部分，是四百多年以前从现今建水、石屏一带的彝族聚居区迁入汇聚而成的。

长期以来，由于受到地理环境、交通状况、经济模式、文化教育、语言态度等各种因素的综合影响，大黑冲6个彝族自然村大都放弃母语而转用了汉语，仅有少数老人还会说母语，而且只是在较小的范围内使用。那么，大黑冲彝语的转用主要表现在哪些方面？语言转用的特点与成因又是什么？我们从中可以得到哪些具有规律性的认识？这些问题都是本章所要解答的。

第一节　大黑冲语言转用的表现

大黑冲的语言转用可以从年龄、使用范围、人口数量以及母语的传承特点等几个方面进行考察。

一、仍保持使用母语的只有少数老人

年龄段不同，语言转用的情况也不同。根据不同年龄段母语掌握情况，可以将大黑冲母语的使用年龄段划为以下三个阶段：

1. 70岁以上：处在这一年龄段的母语使用者，彝语水平大多属于“熟练”等级，有一小部分属于“略懂”。日常交际中汉语与彝语兼用，但以汉语使用为主。该年龄段的人第一语言为彝语，第二语言为汉语。比如，大黑冲村委会三组的李福顺，男，75岁，文盲，生活范围限于本村之内，彝语、汉语均熟练，因早年家中住过一段时间的工作队，因此还能讲一些普通话。

2. 50—69岁：处于这一年龄段的人，彝语水平以“略懂”居多，通常具有“听”的能力，但口语表达能力较差。日常交际语言为当地汉语。第一语言为汉语，第二语言为彝语。如大黑冲

村一组的王从喜，男，59 岁，小学文化水平，生活圈主要限于本村，平日以讲汉语为主，遇到本村老人同他讲彝语时，主要以汉语回答，偶尔也会说上几句彝语。

3. 50 岁以下：这一年龄段的人，彝语水平多属"不会"等级，"听"、"说"能力已丧失。少数人能说出个别的彝语词（如"吃"、"喝"、"去"、"来"等）以及有限的几句日常用语。第一语言为汉语。像大黑冲村二组的普从晋，男，50 岁，小学文化水平，能略微听懂一点儿彝语，但不具有口语表达能力，而汉语"听"、"说"能力均佳。配偶李桂芬，45 岁，小学文化水平，彝语只掌握个别词语，汉语"听"、"说"均较熟练。长女普琼，22 岁，初中文化水平，次女普晓妹，18 岁，高中文化水平，姐妹两个的彝语能力完全丧失，日常交际中均已转用了汉语。

以上分析显示，大黑冲中年以下的人多已放弃母语转用了汉语，尚能熟练使用彝语进行交际的主要为 70 岁以上的老年人。

二、母语使用的范围狭窄

目前能够熟练使用母语的人多年事已高，加之村寨之间的往来又不甚方便，因而，大黑冲彝语的使用范围实际上已退缩至单个村寨与家庭内部。如前举大黑冲三组的李福顺，前些年还时常去建水的曲江赶赶集，到附近的寨子走走亲戚，会会朋友。现在岁数大了，他已经很少出寨子。平日除了偶尔在寨子里走走，跟老朋友聊些家长里短，更多的时间是在家里，陪着老伴聊聊天。

即便是在村寨中、家庭内，彝语的使用范围实际上也仅限于同龄人之间（夫妻、亲戚、朋友）。在家庭中，当年长者与子女讲彝语时，子女对彝语的理解普遍存在困难，这样就迫使老年人向子女"妥协"，使用他们所能理解的汉语。在与孙辈交流时，由于孙辈不会彝语，因而，老年人也只能使用汉语与他们交流。

三、母语使用的人口数量比例很低

根据这次实地调查大黑冲地区，现今彝语母语水平属于"熟练"等级的只有 66 人，仅占全村彝族总人口 826 人的 7.99%。即便是将"略懂"等级的人数 112 人也加在一起，也只占全村彝族总人口的 21.55%。从发展趋势上看，随着年长母语人的相继谢世，大黑冲地区懂彝语的人口比例将进一步降低。

四、彝语的传承已出现断层

语言的代际传承要通过两条途径来实现：一是家庭内部父母有意识地将第一语言传授给子女；二是在母语社区之内，儿童自然习得母语。

大黑冲的彝族家庭内部，父母基本上已不再主动地将母语传授给下一代。这当中存在两个"断裂点"：一是"曾祖辈—祖父辈"的语言传承，父母仍会教给子女一些彝语，但主要是以传授汉语为主。二是"祖父辈—父辈"的语言传承，父母已全然放弃本族语的传授，而是直接教子女学习汉语。原因在于，这一代的父母对彝语的期望值普遍较低，认为讲彝语过了“时气”，会影响子女的生活和未来。而且，这一代父母还存有先天性的不足，自身的彝语水平至多属于“略懂”甚至“不会”的等级，已无法将语言传给下一代。

在母语社区里，大黑冲彝语传承也出现断层。原来使用母语的社区，现今大部分已转用汉语。显然，现阶段大黑冲尚存的母语社区，就母语习得而言实际上已名存实亡，母语自然习得的环境早已不复存在。

总之，在家庭内部，父母基本上不再主动地将彝语传授给自己的下一代，儿童失去了“习得”的机会；在语言社区之内，自然习得彝语的语言环境也已不复存在，儿童也失去了自然“习得”的机会。母语传承的断代已成定局。

第二节　大黑冲语言转用的特点

大黑冲语言的转用主要有以下三个特点：

一、语言转用属于急促型

语言转用有缓慢型与急促型之分。两类转用在时间长短、语言结构变化等方面存在差异。缓慢型是在经历了较长时间的积累之后而引发的语言转用。这类转用一般需先经过一个较长的语言兼用阶段才能最终实现。在演变过程中，转用语的成分会逐渐浸入语言结构的各个层面，导致母语结构的衰变。急促型是在较短的时间内就完成语言替换。这种替换，由于语言兼用的时间相对较短，因而语言结构的变化较小，转用语对母语的影响程度较轻。

大黑冲彝语属于语言转用的急促型。就转用的历时长短而论，大黑冲彝语由曾祖辈到祖父辈再到父母辈，短短的三代就完成了母语向汉语的转换，转用时间仅仅 60—70 年。从语言结构的变化特点而言，由于语言转用历时较短，转用语尚来不及对母语的结构施加较大的影响，因而母语结构比较完整，母语系统的活力依旧强劲。

二、语言转用处在转用晚期

语言转用有早期、中期和晚期之别，不同时期语言转用的特点不同。从母语使用的人口数量、年龄段、范围以及彝语母语传承特点等几个方面进行综合考察，大黑冲彝族现阶段的语言转用处于“收尾”阶段，大部分地区、大部分家庭已完成了语言转用的全过程，少数保留母语使用的已无影响力。

三、语言转用与年龄成反比，与文化程度成正比

语言转用与年龄大小、文化程度高低有关。大黑冲的语言转用与年龄成反比，即年龄愈

大，语言转用的比例愈低；年龄愈小，语言转用的比例愈高。语言转用又与文化程度成正比，即文化程度越低，语言转用的比例越小；文化程度越高，语言转用的比例就越大。

第三节　大黑冲语言转用的成因

一、地理位置和分布特点是语言转用的主要原因

大黑冲处在两区（玉溪地区和红河州）三县（通海县、华宁县和建水县）的交界处。具体而言，大黑冲的西部是里山乡的两个汉族村委会——五山和中铺，东北是以汉族为主体的杨广镇，东南是华宁县，南边是建水县（见图 4－1）。就是说周围居住的多为汉族。东部和东北部虽有小片彝族分布，但也早已转用了汉语。可以认为，整个大黑冲都处在汉语单语区的包围之中。大黑冲所处位置还是本区一个重要的交通枢纽。区内有村级公路与通海县、华宁县、杨广镇、曲江镇等相连。“通—建”高速贯穿全区，离大黑冲村最近的一个停靠点不到 200 米。区内彝族与周边汉族经济往来便捷、频繁。

独特的地理位置，便捷的交通情况，为汉语深入大黑冲彝族聚居的腹地提供了可能。

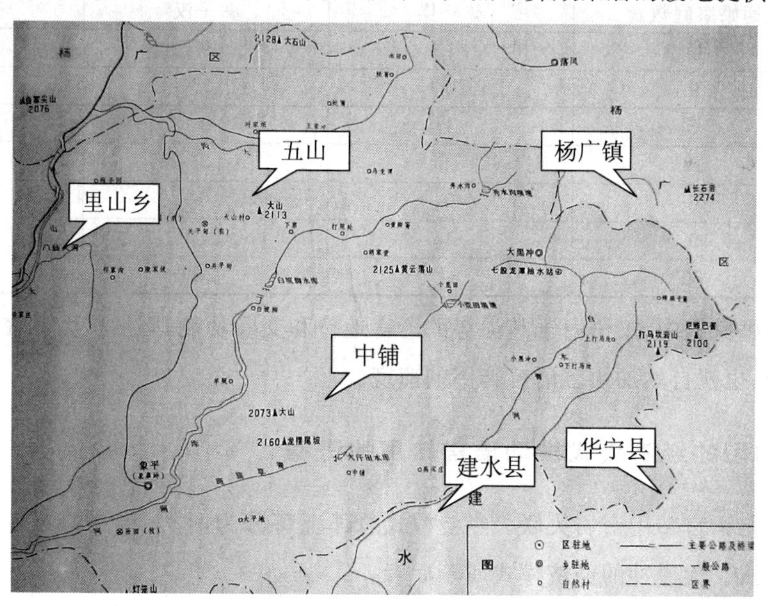

图 4－1

大黑冲彝族的分布类型属于松散型。其主要特点是，村寨之间相距较远，彼此联系不甚密切，人口密度较低。大黑冲村委会下辖 6 个组（彝族自然村），除了一组（秀水沟自然村）和三组（大黑冲自然村）有水泥硬化路面相连接外，其他 4 个村寨均坐落于山脊或山腰，彼此距离虽不算远（平均 4—5 公里），但多为山间土路，平日往来就不甚便捷，遇到雨季，则更是人车难行。各个村寨中的彝族百姓除了遇到“起新房”（当地汉语，“盖新房”义）、婚丧嫁娶等能够相

聚一处外,终年也没有几次见面的机会。再从每一个住户所处的地理位置来看,大黑冲的住户多依山就坡,住家相对分散。此外,左邻右舍多属于不同的民族。比如,大黑冲一组的孙家才家是彝族,前后两家(王从明家和王从非家)均为汉族。大黑冲三组的普永富家是彝族,对面的丁国民家则是汉族,两家仅距3米。

独特的地理位置和松散型的聚居类型,是大黑冲彝族语言转用的客观因素。目前,在大黑冲的绝大多数地区,汉语正凭借其强大的交际功能获得了越来越多的使用人口与越来越广的使用范围,并且逐步深入到每个村寨、每一个住户。在这种形势下,彝语使用功能必然会逐步衰退,不可避免地走向语言的转用。

二、族际通婚加快了语言转用的速度

大黑冲彝族的族际通婚数量较多。在大黑冲,共有族际通婚家庭60户,占总户数246户的24%,近四分之一。数量最少的是三组和五组,但通婚家庭也有6户。各村民小组彝族与其他民族族际通婚的情况如下:

表 4-1

组名	通婚家庭数量	彝一傣	彝一汉	彝一哈尼
一组	11	1	9	1
二组	9	0	7	2
三组	6	4	2	0
四组	19	16	3	0
五组	6	6	0	0
六组	9	4	4	1
合计	60	31	25	4

在族际通婚家庭中,汉语由于其强势的语言地位和交际功能,必然扩大其在家庭内和语言社区中的使用,也就自然加快了语言转用的速度。

三、外向型的经济模式推动语言转用的进程

经济模式与语言转用密切关联。经济模式总体上可分为两类:传统的农耕生产模式和外向型的经济模式。大黑冲的经济模式属于后者。

在大黑冲村,除了二组(秀水沟自然村)和三组(大黑冲自然村)因地处河谷地段较适宜于水稻等农作物的种植外,其他村寨多居于山顶或山腰地带,适宜种植金竹、山蘑、柑橘、蔬菜等作物。因此,长期以来,本地水稻等粮食作物多不能自给,需要到建水县曲江镇等盛产稻米的坝区购买。改革开放前,彝族百姓就已到曲江出售金竹编织品和菌子,换回稻米。改革开放以后,大黑冲彝族除了广泛种植蔬菜、金竹、柑橘,大量采集菌子外,还进一步扩大了烟草的种植。农民不仅就近到建水、华宁、通海等地进行蔬菜、水果、稻米的交易,还远赴玉溪甚至昆明等地。大黑冲彝族还充分利用山坡优越的草场条件,从事牛、羊、骡马等养殖业,当地有经济眼光的农民还尝试花卉的培植,将百合

花、玫瑰花等花木直接运往云南斗南大型花卉市场,远销至泰国、韩国、日本等国家。

可见,大黑冲的经济模式具有外向型的特点,与传统的农耕生产模式大不相同。传统农耕模式以自产自销为特征,农民固守于土地上,农民的活动范围局限于家庭、村寨和田间地头,交际对象相对固定,多为本村的乡亲,交际活动内容十分有限,人们使用单一语言就可以满足交际的需要。与之不同,大黑冲外向型的经济模式以商品交易为核心特征,交际活动范围广泛,交际内容丰富多样,交际对象、交际场合具有不稳定、不确定性,因而交际过程中人们使用一种语言往往满足不了信息交流的需求,必须掌握地区通用语(汉语)才能完成丰富多彩的交际活动。从这种意义上讲,外向型的经济模式显然加快了彝语向汉语转用的进程。

四、对汉文化的高度认同是语言转用的心理保证

长期以来,大黑冲彝族对汉文化产生了高度的认同感,汉族的文化习俗逐步深入到普通百姓的日常生活中。彝族传统的宗教信仰、婚葬习俗以及节日、服饰、娱乐、观念等方面均打上了明显的汉文化印记。宗教方面,原始的图腾崇拜已经让位于对儒家思想的尊崇和对佛教、道教的膜拜。我们在走访中发现,大黑冲每家每户的堂屋都有“天地国亲师”的牌位,在村公所的公房中还摆放有观音菩萨、玉皇大帝等塑像。婚俗方面也逐步与汉族的习惯趋同。丧葬方面,传统的请毕摩诵经指路的习俗也已消失,时兴的是丧事一切从简。节日方面,彝族过春节、元宵节、清明节、端午节、中秋节等汉族节日,其热闹气氛丝毫不亚于当地汉族。年前要杀猪宰羊,准备年货;元宵节要包汤圆;清明节要敬天、祭祖。相比之下,本民族的传统节日反而不再似以往受到广泛重视。“祭沟头”、“祭沟尾”等传统节日已不被年青一代所知。服饰方面,男子的京绒黑褂、女子的“三道红”仅仅是在重大隆重的场合下才会临时穿戴一下,平日男女服饰打扮均与当地汉族无异。甚至像在婚礼这样隆重的场合,新郎、新娘也不再穿戴民族服饰,而是身着西装革履、礼服婚纱。

大黑冲彝族强烈的汉文化认同感使得他们的语言态度呈开放型。我们在调查中发现,除极少数人对彝族转用汉语、不能讲彝语感到惋惜和遗憾外,绝大多数彝族都认为语言的转用符合自然规律,普遍能够接受彝语转用汉语的现实。即便是那些对彝语怀有深厚感情的人,也不愿意重新“习得”母语。他们清醒地认识到,里山彝语无法像汉语一样应用到现代社会生活的各个领域,在升学、就业乃至日常交际中都有较大的局限性。在回答“是否应该在小学阶段增加彝语课程以保障彝语的传承”之类的问题时,大家的态度非常鲜明、一致,认为彝语课程的增加只会徒增学生的负担。在回答“外出人员,回到本村不再使用母语,应如何看待”时,100%的受访者选择的均为“可以理解”。大黑冲彝族语言态度的开放特点,还表现在对待汉语学习的态度上。我们发现,无论是耄耋老人还是学前儿童,不论是村干部、教师还是农民、商贩,他们都将汉语放在了一个重要的位置上,认为汉语用途广泛,是日常交往、升学、就业所必需的。他们说,“只会说彝语出不了里山乡”,“会讲汉语特别是汉语普通话,才能找大钱”。他们认为,比较而言,美好生活的实现要远比何种语言的择用更为重要,也更为现实。正如下打马坎村主任

李学义（男，40 岁，彝族）所言："对我们这一代来讲，能不能讲彝话是次要的，生活得更好一些才是最最重要的。"

大黑冲彝族对汉文化的高度认同感导致了语言态度的开放性，这必然有力地促进了语言的转用。

五、汉语文教育的普及加速了语言转用的进程

与大黑冲邻近的建水县，自古以来就是滇南的文化重镇，尊孔崇儒，重视文教之风甚炽。由于受到建水的影响，大黑冲历史上就有重教兴学的传统。据当地人介绍，早在辛亥革命时期，大黑冲就有开明士绅高薪聘请建水的教书先生，教授本族儿童学习汉文。这种私塾性质的汉语教学模式一直持续到建国之前。早期的汉语文教育培养了一批熟悉汉文化、汉语言的人才，在一定程度上加速了语言转用的进程。

建国后，大黑冲彝族以汉语文学习为中心的正规学校教育得到了巨大的发展。除建国初期进行的大规模扫盲外，政府还大力兴办小学，重视师资培养，加大教育资金的注入，这些举措都使当地的汉语文教育蓬勃开展起来。改革开放以来，大黑冲的汉语文教学体系进一步完备、强化和普及。现今，儿童自 4 岁到 6 岁都要入学前班，主要是学习汉语拼音，识记汉字。幼儿园老师介绍说，彝族儿童在正式入小学之前，基本上就学会了汉语拼音，汉字也能掌握近千个。据大黑冲村委会主任李学义介绍，大黑冲小学的绝大多数教师，都是从昆明、建水等师范学校或教师进修学校毕业的，授课时都要使用普通话。我们在大黑冲小学随处可见"请讲普通话，请写规范字"的标语。随着本地"普六"、"普九"义务教育的全面实施，彝族适龄儿童入学率、巩固率均已达到 100%。小学毕业后，大部分彝族学生要去通海继续完成初、高中阶段的学习，还有一些去昆明，甚至到外省完成学业。由于重视学校教育，大黑冲的教育水平在整个里山乡一直居于领先地位。大黑冲三组的普丽丽（女，20 岁）说："我们大黑冲像我一般大的高中生多的是。"芭蕉村委会的李生宝主任（男，42 岁）也告诉我们："在我们里山乡，大黑冲的娃娃书读得最好，在昆明读中专、读大学的也最多。"

学校汉语文教育的普及为大黑冲培养了一批又一批通晓汉语、汉文化的人才，这在客观上巩固了汉语的转用。

第四节　大黑冲彝语转用的启示

大黑冲彝族为滇南世居彝族的一部分，人口也有千余人。但大黑冲彝语仅仅在 60—70 年之内就发生了大面积的转用。随着年长母语人的相继谢世，大黑冲彝语在未来 20—30 年之内很可能就会完全消失。那么，大黑冲彝语的转用给了我们什么启示呢？

一、语言转用是我国少数民族语言生活中的一种客观现实

在我们这样一个统一的多民族国家里,语言转用是少数民族语言生活中的一种客观存在。历史上我国由于各种社会因素,满、回等民族曾出现过语言转用。建国后,我国宪法中明确规定:“各民族都有使用和发展自己语言文字的自由”,这使少数民族语言文字的自由发展得到了充分的保障。但由于某些因素,有的语言出现了功能衰退,甚至濒临消亡,使用该语言的人出现语言转用。自然的语言转用,是一种客观必然,不以人们的意志为转移,我们应采取理性、科学的态度,对其发生、发展、演变的规律进行研究。

语言转用既具有积极性又具有消极性。一方面,语言转用多是为了调整语言的功能,转用的程度以及对转用语的选择均由现实需要来决定。倘若一种语言不再满足日常交际的需要,人们自然会选择另外一种语言去取代。但在另一方面,语言转用意味着母语人放弃本族语,使得这种语言在地球上消失。对于无文字的民族而言,民族历史、神话故事、生产与生活经验等均需由语言口耳相传得以传承,故而,语言转用所带来的语言消亡,在某种意义上就意味着该民族特有文化的逝去。

二、民族自身条件不同,语言转用的成因有别

不同民族在地理分布、交通状况、经济水平、文化教育传统等方面各有不同,因而语言转用的成因也多有不同。导致大黑冲彝族语言转用的因素是:独特的地理环境、松散型的聚居形式、既早且深的汉文化影响、外向型的经济模式等。

语言转用往往是多种因素共同作用的结果,但于诸多因素中,总有一至两个最为重要、直接的因素。在研究语言转用的成因时,应充分重视语言转用的主导性因素。比如,梁河阿昌族地区大面积转用汉语的成因复杂,既包括地理环境的因素,又有人文历史的原因,但最重要的当为高度杂居和对汉文化的高度认同感。大黑冲彝族语言转用的成因也是多方面的,其中受汉语区包围和松散型分布状态是主导性因素。

总之,在对语言转用成因进行个案分析时,既要梳理出导致语言转用的各种因素,又要从中区分出主次。这样才能准确、真实地揭示语言转用的成因。

第五章 里山彝族青少年的语言生活

某一个民族语言使用功能的发展和变化，在青少年中反映得最为迅速、明显。因为青少年是民族的未来，接受和反映新信息的速度最快、最及时。可以说，青少年的语言生活是语言使用变化的"晴雨表"。所以，在研究语言的使用状况时，要特别重视研究青少年的语言生活。那么，里山彝族青少年的语言生活实际究竟呈现出一个什么样的面貌，是否存在母语能力下降的现象，导致语言能力下降的因素又是什么，应该如何看待青少年语言能力下降？这些都是本章要讨论的问题。

本章主要关注的是6—19岁的里山彝族青少年的语言生活。由于需要比较，还涉及其他年龄段的彝族。已经转用汉语的大黑冲地区的语言使用情况已在第四章论述，不在本章讨论。

第一节 里山彝族青少年语言生活现状

里山彝族青少年的语言使用具有稳定性（普遍保持母语的使用）、兼用性（除了使用母语外，还兼用汉语）、层次性（不同群体的语言使用存在差异）的特点。现分述如下。

一、稳定性：里山彝族大多数青少年仍然能够使用母语

正如本书第二章所述，里山彝族大都保留了自己的母语——彝语，且在日常生活中稳定而熟练地使用。现代化的进程带来了传统经济模式的革新、人民生活水平的提高以及社会的繁荣与进步，这一切都深刻地反映在里山彝族社区的方方面面。里山彝族青少年在母语使用上也被赋予了新的内容和特点。简单地说，有以下三点：

（一）大多数青少年掌握了彝语的常用词汇和基本的语法规则，能够用彝语来进行日常交际

彝语是大多数彝族青少年日常生活最主要的交际工具。他们能用彝语与长辈、同学、朋友，就生活、生产中的各种话题进行谈话，交流各自的观点和看法。我们在芭蕉村落水洞村口的一户人家曾看到这样的情景：7名年龄介于11—17岁之间的彝族少年放暑假，聚在一起看电视、聊天。他们中有两位初中毕业后在村办工厂打工，有1位小学毕业刚升入初中，其他都是初一至初三的学生。有的是姐弟，有的是同学，有的是邻居。他们之间说的是彝语，彝语说得流利而且自然。又如，象平村一组的一户家庭中，母亲是蒙自的汉族，父亲是本地彝族，儿子

李家伟（11 岁）、女儿李园（8 岁）在家都说彝话。最有意思的是，兄妹俩跟妈妈说彝话，而妈妈用汉话来回答。

大部分彝族青少年仍保留并熟练使用母语，这是里山彝族青少年在母语使用上最重要的特点。这种状况将持续很长一段时间。

（二）青少年的彝语水平比实际年龄应当具有的水平要低

很多词汇、句子，本可以用彝语表达，而且他们的长辈仍然使用彝语表达，可是青少年不会说了，或者说得不流利、不连贯了。在调查中，我们通过 400 个基本词汇和 15 个基本句法结构，对里山彝族青少年的母语能力进行定量的测试和分析，发现青少年的母语能力的确呈现出下降趋势。[①] 母语的听、说能力不均衡，听的能力普遍要好于说的能力。

当然，要看到的是，虽然他们的母语表达水平有限，但还是能完成家庭内部的一般交际的。

（三）有个别少年儿童放弃母语而转用汉语

在里山，完全不懂母语的彝族是没有的。但有的少年儿童虽然能听得懂彝语，但在交际中却不会说或者根本不说，转用汉语，成为操用汉语的单语人。比如，象平村一组的龙俊羽（8 岁）就是一个汉语单语人。她的父亲介绍说："她很小的时候曾说过几句彝话，但现在不说了。"她的姐姐龙俊秀（15 岁）也说："像妹妹这样不说彝话的人，村里只有她一个。"经了解我们得知，由于龙俊羽、龙俊秀的母亲是曲江的傣族，不会彝语，所以平时家里"彝语很不说"，女儿和父母之间说当地汉语方言，姐姐只跟爷爷奶奶说彝话。

目前这种现象只出现在族际婚姻家庭，人数极少，而且年龄偏小。产生这种现象的原因是多方面的，比如不同民族杂居和通婚、汉语的强势影响、现实生活的需要、个人的语言选择等。这个问题应该引起重视，但并不能说明彝语的自然传承出现断代，更不意味着里山彝语已经濒危。

二、兼用型：里山彝族大多数青少年均是"彝—汉"双语人

里山彝族使用双语的历史很早。随着社会、经济的发展，汉语的重要性在民族地区越来越得到认同。如今的里山乡是"彝—汉"双语区，几乎没有人不通晓汉语。[②] 里山彝族学习汉语，都是自觉自愿的。家长们非常重视孩子的汉语学习。在孩子进幼儿园以前，他们就开始有意识地教孩子说汉语了。我们访问了多位家长，他们都流露出了这样的看法：早一点儿让孩子掌握汉语，就意味着孩子将来能更好地适应社会，可能更有出息。我们到达芭蕉村落水洞组的李丽琴家时，她 7 岁的女儿和 3 岁的儿子正在看动画片《奥特曼》。她说，孩子们喜欢看动画片影

---

① 具体的数据和分析见本章第二节、第三节。

② 详见本书第三章。

碟，而且能听懂里面的台词。同组组民、19岁的李春梅告诉我们，她在上学前班以前，就会说汉语了，而且能用汉语从1数到200，会背乘法口诀。这些都是父亲教给她的。因为父亲觉得"如果不知道乘法口诀，做生意就不会算账，会被人骗"。父亲还教她写自己的名字，学写"日、月、水、火"等汉字。和李春梅一样，里山彝族儿童在入学前都已经成为"彝—汉"双语人了。只不过在这个阶段，他们的汉语水平还比较低。

里山彝族儿童到了四五岁，家长们把他们送进学前班。七八岁后，转入小学。无论是在学前班还是小学，课堂用语都是汉语。在有的村寨，刚进学前班的儿童在学习中需要老师用彝语进行引导和解释。但到了小学，老师就只用汉语授课。因为孩子们已完全能听得懂汉语，不需要彝语辅助教学。里山小学五年级（3）班学生普丽（1995年出生，落水洞组人）对在学前班的那段生活仍记忆犹新。她记得那时老师教学生们学习写汉字、数数、画画、唱歌等。每天上下午都有课，上课时老师和同学都说普通话，下课后同学之间说彝语。普丽说，上学前班前自己还"很不会说普通话"，上学前班后就会说了。我们在象平村还见到了四五名放暑假在家的学前班儿童。他们大大方方地用普通话与我们交谈，回答我们的提问。而23岁的大学毕业生李家彬（落水洞组人）说，他在学前班的情况与现在有些不同。1989年，5岁的他被父亲送到了村里的学前班，直到1991年上小学。他说，当时老师教的内容跟现在差不多，只是当时老师用的是当地汉语方言，而不是普通话。

进入小学后，汉语学习得到不断强化。里山是一个多民族乡，除了彝族外，还有汉族、哈尼族等。各民族之间交往，必须使用汉语。特别是近几年，里山乡实行教育改革，各村寨不再设立小学，凡适龄儿童均到里山乡小学就读。学校实行寄宿制，学生只有周末才能回家。彝、汉学生按班而不按民族编排宿舍，16个学生住一间。各科老师都使用普通话开展教学，学生回到宿舍也是说普通话。每个教室都有电视机，学校规定学生每天晚上7点准时收看中央一台的《新闻联播》节目，在次日清晨7点半的早读课上，老师还要求同学们就前一天晚上的新闻内容进行讨论。在这样的环境下，彝族孩子们的汉语水平（包括听说读写各项技能）提高很快，逐渐与当地汉族不相上下。

三、层次性：里山彝族青少年的语言生活存在不同类型

由于居住地的民族成分（聚居区还是杂居区）、父母的民族成分（族内婚姻家庭还是族际婚姻家庭）、年龄段等因素的影响，里山彝族青少年在母语能力、语言习得和双语关系上，呈现出层次性和差异性的特点，构成不同的类型。

（一）彝语能力

里山彝族青少年彝语能力具有个体差异。本书将母语能力分为"熟练"、"略懂"和"不会"三级，并对全乡575名6—19岁的彝族青少年进行了统计。其中，彝语熟练的有558人，占97%；彝语略懂的有9人，占1.6%；不会彝语的有8人，占1.4%。

除了个体差异外，因居住地、家庭的不同，青少年的彝语能力还存在不同的层次。一般来说，聚居区青少年的母语能力整体要高于杂居区，族内婚姻家庭孩子的母语能力要普遍高于族际婚姻家庭。

（二）语言习得

1. 第一语言的选择与语言习得顺序

孩子最早习得哪一种语言，与家庭内部所使用语言的关系最为密切。在族内婚姻家庭，父母双方都是彝族，家庭内部使用彝语，因而，孩子出生以后，第一语言自然也就是彝语了。等孩子到上学前班的年龄了，家长开始教孩子说汉语。因为他们认为，“汉语要教，不教的话，孩子就不会说了”。值得注意的是，上世纪 90 年代中期以后，彝族孩子学习汉语的年龄比以前提前了。家长们清楚地看到，汉语在孩子未来的学习和生活中具有不可替代的作用。因此，有的家庭自打孩子出生起，就开始教孩子学说汉语。越来越多的孩子成了“彝—汉”双母语型。

而在族际婚姻家庭中，父母中有一方不是彝族，不会说彝语。会说彝语的一方往往“迁就”不会说彝语的一方，所以，家庭内部使用的语言是汉语。故族际婚姻家庭的孩子大都先习得汉语，然后才习得彝语。当然，也有一些家庭的孩子是“汉—彝”双母语型。

在里山，双母语的情况越来越多。这充分体现了里山彝族对自己母语的热爱与自信，同时也表明了他们对汉语的重视。

2. 母语习得途径

对无文字语言来说，家庭和社区是语言习得的两条主要途径。在里山，家长们都说，“不用担心孩子不会说彝话”，“家里也不需要教彝话，孩子自然而然就会说了”。无论是在家庭内部还是在村寨里，彼此谈话间、孩子嬉闹处、田间劳作中，几乎在任何时间、地点都能听到彝语。在这样的环境中，孩子轻松而且自然地习得了彝语。

而在一些族际婚姻家庭中，由于家庭内部使用当地汉语方言，孩子在家庭里是无法习得彝语的。在村寨中经常与其他说彝语的孩子在一起玩耍，从而习得彝语。比如，象平村一组的沐建国（10 岁），其母亲不会说彝语，他的第一语言是汉语。在和村里小朋友一起玩耍的过程中，他学会了彝语。

这就告诉我们，作为语言习得的两条途径，家庭和社区具有互补关系。如果其中一条途径被阻断，而另一条途径仍可以实现的话，儿童也能够习得母语。

（三）双语关系

这里的“双语关系”主要是指由于彝、汉两种语言能力的高低而形成的不同关系。理论上，存在三种可能：一是汉语好于彝语；二是彝语好于汉语；三是彝语和汉语能力相当。就青少年而言，其语言能力是不断发展和变化的。因此，在不同年龄段，双语关系会呈现出不同的特点。

1. 在未进入学校前

第一语言是彝语的青少年，主要说的是彝语，虽然也懂简单的汉语，但彝语要好于汉语。而第一语言是汉语的青少年，彝语懂得很少，汉语要好于彝语。至于双母语的青少年，就要看其家庭内部彝语和汉语哪一种语言用得更多，用得多的那种语言的能力要相对好一些。

2. 进入学校后

在学前班、小学、中学的大部分时间都在学汉语、用汉语，因而汉语能力突飞猛进，并逐步与当地汉族人的汉语水平相当。学生只能在周末或寒暑假回到家里，才有机会说彝语。也就是说，每年开学后离开彝族村寨，放假后回来，再离开，再回来……如此往复，在前后约 10 年的求学过程中，他们与彝语环境保持着一种或即或离的关系。而不是像她们的父辈、祖辈那样，在青少年阶段一年四季、从早到晚所有的活动都在村寨里完成。因此，从时间上来看，现今的彝族青少年儿童在母语习得上出现了一段“空档期”。正因为与彝语环境的疏离，而恰好在此时，汉语、汉文化作为强势力量进入，彝族孩子的汉语词汇量超过了彝语词汇量，汉语能力逐渐高于母语能力。

但我们也要看到的是，随着年龄的增长，彝、汉两种语言的词汇量都在增长，两种语言的能力也不断提高。特别是对于第一语言是汉语的彝族孩子来说，由于在家里没有习得彝语的条件，走出家庭后在寨子里反而习得了彝语。只不过在这一时期，汉语能力增长的速度和强度都远远超过了彝语。

3. 离开学校，进入社会后

除极少数到外地求学或务工外，大多数里山彝族完成九年制义务教育后，回到本村本寨务农。重新融入彝语的大环境中，意味着聚居区的彝族获得再次习得彝语的机会，能够弥补在“空档期”造成的语言知识的缺失，因而，其彝语能力会有所进步，并逐渐赶上汉语水平。比如彝族青年李家彬（23 岁）2006 年从九江学院毕业后回到落水洞后，学会了很多农业方面的词汇。而在杂居区却又是另外一种情况，由于缺乏必要的彝语习得大环境，大多数青少年的彝语能力还是赶不上汉语水平。

第二节　里山彝族青少年母语能力定量分析

如上所述，由于年龄段、聚居区或杂居区、族内通婚或族际通婚家庭等客观因素的影响，里山彝族青少年的母语能力存在不同程度的差异。那么，这些差异到底有多大？如何在定性分析的基础上，进行定量分析？因为词汇量是衡量一个人语言发展水平和认知发展程度的重要依据。所以，对某个年龄段词汇量的统计，对于说明该阶段语言能力发展的状况有着重要意义。正因为如此，我们采用基本词汇测试的办法，通过对青少年基本词汇掌握情况的统计、比较，分析其母语能力的高低。

一、基本词汇测试情况介绍

下面对基本词汇测试涉及的几个问题进行简要的说明。

(一) 测试内容

选取彝语中400个最基本、最常用的词。所收词汇范围较广,涉及名词中的天文地理、人体部位、动植物名称、食品以及数词、量词、动词、形容词等词类。之所以选择基本词汇,是基于以下两点考虑:一是基本词汇的掌握与否,直接决定交际能否实现及效果的好坏。二是无论是从认知能力的发展还是从词汇习得规律来看,8岁以上的里山彝族对测试中的400个基本词汇,掌握率在80%以上。

(二) 评定标准

用A、B、C、D四级标准评价被测试人掌握基本词汇的情况。

A级:表示听到汉语词后,能迅速说出相应的彝语词。

B级:表示听后不能迅速说出彝语词,要想一会儿后才能说出。

C级:表示自己想不出彝语词汇怎么说,但经提示后,能听懂。

D级:表示经提示,也听不懂。

(三) 测试对象

我们采用随机抽样的办法,共测试了35位8岁以上、土生土长的彝族。

按年龄段来分:8—10岁,有4人;11—20岁,有15人;21—30岁,有5人;31—40岁,有5人;41岁以上,有6人。

按居住地来分:属于聚居区的有芭蕉村落水洞的21人,象平村一组的8人。属于杂居区的有里山村下许家庄的6人。

二、基本词汇测试结果及分析

400基本词汇测试的文本详见本书附录四。下表是对35份测试结果的统计(按年龄排序):

表 5-1

编号	1	2	3	4	5	6	7	8	9	10	11	12
年龄(岁)	8	8	10	10	11	12	13	13	13	13	13	14
A	165	183	151	256	257	256	252	196	261	259	312	322
B	24	40	79	31	44	43	24	66	32	3	13	12
C	136	77	131	98	58	76	45	93	78	75	59	50

D	75	100	39	15	41	25	79	45	29	63	16	16
编号	**13**	**14**	**15**	**16**	**17**	**18**	**19**	**20**	**21**	**22**	**23**	**24**
年龄（岁）	15	15	16	16	17	18	19	21	23	23	25	29
A	289	24	275	255	343	334	361	337	342	373	352	369
B	39	3	39	41	11	11	15	38	44	6	23	3
C	67	234	37	48	44	44	18	23	14	20	18	26
D	5	139	49	56	2	11	6	2	0	1	7	2
编号	**25**	**26**	**27**	**28**	**29**	**30**	**31**	**32**	**33**	**34**	**35**	
年龄（岁）	34	36	37	38	40	42	43	49	69	71	71	
A	372	306	384	362	366	400	392	346	394	400	387	
B	12	7	2	18	18	0	6	25	0	0	4	
C	16	83	9	18	16	0	2	29	5	0	9	
D	0	4	5	2	0	0	0	0	1	0	0	

基于以上统计结果，我们对彝族青少年的母语能力有如下认识：

（一）里山彝族母语能力的高低与年龄的大小成正比。青少年的母语能力要低于父辈

在400个基本词汇中，A、B级词都是既能听懂又会说的词，二者的区别在于熟练程度的不同，而不是“会”与“不会”。A+B之和可以被认为是母语词汇总量的最大值，是衡量母语能力高低的一个重要指标。而D级是完全不懂、没有掌握的词汇。因此，A+B之和、D级词汇数量的多少，能反映运用某种语言进行基本日常交际的能力的高低。A+B之和越大，D级词汇越少，表明母语词汇量越大，运用该语言就越熟练、自如；反之，A+B之和越小，D级词汇越多，表明母语词汇量越小，运用该语言进行日常交际就越不熟练。我们依此来考察里山彝族青少年母语能力的变化情况。①

由于父母使用的语言、家庭内部的使用语言、语言环境等客观因素会影响语言能力的高低，因此，为保证数据的可靠性、准确性，我们选择比较对象时确定了限制的条件。条件主要是：(1) 父母均为彝族。(2) 家庭内部的语言主要是彝语。(3) 在当地定居，没有因升学或工作原因曾较长时间离开过。

先来看杂居区的情况。经过筛选，符合上述条件的共有4人。

表 5-2

编号	**10**	**13**	**27**	**33**
年龄（岁）	13	15	37	69
A+B	262	328	386	394
比例（%）	65.5	82	96.5	98.5

① 考察青少年母语能力的发展变化，最科学、最有效的办法是采用个案追踪调查，采集历时的、纵向的数据。但是由于时间和研究条件的限制，我们缺乏这方面的研究数据。所以，只能选择在共时状态下，通过与中老年之间代际差异的比较，来考察里山彝族青少年的母语水平。从共识的差异反映历时的变化，这也是社会语言学的研究方法之一。我们的研究还参照了有关汉族少年儿童语言能力发展变化的研究成果。

用曲线图表示为：

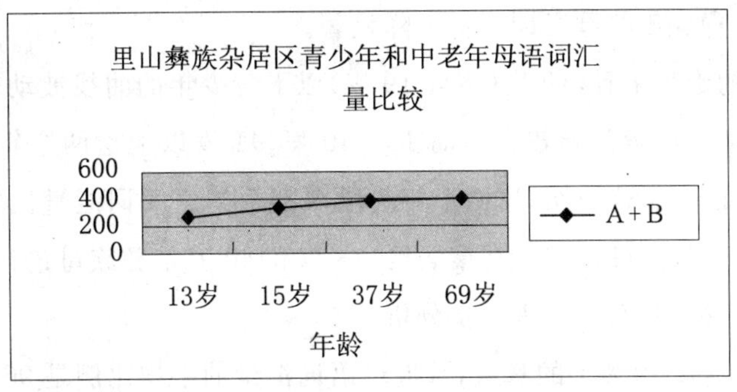

图 5－1

在各年龄段中，词汇量最大的是老年人，最小的是儿童，二者相差 33%。可见在杂居区，中、老年的基本词汇量比较接近，少年儿童词汇量下降得最为明显。

再来看聚居区的情况。符合上述条件的被测试人共有 23 人。

表 5-3

编号	1	2	5	6	8	9	11	12	16	17	18	19
年龄(岁)	8	8	11	12	13	13	13	14	16	17	18	19
A+B	189	223	301	299	262	293	325	334	296	354	345	376
比例（%）	47.25	55.75	75.25	74.75	65.5	73.25	81.25	83.5	74	88.5	86.25	94
编号	20	22	23	24	25	28	29	30	31	34	35	
年龄(岁)	21	23.	25	29	34	38	40	42	43	71	71	
A+B	375	379	375	372	384	374	384	400	398	400	393	
比例（%）	93.75	94.75	93.75	93	96	93.5	96	100	99.5	100	98.25	

用曲线图表示为：

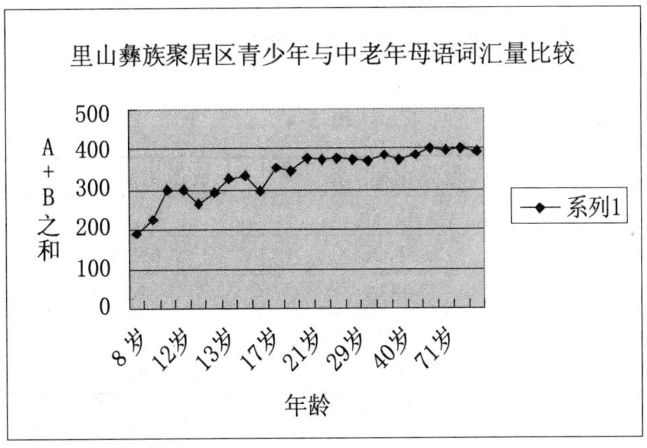

图 5－2

参加词汇测试的 23 名彝族中，有 2 人全部掌握 400 个基本词汇，都是中老年人。其中一人 42 岁，另一人 71 岁。词汇量最小的是一位 8 岁的儿童，只会说 189 个，仅占测试总数的 47.25%。儿童所掌握的基本词汇量不及中老年人的一半。参加测试的另一位 8 岁儿童，基本词汇掌握的比例是55.75%，比词汇量最大的低了约44个百分点。可以看出，中老年的基本词汇掌握得很好，而青少年的母语词汇量下降显著。

再从图中曲线的走势来看，19岁(不含19岁)以下青少年的曲线波动较大，说明这一年龄段内部个体之间基本词汇量差异较大。而18—40岁、41岁以上这两个年龄段的曲线比较平稳，但后者明显高于前者。这说明，这两个年龄段内部个体之间词汇量比较接近，但后者的词汇量要比前者更大。因此可以认为，在聚居区，18岁和40岁是彝族母语词汇量多寡的两条分水岭。结合具体的数据，我们可以进一步分析：

1. 19岁以上（不含19岁）的彝族，掌握母语词汇量的平均比例是96.43%。个体之间相差不大。其内部还可再分为两个次年龄段：

(1) 19—39岁。母语词汇量最高的是384，最低的是372，占被测词总数的比例在93%—96%之间，平均值是94.11%。

(2) 40岁以上。词汇量最高的是400，最低的是384，比例在96%—100%之间，平均值是98.75%。

2. 18岁以下（含18岁）的彝族少年儿童之间，母语词汇量差异较大。其中，还可再分为三个次年龄段：

(1) 8—10岁。母语词汇量最高的是223，最低的是189，占被测词总数的比例在47.25%—55.75%之间，平均值是51.5%。

(2) 11—13岁。母语词汇量最高的是325，最低的是262，比例在65.5%—81.25%之间，平均值是74%。这是母语词汇量个体差异最大的一个次年龄段。

(3) 14—18岁。母语词汇量最高的是354，最低的是296，掌握的比例在74%—88.5%之间，平均值是83.06%。

现将各年龄段的彝族掌握基本词汇的比例归纳如下：

表 5-4

序号	年龄段	最高比例（%）	最低比例（%）	平均值（%）
1	8—10岁	55.75	47.25	51.5
2	11—13岁	81.25	65.5	74
3	14—18岁	88.5	74	83.06
4	19—39岁	96	93	94.11
5	40岁以上	100	96	98.75

用柱状图5-3表示如下：

这样就可以比较清楚地看到，里山彝族母语词汇量的下降最突出地反映在1、2、3三个年龄段，都在18岁以下（含18岁）。至此，我们可以总结出一个规律，就是无论在杂居区还是聚居区，彝族基本词汇掌握得好差与年龄大小成正比。年龄越大，基本词汇掌握得越好；反之，年龄越小，掌握得越差。特别要指出的一点是，40岁以上的彝族，个体之间的差异很小。而40

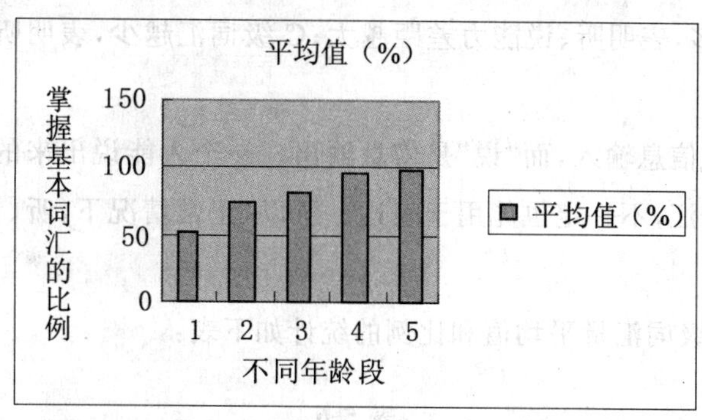

图 5－3

岁以下的彝族，年龄段不同（比如儿童、少年、青年），基本词汇掌握情况有较明显的差异。

我们还比较了四组彝族家庭中父母辈与子女辈的母语能力。见下表：

表 5-5

编号	第一组			第二组		第三组		第四组		
	2	6	25	4	28	19	31	14	26	27
年龄（岁）	8	12	34	10	38	19	43	15	36	37
家庭关系	次女	长女	母亲	长子	父亲	长女	父亲	长子	父亲	母亲
A＋B	223	299	384	286	374	376	398	27	313	386

从上表可以清楚地看到，子女辈的母语能力普遍低于父母辈，下降显著。其中，第四组家庭中 15 岁的儿子只会说 400 个基本词汇中的 27 个，仅占 6.75%。这个比例意味着这名少年无法用彝语来表达自己的想法，也不能实现与其他人用彝语进行正常的交流。第四组家庭内部交流是用汉语。

（二）同年龄段相比，聚居区青少年的母语能力要好于杂居区的青少年

调查中，我们接触到大量的彝族青少年。一个最直观的感受就是，聚居区和杂居区的青少年母语水平有明显的差异。在聚居区的象平村，三四岁的儿童在一起玩耍嬉戏时都是说彝语，年龄大一些的孩子更是如此。而在杂居区的下许家庄，八九岁的儿童在一起玩耍时说的都是汉语，虽然有的能听懂彝语，但都不说了。

由于调查样本数量有限，我们仅选取 13 岁这个年龄的孩子作为比较对象。聚居区 13 岁的少年儿童有 4 人，其中 1 人是族际婚姻家庭的孩子。我们计算了另外 3 位族内婚姻家庭孩子的 A＋B 之和的平均值，是 293。而杂居区的一位族内婚姻家庭的 13 岁孩子的 A＋B 之和是 262。二者相差 31 个词汇，占总测试词汇量的 7.8%。可见，聚居区和杂居区青少年母语的词汇量存在较大差异。

（三）里山彝族青少年母语听的能力要高于说的能力

C 级词汇是能听懂但不会说的词。因此，C 级词汇的多少，能反映一个人听、说能力的差

异。C级词汇数量越多,表明听、说能力差距越大;C级词汇越少,表明听、说能力比较接近或相当。

我们知道,“听”是信息输入,而“说”是信息输出。一个人能说出来的词汇,一定是他听得懂的;而他能听懂的词汇,不一定也能用于表达。所以,正常情况下,听、说之间都会存在一定的正差。

各年龄段彝族C级词汇量平均值和比例的统计如下表:

表 5-6

序号	年龄段	C级词汇平均值	比例(%)
1	8—10岁	110.5	27.6
2	11—13岁	69.1	17.3
3	14—18岁	48.3	12.1
4	19—39岁	24.5	6.1
5	40岁以上	8.7	2.2

上文说过,40岁以上的彝族听、说能力俱佳,而且听说能力平衡。听和说之间相差8.7个词汇、2.2%的比例差,是正常现象。因此,我们以这一组数据为标准,来对比分析其他年龄段的彝族的听说能力的差异。

从上表可以看出,其他4个年龄段的数据都高于这个标准,特别是18岁以下的少年儿童,其听说能力比例差要高于标准近10个百分点。这足以说明,18岁以下的少年儿童的听说能力的差异是最大的,听彝语的能力要大大高过说彝语的能力。

里山彝族青少年的语言能力正处于一个动态的发展变化过程中。随着时间的推移,他们对基本词汇的掌握情况会有所变化。而在A、B、C、D四级词汇中,最可能发生变化的就是B级词。在测试过程中,青少年对B级词的反映有两种不同情况。

一种情况是,听到汉语词后,没有立即说出这个词在彝语中相应的词,而是想了一会儿后才说出来。他们经常会说:“这个词很久不用了,一下子想不起来了。”比如,mi^{33} xɛ̃^{33}“风”一词,有的青少年想了一会儿才说出。这说明在青少年的词库中,本语词还占有一席之地,“只是一时半会儿没有想起来而已”。但也表明这些词在青少年的词库中已从常用词的地位下降到非常用词了。如果使用频率增加的话,也有可能升级为A级词。

另一种情况是,当被测试人听到汉语词后,第一反应是说出汉语借词。经提醒后,他们才慢慢想起固有词来。比如,有的青少年听到词汇“热”、“读(书)”后,马上说出 thã^{33}(烫)、su^{31}(书) sɔ^{33}(读),经提示“彝语词怎么说”后才恍然大悟,而后说出本语词 ŋɤ^{31}(热)、sɿ^{31}(书) sɔ^{33}(读)来。又如,“爬(山)”一词,有人脱口而出 bɤ^{31}(山) phɔ^{31}(爬),经提示后,才说出本语词 bɤ^{31}(山) dɛ̱^{31}(爬)来。这些彝语词在实际语言交际中青少年已几乎不用了,而是转用汉语词。这些词在青少年的词库已接近于淘汰或弃用,其活力不及第一种情况。这部分词的使用频率持续下降,就有可能降为C级词。

简言之,B级词有可能随着使用频率的增高而得到巩固,从而升级为A级词;但也存在另一种可能,由于不常用而降为C级词。这正是青少年的语言能力不断发展变化的表现之一。有鉴于此,我们认为,对里山彝族青少年的语言能力进行追踪调查是非常必要的。

第三节 里山彝族青少年母语能力下降的表现

语言能力的高低可以从词汇量的多少(词汇)、语法结构的完整性和复杂程度以及类型差别(语法)以及听说读写基本语言技能的强弱(语言技能)等方面进行分析。语言能力的下降,最明显地反映在词汇量的减少和句法表达准确度的降低上。本节将从词汇和语法两个方面来剖析里山彝族青少年的母语能力下降的表现。

一、词汇

(一)不会说本语词,直接转用汉语,导致母语词汇量明显减少

里山彝语词汇丰富、具有系统性,不仅数量大、类别多,而且表达准确细腻。近年来,青少年母语词汇量下降的趋势已愈来愈明显。日常生活中的许多具体事物,中老年彝族都能用彝语来指称、表达,而彝族青少年不会用母语词汇来表达,不得不借用汉语。比如,彝族青少年没见过"井、荞麦、虱子、虮子、篦子"等事物,也都不会用彝语说了。当地很多彝族人也注意到了这一点。芭蕉村村委会主任李生宝说:"现在30岁左右的年轻人彝话都说得没有老一辈人好了。"还有一位彝族老大娘说:"现在的小孩子都只会说眼前的、看得见的,看不见的都不会说了。"但值得关注的是,有一些常见的事物,如"星星、(火)烟、河、旱地、稻草"等,中老年还在用彝语来表达,而青少年们都已转用了汉语。

那么,从词汇系统本身来看,究竟里山彝族青少年有哪些词汇不会说了,是什么原因使然?里山彝族青少年与中老年相比,母语词汇量究竟下降了多少?二者母语词汇量的差异究竟有多大?母语词汇量下降主要出现在哪个年龄段?下面我们来一一讨论。

通过400个基本词汇的测试,我们发现,里山彝族青少年在母语使用上有以下五个特点:

1. 日常生活中不常见、不常用或业已消失的事物,青少年不会用彝语表达。

里山彝族青少年母语使用有一个突出的特点是,凡属于自己日常生活范围中常见的、常用的事物,都能用彝语表达;而对于那些超出自己的日常生活范围、不常见、不常用的事物,一般都不会用彝语表达,而是转用了汉语。也就是说,彝族青少年是否能用彝语来指称该事物,在很大程度上取决于某一事物在日常生活中出现频率的高低。

以动物名词为例。"鸡 ʑɛ̱^{33}、鸭 ɤ^{33}、猪 vɛ̱^{31}、狗 tɕhi^{33}、猫 mɛ^{55} nɯ^{33} mo^{31}、牛 ɛ̱̃^{33}、山羊 tɕhi^{31} mo^{31}"等家禽、家畜,彝族青少年生活中经常接触到,所以大都能用彝语熟练说出这些词,测试

时多属于A级。而像“老鹰 de^{31} mɔ^{31} mɔ^{31} mo^{31}、蝙蝠 bɤ^{31} nɛ^{55} nɛ^{33} mo^{31}、乌鸦 ɔ^{55} nɛ̱^{33} mo^{31}、啄木鸟 ɕi^{33} po^{33} to^{33} mo^{31}”等非家养的野禽、野兽，平时很难见得到，因而很多青少年既不会用彝语表达也听不懂彝语词汇，属于D级。又如，“鸟 xɛ̱^{33}、蚊子 xɔ^{31} sɛ^{55} mo^{31}、苍蝇 xɔ^{31} mo^{33} mo^{31}、蜜蜂 do^{33} mo^{31}、老鼠 mi^{31} dɤ^{33} mo^{31}、蛇 sɛ̃^{33} mo^{31}”虽然不是家养的动物，但青少年平时经常能看得见，所以他们也会用彝语来指称上述动物，属于A级。再如，像“老虎 ʑi^{31} mo^{31}、虱子 ɕi^{31} mo^{31}、虮子 ɕi^{31} fu^{31}”等词，青少年们大都没见过，但可能听说过，所以测试时多属于C级。

导致彝族青少年不会说母语词而改说汉语词，还有其他一些原因：

（1）由于当地不种植“棉花 so^{55} lo^{55} vi^{31}、荞麦 go^{33}”，青少年改说汉语。

（2）由于人们在日常生活中已不再使用“腰带 dzu^{33} nɛ̱^{31}、斗笠 khu^{31} lu^{33}”，而改用“皮带”和“草帽”，青少年改说汉语借词。

（3）像“舂（碓）tɛ̱^{31}、染（布）xɔ^{31}、织（布）ʑi̱^{31}”等词，反映生产力较为低下时期的手工劳动，而今由于逐渐被现代工业化机械操作所取代，因此青少年转用了汉语词。

语言中词与词之间在意义上是相互关联的。人的语言能力在词汇上的体现，不仅局限在对单个词的理解和掌握上，还包括对词与词之间意义关系的理解与掌握。我们看到，如果一个词不会说，意义上与之相关的其他事物或动作的词也可能不会说。比如，很多青少年没见过“虱子 ɕi^{31} mo^{31}、虮子 ɕi^{31} fu^{31}”，自然也不知道“篦子 m^{33} dzo^{33}”为何物了，所以他们也不会用彝语指称“篦子”。又如，里山是彝汉杂居乡，汉族主要居住在山下，而彝族住在山上，距离河流较远，因而很多青少年都不会说“河 ʑi^{31} thɔ^{33}”一词。由于平日出行不需要渡河，所以也不会用彝语说动词“渡（河）gɯ^{31}”。现在各彝族村寨均已实现自来水入户，居民用水不必到井里去取水，很少有青少年会说名词“井 ʑi^{31} tsa̱^{31}”了。

2. 不外现的或特征不明显、容易被忽视的事物，青少年不会用彝语表达。

我们注意到，对于那些特征显著的、外露的、易于感知、对人的作用大的事物，青少年能熟练说出相应的彝语词汇。最明显的一个例子就是，彝族青少年对五个基本颜色词掌握得很好，绝大多数人都能迅速而准确地说出“黑 nɛ̱^{33}、白 thu^{31}、红 nɤ^{55}、黄 sɛ^{55}、绿 ni^{55}”等词。而那些特征不显著、内隐的、不便于感知到的、对人的作用小的事物，青少年开始转用汉语。以人体器官、身体部位为例：“眼睛 nɛ̱^{33}、耳朵 lu^{55} pɔ^{55}、鼻子 nu^{55} bu^{31}、嘴 nɛ̱^{31} phi^{33}、手 lɛ̱^{31}、脚 gɤ̱^{31}”等外现的人体部位，青少年都能熟练地用彝语词汇表达。而“心脏 nɛ̱^{33}、肺 tshɿ^{31} bɤ^{31}、肝 sɛ̱^{31}、胆 tɕi^{55}、胃 thi^{33} tɛ^{33} po^{33}”等内脏器官以及“脑髓 ũ^{33} nɔ̃^{31}、骨头 ɣɯ^{55} bɛ^{31}”，大多数青少年都不会用彝语来表达。又如，像“额头 nɤ^{55} bu^{33} tsã^{55}、眉毛 nɛ̱^{33} bu^{31} tsã^{55}、手腕 lɛ̱^{31} phɛ^{31}、肘 lɛ̱^{31} bu^{31}、脚踝 gɤ̱^{31} nɛ̱^{33} sɤ^{33}、肩膀 lɛ̱^{31} phu^{33}、背 phe^{55} de^{31}、膝盖 gɤ̱^{31} mi^{55} tɕi̱^{31}”等虽然是外在的、肉眼能看得见的身体部位，但位置不明显、对人体所起的作用不显著，易被忽视，加上使用频率低，因而大多数青少年都转用了汉语。

3. 青少年特别是少年儿童在数字表达上，“六”以上的数字都转用汉语。

数词是语言中用于计量的基本词汇，大多数语言都有一套本族语的数词系统。里山彝语也不例外。彝语数词系统比较完备,从“一”到“十、百、千”都能用本族语词表达,“万”以上的数字才需要借用汉语。然而,在我们调查中发现,很多青少年都只能用母语从“一”数到“五”,“六”以上的数字都转用了汉语。

下面是我们对 18 位 6—19 岁的青少年数词的测试结果。被测试的彝族青少年都能用普通话和汉语当地方言数数。

表 5-7

数词		被测试人编号及测试结果																	
汉语	彝语	1	2	3	4	5	6	7	8	9	10	11	12	13	14	15	16	17	18
一	thi^{31}	A	A	A	A	A	A	B	D	D	A	A	A	B	C	D	C	A	A
二	ni^{31}	A	A	A	A	A	A	B	C	C	A	A	A	A	C	D	A	A	A
三	$sɔ^{33}$	A	A	A	A	A	A	D	A	A	A	A	C	A	C	D	A	A	A
四	$ɬi^{55}$	A	A	A	A	A	A	D	A	C	A	A	C	A	C	D	A	A	A
五	$ŋ^{33}$	C	A	A	A	A	A	D	A	C	A	A	C	A	C	D	A	A	A
六	$tshu̠^{31}$	D	D	C	A	C	C	D	C	C	A	A	C	A	C	D	A	A	A
七	$sɿ^{31}$	D	D	C	A	D	C	D	C	D	A	C	A	A	C	D	D	A	A
八	$xɛ̃^{31}$	D	D	C	A	D	C	D	C	D	A	C	B	A	C	D	A	A	A
九	$kɯ^{55}$	D	D	B	A	D	C	D	C	C	A	A	C	A	C	D	D	A	A
十	$tshɯ^{31}$	C	D	C	A	C	C	D	C	A	A	C	A	A	C	D	A	A	A
十一	$tshɯ^{31}$ ti^{31}	D	D	C	A	C	D	D	D	A	A	A	C	B	D	D	D	A	C
百	xo^{31}	B	D	C	A	D	C	D	A	C	A	C	A	A	C	C	A	A	A
千	$tõ^{55}$	D	D	C	A	D	A	D	D	C	C	A	A	B	C	A	A	A	A

统计结果显示,所有被调查人中,只有 4 人能用彝语从“一”数到“十”,占 22.22%;有 9 人能用彝语从“一”数到“五”,占 50%;有 8 人会说彝语中的“百”,占 44.44%;有 8 人会说彝语中的“千”,占 44.44%。

4. 大的城市地名改用汉语,小的村寨地名还使用彝语。

地名属于专有名词,是指代不同地域的语言符号,也是记录语言的活化石。地名也是语言中最具本民族特点的一类词,它承载了该民族的社会历史、经济文化等多方面的特点。里山彝语中,无论是大的城市地名,还是小的村寨地名,甚至山川河流名称,都有相应的固有词来表达。甚至有的村寨名、山名只有彝语名而没有相应的汉名。在日常交际中提到城市名称比如市、县名时,青少年大都已转用汉语,而那些村寨名称、山名、河流名,则是因人而异。只有少数青少年还会用彝语名,有的却不知道还能用彝语来表达。李生宝给我们讲了这样一件事情。一天,他叫两个儿子去一个地方办事。途中要经过的几座山,以前他曾带儿子去过。于是他把具体的路线、山名都告诉了儿子,但最后儿子还是找不到地方。我们觉得很奇怪,就问是什么原因。他说:“现在的年轻人都记不住这些彝语山名了。”

下面是我们对落水洞 1 位彝族中年人和 4 位彝族青少年的彝语地名掌握情况的测试。

表 5-8

地名		被测试人				
		李生宝	李家彬	李春梅	普丽	普梅
		43 岁	23 岁	19 岁	12 岁	8 岁
市县名	ko^{31} o^{55} 昆明（市）	A	A	A	D	D
	ɕĩ^{33} ɕi^{33} 玉溪（市）	A	D	A	D	D
	ni^{33} na^{33} 通海（县）	A	A	A	A	A
	xɛ^{35} 建水（县）	A	D	C	D	D
	nɤ^{55} tsɤ^{55} 华宁（县）	A	C	A	D	D
乡镇名	tshɤ^{31} de^{31} 曲江（镇）	A	A	A	D	A
	thɔ^{31} ni^{55} tɕhe^{31} 里山（乡）	A	A	A	A	A
	ʑi^{33} mo^{31} lo^{55} o^{31} 高大（乡）	A	C	B	D	D
村组名	ɔ^{55} o^{31} dzo^{31} 芭蕉村	A	A	A	A	A
	ʑi^{31} mɛ^{33} du^{33} 落水洞	A	A	A	A	A
	tɕhõ^{33} dzõ^{33} 许家庄	A	A	A	B	B
	fɛ̱^{31} nɛ^{33} khɛ^{55} 平顶山	A	A	A	D	D
	fu^{31} tɕhi^{33} 五里菁	A	A	A	D	D
	tsɛ^{33} bɛ^{33} 平坝	A	A	A	A	B
	xui^{55} o^{31} dzo^{31} 石坎	A	A	A	D	D
	fɛ^{55} gɤ^{31} 象平	A	A	A	A	A
	ɔ^{31} bɤ^{31} lɤ^{31} 羊见	A	A	A	B	D
	nɛ^{31} nɛ^{31} dzu ^{33} 大平地	A	A	A	D	D

可以看出，对于表中从上至下列出的三级地名，中年彝族均熟练掌握，而且在平时交际中经常使用。青少年对村组名掌握得较好，而市县名、乡镇名有的能用彝语表达，有的则已转用了汉语。可见，在彝语地名掌握和使用的熟练度方面，最熟练的是中年，其次是青年，少年儿童最不熟练。

5. 使用亲属称谓时，有的青少年开始转用汉语。

我们在里山调查时发现，很多 12 岁以下的彝族儿童从小就用汉语来叫“爸爸”“妈妈”。比如，芭蕉村二组的李英（7 岁）和李常辉（1 岁半）姐弟、普丽（12 岁）和普梅（8 岁）姐妹都是这样。

（二）词汇泛化，表达方式单一，细致概念区分不了

词汇泛化是里山彝族青少年在使用母语时不同于中老年的特点之一，也是青少年母语能力下降的表现。所谓词汇泛化，是指青少年用一个词统称与其语义特征相关的一类词。这些意义相同或相近的词在彝语中原本都是用不同的固有词表达的。以名词为例，我们知道，很多名词有总称和小称的区分。总称是对同类事物的总的概括和统称，小称是同类事物中各种不同的类别。小称越多，表明这种语言对该类事物的认知和辨析越细致、精准，在描述事物时更加具体、生动。

里山彝族青少年虽然具有一般的母语交际能力，但在深入细致描述事物、表达观点方面不及父辈。他们在母语使用中出现了词汇泛化现象，表达方式单一，缺乏生动性，甚至影响到表达的精确度。比如，有的儿童会说表示总称的ɛ̱^{33}“牛”，但不会说属于次范畴的ɛ̱^{33} bɔ^{33}“公牛”ɛ̱^{33} mo^{31}“母牛”，而且把“公牛”、“母牛”都说成ɛ̱^{33}“牛”。又如，有的青少年不区分 mi^{55} thi^{55}“地”、mi^{55} nɛ̱^{33} 或 ʑi^{31} mi^{55}“水田”、mi^{55} fa̱^{31} 或 bɤ^{31} mi^{55}“旱地”，都说成 mi^{55} thi^{55}“地”。

下表还列出了其他几种名词泛化的表现形式。B 栏都是同一类词的不同小称，A 栏是青少年对 B 栏中的词的统称。青少年往往采用某一类词的总称来统称该类词。

表 5-9

A	B
xɛ̱^{33}“鸟”	xɛ̱^{33}“鸟”、tɕi^{55} ka̱^{31} li^{55} mo^{31}“燕子”
dzo^{31}“饭”	dzo^{31}“饭”、lɔ^{55} xã^{33}“稀饭”
pɔ^{55} xo^{33}“肉”	pɔ^{55} xo^{33}“肉”、khɔ^{31} xo^{33} tɕĩ^{55} tɕĩ^{55}“瘦肉”
lɛ̱^{31} tsɿ^{55}“手指”	lɛ̱^{31} tsɿ^{55}“手指”、lɛ̱^{31} mo^{31}“拇指”、ni^{31} tsɿ^{55} tsɿ^{55}“食指”、sɔ^{33} tsɿ^{55} tsɿ^{55}“中指”、ɬi^{33} tsɿ^{55} tsɿ^{55}“无名指”

我们还看到，在有的情况下，青少年会说一个个具体事物的名称，而不会说抽象的概念。他们在实际的话语交际中用前者来代替后者。比如，青少年会说自己所在村子的名称 ʑi^{31} mɛ^{33} du^{33}“落水洞”或 fɛ^{55} gɤ^{31}“象平”，却不会说表示概念 tɕhɛ^{33}“村子”。又如，青少年会说 ni^{55} ɬɛ̱^{31} mo^{31}“姑娘”、ɔ^{31} mɛ^{33} o^{33}“小女孩”、mɛ^{55}“女儿”、mɛ^{31}“妻子”，不会说泛指女性的词汇 mɛ^{31} dʑɛ^{31} mo^{31}“妇女、女性”。

除了名词外，青少年在使用动词时也出现了泛化。比如，彝语固有词中用两个不同的动词表示汉语中动词“借”的意思。mu^{33} 表示借后归还原物，tshɿ^{33} 表示借后归还相同数量或相同价值的东西而不归还原物。前者用于借用锄头、砍刀等工具，后者用于借钱、种子等。中老年在交际中根据是否归还原物，严格选择动词，而青少年们已不做区分，有的用 mu^{33} 代替 tshɿ^{33}，也有的用 tshɿ^{33} 代替 mu^{33}。

下表中还列出了其他动词泛化的情况，B 栏中是两个意义接近的动词，一个是表具体的动作或使用频率高，另一个是表抽象意义的动词或使用频率较低。青少年在使用母语时，一般的会选用表具体意义的或高频的那一个，即用 A 栏中的词来代替另一个。

表 5-10

A	B
ɬɤ̱^{31}“晒（衣服）”	me^{55}“晒（太阳）”、ɬɤ̱^{31}“晒（衣服）”
khɔ^{31}“开（门）”	khɔ^{31}“开（门）”、xɛ̱^{31}“（花）开”

（三）词汇概念模糊，指认错误

里山彝族青少年在使用母语时，还存在一种以甲词替代乙词的误代现象。被误用的词多同类，虽语义不同，但基本属性有相似点。比如，有的青少年把 tshɔ^{31} lɯ̃^{55}“傻子”说成 tshɔ^{31}

nɛ̠^{31}"疯子",把 tsɤ̃^{31} khu^{31}"锄头"说成 nɤ^{55} dzu^{33}"斧头"。又如,上文曾说过,很多彝族青少年只能用母语准确地从"一"数到"五",对于"六"以上的数字,有的则干脆转用了汉语,而有的在使用中出现了误代现象,如有的把 tshu̠^{31}"六"说成了 sɿ^{31}"七"、把 xɛ̃^{31}"八"说成 kɯ^{55}"九"。再如,一些青少年混淆 nɛ̠^{33}"心脏"、tshɿ^{31} bɤ^{31}"肺"、sɛ̃^{31}"肝"、tɕi^{55}"胆"、thi^{33} tɛ^{33} po^{33}"胃"等表示内脏器官的词,在使用中误代也是常事。

词汇误代的现象在青少年中普遍存在,这是由于青少年对母语基本词汇概念出现模糊引起的。这从一个方面反映出彝族青少年母语能力的下降。

下面再举一些误代的例子。里山彝族青少年用 B 栏的词误代了 A 栏的词。

表 5-11

词类范畴	A	B
一般名词	ʑi^{31} thɔ^{33}"河"	ʑi^{33} ʑɛ^{31}"水"
	ɬi^{33} o^{33}"孙子"	tshɔ^{31} ɬɛ^{31} o^{55}"小伙子"
动物名词	ɔ^{55} nɛ̠^{33} mo^{31}"乌鸦"	ɛ^{55} lɛ^{33} mo^{31}"鹅"
	bɯ^{31} dʑɛ^{31} mo^{31}"虾"	bi^{31} dzu^{33} mo^{31}"毛毛虫"
	ʑi^{31} mo^{31}"老虎"	vi̠^{31} mo^{31}"野狼"
植物名词	ɔ^{55} dɛ^{33} bɤ̠^{31}"毛芋头"	ɔ^{55} ʑa^{31} ʑi^{33}"洋芋"
	ɣɔ^{31} phɛ^{31} thu^{31}"白菜"	ɣɔ^{31} ni^{31} tɕɛ̠^{31}"青菜"
	ɔ^{55} na^{31} nɤ^{55}"红薯"	ɔ^{55} ʑa^{31} ʑi^{55}"洋芋"
处所名词	ɔ^{31} bɤ^{31} lɤ^{31}"羊见村"	ɔ^{55} o^{31} dzo^{31}"芭蕉村"
	fɛ̠^{31} nɛ^{33} khɛ^{55}"平顶山村"	fɛ^{55} ɡɤ^{31}"象平村"
形容词	dɛ̠^{31}"满"	phɤ^{33}"多"
动词	dzɿ^{31}"缝(衣服)"	na̠^{31}"补(衣服)"

(四)单说一个词时,能说出彝语固有词;但词汇进入句子后,改说汉语

词汇的储备与运用是语言能力的两个不同方面。上面我们都是从静态的角度来考察里山彝族青少年词汇量的变化情况。但人们日常的话语交际实际上是一个动态的过程。母语能力出现下降的里山彝族青少年实际运用的词汇量比大脑中储备的词汇量要少一些。比如,有的青少年单说某一数词时,能用彝语表达;但入句后,就转用了汉语。请注意下面两个句子中的数词:

例:ŋ^{31} bɤ$^{33/35}$ tsu^{33} tshɔ^{31} sɿ^{31} vu^{33} kɤ^{35} dzɔ^{31}.　我们组有 15 个人。

我们　组　人　十五　个　有

例:ŋ^{31} ɕĩ^{55} tɕhi^{55} vu^{55} pa^{31} sɿ^{31} fẽ^{55} khɔ^{31}.　我星期五考了 80 分。

我星期　五　八　十　分　考

又如,像"昆明"和"玉溪"这两个地名,有少数青少年虽还能用彝语固有词表达,但在实际话语交际中已转用汉语。比如,"你更想去玉溪还是更想去红河?"一句中的"玉溪"不用固有词 ɕĩ^{33}ɕi^{33},而用汉语。例如:

nɔ³¹ ʑi³³ ɕi⁵⁵ lɤ³¹ ni³¹ ni³¹ ɯ⁵⁵ ʑe³³ sɿ⁵⁵ xõ³¹ xo³¹ lɤ³¹ ni³¹ ni³¹/³⁵ ɯ⁵⁵ ʑe³³ lo³¹ ?

你 玉溪 去 想想 是 红 河 去 想想

在下面五组句子中，A句是使用母语固有词的句子，也是中老年彝族常说的句子，而同样的意思，青少年则使用汉语借词，见B句。

例：把字放大了两倍。

A sɿ³³ so³¹ lɤ³³ ni³¹ fɛ⁵⁵ thɤ³¹ ɣɛ³³ .

字 个 二 倍 放 大

B sɿ³³ so³¹ lɤ³³ ni³¹ pe³³ thɤ³¹ ɣɛ³³ .

字 个 二 倍 放 大

例：人到齐了。

A tshɔ³¹ lɛ³¹ dzɤ³¹ ɔ³³ .

人 来 齐 了

B tshɔ³¹ lɛ³¹ tɕhi³¹ ɔ³³ .

人 来 齐 了

例：衣服洗得很干净。

A tshɔ³¹ ɬo³¹ tɕhi³³ ɔ⁵⁵ ɛ̃³⁵ xɔ³¹ .

衣服 洗 （助）很 干净

B tshɔ³¹ ɬo³¹ ɛ̃³⁵ tɕhi³³ du³¹ kã³³ tɕĩ³³ .

衣服 很 洗 （助） 干 净

例：衣服洗得干干净净。

A tshɔ³¹ ɬo³¹ tɕhi³³ ɔ⁵⁵ ʑɛ³³ lu⁵⁵ lu⁵⁵ / xɔ³¹ ɔ³³ xɔ³¹ ɔ⁵⁵ ʑɛ³³ .

衣服 洗 （助）干干净净

B tshɔ³¹ ɬo³¹ tɕhi³³ ɔ⁵⁵ kã³³ kã³³ tɕĩ³³ tɕĩ³³ .

衣服 洗 （助）干 干 净 净

例：人们修宽了路。

A tshɔ³¹ mɯ⁵⁵ ɔ⁵⁵ dzo³¹ mo³¹ du³³ khuã³¹ uo³⁵ .

人们 （助）路 修 宽 了

B tshɔ³¹ mɯ⁵⁵ ɔ⁵⁵ dzo³¹ mo³¹ ɕu³³ khuã³¹ uo³⁵ .

人们 （助）路 修 宽 了

二、语法

语法规则习得是青少年母语发展的一个重要阶段，也是考察青少年母语能力高低的重要指标。语法规则涉及的内容很多，下文从复合词的掌握情况和句法测试结果两个方面，对里山彝族青少年的母语能力的变化进行分析。

（一）复合词

我们发现，与单纯词相比，里山彝族青少年掌握复合词的难度更大。主要表现在以下两个方面：

1. 会说单纯词，而不会说以单纯词为词根构成的复合词。

单纯词往往表示基本概念或大类的事物，而复合词则表示比单纯词更具体细微的、小类的事物。比如，里山彝语的 vɛ̱^{31} zo^{33}“小猪”是由 vɛ̱^{31}（猪）+ zo^{33}（小）构成的复合词。里山彝族青少年一般会说单纯词 vɛ̱^{31}“猪”，而不会说 vɛ̱^{31} zo^{33}。

我们测试的 17 位 8—18 岁的彝族少年儿童，都会说 ɔ^{55} m^{33}“鱼”一词，都是 A 级；然而测试 ɔ^{55} m^{33} kɤ^{33}“鱼鳞”一词时，达到 A 级的只有 3 人，仅占总人数的 17.65%；属于 B 级的有 1 人，占 5.88%；属于 C 级的有 7 人，占 41.18%；属于 D 级的有 6 人，占 35.29%。A、B 级两级相加之和，是表示能用固有词表达“鱼鳞”一词的人数，即只有 4 人，约占总测试人的 23%。而其他的约 77%的人都已转用了汉语借词。

下表还列出几组单纯词和复合词。里山彝族青少年有的会说单纯词，但不会说复合词。见下表：

表 5-12

A 单纯词	B 复合词
ʑi^{33} ʑɛ̱^{31}“水”	ʑi^{33} ʑɛ^{31} the^{33}“水滴” 水　滴
gɤ̱^{31}“脚”	gɤ̱^{31} nɛ^{33} sɤ^{33}“脚踝”、gɤ̱^{31} mi^{55} tɕi̱^{31}“膝盖” 脚　眼睛　　　脚　圆形、凸出体
xɛ̱^{33}“鸟”	xɛ̱^{33} bɤ^{31}“鸟窝” 鸟　窝
ɕi^{33}“树”	ɕi$^{33/31}$ lɛ̱^{31}“树枝” 树　手
tɕhe^{31}“水稻”	tɕhe^{31} nɛ^{33}“谷穗” 水稻
ɔ^{55} nu̱^{33}“豆”	ɔ^{55} nu̱^{31} mo^{31} sɛ̱^{33}“黄豆” 豆
lɛ̱^{31}“手”	lɛ̱^{31} bo^{33}“胳膊”、lɛ̱^{31} phɛ^{31}“手腕” 手　　　　手
thɔ^{31}“衣服”	lɛ^{31} khɛ^{33}“衣领”、lɛ̱^{31} du̱^{31}“衣袖”、thɔ^{31} dzu^{33} khu^{55}“扣子” 　　　　　手　　　　衣服

2. 有的青少年在使用复合词时，更乐于采用“本语词词根 + 汉语借词词根”的构词方式。

里山彝语复合词的词根大都是由固有词构成的,只有少量用固有词和汉语借词合成。但青少年在组成复合词时,使用汉语词素的比例较大。比如,gɤ̱^{31}(脚)thɛ̱^{33}(瘸)pho^{31}(人)"跛子"一词,有的青少年说成 gɤ̱^{31} pɛ^{33} pho^{31},其中,pɛ^{33}是通海当地汉语方言词,"瘸"的意思。

又如,表 5-13 中 A 栏是由固有词词根构成的复合词,B 栏是"固有词 + 汉语借词"构成的复合词。青少年在话语交际中采用 B 栏中的词。

表 5-13

汉义	A	B
水滴	ʑi^{33} ʑɛ^{31} thɛ^{33} 水 滴	ʑi^{33} ʑɛ^{31} ti^{33} 水 滴(汉借)
肩膀	lɛ̱^{31} phu^{33} 手 膀	lɛ̱^{31} pã^{33} 手 膀(汉借)
骨头	ɣɯ^{55} bɛ^{31} 骨 骨	ɣɯ^{55} ku^{33} 骨 骨(汉借)
医院	nũ^{31} ni^{55} nɛ^{33} 病 医 地方	nũ^{31} ʑi^{55} nɛ^{33} 病 医(汉借) 地方
鸟窝	xɛ̱^{33} bɤ^{31} 鸟 窝	xɛ̱^{33} ɣo^{33} 鸟 窝(汉借)

(二) 句法

从句法角度来评价和分析青少年母语的语法的特点,有两个重要的指标:一是句子的平均长度,二是句子结构的完整性和复杂性。①

在日常生活中,大多数的里山彝族青少年虽能运用彝语应付正常的交际,但大多使用比较简短的单句,而很少使用较复杂的长句。比如,见面时的打招呼问候、一问一答式的对话、叙述事情的简单经过等,都使用短句。青少年在描述事物、表达复杂的心理活动和思想感情等方面,也不像父辈那样细致、生动和丰富。他们在运用形容词重叠充当的修饰语、四音格词等具有生动表达效果的语言成分或长句子时,明显感到力不从心,有时甚至只好转用汉语。而且他们大都不会用彝语来讲述本民族的民间故事、谜语、谚语,也不会用母语演唱本民族的歌曲。

句子长度只是一种外在指标和次要的指标,因为它只能表明句子中所含的字、词在数量上的发展,而不能反映句子的结构性质和复杂程度,也不能深刻反映儿童语言的变化。比如,同样长度的句子,其完整性和复杂度是有区别的。因此,句子结构的完整性和复杂度以及类型差别才是衡量语法发展的更为重要的指标。②

基于此,我们设计了一份句法测试大纲。大纲分为三部分:单句、复句和句式。每个部分涵盖 3—7 个不同的语法点,共 15 个语法点。这份测试大纲基本上能反映彝语语法的面目。

① 齐沪扬、陈昌来主编《应用语言学纲要》,复旦大学出版社,2004 年,第 256 页。

② 同上。

因为里山彝语没有文字，因此，我们采用口语翻译的方法，测试彝族青少年对母语语法规则的掌握情况。采用翻译法还有一个好处，就是被测试人可能会在我们没有预见到的地方（非测试点）出错，从而为我们提供更多有用的研究资料。

句法测试的两个目的是：一是了解里山彝族青少年对母语句法规则的掌握情况；二是认识里山彝族青少年在母语句法规则习得上存在的问题。

我们的具体做法是：先给出汉语句子，然后要求被测试人用彝语来表达这个句子的意思。评判的方式是：不限定唯一的标准答案，因为每个人的用词和表达方式各有不同，所以被测试人说出来的句子只要能与汉语句子意思一致就算正确。

测试文本详见附录五。测试结果显示，里山彝族青少年掌握得较好的语法点，按测试问卷中的顺序排列分别是：单句中的并列结构、动补结构、双及物结构、自动—使动范畴；复句中的并列复句和假设复句；特殊句式中的差比句、连动句。

我们认为，能够较好掌握上述语法点的原因在于：一是彝语和汉语在表达上述句法结构时，采用相同或相近的语法形式，语言上的共性使之易于掌握。比如，并列结构和并列复句、假设复句都使用相同的连词，动补结构都采用"动词 + 补语"的语序。二是有的语法规则虽然语序不同，但基本构成要素相同，有相似性，容易转换，对于习得不构成难度。比如双及物结构，汉语的语序是"动词 + 间接宾语 + 直接宾语"，彝语的语序是"直接宾语 + 间接宾语 + 动词"；又如彝语和汉语的差比句都包括比较的主体、比较对象、比较标记、比较属性等基本要素，所不同的也是语序。

上文谈到了青少年在句法规则习得中的共性。此外，我们还非常关注里山彝族青少年在母语句法规则习得中存在的问题。正是这些问题的存在，说明里山彝族青少年母语能力下降。归纳如下：

(1) OV 语序没有变化，而部分状中结构、动补结构偏离固有语序。

比如，在"他可能不来了"一句中，彝语程度副词"可能"位于动词后，但青少年由于受汉语影响，把"可能"从动词后移至动词前。被测试人普梅在思考了很久以后，把"可能"放在句首。这表明副词的语序在青少年中发生两可的变化，但还没有稳固下来。普梅又经过长时间思考后，受到语感的制约，把放在句首的"可能"改放在句尾。

又如，"你吃饱了吗？"一句用于检验青少年是否掌握了动补结构的疑问形式（VVC）。普梅和普丽的第一反应都是 VC 式，但马上就意识到自己说得不对，又改为 VVC。

(2) 先习得的句法规则掌握较好，而后习得的句法规则容易出错。

从测试结果来看，里山彝族青少年母语句法规则习得的好与坏，还与习得的时间先后顺序有关。一般是，先习得的句法规则掌握较好，后习得的句法规则在交际中易出现偏误。

以人称代词为例。里山彝族儿童的第一、二人称的习得先于第三人称，因而在使用人称代词时，出现错误或直接借汉的都是第三人称。比如，被测试人普梅把"我和他一起去"中的 gɯ⁵⁵"他"说成 nɔ³¹"你"。我们还发现，有的青少年经常把第三人称 gɯ⁵⁵"他"说成第二人称

nɔ^{31}“你”。这也说明，里山彝族青少年在第三人称的习得中出了问题。

再以复句为例。上文说过，里山彝族青少年对意合的复句和以副词为关联词语的复句掌握较好，如并列复句、假设复句。而在习得以连词为关联词语时则出现问题，常遗漏复句中用作关联词语的连词。如“因为生病了，所以我没去”一句中的 ni^{55}“因为……，所以……”。除了句法测试大纲中涉及的复句关联词外，有的青少年不会用彝语说 ŋ^{31} bɤ^{31}（我们）lɔ^{31} ti^{55} sõ^{33}（花生）ni^{33}（也）tɯ^{31}（剥）la̠^{31}（吃）tsɛ^{31}（一边）mio^{31}（话）ni^{33}（也）tsɤ^{55}（讲）tsɛ^{31}（一边）中的关联词语“一边……一边……”。

(3) 彝语中显性的标记开始丢失，采用汉语的表达方式。

里山彝语的格助词是显性的句法标记，形式多样，能表达多种句法功能。然而，里山彝族青少年使用母语时，有的格助词开始丢失。比如，“从昨天到今天”一句，有的青少年用 ɔ^{31} ni^{31} tho^{33}（昨天）tɔ^{35}（到）ni^{33} tho^{33}（今天）中的前置的汉语借词“到”，代替后置于时间名词的时间格助词 ɔ^{55}……tshɤ^{33}（从……到……）。

此外，我们还注意到，里山彝族青少年在表述已有的语法结构时，具有不同于中老年的特点。换句话说，就是相同的语法范畴，青少年与中老年采用不同的语法形式表示。比如，差比句中表示肯定的比较标记，青少年常用 da^{31} bo^{33}“比”，而中老年常用 the^{55}“比”。否定的差比标记，青少年用 dzʅ^{55}“比”，而中老年除了用 dzʅ^{55} 外，还使用 the^{55}“比”。又如，“我把表调慢了”一句，中老年使用使动范畴表达，而青少年使用动补结构。

中老年：ŋ^{31}　ɔ^{55}　pio^{33} lɤ^{33} gu^{31}　ɔ^{55}　sɤ^{33} phi^{33}　bi^{31}　uo^{35}.
我（施助）表　个　使　（助）走　慢　给　（助）

青少年：ŋ^{31}　ɔ^{55}　pio^{33}　lɤ^{33}　thio^{31}　phi^{33}　uo^{35}.
我（施助）表　个　调　慢　（助）

对于上述差异，我们并不认为是青少年语言母语能力下降的表现。

第四节　如何认识里山彝族青少年母语能力的下降

里山彝族青少年母语能力下降是一种客观事实，是多种因素综合作用的结果。主观因素，比如，彝族自身对汉语的期望值要高于彝语。有的彝族人认为，彝语只要会说，能保证本民族的内部交际即可，而汉语文掌握得好坏则与升学、工作等更高追求密切相关，因此更重视汉语文的学习。客观方面的原因，如：彝语承载的信息量小，很多新的事物、信息不得不借助于汉语来表达；彝语使用场合有限，仅限于民族内部之间的交流；语言习得“空档期”的存在，等等。

因此，我们应该正确地认识和对待青少年彝语能力下降问题。上文提到，青少年母语能力的下降主要表现在词汇量和语法两个方面。他们在交际中大量地借用汉语，复杂的句子用汉语来表达。应如何看待这种现象呢？我们认为，在现阶段，少数民族语言借用汉语，存在客观必然性，有其积极的一面。彝语从汉语中借用一些成分来丰富和补充自己，是适应客观现实的需要。从这个角度来看，借用汉语具有积极作用。

当然，也存在消极的一面。如果任其发展，本民族语言的基本词汇和语法结构都被汉语词汇和结构所替代，则有可能出现语言濒危和语言转用。从现阶段来看，里山彝族青少年母语词汇量的减少还处在一个量变的过程中，但随着量的积累、增多，有可能出现质的转变。其结果就是，里山彝族青少年放弃母语，转用汉语。这对于民族语言文化的保护和传承、语言关系的和谐发展都是极为不利的，也是我们不愿意看到的。

第六章　里山彝语在与汉语接触中的变化

里山彝族不固守于自己原有的特点，对外部世界呈开放的态势。长期以来，里山彝族与当地汉族频繁接触，在政治、经济、文化等各个领域广泛接受汉文化的影响，吸收了大量自己所需要的成分来充实、丰富自己。在里山彝族乡我们看到，彝族和汉族友好相处、共同发展，彝族文化与汉文化有机地融合在一起，呈现出一派和谐的景象。在不同民族的相互接触中，语言接触是最直接、最容易发生的。如今，里山彝语能够稳定保留使用，虽然有各种因素共同作用，但其中一个重要原因是里山彝语能够根据自身的需要，与时俱进地不断吸收汉语的有用成分来补充自己的不足，从而保持自身语言的活力。那么，里山彝语在与汉语的接触中究竟发生了哪些变化？其变化的内在规律又是什么？这些都是我们需要认真思考的问题。

本章以语言接触理论为指导，主要论述以下四个问题：里山彝语受汉语影响的主要表现；里山彝语受汉语影响的基本特点；里山彝语受汉语影响的内外条件；里山彝语受汉语影响所引发的几点理论启示。

第一节　里山彝语受汉语影响的主要表现

本节主要从以下五个方面分析里山彝语受汉语的影响：汉语影响在词汇方面的表现；汉语影响在语音方面的表现；汉语影响在语法方面的表现；汉语影响在语言认知方面的表现；汉语影响在语用方面的表现。

一、汉语影响在词汇方面的表现

词汇反映客观事物概念的形成和客观世界的变化最敏感、最迅速。在与汉语的接触中，里山彝语受汉语影响最大的就是词汇。在我们所搜集的2170个基本词中，有577个词是借用了汉语的（其中有少量是半借的），占词汇总数的27%。里山彝语中的汉语借词分布情况如下表：

表 6-1

词汇类别		词汇数	汉语借词数	借词数占同类词汇数的百分比
事物名称	天文、地理	86	24	28%
	人体器官	96	18	19%
	人物、亲属	122	45	37%
	动物	139	11	8%
	植物	107	29	27%
	食品	41	11	27%
	衣着	46	9	20%
	房屋建筑	34	16	47%
	用品、工具	163	91	56%
	文化娱乐	32	23	72%
	宗教或抽象概念	29	15	52%
	方位、时间	105	30	29%
数量		144	44	31%
代替、指示、疑问		40	1	3%
性质、状态		198	69	35%
动作、行为		788	141	18%
合计		2170	577	27%

从表 6-1 中可以看出，汉语借词遍及里山彝语的各个词类，既有名词，又有动词；既有具体事物的名称，又有抽象事物的名称。汉语借词比率最高的是文化娱乐类名词，占同类名词总数的 72%；其次是用品工具类、宗教或抽象概念类、房屋建筑类名词，分别占同类名词总数的 56%、52%、47%。代词类中的汉语借词比率最低，只有反身代词“tsɿ^{55} tɕi^{31} 自己”一例。汉语借词比率较低的，除代词类词语外，还有动物类名词（8%）、动词（18%）、人体器官类名词（19%）、衣着类名词（20%）、植物类名词（27%）、食品类名词（27%）、数量词（31%）。以上不同类汉借词分别举例如下表：

表 6-2

事物名称	天文、地理	海	xɤ^{31}
		平坝	pɔ^{55} tsɿ^{31}
		塔	thɔ^{31}
	人体器官	手脉	mɛ^{31}
		肋骨	lɛ^{31} pɔ^{33} ku^{31}
		肾	ʑɔ^{33} tsɿ^{31}
	人物、亲属	学生	ɕo^{31} sɛ̃^{33}
		哑巴	ʑa^{31} pɔ^{33}
		爷爷	ɔ^{55} ʑe̠^{31}
	动物	熊	ɕõ^{31}
		狐狸	fu^{31} li^{33}
		孔雀	khõ^{33} tɕho^{31}

<table>
<tr><td rowspan="24">事物名称</td><td rowspan="3">植物</td><td>橘子</td><td>tɕi^{31} tsɿ^{33}</td></tr>
<tr><td>甘蔗</td><td>kã^{33} tshɿ^{55}</td></tr>
<tr><td>辣椒</td><td>lɔ^{33} tsɿ^{31}</td></tr>
<tr><td rowspan="3">食品</td><td>面条</td><td>kuã^{55} mɛ̃^{55}</td></tr>
<tr><td>胡椒</td><td>xu^{31} tɕo^{55}</td></tr>
<tr><td>（吸）烟</td><td>ʑĩ^{33}</td></tr>
<tr><td rowspan="3">衣着</td><td>长衫</td><td>sã^{33} tsɿ^{31}</td></tr>
<tr><td>袜子</td><td>vɔ^{31}</td></tr>
<tr><td>草鞋</td><td>tshã^{31} xã^{31}</td></tr>
<tr><td rowspan="3">房屋建筑</td><td>火塘</td><td>xo^{31} phɛ̃^{31}</td></tr>
<tr><td>砖</td><td>tsuã^{33}</td></tr>
<tr><td>大门</td><td>tɔ^{55} mã^{31}</td></tr>
<tr><td rowspan="3">用品、工具</td><td>桌子</td><td>tso^{55} tsɿ^{33}</td></tr>
<tr><td>盒子</td><td>xo^{31} xo^{33}</td></tr>
<tr><td>锅铲</td><td>ko^{33} tsha^{31}</td></tr>
<tr><td rowspan="3">文化娱乐</td><td>信</td><td>ɕĩ^{55}</td></tr>
<tr><td>画</td><td>xua^{55}</td></tr>
<tr><td>笛子</td><td>ɕɔ^{33}</td></tr>
<tr><td rowspan="3">宗教或抽象概念</td><td>菩萨</td><td>phu^{31} sa^{55}</td></tr>
<tr><td>生日</td><td>sɛ̃^{55} zɿ^{31}</td></tr>
<tr><td>姓</td><td>ɕi^{55}</td></tr>
<tr><td rowspan="3">方位、时间</td><td>东（东方）</td><td>tõ^{33}</td></tr>
<tr><td>一月</td><td>tsɤ̃^{33} ʑɛ^{31} tɕĩ^{33}</td></tr>
<tr><td>星期一</td><td>ɕĩ^{33} tɕhi^{33} ʑi^{31}</td></tr>
<tr><td colspan="2" rowspan="3">数量</td><td>(一)节(竹子)</td><td>dʑɛ^{31}</td></tr>
<tr><td>(一)串(珠子)</td><td>tshuɛ^{55}</td></tr>
<tr><td>(一)封(信)</td><td>fõ^{55}</td></tr>
<tr><td colspan="2">代替、指示、疑问</td><td>自己</td><td>tsɿ^{55} tɕi^{31}</td></tr>
<tr><td colspan="2" rowspan="3">性质、状态</td><td>细</td><td>ɕi^{55}</td></tr>
<tr><td>宽</td><td>khuã^{33}</td></tr>
<tr><td>窄</td><td>tsɤ̱^{31}</td></tr>
<tr><td colspan="2" rowspan="3">动作、行为</td><td>唱</td><td>tshã^{55}</td></tr>
<tr><td>钓（鱼）</td><td>tiɔ^{55}</td></tr>
<tr><td>摸</td><td>mo^{33}</td></tr>
</table>

以上统计的词语主要是里山彝语中的基本用词。至于在新中国建立后，特别是现代化进程中源源不断进入的新词术语，其数量已无法统计。例如：tiɛ^{35} sɿ^{35} tɕi^{55}“电视机”、tɕhuɛ̃^{55} tsã^{33}“村长”、su^{35} liɔ^{35}“塑料”、ʃo^{33} tɕi^{55}“手机”、ʃu^{33} tɕi^{35}“书记”、phi^{31} pɔ^{33}“皮包”、tĩ^{55} xua^{55}“电话”、tã^{33} ʑɛ̃^{31}“党员”、tsɿ^{33} ʑɛ̃^{55}“纸烟”、tɕhi^{55} tshɤ^{33}“汽车”、tɕhuɛ̃^{55} mĩ^{31}“村民”、tɔ^{35} ɕo^{31}“大学”、phɛ^{35} tshu^{31} so^{33}“派出所”、ɕɛ̃^{35} tsã^{31}“县长”、so^{33} piɔ^{33}“手表”等。里山彝语借用汉语借词有以下七个现象值得提及。

(一) 里山彝语中有很多常用词也借用了汉语词

例如："姓"一词是有姓的民族都有本语词的核心词，但里山彝语则借用汉语说成"ɕi⁵⁵"。"烟"是里山长期以来栽种的经济作物，但里山彝语也借用汉语说成"ʑĩ³³"。又如下列最常用的动词，里山彝语也都借用了汉语。如：pã³³"搬"，tshɛ̱³¹"拆（房子）"，tshã⁵⁵"唱"，kuo³³"挂"，gu³³"箍"，tɕã³¹"讲"，khã³¹"扛"，mo³¹"摸"等。

亲属称谓词中，除少数女性亲属称谓词"母亲"、"女儿"、"姐姐"等外，绝大部分都借用了汉语。例如：

表 6-3

爷爷	ɔ⁵⁵ ʑ e̱³¹	姨父	ʑi³¹ te³³
奶奶	ɔ⁵⁵ na³³	姨母	a⁵⁵ ʑi³³
父亲	ɔ⁵⁵ te³³	姑父	ku³³ te³³
女婿	ku³³ ʑɛ³³	姑母	ku³³ mo³³
哥哥	ɔ⁵⁵ ko³³	岳父	tsã⁵⁵ zɿ³³
伯父	tɔ⁵⁵ tɛ³³	岳母	tsã⁵⁵ mo³¹
伯母	tɔ⁵⁵ mo³³		

表示方位的词语，也有一些是借自汉语的。例如：

表 6-4

东	tõ³³	北	pɛ³¹
南	nã³¹	东南	tõ³³/⁵⁵ nã³¹
西	ɕi³³	西北	ɕi³³ pɛ³¹

里山彝语中平时经常接触到的食物名称，也有很多是汉语借词。例如：

表 6-5

李子	li³³ tsɿ⁵⁵	花生	lo³¹ ti⁵⁵ sõ³³
橘子	tɕi³¹ tsɿ³³	芝麻	tsɿ³³ mɔ³³
苹果	phĩ³¹ ko³³	当归	tã³³ kui³³
葡萄	phu³¹ thɔ⁵⁵	三七	sã³¹ tɕhi³³
板栗	pã³¹ li³¹	八角	pɔ³¹ ko̱³¹
芭蕉	pɔ³³ tɕo³³ ko³¹	醋	suã³³ tshu³¹
甘蔗	kã³³ tshɿ⁵⁵	胡椒	xu³¹ tɕo⁵⁵
辣椒	lɔ³³ tsɿ³¹	白砂糖	pɤ³¹ sɔ³³ thã³¹
葱	uã³³ tshõ³³	莴笋	o³³ suɛ̃³¹

(二) 里山彝语中的基数词有本语词，但用数词组成表示星期、时刻、日期时都使用汉借数词

表示月份概念时，二、三、四月也用汉借数词表示（一月用正月来表示），其他使用本语数

词。例如：

表 6-6

一月	tsɤ̃³³ ʑɛ³¹ tɕĩ³³	星期一	ɕĩ³³ tɕhi³³ ʑi³¹
二月	ɤ⁵⁵ ʑɛ³¹	星期二	ɕĩ³³ tɕhi³³ ɤ³⁵
三月	sã³³ ɣo³¹（ŋo³¹）	星期三	ɕĩ³³ tɕhi³³ sã⁵⁵
四月	ɬi³³ ɣo³¹	星期四	ɕĩ³³ tɕhi³³ sɿ³⁵
五月	ŋ³³ ɣo³¹（ŋo³¹）	星期五	ɕĩ³³ tɕhi³³ u³³
六月	tshu̱³¹ ɣo³¹	星期六	ɕĩ³³ tɕhi³³ lu³¹
七月	sɿ³¹ ɣo³¹	星期日	ɕĩ³³ tɕhi³³ thiɛ̃⁵⁵
八月	xɛ̃³¹ ɣo³¹	一点	ʑi³¹ tĩ³³
九月	gɯ³¹ ɣo³¹	五点	u³³ tĩ³³
十月	tshɤ³¹ ɣo³¹	一日	ʑi³¹ xɔ³⁵
十一月	tshɤ³¹ thi³¹ ɣo³¹	三日	sã³³ xɔ³⁵
十二月	tso³³ ɣo³¹	十日	sɿ³¹ xɔ³⁵

基数词的使用，在实际语言交际中，一般不用本语词，而用汉借数词。例如说电话号码、房间号码、金额、学校的年级、电视频道时，都用汉借数词。虽然位数高的数词能通过本语词的组合来表达，但现在也已习惯使用汉借词了。如："五十"、"六十"、"一百"等。特别是青少年，本语数词的使用逐步被汉语借词所代替，许多人本语数词只能数到五以下，五以上都使用汉语借词。

（三）单纯词用本语词，由单纯词构成的复合词则多借用汉语

例如：

表 6-7

单纯词（本语词）		复合词（汉语借词）	
li³³ go³¹	门	tɔ⁵⁵ mã³¹	大门
		mɛ̃³¹ khuã³³	门框
ɣɔ³¹	菜	pɛ̱³¹ tshɛ³⁵	白菜
		ʑĩ³¹ ɕi⁵⁵	香菜
po³¹ tɕi³³	糖	pɛ³¹ sɔ³³ thã³¹	白砂糖
		sɔ³³ thã³¹	红糖

（四）表示抽象的事物和现代化新事物的词大多用汉语借词

表示抽象概念的词，例如：

thã³¹ ɕĩ³¹	贪心	ɕi³¹ kuã⁵⁵	习惯
ʑõ³³ kã³³	勇敢	ɕi³¹ xuã³³	喜欢
tɕɔ³³ ɣɔ⁵⁵	骄傲	ɕɛ̃³³ mu³⁵	羡慕
khɛ³¹ tɕhi⁵⁵	客气	ɕã³¹ ɕĩ³³	相信

$z\tilde{\varepsilon}^{31}$ $n\varepsilon^{55}$	忍耐	$z\tilde{a}^{55}$	让（路）

表示现代社会新概念的名词，例如：

fe^{33} $tɕi^{33}$	飞机	mo^{31} tho^{31}	摩托
$t\tilde{i}^{55}$ $t\varepsilon^{33}$	电灯	$th\tilde{a}^{31}$ su^{55} pi^{31}	碳素笔
$f\tilde{ɤ}^{31}$ $z\tilde{\varepsilon}^{33}$ $tɕi^{33}$	缝纫机	so^{33} $tɕi^{33}$	手机
su^{33} $tɕa^{31}$	书夹	$tɔ^{33}$ xo^{33} $tɕi^{55}$	打火机
$t\tilde{i}^{55}$ $th\tilde{o}^{31}$	电筒	so^{33} $piɔ^{33}$	手表

（五）形容词中包含正反两义的词，表示正面义的词大多使用本语词，表示反面义的词则借用汉语的较多

这是因为里山彝语的形容词表示反面意义的词语不甚发达，有许多用“否定词 $mɔ^{31}$ + 正面词”表达，但这种表达法词义不够准确，而且是双音节的，不便于构造复合词，因而就吸收汉语借词来补充这个系统。这样一来，往往形成汉语借词与“否定词 + 正面词”并用的局面。从发展趋势上看，汉语借词有可能逐步代替“否定词 + 正面词”式。例如：

表 6-8

正面词（本语词）	反面词	
	“否定词 $mɔ^{31}$ + 正面词”式	汉语借词
$n\underline{\varepsilon}^{31}$ 深	$mɔ^{31}$ $n\underline{\varepsilon}^{31}$	$tɕh\tilde{\varepsilon}^{31}$ 浅
$th\underline{\varepsilon}^{33}$ 锋利	$mɔ^{31}$ $th\underline{\varepsilon}^{33}$	$tu\varepsilon^{33}$ 钝
$ɣ\varepsilon^{33}$ 粗	$mɔ^{31}$ $ɣ\varepsilon^{33}$	$ɕi^{55}$ 细
mo^{55} 高	$mɔ^{31}$ mo^{55}	di^{55} 低
$d\underline{\varepsilon}^{31}$ 满	$mɔ^{31}$ $d\underline{\varepsilon}^{31}$	$kh\tilde{o}^{31}$ 空
$d\underline{\varepsilon}^{31}$ 满	$mɔ^{31}$ $d\underline{\varepsilon}^{31}$	$b\varepsilon^{31}$ 瘪
tu^{31} 直	$mɔ^{31}$ tu^{31}	$v\varepsilon^{55}$ 斜

（六）从借词的构造上分析，里山彝语中的汉语借词可分为全借词和半借词两类

全借词指的是词语的每个语素都借自汉语，半借词指的是词语的部分语素借自汉语，部分语素来自本语。二者之中以全借为多。我们统计了 531 个汉语借词，其中全借词有 476 个，半借词有 55 个。半借词的出现表明，部分汉语借词已成为里山彝语复合词中的构词语素，并为本族人所广泛认同与接受。这是语言影响较深的一种表现。

半借词包括两种类型：本语语素 + 汉借语素或汉借语素 + 本语语素；汉借语素 + 本语虚化语素。

1. 本语语素 + 汉借语素或汉借语素 + 本语语素：

表 6-9

本语语素 + 汉借语素			汉借语素 + 本语语素		
ɕi̱$^{33/31}$ 树（本）	phi^{31} 皮（汉）	树皮	phi^{31} 皮	thɔ^{31} 衣	皮衣
mo^{33} 马（本）	tshε^{33} 车（汉）	马车	ko^{55} 锅	tɤ^{31} 洞	灶
ɕĩ^{31} 铁（本）	tɕhau^{33} 锹（汉）	铁锹	tsã^{55} 仗	dε^{33} 打	打仗
ʑi^{31} 水（本）	thõ^{31} 桶（汉）	水桶	pĩ^{55} 变	ɣε^{33} 大	变大

2. 汉借语素 + 本语虚化语素。里山彝语有表示"大"或"阴性"义的虚化语素 mo^{31}，如 mε^{31} dʑε^{31} mo^{31}"妇女"、ʑi^{31} mo^{31}"老虎"等。汉语借词介入后，有的也加上 mo^{31}，大多出现在动物名词上。例如：

表 6-10

ko^{31} tsɿ^{31} 鸽子（汉）	mo^{31} （虚化语素）	鸽子	sɿ^{33} tsɿ^{31} 狮子（汉）	mo^{31} （虚化语素）	狮子
lõ^{33} sε̃^{55} 龙（汉）	mo^{31} （虚化语素）	龙	pã^{31} tɕo^{31} mo^{31} 斑鸠（汉）	斑鸠 （虚化语素）	

(七)与汉语借词并用的词语多处于竞争中的劣势

里山彝语中部分词的本语形式和汉借形式共存，但在日常交际中，越来越多的人在使用汉借词。例如：

表 6-11

词语	本语词	汉借词
骨髓	ɣɯ^{55} bε^{31} ʑi^{31}	ku^{33} sui^{33}
石匠	xε^{31} tɔ^{55} pho^{31}	sɿ^{31} tɕã^{55}
铁匠	ɕĩ^{31} dε^{33} pho^{31}	thiε^{31} tɕã^{55}
葫芦	ɔ^{55} phɯ^{31}	xu^{31} lu^{55}
豆腐	ɔ^{55} n u̱^{33} dzɤ^{31}	tou^{31} fu^{33}
盖子	ɕε^{31} pi^{31}	ka^{55} ka^{55}
甑子	ɕε^{31} nε^{33}	tsε̃^{33} lõ^{33}
钉子	ɕĩ^{31} nu^{33}	tĩ^{33} tsɿ^{31}
本子	sɿ^{33} so^{31} pε̃^{31}	pε̃^{31} pε̃^{31}
笔	sɿ^{33} so^{31} ɕε^{31} du^{31}	pi^{31}
运气	v ε̱^{31} l ε̱^{31}	ʑĩ^{55} tɕhi^{55}
想法	du^{31} ni^{55}	ɕã^{31} fɔ^{31}

二、汉语影响在语音方面的表现

在与汉语接触的过程中，汉语借词在融入里山彝语的同时，也对里山彝语语音系统产生了一些影响。主要表现有如下三点：

(一) 复合元音韵母大量增多

里山彝语实际读音中，复合元音韵母只有 iɛ、ɤo 等几个，而且只出现在少量词上，其中大多是两个音节的合音。如：gu^{31} siɛ^{35}“熄火”是 gu^{31} sɿ^{31} ɛ^{35} 的合音，bɤo^{31}“塌毁”是 bɤ^{31} o^{31} 的合音。(本课题组不把 ɤo 归入音系中)通过吸收汉语借词，里山彝语中复合元音韵母大量增多，从而丰富了里山彝语的韵母系统。复合元音韵母共有 13 个，分别是 ui、uɛ、uo、ua、iɛ、io、ou、au、uĩ、uɛ̃、uã、iɛ̃、iã，大多用在汉语借词上。例如：

表 6-12

ui	ui^{31} tɕhã^{31}	围墙	mɔ^{55} lui^{55}	毛驴
uɛ	suɛ^{55}	税	tshuɛ^{55}	脆
uo	suo^{31} tsɿ^{31}	刷子	xuo^{33} tɕhɛ^{31}	银元
ua	kua^{55} lɔ^{33}	挂篮	tõ^{33} kua^{33}	冬瓜
iɛ	niɛ^{31} tɕi^{55}	年纪	thiɛ^{31} tɕhau^{33}	铁锹
io	tio^{55}	钓	ɕĩ^{31} thio^{33}	梁
ou	lou^{31}	楼	tou^{33} fu^{33}	豆腐
au	ɣau^{33}	熬（粥）	kau^{55} ɕĩ^{55}	高兴
iã	liã^{55}	亮	liã^{31} sɿ^{31}	粮食
iɛ̃	niɛ̃^{31}	年	liɛ̃^{31}（khɛ^{31}）	连接
uɛ̃	o^{33} suɛ̃^{31}	莴笋	kuã^{33} kuɛ̃^{33}	光棍
uã	tsuã^{33}	砖	uã^{33} tshõ^{33}	弯葱
uĩ	suĩ^{55}	顺	suĩ^{31} li^{31}	顺利

(二) 鼻化元音的增多和舌根鼻音韵尾的出现

里山彝语中有少量的鼻化元音，有的鼻音后面还带有轻微的双唇鼻音韵尾或舌根鼻音韵尾。如：xõ^{33}（m）“嫁”、ɕĩ^{31}（ŋ）“铁”、ʑi^{31} põ^{31}（ŋ）“胎盘”。随着大量汉语借词的进入，不但鼻化元音的数量增多，而且在部分人群特别是青少年和知识分子中，鼻化元音后带舌根鼻音韵尾的现象日益增多。现在里山彝语的韵母中有 13 个鼻化元音韵母，除了ũ、ẽ、ɛ̃以外，大多出现在汉语借词中。例如：

表 6-13

ĩ	ʐã^{31} tɕĩ^{31}	肥皂	lɔ^{33} pɛ^{31} ɕi^{55}	老百姓
ɛ̃	ɕɛ̃^{33}	癣	ʑi^{33} sɛ̃^{33}	医生
ã	kã^{33}	缸	sã^{33} ʐã^{31}	山羊
õ	ɕõ^{31}	熊	sõ^{55}	香
ɤ̃	phɤ̃^{31}	捧（量）	zɤ̃^{55} ʐɛ^{31}	闰月
iã	liã^{55}	亮	liã^{31} sɿ^{31}	粮食

iɛ̃	niɛ̃^{31}	年	liɛ̃^{31} (khɛ^{31})	连接
uɛ̃	o^{33} suɛ̃^{31}	莴笋	kuã^{33} kuɛ̃^{33}	光棍
uã	tsuã^{33}	砖	uã^{33} tshõ^{33}	弯葱
uĩ	suĩ^{33}	顺	suĩ^{31} li^{31}	顺利

(三) 高升调出现频率逐渐增多

里山彝语主要有三个调,高平、中平、低降。另外的高升调在本族语里只出现在少量词上。随着大量汉语借词的进入,高升调的使用频率大幅度提高,在母语人的语感中已成为一个区别音位的新调。例如:

表 6-14

ɕɛ̃^{35} mu^{35}	羡慕	ɕo^{31} ɕɔ^{35}	学校
sã^{55} tiɛ^{35}	商店	ʑi^{55} ʑɛ̃^{35}	医院
lɔ^{33} pɛ^{31} ɕi^{55}	老百姓	kã^{35} pu^{35}	干部
xo^{31} sã^{35}	和尚	fɛ̠^{31} tsɔ^{35}	肥皂
lɔ^{35} sɿ^{31}	老实	ɕi^{31} kuã^{35}	习惯
tɕĩ^{35}	剑	tsa^{35}	债

随着复合元音韵母和后带舌根鼻音韵尾韵母的大量使用,里山彝语的音节结构形式中,"元音+辅音"、"辅音+元音+辅音"、"辅音+元音+元音+辅音"的结构形式已逐渐在音位系统中确立。例如:

元音+辅音:ãŋ^{55}暗,ẽŋ^{35}zɤ̃^{31}恩人

辅音+元音+辅音:tɕĩŋ^{35}剑,ɕõŋ^{31}熊

辅音+元音+元音+辅音:tsuãŋ^{33}砖,liãŋ^{55}亮

韵母不带鼻辅音韵尾是里山彝语的一个重要特点。通过汉语借词新增了带鼻音韵尾的韵母,使得里山彝语韵母系统的性质发生了巨大的变化。这是一个质的变化。带后鼻音韵尾的出现,大大提高了里山彝语的表达能力,使得许多因不带鼻韵尾而造成的同音词得到了区分。

三、汉语影响在语法方面的表现

相对于词汇、语音而言,语法是最稳固的。然而里山彝族长期以来与汉文化接触密切,普遍兼用汉语,再加上里山彝语与汉语同属分析型语言,语法上存在诸多共性,因此在语法上也容易受到汉语的影响。汉语对里山彝语的语法影响虽然不及词汇明显,但已有一些触手可及的客观存在,值得我们去认识、分析。主要有:

（一）借用了部分汉语虚词，丰富了里山彝语句法的表义功能

就一般的语言接触而言，实词容易被借用，虚词不易被借用。虚词的借用反映了一种语言受另一种语言影响已达到一定的深度。里山彝语不但借用了大量的汉语实词，而且借用了一些虚词。

借用的虚词包括助词类和副词类，其中常见的汉借助词是表达动词体范畴的 dzɔ^{33}“着”、ko^{55}“过”。这两个助词进入了里山彝语后，极大地丰富了动词表示不同“体”的语法意义。例如：

ɔ^{55} kɯ^{33} ŋɯ^{55} dzɔ^{33} ɔ^{55}.　孩子在哭。

孩子　哭　着

xuo^{31} pa̱^{31} du̱^{31}　dzɔ^{33} ɔ^{55}.　火把在燃烧着。

火把　燃烧　着

ʑi^{31} mo^{31} ɔ^{55}　tu^{33} thɔ^{31} ɔ^{55} thɤ^{33} tsa^{33} dzɔ^{33} tshɤ̱^{31}.　老虎在拿着衣服咬。

老虎　一只 衣服　件　拿　着　咬

nɔ^{31} gu^{31}　ko^{55}　ɔ^{33} ŋa^{55}.　你做过吗？

你 做　过　吗

nɔ^{31} ŋ^{31} bɤ^{33} pi^{31} thɛ^{33} ŋ^{31} bi^{31} ɔ^{33} ko^{55} ɕɛ^{33}.　你还没有还我的钢笔。

你 我 笔 枝 我　还　　过（助）

nɔ^{31} lɤ^{31}　ko^{55} ɕɛ^{33}　ŋa^{55}.　你没去过吗？

你 去　过　　吗

表示“过”、“着”义的虚词在其他彝语支语言中都有本语词表达，大多不借用其他语言。由此推测，这两个虚词过去在里山彝语的固有成分里可能存在，后来被汉语借词所代替。

借用的汉语副词常见的有 tɕo^{55}“就”、ʑu^{55}“又”、kɤ̃^{55}“更”等。这几个副词在其他彝语支语言里普遍缺乏，可以推测里山彝语过去也没有表达这一意义的词，所以不得不借用汉语。这几个副词借入后，顺应里山彝语“状语＋谓语”的语序，与固有成分得以和谐相处。例如：

khɔ^{55} nɛ̱^{31} lɤ^{33} tɕo^{55} ɔ^{55} mo^{31} ta̱^{33} lɛ̱^{31} ɛ^{55} phɛ^{33} tshu^{33} gɯ^{33} lɛ^{55} ɔ^{55}　ɔ^{31} gu^{33} ni^{55}.

他 姐姐 个 就　妈妈　叫 手　只　伸　进　来　　看一看

他的姐姐就叫妈妈伸进手来看看。

nɔ^{33} bɤ̱^{31} mɔ^{55} phɔ^{31} lo^{33} tɕo^{55}　ŋ^{31}　la^{55} go^{31} tshã^{31} mɔ^{31} dzɔ^{31} ɔ^{55}.

你们　走了　　就　我　玩　　没 有

你们走了我就没有什么可玩儿了。

ɔ^{31} ni^{33} khɔ^{55} nɛ̱^{31} tɕo^{55} li^{33} go^{31} khɔ^{31} thɤ^{31} ɛ^{55}.　于是他的姐姐就开了门。

于是 他 姐姐 就　门　　打 开　　了

ɔ^{31} ŋɔ^{31}　ɔ^{31} kɯ̱^{31} ʑu^{55} ɔ^{31} xɤ^{31} ɔ^{31} kɯ̱^{31}.　看得见又拿得到。

看　可以　又　拿 可以

gɯ^{55} ʑu^{55} mi^{55} du^{33} lo^{33} uɔ^{35} sɔ^{33}. 他又去挖地了。

他 又 地 挖 去 了

ʑi^{55} lɤ^{33} ʑu^{55} tshɤ̃^{55} ʑu^{55} sɿ^{31} ʑõ^{35}. 这个又美又实用。

这 个 又 美 又 实用

gɯ^{55} ŋ^{31} the^{55} kɤ̃^{55} mo^{55}. 他比我更高。

他 我比 更 高

ʑi^{55} lɤ^{33} gɯ^{55} lɤ^{33} the^{55} kɤ̃^{55} nu^{55}. 这个比那个更好。

这 个 那 个 比 更 好

(二) 巩固和发展了一些新型语序,与固有语序并存共用

语言接触产生的语言影响,不是强加的,也不是没有根据硬贴上去的。往往是受语(接受影响的语言)具有相关的机制或成分,具有初始萌芽的状态,容易接受源语(影响受语的语言)的影响。这就是我们一般所说的外因通过内因起作用。里山彝语在语法上接受汉语的影响也具有这一特点。

里山彝语的语序受到汉语的影响,比较突出地表现在以下两点上:形修名语序;述补语序。

1. 形修名语序

里山彝语形容词定语修饰名词中心语的语序是定语后置,即“名词+形容词”,在复合词中几乎都是这一语序。这是彝语支语言的共性。但这些语言随着认知的加深和表达复杂定语的要求,出现了名词前置的语序。比如,复杂的形容词、重叠形容词、汉借形容词做定语时定语放在名词的前面。但随着定语内容的不断丰富,特别是受到汉语“形修名”语序的影响,里山彝语“形容词+名词”语序的出现频率大幅度增长,巩固和发展了这一语序。例如:

tsõ^{33} ʑɔ^{35} sɿ^{33} dʑɛ^{31} 重要的事情

重要 事情

lĩ^{31} ɔ^{55} tshɔ^{31} 聪明的人

聪明 人

nɛ̠^{33} mo^{31} nɛ^{55} tshɔ^{31} 吝啬的人

心 小 人

khu^{31} tho^{33} ɣɛ^{33} ɔ^{55} tshɔ^{31} 年纪大的人

年纪 大 人

ɔ^{55} vi^{31} dzɤ^{55} mɛ^{31} ɔ^{55} so^{33} bɤ^{31} 早熟的玉米

前面 熟 玉米

ʑu^{55} so^{33} ʑu^{55} khu^{31} tshɔ^{31} mɯ^{55} 穷苦的人们

又 穷 又 苦 人们

ɣε[35] mɔ[31] vɤ[33] thiε[31] nε[33] 不太远的地方
很 不 远 地方

2. 述补语序

藏缅语述补结构研究的成果显示，藏缅语述补结构与汉语相比是不发达的。述补结构的发展经历了从少到多，从不发达到发达的过程。这个发展趋势除了本语内部的原因外，还与语言接触影响有关。从里山彝语述补结构的分析研究中我们得知，其述补结构的丰富发展与汉语的影响有着密切的关系。举例如下：

ɤ[55] du[31] ɣε[35] tɕh ĩ[33] tshu[31] 说得很清楚
说 得 很 清楚

tɕhi[33] du[31] kã[33] tɕĩ[55] 洗得干净
洗 得 干净

tshã[55] ɣε[35] kɔ[33] ɕĩ[55] 唱得高兴
唱 很 高兴

ni[55] du[31] zε̃[55] tsɤ̃[33] 看得认真
看 得 认真

pio[33] ɔ[55] lɤ[33] thio[31] phi[31] uo[35] 把表调慢了
表 个 调 慢 了

gɯ[55] tɤ[55] ɔ[55] ɣε[31] uo[35] 逗笑了他
他 逗 笑 了

四、汉语影响在语言认知方面的表现

里山彝语在吸收汉语借词过程中，并不只限于词汇的一般搬用，同时还通过语言吸收了汉语的认知特点。所谓认知特点，这里主要是指词义的结合方式、词的搭配、义项的归纳等。一个语言从另一语言借用了自己语言所没有的认知方式，这是语言深度接触的表现。初级阶段的语言接触大多只限于词汇的音借。随着语言接触的深入，将会在借鉴非本语固有的构词（或词组）模式的同时吸收非本语固有的认知习惯。比如：汉语的“爬山”，里山彝语说成 bɤ[31] dε̠[33]“上山”。“爬”用 dε̠[33]“上”来表示，这是里山彝族人的认知特点，“爬山”就是“上山”。但年青人受到汉语的影响，已经把“爬山”和“上山”加以区别，认为这是不同的概念。“爬山”说成 bɤ[31] phɔ[31]，phɔ[31]“爬”借用了汉语词。又如：汉语的“（病人）看病”是不符合逻辑的习惯说法，“病”怎么能“看”呢？但里山彝语也把这种格式借来说成 nu[31]（病）ni[55]（看）“看病”。汉语的“打”具有多种意义，如“打人”、“打针”、“打毛衣”、“打麻将”、“打酱油”等中的“打”意义各不相同。里山彝语的 dε[33]“打”原来只是用手发出的动作义，但受到汉语的影响，也出现新的义项，也说成 tsɤ̃[33]（针）dε[33]（打）“打针”、mɔ[31] ʑi[33]（毛衣）dε[33]（打）“打毛衣”。dε[33]（打）的义项的增多

反映了里山彝族人认识上的发展。类似的变化,下面再列举一些:

表 6-15

		固有搭配	新搭配
例 1	dɛ̠^{33} 上	bɤ^{31} dɛ̠^{33} 上山	thi^{31} dɛ̠^{33} 上粪
			ɣo^{31} dɛ̠^{33} 上菜
例 2	khɔ^{31} 开 (本语词) kha^{33} 开 (汉借词)	li^{33} go^{31} khɔ^{31} 开门	tɛ̃^{55} tɛ̃^{55} khɔ^{31} 开灯
			tiɛ^{35} sɿ^{35} khɔ^{31} 开电视
			tɕhi^{55} tshɤ^{33} kha^{33} 开车
			xuĩ^{35} kha^{33} 开会
例 3	dɛ^{33} 打	tshɔ^{31} dɛ^{33} 打人	tɕã^{33} ʑu^{33} dɛ^{33} 打酱油
			ma^{31} tɕã^{33} dɛ^{33} 打麻将
			lã^{31} tɕhu^{31} dɛ^{33} 打篮球
			ʑi̠^{31} ʑɛ̠^{33} dɛ^{33} 打水
			dzo^{31} dɛ^{33} 打饭
			dɛ^{33} khɔ^{31} 打开
			dɛ^{33} tɕhi^{55} 打破

五、汉语影响在语用方面的表现

里山彝语受汉语的影响除了反映在语音、词汇、语法、认知上外,在语用上也有一定的表现。语言接触在语用上的表现,是语言接触理论研究必须解决的一个新课题,以往没有太多的研究积累。这里着重论述"经济性"原则和整句借用两个方面的问题。

(一) 语用中"经济性"原则的影响

语言是交际工具,如果意义的表达有"经济"与"非经济"的两种选择,人们总是倾向于前者,必然要遵守"经济性"原则。在特定的语言环境下,一种语言表达方式比另一种更加简便、恰当,人们自然选择简便、恰当的表达方式,哪怕这种表达方式有时不太符合语言自身的特点或规律。因而语言在发展中总是在调整这一对矛盾,尽量使语言使用起来更加简便。"经济性"原则的贯彻,主要靠语言内部机制调整来实现,但外力的语言接触也能起到一定的作用。当两种语言发生接触时,一种语言总会接受另一种语言中一些能够改善自身结构的简便方式。我们在对里山彝语的研究中也看到里山彝语接受汉语的一些好而简便的表达方式。

里山彝族普遍使用"彝—汉"双语,他们具有彝汉两套语言系统。由于里山彝语与汉语长期以来保持着一种高强度的语言接触态势,这两套语言系统在里山彝族人的语言生活中可以自如地切换使用。汉语中的一些概括力强、简练的特点,里山彝族人就有选择地把那些可以吸收进来的成分(包括词汇和句式)掺杂在彝语结构系统中,达到交际的"经济性"目的。

比如,里山彝语中汉语借词一部分是本语词没有的,只能直接借用汉语词;但也有不少词,即使有本语词也用汉语词替代。为什么?这是因为同样表达意义时使用汉语词比使用本语词更加简便。让我们先看看彝族村民的下面三段对话（以下对话皆是从里山彝族人自然语境中录下的。对话者都是彝族，彝语和汉语都说得很好。他们在一起时都是使用彝语交际，但掺杂了不少汉语词）。

A段

小李：nɔ^{31} lui^{55} lui^{55}？ 你累了吧？

你 累吗

xui^{55} mɔ^{33} kha^{33} ɔ^{31} tɕo^{55} ʑi^{55} nɛ^{33} le^{31}. 刚开完会又跑到这里来。

会 (助)开 了就 这里 来

村长：mɔ^{31} lui^{55}. 不累。

不 累

小李：ʑi^{55} the^{31} ɕã^{55} ɔ^{31} mu^{55} mã^{31} lɔ^{33}？ 最近忙什么？

最近 什么 忙 啊

村长：tsao^{35} tsɿ^{33} tshã^{33} ɔ^{31} ɣɤ^{33} tɔ^{55} ŋ^{33} bɤ^{31} tshɛ^{33} o^{31} le^{31} na^{55} du^{31} ɔ^{31} ni^{33}

造纸厂 一家 建 我们 村 (方位)来 想 要 所以

sɿ^{33} dʑɛ^{31} lɤ^{33} thã^{31}.

事 情 个 谈

一家造纸厂想在我们村里来建造纸厂，在谈这个事情。

小李：ɔ^{55} tho^{31} ɔ^{55} ɤ^{55} lo^{55} le^{55}？ 结果怎么样？

怎么 说 呢

村长：ŋ^{31} bɤ^{31} mɔ^{31} lɛ^{55}，tsao^{35} tsɿ^{33} tshã^{33} vu^{55} zã^{33} ɣɛ^{33} uo^{35}.

我们 不 同意 造纸厂 污染 大 了

我们不同意，造纸厂污染太大了。

ɔ^{31} sɿ^{55} tɕhɛ^{31} o^{31} tsao^{35} tsɿ^{33} tshã^{33} dzɔ^{31}，vɛ^{33} nu^{33} ɔ^{55} dzɤ^{31} ni^{31}，

如果村 (方位)造纸厂 有 那么 以后 的话

su^{55} tsha^{35} tɛ^{55} ɔ^{55} du^{31} ɔ^{31} dzɔ^{31} ɔ^{55}.

蔬菜 种 不用想

如果村里建造纸厂的话，以后别想再种什么蔬菜了。

小李：ŋɤ^{31} ɔ^{31}， tɕhɛ^{31} o^{31} tsao^{35} tsɿ^{33} tshã^{33} tɔ^{55} ta^{31} ʑĩ^{55} ɔ^{31} dɔ^{31} o^{31}.

是 啊 村里 造纸厂 建 答应 不 能

是啊，村里可不能答应建造纸厂。

B 段

春梅：wɛi^{31}，li^{55} tsu^{33} zɤ̃^{35} ŋɤ^{31} ŋɤ^{31}？ 喂，是李主任吗？

喂 李主任 是 是

李主任：ŋɤ^{31} ɔ^{31}，nɔ^{31} ɔ^{31} su^{33} dzɔ^{55}？ 是，你是哪位？

是 你 谁 （助）

春梅：ŋ^{31} tshũ^{55} mɛi^{31} dzɔ^{55} le^{55}. 我是春梅。

我 春梅 （助）

李主任：ɔ^{31}，nɔ^{31} ŋ^{31} so^{31} ɔ^{55} ɔ^{33} gu^{31} va^{55}？ 你找我有什么事情？

噢 你 我 找 （助）什么事

春梅：nɔ^{31} li^{33} tɕa^{33} pĩ^{55} bɤ^{33} sɤ^{33} tɕi^{55} xɔ^{35} ma^{33} ŋuɔ^{35} gu^{31} the^{31}？

你 李家彬 的 手机 号码 我 请 告诉

能告诉我李家彬的手机号码吗？

ŋ^{31} gɯ^{55} so^{31} ɔ^{55} sɿ^{31} dʑe^{31} dzɔ^{31} le^{55}. 我找他有急事。

我 他 找（助） 事情 有

李主任：khɔ^{31} bɤ^{33} sɤ^{33} tɕi^{55} xɔ^{35} ma^{33} ʑo^{33} sã^{33} tɕo^{33} ɤ^{35} pa^{31} tɕhi^{31} tɕhi^{31} pa^{31} lu^{31} lu^{31} pa^{31}.

他 的 手机 号码 13928778668

好，他的手机号码是 13928778668。

ʑi^{31} khɯ^{55} bɤ^{33} nu^{33} lu^{31} ɤ^{35} ʑo^{33} ʑo^{33} sɿ^{35} tɕhi^{31} tɕhi^{31}. 家里电话是 6211477。

家里 的（助）6211477

春梅：nɔ^{31} mɔ^{31} fã^{35}！ɕɛ^{31} ɕɛ^{55}！ɕɛ^{31} ɕɛ^{55}！ 麻烦你了！谢谢！

你 麻烦 谢谢 谢谢

李主任：mɔ^{31} kɛ^{55}！ mɔ^{31} kɛ^{55}！ 不客气！不客气！

不客气 不客气

C 段

A：ʑi^{55} tɕhɛ^{33} tɕi^{33} tiɛ̃^{33} lu^{31} ɔ^{55}？ 现在几点了？

现在 几 点 了

B：tɕhi^{31} tiɛ̃^{33}。 七点。

七 点

A：le^{55} xo^{31} sɤ^{31} ʑi^{55} lɤ^{33} tɕhi^{31} tiɛ̃^{33} sɿ^{31} vu^{33} dzɔ^{55} kɯ̠^{31}？那这个表怎么是七点十五？

为什么 这 个 七点 十五 是（助）

B：ŋ^{31} pã^{55} ʑĩ^{55} thio^{31} khua^{55} le^{55}. 是我故意调快的。

我 故意 调 快 的

ni³³ tho³³ tɕhɛ³³ o³¹ tshɔ³¹ mɯ⁵⁵ dzɔ⁵⁵ ʑo³¹ xo³¹ ɔ⁵⁵ the³¹ thɛ³³ lɔ⁵⁵ dzo ³¹ mo³¹ ɕo³³ lɤ³¹.

今天 村里 人 些 (助)约好 一起 (助) 路 修去

今天约好和村里人一起去修路。

tshɿ³¹ tao³⁵ xɔ⁵⁵ dzu̠³³ ɔ³¹ ni³³ thio³¹ khua⁵⁵ le³³. 怕迟到,所以把表调快了。

迟到 (助)怕 所以 调 快 了

A: xɔ⁵⁵ ʑɛ³³ le⁵⁵ ŋɔ⁵⁵! 原来是这样啊!

这样 是

dzo³¹ mo³¹ mɔ³³ ɕo³³ khuã⁵⁵ ɔ³¹ ŋ³¹ bɤ³¹ mɔ⁵⁵ du̠⁵⁵ lɤ³¹ tɕu³³ fã⁵⁵ pĩ⁵⁵ ɔ³³.

路 (助)修宽 了 我们 出去 就 方便 啦

路修宽了,以后我们出门就方便了。

B: ɔ³¹, ɔ⁵⁵ nu³³ ŋ³¹ tɕo⁵⁵ phɔ³¹ lɤ³³ ɔ⁵⁵. 好,那我就走了。

噢 那 我就 走 啦

从以上三段对话中我们可以看到,一些新词直接借用了汉语,如对话 A 中的 xui⁵⁵ kha³³ "开会"、tsao³⁵ tsɿ³³ tshã³³ "造纸厂"、vu⁵⁵ zã³³ "污染"以及对话 B 中的"sɤ³³ tɕi⁵⁵ xɔ³⁵ ma³³ "手机号码"等。另外,有些是用汉语借词来替代本语词。如对话 A、C 中的 su³³ tsha³⁵ "蔬菜"和 tshɿ³¹ tao³⁵ "迟到"。其实里山彝语中"蔬菜"、"迟到"分别有本语词"ɣɔ³¹ ni⁵⁵"、"lɤ³¹ lɛ³¹",但在实际语言中有时用汉语借词替代。又如对话 B 中的数字,里山彝语有完整的本语数词系统,但在日常生活中说电话号码时全部都借用汉语。这类词语多是公共社交语言中使用频率较高的。这种替代主要是因为用汉语词比用本语词更顺口,更便于对方接受。

(二)在彝语的会话中,常有整个语句借用汉语或借用汉语的句法结构

例如对话 B 中,nɔ³¹ mɔ³¹ fã³⁵ "麻烦你了"、ɕɛ³¹ ɕɛ⁵⁵ "谢谢"、mɔ³¹ kɛ⁵⁵ "不客气"等语句直接借用了汉语。另外,借用汉语句法结构的情况也不少。如对话 C 中的 ŋ³¹ pã⁵⁵ ʑĩ⁵⁵ thio³¹ khua⁵⁵ le⁵⁵ "是我故意调快的"、dzo³¹ mo³¹ mɔ³³ ɕo³³ khuã⁵⁵ ɔ³¹ "路修宽了"都借用了汉语述补结构。这两例用里山彝语也可说成 ŋ³¹ pã⁵⁵ ʑĩ⁵⁵ gu³¹ khua⁵⁵ le⁵⁵ "是我故意弄快的"、dzo³¹ mo³¹ mo³³ gu³¹ khuã⁵⁵ ɔ³¹ "路变宽了"。又如"开会"一词,里山彝语借用了汉语词,但在口语的语序中有两种说法,一是按本语语序改装,说成 xui⁵⁵ kha³³ "会开",二是直接整体搬用,说成 kha³³ xui⁵⁵ "开会"。从发展趋势上看,后者有可能取代前者。其他类似的例子还有许多,如"跳舞、唱歌、打仗、退货、上学"等。甚至像"热爱祖国、发展经济、提高质量"等汉语的动宾式也都成为没有异议的日常用语。

第二节 里山彝语受汉语影响的基本特点

汉语对里山彝语影响的基本特点大致可以归纳为五点:途径上以口语接触为主;关系上呈

现层次性;方法上表现出多样性;范围上的全方位性;过程中坚持顺应性原则。

一、途径上以口语接触为主

通过语言接触带来语言变化的途径有二:一是通过书面形式,二是通过口语形式。书面形式的接触主要是借助书面材料的翻译实现的,是少数知识分子起作用的。如汉语中的有些借词是通过佛经的翻译借来的。口语形式的接触主要是人们在现实语言交际中通过口头交际实现的,是从最基础的交际活动中产生的。口语接触与书面接触有些不同,各有自身的一些特点。里山彝语受汉语影响的途径主要是口语接触。

里山彝语接触的汉语主要是当地汉语方言通海话,因此汉借词的语音与通海话比较接近。二者有着严谨的对应规则。例如:

表 6-16

	里山彝语	通海方言
小心	ɕɔ^{31} ɕĩ^{33}	ɕɔ^{55} ɕĩ^{55}
习惯	ɕi^{31} kuã^{55}	ɕi^{31} kuã^{324}
辣椒	lɔ^{33} tsɿ^{31}	lɔ^{31} tsɿ^{33}
故事	ku^{35} sɿ^{35}	ku^{324} sɿ^{324}
生日	sɛ̃^{55} zɿ^{31}	sɛ̃^{55} zɿ^{31}
颜色	ʑĩ^{31} sɛ̱^{31}	ʑɛ̃^{31} sɛ^{31}
歪	vɛ^{55}	ua^{55}
脆	tshuɛ^{55}	tshuɛ^{324}
勇敢	ʑõ^{33} kã^{33}	ʑõ^{33} kã^{33}
高兴	kau^{55} ɕi^{55}	kɔ^{33} ɕi^{324}

词汇以口语词为主,有些词语具有地方特色。其中有许多吸收了当地方言的重叠构词。例如:

pã^{55} ʑi^{55}　故意　tsã^{31} tsã^{31}　急忙

xã^{33}　傻(憨)　ʑɔ^{33} tsɿ^{31}　肾

kuã^{33} kuɛ̃^{33}　单身汉　ɕo^{31} ku̱^{31} tu^{33}　蓓蕾

ku^{33} lu^{33}　轮子　mɛ^{55} fu^{33}　浆糊

tɕho^{33} tɕho^{33}　匙(调羹)　phĩ^{31} phĩ^{55}　瓶子

tshã^{31} tshã^{33}　铲子　tshɔ^{33} tshɔ^{33}　叉子

pɛ̃^{31} pɛ̃^{31}　本子　xo^{31} xo^{33}　盒子

pɔ^{33} pɔ^{33}　伤疤　ka̱^{55} ka̱^{55}　盖子

二、关系上呈现层次性

(一) 从影响深度上看,汉语的影响有表层和深层之分

表层影响只是零散地影响语言的非核心层次,尚未触及语言的核心部分;深层影响则是进入了语言的核心领域,并在一定程度上使受语的特点逐步向源语靠拢。

里山彝语受汉语影响的层次性出现在词汇的各个方面。一是里山彝语中不但有很多非核心词大量借用了汉语,如zɤ^{31}nɔ^{55}“热闹”、xuã^{33}“慌张”、lɔ^{35} sɿ^{31}“老实”、xo^{31} sɿ^{55}“合适”、khuã^{31}“称赞”等,而且部分核心词汇,如亲属称谓词、方位词、基本动作动词等,也有不少借用了汉语。在语言接触中,如果只是非核心词语受到源语的影响,这说明语言影响还只停留在表层;倘若有一定数量的借词已深及核心词汇层面,则说明语言的影响已经进入深层。里山彝语部分汉语借词进入里山彝语的核心词汇领域,是汉语影响具有深层性的一个重要标志。

二是里山彝语的汉语借词除了大量的音译词外,还有少量的意借词。意借词中有一些已借用了汉语的义项,使原有的词语义项发生了变化。这是语言接触深层的表现。例如:汉语的“上菜”,“上”的意义是“端上”,不是一般的“上去”义。里山彝语吸收了汉语的这种组合形式,说成 ɣo^{31} dɛ̠^{33}“上菜”。其实里山彝语的 dɛ̠^{33}“上”,只有“上去”义,没有“端上”义。这样一来里山彝语中的 dɛ̠^{33}增加了“端上”义。又如汉语的“开灯”,“开”具有“使灯亮”的意思,不是“把灯打开”,里山彝语也借用了这种组合结构,说成 tɛ̃^{55} tɛ̃^{55} khɔ^{31}“开灯”。其实,khɔ^{31}在里山彝语只有“(把物体)打开”义,并无“使灯亮”义。这种新组合的方式,使 khɔ^{31}同汉语一样增加了新的义项“使灯亮”义。类似现象还有不少。义项的增加,是语义深层的变化,语言接触达到这种变化,证明其影响已达到一定的深度,使词的义项系统发生变化。

在语言结构中语法是最稳定的,不易受到其他语言的影响。因而,语法一旦受到影响,就说明语言接触已经进入深层次。分析型语言以语序和虚词作为最主要的语法手段,如果语言影响改变了原有的基本语序或使受语吸收了虚词借词,那就说明语言影响开始进入深层次。在现代的里山彝语里,已借用了汉语的部分虚词,如:tso^{33}“着”、ko^{55}“过”、tɕo^{33}“就”、ʑu^{55}“又”、kɤ̃^{55}“更”等。其中 tɕo^{33}“就”、ʑu^{55}“又”、kɤ̃^{55}“更”是本语中没有的副词,是直接借用汉语词来充实和完善自身的虚词体系,丰富其语法义的。而且,虚词的借用还存在逐渐增多的趋势。特别是青少年的口语中借用的虚词就更多了。只要表达需要,他们就会毫不犹豫地把汉语虚词借进母语,认为这是理所当然的。

在语序方面,里山彝语巩固和发展了一些新型语序,如形修名语序、述补语序。这是里山彝语在与汉语的接触中受到深层影响的一种表现,在一定程度上改变了里山彝语里的语序结构。深层影响不但能够把萌芽状的某种语序巩固下来,而且还会增加新的基本语序。

(二) 从影响的时间段来看,有早期借用和近期借用的区分

早在元、明时期,大量军队进入通海并在通海屯垦,彝族和汉族以及其他民族的融合就已

大量出现。彝汉两个民族相互接触、相互融合,语言的接触由此产生。在我们记录的汉语借词中,可以看到一些时间较早的汉语借词。例如:

ʑã^{31} mo^{31}　衙门　xuɔ^{33} tɕhɛ^{31}　银元

pɔ^{55} tsɿ^{31}　坝子　mi^{55} dzu^{31}　筷子

lõ^{33} khu^{31}　(辰)龙　ɔ^{55} te^{33}　父亲

ʑĩ^{33}　烟　ɕi^{55}　姓

tshɔ^{31}　茶

但现存的大量汉借词是新中国建立后产生的。汉借词的大规模借入出现了两个高峰:一是在建国后不久,有关政治制度、经济建设、文化教育等方面的词语涌入里山彝语,如,"国家、政府、共产党、共青团、人民、经济、合作社、化肥、文化、教育、小学、中学、地主、富农、老百姓、农民、工人、干部、学生、老师、解放军、民兵、省、县、公社、大队、队长、社员、解放、打倒、剥削、批判、土改",等等。第二个高峰是从改革开放到现在,表示新事物、新概念、新思想的汉语借词为里山彝语所吸收,比如,"改革、开放、小康、现代化、和平、统一、承包、电视、录音机、电冰箱、洗衣机、手机、电话、上网、彩电、摩托车、小轿车、电脑、股票",等等。里山彝语新词术语的丰富发展,都是借自汉语词汇的,这就是说里山彝语新词术语的丰富发展,基本上与汉语的发展是同步的。汉语词汇使用上的变化,在里山彝语中也有一定的反映。如表达同一概念时存在汉语两个时期的词语。例如:

仓库　kõ^{33} fã^{31}　tshã^{33} khu^{55}

肥皂　ʑã^{31} tɕĩ^{31}　fɛ̱^{31} tsɔ^{35}

灯　tɛ̃^{33} pa̱^{33}　tɛ̃^{55} tɤ̃^{33}

碟子　tsõ^{55} tiɛ̱^{31}　tiɛ̱^{31} tsɿ^{31}

钱　xuɔ^{33} tɕhɛ^{31}　tshɔ^{33} phiɔ^{55}(tɕhɛ̃^{31})

三、方法上表现出多样性

里山彝语吸收汉语借词的方法多种多样。在第一节中我们也曾谈到。这里为醒目起见,将各种借词方法列表(6-10)举例如下:

表 6-10

<table>
<tr><th colspan="3">借用方法</th><th>例词</th></tr>
<tr><td rowspan="4">音借</td><td colspan="2">全借</td><td>tɕhĩ^{31} tsɿ^{31} 裙子,vɔ^{31} 袜子</td></tr>
<tr><td rowspan="3">半借</td><td>本语语素+汉借语素</td><td>ɕi̱^{33} phi^{31} 树皮,ʑi^{31} thõ^{31} 水桶</td></tr>
<tr><td>汉借语素+本语语素</td><td>phi^{31} thɔ^{31} 皮衣,ko^{55} tɤ^{31} 灶</td></tr>
<tr><td>汉借语素+本语虚化语素</td><td>ko^{31} tsɿ^{31} mo^{31} 鸽子,sɿ^{33} tsɿ^{31} mo^{31} 狮子</td></tr>
<tr><td colspan="3">意借</td><td>dɛ^{33}(tɕhi^{55})打(破),(ɣo^{31})dɛ̱^{33} 上(菜)</td></tr>
</table>

四、范围上的全方位性

从里山彝语受汉语影响的范围来看，是全方位的，涉及语言结构的方方面面。除了语言结构方面（语音、词汇和语法）外，还包括语言使用方面的影响。

先看语言结构方面。在汉语影响下，里山彝语复合元音韵母和鼻化元音韵母大量增多，逐渐出现了舌根鼻音韵尾。与此同时，高升调出现频率逐渐增多。总的趋势是自身的语音系统与汉语语音系统逐渐趋同。在词汇方面，里山彝语的词汇系统中汉借词语不仅数量大，而且分布也十分广泛。汉语借词不但进入实词系统，也进入虚词系统。实词中汉语借词涉及天文、地理、人体器官、人物亲属、动物、植物、食品、衣着、房屋建筑、用品工具、文化娱乐、宗教或抽象概念、方位、时间、数量、代替、指示、疑问、性质、状态、动作、行为等各类词语。汉语借词的虚词有助词、连词、副词等，吸收了表达动词体范畴的 tso^{33}“着”、ko^{55}“过”以及汉语副词 tɕo^{33}“就”、ʑu^{55}“又”、kɤ̃^{55}“更”等。同时巩固和发展了一些新型语序（如形修名语序、述补语序等），与固有语序并存共用。

再看语言使用方面。由于里山彝语中汉借词汇数量大，平时与汉语接触频繁，因而里山彝族在使用彝语进行交际时，不仅在词汇方面，而且在结构及语句方面，借用汉语的情况也较多。这类情况多出现在语码替换时和大段陈述的语境中，从而达到交际的“经济性”、“便易性”目的。

五、过程中坚持顺应性原则

里山彝语在吸收汉语各类成分时，并没有盲目地、囫囵吞枣式地吸收，而是根据彝语自身的语言特点，经过消化后才把新成分吸收进来。在吸收过程中坚持顺应里山彝语自身的特点。如：在吸收新词术语时，结合彝语构词特点有的进行了加注，有的改变了成分。里山彝语是 SOV 语序，在吸收汉语 VO 语序的词组时，都按 OV 语序改装。如“打电话”说成 tiɛ̃^{33} xua^{35} dɛ^{33}，“修公路”说成 dzo^{31} mo^{31} ɕo^{33}。甚至汉语中的 VO 型离合词，有的也按本语的特点分离改装，没有把它当成整块结构来借入，里山彝族人能够敏锐地观察到其中的内部关系，顺应自身语言 OV 结构特点，改变语素的顺序，如：tsã^{55}（仗）dɛ̱^{33}（打）“打仗”、vu^{33}（舞）pi̱^{33}（跳）“跳舞”、nu^{33} nu^{33}（货物）thuɛ^{55}（退）“退货”等。

里山彝语在吸收汉语方言曲折调时也是这样。他们并没有照搬汉语的曲折调，而是根据里山彝语中的高声调，把曲折调对应为特点相近的高升调，如：xo^{31} sã^{35}“和尚”、fɛ̱^{31} tsɔ^{35}“肥皂”、ɕi^{31} kuã^{35}“习惯”、tɕĩ^{35}“剑”、tsa^{35}“债”等。

第三节　里山彝语受汉语影响的内外条件

语言影响是否产生或影响的深浅，是由语言内外条件决定的。所以，认识里山彝语受汉语影响，必须追究是什么条件使里山彝语受到汉语的影响发生变化。下面试就此问题作些简要分析。

一、社会文化背景是里山彝语接受汉语影响的外部条件

里山彝族是通海县内少数民族中人口最多、住地较广、历史悠久的一个世居民族。据《通海县志》记载，元、明时期大量军队进入通海并在通海屯垦，彝族和汉族以及其他民族的融合大量出现。其中有彝族融于汉族的，也有汉族融于彝族的。他们在文化上互相交流、互相吸收有用的成分来丰富自己。如，里山彝族与汉族一样，过春节、元宵节、清明节、端午节、中秋节；汉族与里山彝族一起过彝族最为隆重、也最具有民族特色的祭龙节、火把节等。

里山彝族乡地理位置上靠近县城秀山镇，与建水县毗邻。历史上，里山彝族受到秀山镇和建水县汉文化广泛而深刻的影响，村民们都愿意学习、接受汉文化。彝族尊儒敬孔，求学者诵读四书五经，出现了一批熟悉汉语文、汉文化的知识分子。

"大杂居、小聚居"的分布局面为里山彝族接受汉语影响创造了天然环境。里山乡地处滇中地区，位于县城南端，东与杨广接壤，南与高大、建水和曲江毗邻，西连九街，北与城郊毗邻。周边的县市中杨广、建水、曲江、九街都是汉族聚居区，高大是傣族聚居区，但大部分都已转用汉语。可见，里山彝族乡的周边地区的主要交际语言是汉语。里山乡辖6个村公所，其中包括4个彝族村（里山村、芭蕉村、象平村、大黑冲），两个汉族村（五山村、中铺村）。其中里山村一、二组是彝汉杂居区，十、十一、十二、十三组是彝族聚居区，三至九组是汉族聚居区。芭蕉村和象平村是彝族聚居区。大黑冲虽然是彝族聚居区，但语言已转用汉语。彝族只占全乡人口的46.8%，而汉族和其他民族人口却占全乡人口总数的一半以上。这种分布局面，也为里山彝族接触汉语提供了十分有利的条件。

新中国成立后，里山乡的交通有了很大的改善，乡内乡外都修建了许多公路（如建通高速公路等），这对里山乡的对外交流提供了方便，也为里山彝语接触汉语缩短了距离。

总之，各种外在条件都有利于里山彝语与汉语的接触，也就使里山彝语更容易受到汉语影响。

二、语言态度是里山彝语接受汉语影响的内部条件

语言态度是一种社会心理现象，与政治、经济、文化等社会因素有着密切的关联。里山彝族无论是在政治上还是在经济、文化上，都与汉民族紧密联系在一起。新中国成立后由于实行了民族平等、共同繁荣的政策，彝族和汉族的关系十分友好。"彝族离不开汉族，汉族离不开彝族"成为整个地区的彝汉两族人民的共同心声。所以彝族都很乐意在自己的母语中吸收汉语成分，而且认为这是一种进步的表现。半个多世纪以来，里山地区的社会发生了巨大的变化。不但经济发展了，教育事业也有了长足发展，使他们"尚新思辨"和"开放交流"的思想不断加强。与此同时，在语言上也产生了多层次的要求。彝族虽然有本民族的语言，但是在与其他民

族交流时一般都会使用汉语，为了民族发展的需要，他们主动学习汉语，对汉语的态度是开放的。他们都能根据自身的需要，不断吸收汉语的有用成分来补充自身语言的不足，从而保持了自身语言的活力。

彝语属于汉藏语系藏缅语族彝语支，里山彝语属于彝语的南部方言。里山彝语与汉语一样，都是分析型语言，在语言的基本特点上有许多共同的特点。如：单音节性、缺少形态变化、虚词和语序是重要的语法手段等。另外，由于彝族与汉族在文化认知上存在许多共同的特点，因而在语言认知和语言表达上也有许多共同的特点。这些条件，便于里山彝语吸收汉语的成分。

第四节　里山彝语受汉语影响所引发的几点理论启示

语言接触是由语言关系引起的一种普遍现象。我国是一个多民族的国家，不同民族在政治、经济、文化等各个领域有着密切联系，因此不同语言之间必然也会产生各种形式的语言接触和语言影响。语言影响的程度及方式因语言自身机制特点及客观影响因素的不同而有不同的特点。语言有共性也有个性，里山彝语的语言接触必然涉及语言接触理论中的一些问题。那么，里山彝语的语言接触实际，对我们探索语言接触理论问题有什么启示呢？

一、语言接触中的外因和内因的关系

语言接触中，外因和内因的关系是一个尚未被认清的问题。里山彝语受汉语的影响说明，外因和内因要协调统一，二者缺一不可。只存在外部影响没有内部需求，或只存在内部需求而没有外部影响都不能达到语言影响的目的。语言接触中，外因通过内因起作用。语言影响，不是外部因素强加的，往往是在外因的刺激下，受语存在着相关的机制或成分，有着初始萌芽的状态，才能接受源语的影响。

比如，我们认为里山彝语形容词前置修饰名词的语序是受汉语影响确立和巩固的，其中里山彝语内部的原因发挥了重要作用。里山彝语的原有语序是形容词后置修饰名词，这不仅是里山彝语的句法特点，而且还是整个藏缅语多数语言的特点。后来由于认知发展的需要，这些语言都不同程度地有了形容词前置修饰名词的新语序，这是一个质的变化。但未能得到充分发展。汉语影响的介入，使得这种萌芽状态的新语序能够在里山彝语的句法系统中得到空前未有的发展，并成为能够与形容词后置语序相对峙的新语序。里山彝语之所以能够接受汉语的新语序，形容词的语序之所以能够从后置到前置，这是因为里山彝语中存在名词或代词修饰名词置前这一定语模式，所以才能促使“形容词 + 名词”语序的巩固和发展。

又如里山彝语高升调的产生也是如此。一个语言要接受另一个语言的新调类和新调值，一般来说是不容易的，必须要有内部机制和内部条件的支撑。里山彝语的声调主要有高平、中

平、低降三个调，在与汉语的接触中能够顺利地借入了高升调，是因为本语的变调和合音中存在高升调。虽然出现高升调的词很少，但毕竟是一种客观存在，使得汉语的高升调容易被里山彝族的语感所接受。如果没有这一基础，要在声调系统中增加一个新调是很困难的。

二、双语制条件下的语言接触具有独特的特点

如上所述，语言接触是由于出现语言关系而产生的。语言关系多种多样，其中重要的一类是双语关系。所谓双语关系，是指一个民族除了使用自己的母语外还兼用另一种语言。通常，被一个民族广泛兼用的语言是强势语言。强势语言兼用语和弱势语言母语，构成了一对相互依存的语言关系。双语制下的语言影响，主要是强势语言对弱势语言的影响，这类关系的影响具有自己的特点。从里山彝语和汉语的双语关系中我们看到，里山彝语受汉语影响是全面的、深入的、多样的、不断的。能达到这个程度，是由于里山彝族普遍是兼用汉语的双语人。彝语和汉语相伴一起，自由转换使用，汉语随时可以进入彝语系统。双语人的语码系统为语言影响提供了一条畅通的渠道。所以，里山彝族人在说自己母语时就往往意识不到哪些是自己的成分，哪些是汉语的成分。双语制条件下的语言接触究竟还有哪些特点，存在哪些规律，二者相辅相成的具体关系又是什么，都有待于我们今后作理论探讨。

三、语言接触和语言影响有深层、表层之分

语言接触和语言影响是一个过程，因此它必然是由浅入深的。提出语言接触和语言影响有深层、表层之分，并不是一个难事，难就难在怎样界定深层和表层的标准。从以上罗列出的里山彝语受汉语影响的大量事实中应该怎样判断其性质呢？我们认为，深层影响应该是多渠道的、全方位的，而不是单渠道的、局部的。里山彝语在词汇上受到汉语的强烈影响，无论在数量上、深度上都是凸显的，在一定程度上丰富发展了里山彝语的词汇系统。而且已经进入词汇的核心领域，在语言认知特点上也有一定的变化。一个语言从另一语言搬用了自己语言所没有的认知方式，这是语言深度接触的表现。而表层的语言影响大多只限于少量词汇的音借。但在语法结构上，里山彝语固有的基本语法特点仍然是“稳坐泰山”，只有少量变化。权衡之下，我们初步认为里山彝语受汉语的影响目前正处在由表层向深层过渡的阶段。

四、语言影响存在语言互补和语言竞争

里山彝语的语言影响告诉我们，里山彝族使用的彝语和汉语之间既存在语言互补，又有语言竞争。二者各自在不同的领域发挥作用，成为不可替代的语言工具。但二者又是竞争的。这种竞争，反映在人们的认识上，对母语和汉语的关系存在不同的认识。在我国民族平等、语言平等的大气候下，语言竞争是非对抗性的。能够通过语言政策、语言规划的实施达到语言和谐，能够通过矛盾的妥善调解而保持相对的平衡，使语言能更好地适应社会的需要。

五、语言的影响有助于语言的独立存在

许多人认为语言影响可能导致语言衰退、语言濒危,甚至把语言影响当成是语言发展中的消极影响。里山彝语的事实证明,它接受了汉语的影响后使本身的功能发展了,更能够顺应社会日益发展的需要。如果里山彝语中没有这些表达新思想、新概念的汉语借词,怎能适应现代化进程中表达思想的需要呢?汉语影响的进入,使里山彝语得到了充实、发展,能够较好地与社会的发展保持一致。里山彝语即便接受了汉语如此广泛的影响,也未能改变它独立存在的地位。语言濒危是由各种社会因素造成的,而不是由语言影响造成的。我国历史上有很多曾经使用广泛、有着丰富表达力的语言后来走向濒危,如满语、西夏语等,这些语言并未受到其他强势语言的过多影响。至今我们还没有找到由于语言影响过深而导致语言濒危的例子,而大量的事实是,广泛接受影响的语言仍独立存在,如我国的壮语、侗语、苗语等。

第七章　结语与预测

上文我们对里山彝族的语言生活作了比较全面系统的分析，理出了里山彝族语言生活的六个主要特点：

1. 除大黑冲外，里山彝族基本上保留了自己的母语。不同年龄段、不同性别的人都能说一口流利的彝语。经调查统计，"熟练"级的彝族，聚居区达到99.6%，杂居区达到91.5%。能保留母语的主要因素有：局部聚居、较强的民族内部凝聚力、国家语言政策、家庭和社区的语言氛围等。里山彝族对自己的母语非常热爱，他们坚信自己的语言还会稳定地使用下去。

2. 里山彝族普遍兼用通用语——汉语。同样，不同年龄段、不同性别的人都能说一口流利的汉语。能兼用汉语的主要因素有：地理分布处在汉语区的包围之中、重视学校教育、对汉族长期形成的亲和力、里山彝语大量吸收汉语成分。随着现代化进程的逐步推进，里山彝族掌握汉语的水平将会不断提高。

3. 里山彝族除大黑冲外是一个全民双语的民族。他们的双语关系，是一个密不可分的系统，相互补充、相互制约、各就各位。里山彝语主要用于家庭内部、村寨之间的日常用语，汉语用于不同民族之间的交际以及文化教育事业等语言生活中。母语的基础为里山彝族进一步掌握汉语提供了条件；兼用汉语，为母语的独立存在提供了条件。

4. 里山彝语在与汉语的长期接触中，受到汉语的广泛影响。其影响表现在语音、语法、词汇、认知、语用等方面。汉语的影响已进入核心领域，在一定程度上丰富和发展了里山彝语的基本特点。里山彝语受汉语的影响正处于由表层向深层过渡的阶段。汉语影响使得里山彝语能够不断地适应社会发展的需要而向前发展，使其语言功能和语言表达能力不断得到加强。

5. 大黑冲彝族出现了语言转用。转用的时间历经三代。转用的原因主要有：分布的松散型、与汉文化发达的地区毗邻、族际婚姻比例高、汉语文教育水平较高等。这一地区彝族转用汉语有其历史的必然性，是不以人们意志为转移的。

6. 部分青少年母语能力出现下降。下降主要表现在词汇贫乏，不能表达较细致、复杂的思想。正如他们的老年人所担忧的："现在的小孩只会说眼前的，很多东西都不会说。"母语能力的下降是一个值得重视的问题。它的出现应从两方面来看：一是反映了青少年与外界接触不断增多、视野不断开放以及对学好汉语的强烈愿望；但在另一方面也要看到青少年母语能力的下降对一个民族保存其语言不利，应当采取必要的措施来调整语言的关系。

上述里山彝族语言生活的特点，是由里山彝族社会发展的特点决定的。社会发展了，语言也要适应它的发展需要，不断改善自己、丰富自己。里山彝语使用人数如此之少，但在现代化的进程中,能够保存下来,说明其生命力之旺盛。

今后,里山彝语还能不能继续保存下去,这是许多人所关心的一个问题。我们认为,从现在的情况看,里山彝语还会在较长的时间内保存下去。因为他们的聚居情况不会在短时间内有较大的变化;他们民族的内部凝聚力不但不会削弱,反而还会不断增强;母语在他们的语言生活中的必要性还会存在。今后,里山彝族学习汉语的热情还会更高,但不会因此而排斥母语的存在,二者仍然会在互补、和谐之中得到发展。

附　　录

一　各村寨语言使用情况小结

（一）里山村语言使用情况

一、社会概况

里山村是里山乡政府所在地，行政单位为里山村村民委员会，是里山乡下面的6个自然村之一。海拔1800多米，位于县城东南部的5公里处。里山村共有13个村民小组，分为10个自然村。其中一、二两组为彝、汉族杂居区，十、十一、十二、十三4组为彝族聚居区，其他小组为汉族聚居区。全村现有人口2350人，其中彝族占40%左右，汉族、哈尼族等其他民族占60%左右。

里山村的主要经济作物为烤烟、蔬菜，林果业主要为樱桃、桃。有两个大型养殖场。人均年纯收入2300元。基本上家家户户都有电视机、电话、摩托车、农用车，而且都用上了沼气节能灶，都能看到卫星电视40多个频道。

二、语言使用的基本特点

里山村彝族村民主要以彝语为交际工具。从调查来看，里山村彝族村民基本上都能熟练地掌握彝语，并且将彝语作为第一语言交际工具。

在彝、汉杂居区和聚居区，彝族村民先学会彝语，然后学会汉语。在我们的调查中，我们发现彝语在里山村具有很强的活力。此次共调查了6个小组，共彝族736人。总的来说此次调查反映该村彝族语言的使用情况（不包括6岁以下儿童、其他民族和残疾人）。

在里山村，不同年龄段的彝族村民绝大多数都能熟练地掌握彝语。5岁左右的儿童也能熟练地掌握一些基本的日常用语。彝语在里山村属于稳固使用型。

里山村彝族村民绝大多数都能熟练地掌握汉语，即使是学前的儿童也能使用汉语作为交际工具。与其他民族交流时使用汉语。可以说，在里山村，彝语、汉语双语并行。

以下是杂居区和聚居区彝族村民语言能力统计表：

一、二组彝、汉杂居彝族村民彝语能力统计表

表 1

年龄段	总人口	熟练		略懂		不会	
		人口	百分比	人口	百分比	人口	百分比
6—19 岁	36	27	75.0	5	13.9	4	11.1
20—59 岁	93	89	95.7	1	1.1	3	3.2
60 岁以上	24	24	100	0	0	0	0
合计	153	140	91.5	6	3.9	7	4.6

一、二组彝、汉杂居彝族村民汉语能力统计表

表 2

年龄段	总人口	熟练		略懂		不会	
		人口	百分比	人口	百分比	人口	百分比
6—19 岁	36	36	100	0	0	0	0
20—59 岁	93	93	100	0	0	0	0
60 岁以上	24	20	84	3	12	1	4
合计	153	149	97.4	3	2.0	1	0.6

十、十一、十二、十三组彝族聚居村民彝语能力统计表

表 3

年龄段	总人口	熟练		略懂		不会	
		人口	百分比	人口	百分比	人口	百分比
6—19 岁	159	158	100	0	0	0	0
20—59 岁	428	429	100	0	0	0	0
60 岁以上	104	103	100	0	0	0	0
合计	691	690	100	0	0	0	0

十、十一、十二、十三组彝族聚居村民汉语能力统计表

表 4

年龄段	总人口	熟练		略懂		不会	
		人口	百分比	人口	百分比	人口	百分比
6—19 岁	159	159	100	0	0	0	0
20—59 岁	428	428	100	0	0	0	0
60 岁以上	104	93	89.4	10	9.6	1	1.0
合计	691	680	98.4	10	1.5	1	0.1

三、里山村家庭语言使用情况一览表(分组)

表 5 下许家庄

序号①	家庭关系	姓名	出生年月	民族	文化程度	第一语言及水平	第二语言及水平
1	户主	李家云	52/10	彝	小学	彝语,熟练	汉语,熟练
	配偶	李素芬	49/10	彝	小学	彝语,熟练	汉语,熟练
	次子	李自顺	75/11	彝	小学	彝语,熟练	汉语,熟练
	孙子	李富荣	99/12	彝	小学	彝语,熟练	汉语,熟练
2	户主	李家寿	66/06	彝	小学	彝语,熟练	汉语,熟练
	母亲	龙树兰	33/01	彝	文盲	彝语,熟练	汉语,熟练
	长女	李媛媛	88/07	彝	初中	彝语,熟练	汉语,熟练
	长子	李巍	98/03	彝	小学	彝语,熟练	汉语,熟练
3	户主	李家德	68/10	彝	小学	彝语,熟练	汉语,熟练
	配偶	孙玉兰	68/11	彝	小学	彝语,熟练	汉语,熟练
	长女	李会	90/06	彝	初中	彝语,熟练	汉语,熟练
	长子	李志刚	94/11	彝	小学	彝语,略懂	汉语,熟练
4	户主	李家富	48/04	彝	小学	彝语,熟练	汉语,熟练
	配偶	李秀英	50/04	彝	小学	彝语,熟练	汉语,熟练
	次子	李继有	78/03	彝	初中	彝语,熟练	汉语,熟练
	儿媳	李美芬	76/08	汉	初中	汉语,熟练	彝语,不会
5	户主	李发进	68/10	彝	小学	彝语,熟练	汉语,熟练
	配偶	张学仙	68/09	彝	小学	彝语,熟练	汉语,熟练
	长子	李家清	93/09	彝	初中	彝语,熟练	汉语,熟练
	次子	李家慧	97/05	彝	小学	彝语,熟练	汉语,熟练
6	户主	李发应	49/02	彝	小学	彝语,熟练	汉语,熟练
	配偶	孙兰英	52/07	彝	小学	彝语,熟练	汉语,熟练
	长女	李秀琼	75/01	彝	小学	彝语,熟练	汉语,熟练
	长子	李家兵	79/01	彝	初中	彝语,熟练	汉语,熟练
7	户主	李发明	41/11	彝	小学	彝语,熟练	汉语,熟练
	配偶	普兰英	43/09	彝	小学	彝语,熟练	汉语,熟练
	长女	李素珍	71/04	彝	小学	彝语,熟练	汉语,熟练
	女婿	石永富	69/12	彝	小学	彝语,熟练	汉语,熟练
	次女	李素琼	75/01	彝	小学	彝语,熟练	汉语,熟练
	外孙女	石茜荣	94/01	彝	小学	彝语,熟练	汉语,熟练
8	户主	李家顺	51/09	彝	小学	彝语,熟练	汉语,熟练
	配偶	普素英	55/03	彝	小学	彝语,熟练	汉语,熟练
	母亲	李施氏	27/11	彝	文盲	彝语,熟练	汉语,略懂
	长女	李耀琴	91/03	彝	初中	彝语,熟练	汉语,熟练

① 序号是各个村寨内部每户家庭的编号。下同。

9	户主	李发祥	72/02	彝	初中	彝语,熟练	汉语,熟练
	配偶	李琼	78/09	彝	初中	彝语,熟练	汉语,熟练
	母亲	陈玉兰	32/11	彝	小学	彝语,熟练	汉语,略懂
	长女	李华	00/01	彝	学前	彝语,熟练	汉语,熟练
10	户主	李发顺	65/12	彝	小学	彝语,熟练	汉语,熟练
	配偶	石桂琼	67/05	彝	小学	彝语,熟练	汉语,熟练
	长女	李晓琳	87/01	彝	初中	彝语,熟练	汉语,熟练
	长子	李家林	89/06	彝	小学	彝语,熟练	汉语,熟练
11	户主	许家全	65/05	彝	小学	彝语,熟练	汉语,熟练
	配偶	李美英	64/11	彝	小学	彝语,熟练	汉语,熟练
	父亲	许维应	28/06	彝	文盲	彝语,熟练	汉语,熟练
	长女	许意欣	89/08	彝	小学	彝语,熟练	汉语,熟练
	长子	许国辉	93/09	彝	小学	彝语,熟练	汉语,熟练
12	户主	李发兴	64/06	彝	初中	彝语,熟练	汉语,熟练
	父亲	李应起	39/02	彝	小学	彝语,熟练	汉语,熟练
	母亲	李玉华	40/03	彝	小学	彝语,熟练	汉语,熟练
	妹妹	李会兰	66/03	彝	小学	彝语,熟练	汉语,熟练
	长女	李秋艳	87/10	彝	初中	彝语,熟练	汉语,熟练
	次女	李秋香	89/04	彝	初中	彝语,熟练	汉语,熟练
13	户主	许有高	49/03	汉	小学	汉语,熟练	彝语,不会
	配偶	张乔芬	60/09	汉	小学	汉语,熟练	彝语,不会
	长子	许维毅	84/10	汉	初中	汉语,熟练	彝语,不会
14	户主	许家雄	67/09	汉	初中	汉语,熟练	彝语,不会
	配偶	胡英	69/12	汉	小学	汉语,熟练	彝语,不会
	父亲	许维贵	35/11	汉	小学	汉语,熟练	彝语,不会
	母亲	刘桂英	43/11	汉	小学	汉语,熟练	彝语,不会
	长子	许国成	89/08	汉	初中	汉语,熟练	彝语,不会
	次子	许迪康	93/08	汉	小学	汉语,熟练	彝语,不会
15	户主	许德有	70/02	汉	小学	汉语,熟练	彝语,不会
	配偶	钱波	71/04	汉	小学	汉语,熟练	彝语,不会
	父亲	许维顺	40/11	汉	小学	汉语,熟练	彝语,熟练
	长子	许国鹏	92/01	汉	初中	汉语,熟练	彝语,不会
	次子	许帆	95/05	汉	小学	汉语,熟练	彝语,不会
16	户主	许维飞	66/10	汉	小学	汉语,熟练	彝语,不会
	配偶	李美华	67/12	彝	小学	彝语,熟练	汉语,熟练
	长女	许娟	90/10	汉	初中	汉语,熟练	彝语,不会
	次女	许颖	96/03	汉	小学	汉语,熟练	彝语,不会
17	户主	许维进	69/05	汉	小学	汉语,熟练	彝语,不会
	父亲	许有昌	40/03	汉	文盲	汉语,熟练	彝语,不会
	母亲	赵秀英	35/08	汉	文盲	汉语,熟练	彝语,不会
	妹妹	许美萍	73/10	汉	小学	汉语,熟练	彝语,不会
	长子	许一	96/11	汉	小学	汉语,熟练	彝语,不会

18	户主	许德全	69/09	汉	小学	汉语,熟练	彝语,不会
	配偶	周粉秀	70/03	汉	小学	汉语,熟练	彝语,不会
	父亲	许维元	37/12	汉	文盲	汉语,熟练	彝语,熟练
	母亲	沈利珍	41/01	汉	文盲	汉语,熟练	彝语,不会
	长子	许国文	91/09	汉	初中	汉语,熟练	彝语,不会
	长女	许微	93/08	汉	初中	汉语,熟练	彝语,不会
	次女	许翠梅	95/10	汉	小学	汉语,熟练	彝语,不会
19	户主	许维福	52/03	汉	小学	汉语,熟练	彝语,不会
	配偶	龙美芬	53/03	汉	小学	汉语,熟练	彝语,不会
	长子	许德林	78/05	汉	初中	汉语,熟练	彝语,不会
20	户主	祁绍弟	41/01	汉	小学	汉语,熟练	彝语,不会
	配偶	许美芬	47/11	汉	小学	汉语,熟练	彝语,不会
	长子	祁家祥	75/11	汉	小学	汉语,熟练	彝语,不会
21	户主	许维祥	44/05	汉	小学	汉语,熟练	彝语,不会
	配偶	柏桂芬	47/10	汉	小学	汉语,熟练	彝语,不会
	长女	许糯萍	69/03	汉	小学	汉语,熟练	彝语,不会
	次女	许然	71/01	汉	小学	汉语,熟练	彝语,不会
	长子	许德运	77/02	汉	初中	汉语,熟练	彝语,不会
	儿媳	普秀莲	83/10	彝	初中	彝语,熟练	汉语,熟练
22	户主	祁绍武	48/05	汉	小学	汉语,熟练	彝语,不会
	配偶	许桂华	53/01	汉	小学	汉语,熟练	彝语,不会
	三女	祁艳芬	80/12	汉	初中	汉语,熟练	彝语,不会
	女婿	李国文	71/12	彝	小学	彝语,熟练	汉语,熟练
	孙女	李婷	98/04	彝	小学	汉语,熟练	彝语,略懂
23	户主	许国昌	71/05	汉	初中	汉语,熟练	彝语,不会
	配偶	许平	74/01	汉	初中	汉语,熟练	彝语,不会
	姐姐	许琼芬	67/10	汉	小学	汉语,熟练	彝语,不会
	长女	许凤梅	94/11	汉	初中	汉语,熟练	彝语,不会
	次女	许梦婷	98/12	汉	小学	汉语,熟练	彝语,不会
24	户主	许丽琼	62/11	汉	小学	汉语,熟练	彝语,不会
	次子	李自祥	86/10	彝	初中	彝语,熟练	汉语,熟练
25	户主	李自来	74/02	彝	初中	彝语,熟练	汉语,熟练
	长子	李杰	97/11	彝	小学	彝语,熟练	汉语,熟练
26	户主	李自德	70/10	彝	小学	彝语,熟练	汉语,熟练
	配偶	李会萍	68/12	彝	小学	彝语,熟练	汉语,熟练
	长子	李富才	92/12	彝	初中	彝语,熟练	汉语,熟练
	次子	李富祥	97/09	彝	小学	彝语,熟练	汉语,熟练
27	户主	李家昌	53/07	彝	小学	彝语,熟练	汉语,熟练
	配偶	孙美英	52/10	彝	小学	彝语,熟练	汉语,熟练
	父亲	李发高	28/02	彝	文盲	彝语,熟练	汉语,熟练
	母亲	李英兰	33/11	彝	文盲	彝语,熟练	汉语,熟练
	长女	李玉琴	85/06	彝	初中	彝语,熟练	汉语,熟练
	次女	李琴	87/11	彝	初中	彝语,熟练	汉语,熟练

28	户主	李家贵	65/02	彝	小学	彝语,熟练	汉语,熟练
	配偶	吕桂珍	64/08	彝	小学	彝语,熟练	汉语,熟练
	父亲	李发有	32/11	彝	文盲	彝语,熟练	汉语,熟练
	母亲	李会仙	26/05	彝	文盲	彝语,熟练	汉语,熟练
	长子	李代云	89/12	彝	初中	彝语,熟练	汉语,熟练
	次子	李自富	94/11	彝	小学	彝语,熟练	汉语,熟练
29	户主	李发昌	45/11	彝	小学	彝语,熟练	汉语,熟练
	配偶	王美珍	49/06	汉	小学	汉语,熟练	彝语,不会
	长子	李家强	77/08	彝	初中	彝语,熟练	汉语,熟练
	长女	李秀华	79/05	彝	初中	彝语,熟练	汉语,熟练
30	户主	许海英	56/06	汉	小学	汉语,熟练	彝语,不会
	长女	许燕	81/08	汉	初中	汉语,熟练	彝语,不会
	次女	许东梅	83/06	汉	初中	汉语,熟练	彝语,不会
31	户主	许家才	64/03	汉	小学	汉语,熟练	彝语,不会
	配偶	李会芬	63/09	汉	小学	汉语,熟练	彝语,不会
	长女	许艳萍	85/08	汉	初中	汉语,熟练	彝语,不会
	长子	许国斌	87/04	汉	初中	汉语,熟练	彝语,不会
32	户主	许家祥	71/03	汉	小学	汉语,熟练	彝语,不会
	配偶	高兴芬	71/10	汉	小学	汉语,熟练	彝语,不会
	父亲	许维安	32/01	汉	文盲	汉语,熟练	彝语,不会
	母亲	许桂芬	36/08	汉	文盲	汉语,熟练	彝语,不会
	长女	许艳红	95/02	汉	小学	汉语,熟练	彝语,不会
33	户主	何发为	66/02	汉	小学	汉语,熟练	彝语,不会
	配偶	高美华	69/10	彝	小学	彝语,熟练	汉语,熟练
	长子	高飞	87/04	彝	初中	彝语,熟练	汉语,熟练
	长女	高娅	89/03	彝	初中	彝语,熟练	汉语,熟练
34	户主	高文明	38/03	彝	文盲	彝语,熟练	汉语,熟练
	配偶	李丽华	37/10	彝	文盲	彝语,熟练	汉语,熟练
35	户主	许德法	72/07	汉	初中	汉语,熟练	彝语,不会
	配偶	杨仙	71/09	汉	初中	汉语,熟练	彝语,不会
	父亲	许维有	37/11	汉	文盲	汉语,熟练	彝语,不会
	母亲	李素仙	37/04	汉	文盲	汉语,熟练	彝语,不会
	长女	许一	95/10	汉	小学	汉语,熟练	彝语,不会
36	户主	许维宽	35/07	汉	小学	汉语,熟练	彝语,不会
	配偶	李美英	34/05	汉	文盲	汉语,熟练	彝语,不会
	长子	许家明	66/11	汉	小学	汉语,熟练	彝语,不会
	儿媳	祁艳华	69/10	汉	小学	汉语,熟练	彝语,不会
	孙女	许亚玲	95/01	汉	小学	汉语,熟练	彝语,不会
37	户主	许徐氏	22/09	汉	文盲	汉语,熟练	彝语,不会
38	户主	许维洪	63/09	汉	小学	汉语,熟练	彝语,略懂
	配偶	李丽	66/10	哈尼	小学	哈尼语,熟练	汉语,熟练
	母亲	李应芬	38/10	彝	文盲	彝语,熟练	汉语,熟练
	妹妹	许美玉	73/08	汉	小学	汉语,熟练	彝语,略懂
	长女	许一	99/10	汉	小学	汉语,熟练	彝语,不会

39	户主	许家金	73/02	汉	初中	汉语,熟练	彝语,不会
	配偶	龙艳萍	78/11	彝	小学	彝语,熟练	汉语,熟练
	父亲	许维明	39/12	汉	文盲	汉语,熟练	彝语,不会
	母亲	许桂兰	45/11	汉	文盲	汉语,熟练	彝语,不会
	长女	许秋莹	99/06	汉	小学	汉语,熟练	彝语,略懂
40	户主	许家祥	64/11	汉	小学	汉语,熟练	彝语,不会
	配偶	许利华	66/01	汉	小学	汉语,熟练	彝语,不会
	长女	许凤玲	93/12	汉	初中	汉语,熟练	彝语,不会
	次女	许凤姣	00/03	汉	学前	汉语,熟练	彝语,不会
41	户主	许家满	67/01	汉	小学	汉语,熟练	彝语,不会
	配偶	许艳芬	72/06	汉	小学	汉语,熟练	彝语,不会
	父亲	许应来	38/04	汉	文盲	汉语,熟练	彝语,不会
	长子	许国清	93/01	汉	小学	汉语,熟练	彝语,不会
	次子	许国松	00/02	汉	学前	汉语,熟练	彝语,不会
42	户主	许德文	70/11	汉	初中	汉语,熟练	彝语,不会
	配偶	许艳芬	72/08	汉	小学	汉语,熟练	彝语,不会
	长子	许国庆	93/12	汉	小学	汉语,熟练	彝语,不会
	次子	许国志	99/03	汉	小学	汉语,熟练	彝语,不会
43	户主	许德武	72/11	汉	小学	汉语,熟练	彝语,不会
	父亲	许维平	33/08	汉	文盲	汉语,熟练	彝语,不会
	母亲	奎应芬	43/12	汉	文盲	汉语,熟练	彝语,不会
	长女	许梦	97/10	汉	小学	汉语,熟练	彝语,不会
44	户主	许德云	56/08	汉	小学	汉语,熟练	彝语,不会
	配偶	许艳萍	63/09	汉	小学	汉语,熟练	彝语,不会
	长子	许国安	81/10	汉	初中	汉语,熟练	彝语,不会
	长女	许波梅	83/11	汉	初中	汉语,熟练	彝语,不会
	次女	许雪梅	86/07	汉	初中	汉语,熟练	彝语,不会
45	户主	祁丽琼	48/12	汉	小学	汉语,熟练	彝语,不会
	父亲	许维孝	26/12	汉	小学	汉语,熟练	彝语,不会
	母亲	许祁氏	27/07	汉	文盲	汉语,熟练	彝语,不会
	次子	许国平	78/12	汉	初中	汉语,熟练	彝语,不会
46	户主	许家万	64/01	汉	小学	汉语,熟练	彝语,不会
	配偶	祁秀珍	61/12	汉	小学	汉语,熟练	彝语,不会
	长子	许航	88/04	汉	初中	汉语,熟练	彝语,不会
	次子	许庭	89/12	汉	初中	汉语,熟练	彝语,不会
47	户主	许家武	70/05	汉	小学	汉语,熟练	彝语,不会
	配偶	祁艳兰	73/06	汉	小学	汉语,熟练	彝语,不会
	父亲	许维弟	30/07	汉	小学	汉语,熟练	彝语,不会
	母亲	王如仙	33/02	汉	小学	汉语,熟练	彝语,不会
	长女	许玲梅	93/12	汉	初中	汉语,熟练	彝语,不会
	长子	许国勇	98/07	汉	小学	汉语,熟练	彝语,不会

48	户主	许家红	62/01	汉	小学	汉语,熟练	彝语,不会
	长女	许艳华	84/11	汉	小学	汉语,熟练	彝语,不会
	次女	许艳丽	86/05	汉	初中	汉语,熟练	彝语,不会
49	户主	许素萍	60/01	汉	小学	汉语,熟练	彝语,不会
	长女	许丽芝	84/11	汉	初中	汉语,熟练	彝语,不会
	次女	许丽娟	87/06	汉	初中	汉语,熟练	彝语,不会
50	户主	许家双	67/04	汉	小学	汉语,熟练	彝语,不会
	配偶	冯小萍	71/11	汉	小学	汉语,熟练	彝语,不会
	长子	许亮	93/08	汉	初中	汉语,熟练	彝语,不会
	次子	许阳	99/04	汉	小学	汉语,熟练	彝语,不会
51	户主	许家贵	69/06	汉	小学	汉语,熟练	彝语,不会
	配偶	冯金花	75/09	汉	初中	汉语,熟练	彝语,不会
	父亲	许维信	32/10	汉	小学	汉语,熟练	彝语,不会
	母亲	任菊芬	35/09	汉	小学	汉语,熟练	彝语,不会
	长女	许楚钧	99/05	汉	小学	汉语,熟练	彝语,不会
52	户主	许维才	57/08	汉	小学	汉语,熟练	彝语,不会
	配偶	姚方琼	62/08	汉	小学	汉语,熟练	彝语,不会
	次女	许春艳	86/09	汉	初中	汉语,熟练	彝语,不会
53	户主	许家进	70/04	汉	小学	汉语,熟练	彝语,不会
	配偶	孔桂芬	73/05	彝	小学	彝语,熟练	汉语,熟练
	长女	许菲	93/09	汉	小学	汉语,熟练	彝语,不会
	次女	许莹	98/06	汉	小学	汉语,熟练	彝语,不会
54	户主	许家发	66/11	汉	小学	汉语,熟练	彝语,不会
	父亲	许维田	29/06	汉	文盲	汉语,熟练	彝语,不会
	母亲	禹桂芬	36/11	汉	文盲	汉语,熟练	彝语,不会
55	户主	许家文	70/01	汉	小学	汉语,熟练	彝语,不会
	配偶	施玉珍	69/01	彝	小学	彝语,熟练	汉语,熟练
	长女	许玉萍	91/11	彝	小学	彝语,略懂	汉语,熟练
	长子	许国有	95/12	彝	初中	彝语,略懂	汉语,熟练
56	户主	许家良	72/02	汉	小学	汉语,熟练	彝语,不会
	配偶	白桂玉	76/10	彝	小学	彝语,熟练	汉语,熟练
	长子	许国超	98/02	汉	小学	汉语,熟练	彝语,不会
57	户主	许家宝	61/11	汉	小学	汉语,熟练	彝语,不会
	配偶	许艳兰	64/04	汉	小学	汉语,熟练	彝语,不会
	父亲	许维生	23/11	汉	文盲	汉语,熟练	彝语,不会
	长女	许瑞芳	86/07	汉	初中	汉语,熟练	彝语,不会
	长子	许国伟	88/05	汉	初中	汉语,熟练	彝语,不会
58	户主	许家昌	69/11	汉	小学	汉语,熟练	彝语,不会
	配偶	许美琼	72/07	汉	小学	汉语,熟练	彝语,不会
	母亲	李桂芬	31/11	彝	文盲	彝语,熟练	汉语,熟练
	长女	许瑞梅	97/03	汉	小学	汉语,熟练	彝语,不会
59	户主	许家有	64/06	汉	小学	汉语,熟练	彝语,不会
	配偶	许艳琼	66/03	汉	小学	汉语,熟练	彝语,不会

	长子	许国富	87/11	汉	初中	汉语,熟练	彝语,不会
	次子	许国明	90/01	汉	初中	汉语,熟练	彝语,不会
60	户主	许维富	53/11	汉	小学	汉语,熟练	彝语,熟练
	配偶	许素华	54/04	汉	小学	汉语,熟练	彝语,不会
	长子	许德勇	80/01	汉	初中	汉语,熟练	彝语,不会
	长女	许丽波	83/10	汉	初中	汉语,熟练	彝语,不会
61	户主	许家林	47/07	汉	小学	汉语,熟练	彝语,不会
	配偶	许素英	43/05	汉	小学	汉语,熟练	彝语,不会
	父亲	许维早	23/07	汉	文盲	汉语,熟练	彝语,不会
	母亲	沈桂芬	24/04	汉	文盲	汉语,熟练	彝语,不会
	次子	许国见	79/06	汉	初中	汉语,熟练	彝语,不会
62	户主	许国保	69/04	汉	小学	汉语,熟练	彝语,不会
	配偶	许素芬	72/10	汉	小学	汉语,熟练	彝语,不会
	长女	许亚丽	93/11	汉	小学	汉语,熟练	彝语,不会
	次子	许增辉	99/03	汉	小学	汉语,熟练	彝语,不会
63	户主	许国林	64/09	汉	小学	汉语,熟练	彝语,不会
	次子	许立力	90/03	汉	小学	汉语,熟练	彝语,不会
64	户主	许家荣	51/11	汉	小学	汉语,熟练	彝语,不会
	配偶	柏素华	56/05	汉	小学	汉语,熟练	彝语,不会
	长子	许国红	76/06	汉	初中	汉语,熟练	彝语,不会
	儿媳	李红芳	78/03	哈尼	小学	哈尼语,熟练	汉语,熟练
	孙子	许顺兴	00/11	汉	学前	汉语,熟练	彝语,不会
65	户主	许德堂	69/04	汉	小学	汉语,熟练	彝语,不会
	配偶	许美华	69/05	汉	小学	汉语,熟练	彝语,不会
	父亲	许有水	37/12	汉	文盲	汉语,熟练	彝语,不会
	长女	许凯艳	91/12	汉	初中	汉语,熟练	彝语,不会
	次女	许凯玲	96/12	汉	小学	汉语,熟练	彝语,不会
66	户主	李家来	66/10	彝	小学	彝语,熟练	汉语,熟练
	父亲	李发贵	33/04	彝	文盲	彝语,熟练	汉语,熟练
	长子	李超	89/11	彝	初中	汉语,熟练	彝语,不会
	长女	李二	94/06	彝	小学	汉语,熟练	彝语,不会
67	户主	李家成	69/07	彝	小学	彝语,熟练	汉语,熟练
	配偶	郭艳	69/07	汉	小学	汉语,熟练	彝语,不会
	母亲	普秀仙	38/05	彝	文盲	彝语,熟练	汉语,熟练
	长女	李娜	94/02	彝	小学	汉语,熟练	彝语,不会
	次女	李佳	99/05	彝	小学	汉语,熟练	彝语,不会
68	户主	李家应	70/12	彝	小学	彝语,熟练	汉语,熟练
	配偶	李秀林	70/01	彝	小学	彝语,熟练	汉语,熟练
	父亲	李发富	36/09	彝	小学	彝语,熟练	汉语,熟练
	母亲	许奎氏	29/06	彝	文盲	彝语,熟练	汉语,不会
	长子	李文明	92/09	彝	小学	彝语,熟练	汉语,熟练
69	户主	李家明	68/07	彝	小学	彝语,熟练	汉语,熟练
	长女	李晶	88/10	彝	初中	彝语,熟练	汉语,熟练
	长子	李杨	98/04	彝	小学	彝语,熟练	汉语,熟练

70	户主	任桂萍	71/10	汉	小学	汉语,熟练	彝语,不会
	配偶	许家生	64/10	汉	初中	汉语,熟练	彝语,不会
	长子	许耕	91/04	汉	初中	汉语,熟练	彝语,不会
	次子	许晟	97/09	汉	小学	汉语,熟练	彝语,不会
71	户主	李家取	57/10	彝	小学	彝语,熟练	汉语,熟练
	配偶	普素英	57/01	彝	小学	彝语,熟练	汉语,熟练
	长女	李春艳	78/11	彝	小学	彝语,熟练	汉语,熟练
	女婿	李正祥	78/06	哈尼	小学	哈尼语,熟练	汉语,熟练
	次女	李春花	80/12	彝	初中	彝语,熟练	汉语,熟练
	三女	李春凤	84/03	彝	初中	彝语,熟练	汉语,熟练
	外孙女	李清	01/04	彝	学前	彝语,熟练	汉语,熟练
72	户主	许家顺	61/06	汉	小学	汉语,熟练	彝语,不会
	配偶	李美珍	61/05	彝	小学	彝语,熟练	汉语,熟练
	长子	李自明	84/02	彝	初中	彝语,熟练	汉语,熟练
	长女	李艳	85/10	彝	初中	彝语,熟练	汉语,熟练
73	户主	小焦焦	88/11	汉	小学	汉语,熟练	彝语,不会
	妹妹	一二三	90/04	汉	小学	汉语,熟练	彝语,不会
74	户主	许玲	63/12	汉	小学	汉语,熟练	彝语,不会
75	户主	许国成	73/05	汉	小学	汉语,熟练	彝语,不会
	配偶	张翠梅	77/12	彝	小学	彝语,熟练	汉语,熟练
	长子	许良	97/11	汉	小学	汉语,熟练	彝语,不会
76	户主	李自伟	84/10	彝	初中	彝语,熟练	汉语,熟练
77	户主	李家平	74/05	彝	小学	彝语,熟练	汉语,熟练

表 6 上许家庄

序号	家庭关系	姓名	出生年月	民族	文化程度	第一语言及水平	第二语言及水平
1	户主	柏家云	64/03	彝	初中	彝语,熟练	汉语,熟练
	配偶	普桂仙	65/07	彝	小学	彝语,熟练	汉语,熟练
	父亲	潘永贵	33/01	汉	文盲	汉语,熟练	彝语,不会
	长女	柏雪琴	87/09	彝	初中	彝语,熟练	汉语,熟练
	次女	柏雪梅	89/04	彝	初中	彝语,熟练	汉语,熟练
2	户主	李成云	55/02	彝	小学	彝语,熟练	汉语,熟练
	配偶	柏桂英	56/01	彝	小学	彝语,熟练	汉语,熟练
	母亲	柏李氏	28/09	彝	文盲	彝语,熟练	汉语,略懂
	长子	柏文强	76/12	彝	初中	彝语,熟练	汉语,熟练
	儿媳	倪忠兰	82/11	汉	初中	汉语,熟练	彝语,不会
3	户主	许家富	47/08	汉	小学	汉语,熟练	彝语,不会
	配偶	龙桂芬	49/12	彝	小学	彝语,熟练	汉语,熟练
4	户主	许维云	38/08	汉	文盲	汉语,熟练	彝语,不会
	配偶	奎桂珍	44/12	汉	小学	汉语,熟练	彝语,不会

	三子	许家勇	74/05	汉	小学	汉语,熟练	彝语,不会
	孙女	许艳	98/10	汉	小学	汉语,熟练	彝语,不会
5	户主	许家祥	62/11	汉	初中	汉语,熟练	彝语,不会
	长子	许平	94/03	汉	小学	汉语,熟练	彝语,不会
6	户主	许家发	69/01	汉	初中	汉语,熟练	彝语,不会
	配偶	期美玲	72/07	彝	小学	彝语,熟练	汉语,熟练
	长子	许葵	91/10	汉	小学	汉语,熟练	彝语,不会
	次子	许军委	97/10	汉	小学	汉语,熟练	彝语,不会
7	户主	许桂珍	44/01	汉	小学	汉语,熟练	彝语,不会
	长子	许家昌	65/06	汉	小学	汉语,熟练	彝语,不会
	儿媳	许林芬	65/12	汉	小学	汉语,熟练	彝语,不会
	孙子	许国云	88/06	汉	小学	汉语,熟练	彝语,不会
	孙女	许亚红	90/12	汉	小学	汉语,熟练	彝语,不会
8	户主	许维塘	67/07	汉	小学	汉语,熟练	彝语,不会
	配偶	杨琼英	69/01	汉	小学	汉语,熟练	彝语,不会
	长女	许秋艳	92/09	汉	初中	汉语,熟练	彝语,不会
	次子	许家志	99/06	汉	小学	汉语,熟练	彝语,不会
9	户主	许维连	71/02	汉	初中	汉语,熟练	彝语,不会
	配偶	师美连	76/12	彝	初中	彝语,熟练	汉语,熟练
	长女	许晓燕	99/07	汉	小学	汉语,熟练	彝语,不会
10	户主	施家旺	41/10	汉	文盲	汉语,熟练	彝语,不会
	配偶	普桂芬	42/11	彝	小学	彝语,熟练	汉语,熟练
11	户主	普正贵	36/06	彝	文盲	智障	(因其为户主,保留)
	配偶	胡玉仙	41/06	汉	文盲	汉语,熟练	彝语,不会
	次女	普丽仙	66/11	彝	小学	汉语,熟练	彝语,不会
	长子	普应才	68/12	彝	小学	汉语,熟练	彝语,不会
	次子	普应德	73/12	彝	小学	汉语,熟练	彝语,不会
12	户主	许家贵	62/08	汉	初中	汉语,熟练	彝语,不会
	配偶	仁秀萍	65/03	汉	小学	汉语,熟练	彝语,不会
	长女	许丽娟	84/09	汉	初中	汉语,熟练	彝语,不会
	长子	许国强	87/03	汉	初中	汉语,熟练	彝语,不会
13	户主	高能琼	67/08	汉	小学	汉语,熟练	彝语,不会
14	户主	普应合	64/02	彝	初中	彝语,熟练	汉语,熟练
	配偶	王艳美	64/11	汉	小学	汉语,熟练	彝语,不会
	长子	普玉明	88/05	彝	初中	彝语,熟练	汉语,熟练
	长女	普玉娟	93/10	彝	小学	彝语,熟练	汉语,熟练
15	户主	何发恩	59/09	汉	小学	汉语,熟练	彝语,不会
	配偶	龙会珍	64/04	彝	小学	彝语,熟练	汉语,熟练
	长子	何建平	82/12	汉	小学	汉语,熟练	彝语,不会
	长女	何梅花	84/04	汉	初中	汉语,熟练	彝语,不会
16	户主	汪翠萍	64/10	汉	小学	汉语,熟练	彝语,不会
	婆婆	龙冯氏	19/04	汉	文盲	汉语,熟练	彝语,不会
	长子	龙伟	85/07	彝	小学	汉语,熟练	彝语,略懂
	次子	龙昆	90/10	彝	小学	汉语,熟练	彝语,略懂

17	户主	王秀丽	64/11	汉	小学	汉语,熟练	彝语,不会
	长子	杜春福	97/01	汉	小学	汉语,熟练	彝语,不会
18	户主	龙家应	54/10	彝	小学	彝语,熟练	汉语,熟练
	配偶	仁美兰	57/12	汉	小学	汉语,熟练	彝语,不会
	长子	龙辉	85/01	彝	小学	彝语,熟练	汉语,熟练
19	户主	龙家生	52/10	彝	小学	彝语,熟练	汉语,熟练
	配偶	秦美华	55/04	汉	小学	汉语,熟练	彝语,不会
	长子	龙昌	76/03	彝	初中	彝语,熟练	汉语,熟练
	次女	龙燕	85/11	彝	小学	彝语,熟练	汉语,熟练
	孙女	龙蝶	99/01	彝	学前	彝语,熟练	汉语,熟练
20	户主	蒯跃兴	66/05	彝	小学	彝语,熟练	汉语,熟练
	配偶	龙秀萍	75/03	彝	小学	彝语,熟练	汉语,熟练
	父亲	龙家义	38/07	彝	小学	彝语,熟练	汉语,熟练
	母亲	刘会英	39/01	汉	文盲	汉语,熟练	彝语,不会
	长子	蒯小飞	92/09	彝	初中	彝语,熟练	汉语,熟练
21	户主	许维满	65/06	汉	初中	汉语,熟练	彝语,不会
	配偶	冯琼芬	66/04	汉	小学	汉语,熟练	彝语,不会
	长子	许家进	91/09	汉	初中	汉语,熟练	彝语,不会
	长女	许莘彗	95/10	汉	小学	汉语,熟练	彝语,不会
22	户主	许维金	62/11	汉	小学	汉语,熟练	彝语,不会
	配偶	普素珍	62/04	彝	小学	彝语,熟练	汉语,熟练
	长女	许秋云	86/08	汉	小学	汉语,熟练	彝语,不会
	长子	许强	91/06	汉	小学	汉语,熟练	彝语,不会
23	户主	许斌	73/02	汉	初中	汉语,熟练	彝语,不会
	配偶	祁艳琼	72/11	汉	初中	汉语,熟练	彝语,不会
	长子	许金超	95/10	汉	小学	汉语,熟练	彝语,不会
	次女	许怡冉	00/07	汉	学前	汉语,熟练	彝语,不会
24	户主	许伟	71/01	汉	初中	汉语,熟练	彝语,不会
	配偶	许琼	72/01	汉	初中	汉语,熟练	彝语,不会
	长子	许金涛	92/04	汉	小学	汉语,熟练	彝语,不会
	次女	许紫琪	99/01	汉	小学	汉语,熟练	彝语,不会
25	户主	龙家如	54/08	彝	小学	彝语,熟练	汉语,熟练
	配偶	祁丽萍	55/12	汉	小学	汉语,熟练	彝语,不会
	长子	龙刚	78/12	彝	初中	彝语,熟练	汉语,熟练

表 7　石坎

序号	家庭关系	姓名	出生年月	民族	文化程度	第一语言及水平	第二语言及水平
1	户主	陈宝林	55/12	彝	初中	彝语,熟练	汉语,熟练
	配偶	陈素珍	54/03	彝	小学	彝语,熟练	汉语,熟练
	长子	陈有昌	78/03	彝	小学	彝语,熟练	汉语,熟练
	儿媳	高秀芬	79/12	彝	小学	彝语,熟练	汉语,熟练
	长女	陈丽	82/10	彝	高中	彝语,熟练	汉语,熟练

2	户主	陈美华	69/10	彝	小学	彝语,熟练	汉语,熟练
	长女	陈晓燕	91/05	彝	初中	彝语,熟练	汉语,熟练
	长子	陈涛	94/05	彝	小学	彝语,熟练	汉语,熟练
3	户主	陈保忠	71/08	彝	小学	彝语,熟练	汉语,熟练
	配偶	陈玉华	72/02	彝	小学	彝语,熟练	汉语,熟练
	母亲	普桂仙	35/11	彝	文盲	彝语,熟练	汉语,略懂
	长女	陈婷	99/03	彝	小学	彝语,熟练	汉语,熟练
4	户主	陈保应	70/03	彝	小学	彝语,熟练	汉语,熟练
	配偶	张美芬	71/03	彝	小学	彝语,熟练	汉语,熟练
	母亲	陈桂英	33/11	彝	文盲	彝语,熟练	汉语,略懂
	长子	陈有强	93/03	彝	初中	彝语,熟练	汉语,熟练
	长女	陈春丽	98/01	彝	小学	彝语,熟练	汉语,熟练
5	户主	普志平	72/01	彝	小学	彝语,熟练	汉语,熟练
	父亲	普文贵	42/11	彝	文盲	彝语,熟练	汉语,熟练
	母亲	陈桂仙	42/05	彝	文盲	彝语,熟练	汉语,熟练
	长子	普洪云	00/06	彝	小学	彝语,熟练	汉语,熟练
6	户主	普自祥	69/03	彝	小学	彝语,熟练	汉语,熟练
	配偶	普连英	71/06	彝	小学	彝语,熟练	汉语,熟练
	长子	普海龙	95/11	彝	小学	彝语,熟练	汉语,熟练
7	户主	普文高	53/07	彝	小学	彝语,熟练	汉语,熟练
	配偶	李秀仙	52/09	彝	初中	彝语,熟练	汉语,熟练
	长子	普永明	81/10	彝	初中	彝语,熟练	汉语,熟练
	儿媳	孙玲英	80/07	彝	小学	彝语,熟练	汉语,熟练
	次女	普琴芬	84/04	彝	初中	彝语,熟练	汉语,熟练
8	户主	普志顺	72/07	彝	小学	彝语,熟练	汉语,熟练
	配偶	白秀珍	70/05	彝	小学	彝语,熟练	汉语,熟练
	祖父	普家和	20/01	彝	文盲	彝语,熟练	汉语,熟练
	父亲	普文亮	44/01	彝	小学	彝语,熟练	汉语,熟练
	母亲	陈兰英	41/06	彝	小学	彝语,熟练	汉语,熟练
	姐姐	普美珍	69/10	彝	小学	彝语,熟练	汉语,熟练
	长子	普应伟	96/03	彝	小学	彝语,熟练	汉语,熟练
	次子	普应富	01/02	彝	小学	彝语,熟练	汉语,熟练
9	户主	普文有	53/06	彝	小学	彝语,熟练	汉语,熟练
	配偶	陈素仙	55/03	彝	小学	彝语,熟练	汉语,熟练
	长子	普志福	77/02	彝	初中	彝语,熟练	汉语,熟练
10	户主	普文金	48/04	彝	小学	彝语,熟练	汉语,熟练
	配偶	陈秀珍	49/09	彝	小学	彝语,熟练	汉语,熟练
	长女	陈晓玲	72/05	彝	小学	彝语,熟练	汉语,熟练
	女婿	崔庆平	68/05	汉	小学	汉语,熟练	彝语,熟练
	次女	陈晓芳	73/11	彝	初中	彝语,熟练	汉语,熟练
	三女	陈晓敏	75/10	彝	小学	彝语,熟练	汉语,熟练
	外孙女	陈彤	96/12	彝	小学	彝语,熟练	汉语,熟练
	外孙子	陈立	01/03	彝	小学	彝语,熟练	汉语,熟练

11	户主	陈保见	66/01	彝	小学	彝语,熟练	汉语,熟练
	配偶	普丽平	66/04	彝	小学	彝语,熟练	汉语,熟练
	长子	陈圆喜	91/12	彝	初中	彝语,熟练	汉语,熟练
	长女	陈圆梅	96/05	彝	小学	彝语,熟练	汉语,熟练
12	户主	陈保富	68/03	彝	小学	彝语,熟练	汉语,熟练
	父亲	陈家起	41/06	彝	小学	彝语,熟练	汉语,熟练
	长子	陈云春	95/11	彝	小学	彝语,熟练	汉语,熟练
13	户主	普有明	72/01	彝	初中	彝语,熟练	汉语,熟练
	母亲	高玉芬	31/06	彝	文盲	彝语,熟练	汉语,略懂
	长子	普学林	99/03	彝	小学	彝语,熟练	汉语,熟练
14	户主	陈保荣	70/06	彝	小学	彝语,熟练	汉语,熟练
	配偶	孔美芬	69/02	彝	小学	彝语,熟练	汉语,熟练
	长女	陈晓星	92/03	彝	初中	彝语,熟练	汉语,熟练
	长子	陈有文	96/03	彝	小学	彝语,熟练	汉语,熟练
15	户主	陈保志	73/10	彝	小学	彝语,熟练	汉语,熟练
	配偶	张桂华	72/06	彝	小学	彝语,熟练	汉语,熟练
	父亲	陈家发	34/12	彝	文盲	彝语,熟练	汉语,略懂
	母亲	龙玉兰	35/12	彝	文盲	彝语,熟练	汉语,熟练
16	户主	陈文宝	62/07	彝	小学	彝语,熟练	汉语,熟练
	配偶	陈美玉	63/09	彝	小学	彝语,熟练	汉语,熟练
	长子	陈进堂	85/04	彝	初中	彝语,熟练	汉语,熟练
	次女	陈晓琼	88/04	彝	初中	彝语,熟练	汉语,熟练
17	户主	陈文高	47/11	彝	小学	彝语,熟练	汉语,熟练
	配偶	陈素英	49/05	彝	小学	彝语,熟练	汉语,熟练
	次子	陈国祥	78/02	彝	小学	彝语,熟练	汉语,熟练
18	户主	陈见洪	43/01	彝	小学	彝语,熟练	汉语,熟练
	配偶	陈美仙	41/11	彝	小学	彝语,熟练	汉语,熟练
	长子	陈杰昌	68/11	彝	小学	彝语,熟练	汉语,熟练
	次子	陈杰保	73/04	彝	小学	彝语,熟练	汉语,熟练
	三子	陈杰伟	79/12	彝	初中	彝语,熟练	汉语,熟练
	孙女	陈燕	01/01	彝	小学	彝语,熟练	汉语,熟练
19	户主	陈建元	59/10	彝	初中	彝语,熟练	汉语,熟练
	配偶	陈丽英	62/04	彝	初中	彝语,熟练	汉语,熟练
	父亲	陈文山	31/09	彝	小学	彝语,熟练	汉语,熟练
	长女	陈慧玲	84/02	彝	高中	彝语,熟练	汉语,熟练
	长子	陈伟	85/11	彝	大专	彝语,熟练	汉语,熟练
20	户主	陈文贤	38/02	彝	小学	彝语,熟练	汉语,熟练
	配偶	陈玉珍	36/09	彝	文盲	彝语,熟练	汉语,略懂
21	户主	陈进明	50/03	彝	小学	彝语,熟练	汉语,熟练
	配偶	普玉芬	52/01	彝	小学	彝语,熟练	汉语,熟练
	次女	陈艳琼	74/02	彝	小学	彝语,熟练	汉语,熟练
	长子	陈杰海	78/09	彝	小学	彝语,熟练	汉语,熟练

22	户主	陈文武	49/02	彝	小学	彝语,熟练	汉语,熟练
	配偶	白秀兰	54/11	彝	小学	彝语,熟练	汉语,熟练
	长子	陈进慧	74/08	彝	初中	彝语,熟练	汉语,熟练
	儿媳	孙桂兰	72/09	彝	小学	彝语,熟练	汉语,熟练
	长女	陈艳华	77/12	彝	小学	彝语,熟练	汉语,熟练
	孙女	陈秋艳	98/08	彝	小学	彝语,熟练	汉语,熟练
23	户主	陈文才	63/09	彝	小学	彝语,熟练	汉语,熟练
	配偶	普兰珍	64/08	彝	小学	彝语,熟练	汉语,熟练
	母亲	陈普氏	22/12	彝	文盲	彝语,熟练	汉语,略懂
	长女	陈素梅	86/06	彝	初中	彝语,熟练	汉语,熟练
	次女	陈素琼	88/04	彝	中专	彝语,熟练	汉语,熟练
24	户主	陈建富	50/08	彝	小学	彝语,熟练	汉语,熟练
	配偶	陈素芬	54/10	彝	小学	彝语,熟练	汉语,熟练
	长子	陈黎明	87/01	彝	大专	彝语,熟练	汉语,熟练
25	户主	陈建祥	52/11	彝	小学	彝语,熟练	汉语,熟练
	配偶	普兰芬	53/10	彝	小学	彝语,熟练	汉语,熟练
	次女	陈梅	78/09	彝	初中	彝语,熟练	汉语,熟练
26	户主	陈秀玲	53/09	彝	小学	彝语,熟练	汉语,熟练
	儿媳	普会香	80/07	彝	初中	彝语,熟练	汉语,熟练
27	户主	陈保云	57/11	彝	小学	彝语,熟练	汉语,熟练
	配偶	普秀玲	57/05	彝	小学	彝语,熟练	汉语,熟练
	长子	陈友俊	85/12	彝	初中	彝语,熟练	汉语,熟练
28	户主	陈见林	66/10	彝	初中	彝语,熟练	汉语,熟练
	配偶	陈丽仙	67/07	彝	小学	彝语,熟练	汉语,熟练
	长子	陈海	91/10	彝	初中	彝语,熟练	汉语,熟练
	长女	陈秋红	98/10	彝	小学	彝语,熟练	汉语,熟练
29	户主	陈进福	71/12	彝	小学	彝语,熟练	汉语,熟练
	长子	陈龙	94/03	彝	小学	彝语,熟练	汉语,熟练
	次子	陈瑞	00/01	彝	小学	彝语,熟练	汉语,熟练
30	户主	普有祥	69/06	彝	小学	彝语,熟练	汉语,熟练
	长子	普学金	97/03	彝	小学	彝语,熟练	汉语,熟练
31	户主	陈保祥	65/01	彝	小学	彝语,熟练	汉语,熟练
	配偶	陈美林	70/08	彝	小学	彝语,熟练	汉语,熟练
	母亲	陈施氏	19/02	彝	文盲	彝语,熟练	汉语,熟练
	长子	陈有顺	91/03	彝	初中	彝语,熟练	汉语,熟练
	长女	陈有超	95/05	彝	小学	彝语,熟练	汉语,熟练
32	户主	陈建平	75/12	彝	小学	彝语,熟练	汉语,熟练
	配偶	李秀青	81/11	彝	小学	彝语,熟练	汉语,熟练
	母亲	陈美芬	37/02	彝	文盲	彝语,熟练	汉语,略懂
33	户主	陈发明	68/05	彝	小学	彝语,熟练	汉语,熟练
	配偶	龙素英	68/07	彝	小学	彝语,熟练	汉语,熟练
	父亲	陈志安	40/07	彝	小学	彝语,熟练	汉语,熟练

	长女	陈惠梅	90/08	彝	中专	彝语,熟练	汉语,熟练
	次女	陈慧琼	91/12	彝	初中	彝语,熟练	汉语,熟练
34	户主	陈发保	72/01	彝	初中	彝语,熟练	汉语,熟练
	配偶	陈琼	75/05	彝	小学	彝语,熟练	汉语,熟练
	母亲	陈秀兰	40/11	彝	文盲	彝语,熟练	汉语,略懂
	长子	陈忠元	95/03	彝	小学	彝语,熟练	汉语,熟练
35	户主	陈进起	68/02	彝	小学	彝语,熟练	汉语,熟练
	配偶	普连芬	70/12	彝	小学	彝语,熟练	汉语,熟练
	父亲	陈文富	28/02	彝	小学	彝语,熟练	汉语,熟练
	母亲	普秀萍	28/06	彝	文盲	彝语,熟练	汉语,略懂
	长女	陈希	93/12	彝	小学	彝语,熟练	汉语,熟练
	次女	陈蓉	98/06	彝	小学	彝语,熟练	汉语,熟练
36	户主	陈家明	60/01	彝	初中	彝语,熟练	汉语,熟练
	配偶	董桂英	62/01	彝	小学	彝语,熟练	汉语,熟练
	母亲	陈桂芬	41/10	彝	小学	彝语,熟练	汉语,熟练
37	户主	普志荣	63/09	彝	小学	彝语,熟练	汉语,熟练
	配偶	陈艳	68/03	彝	小学	彝语,熟练	汉语,熟练
	长子	普运宝	90/09	彝	初中	彝语,熟练	汉语,熟练
	长女	普丽	93/12	彝	小学	彝语,熟练	汉语,熟练
38	户主	普玉琼	71/04	彝	小学	彝语,熟练	汉语,熟练
	长子	普应慧	94/02	彝	小学	彝语,熟练	汉语,熟练
	次子	普应雄	00/12	彝	小学	彝语,熟练	汉语,熟练
39	户主	陈进宝	57/01	彝	小学	彝语,熟练	汉语,熟练
	配偶	普连英	58/03	彝	小学	彝语,熟练	汉语,熟练
	长子	陈兵	86/04	彝	初中	彝语,熟练	汉语,熟练
40	户主	陈见荣	61/08	彝	初中	彝语,熟练	汉语,熟练
	配偶	陈玉芬	63/08	彝	小学	彝语,熟练	汉语,熟练
	长女	陈雄	85/03	彝	初中	彝语,熟练	汉语,熟练
	长子	陈刚	87/02	彝	初中	彝语,熟练	汉语,熟练
41	户主	陈美焕	76/07	彝	小学	彝语,熟练	汉语,熟练
	母亲	陈兰芬	43/08	彝	文盲	彝语,熟练	汉语,不会
	妹妹	陈玲	80/05	彝	小学	彝语,熟练	汉语,熟练
	妹妹	陈美丽	82/07	彝	小学	彝语,熟练	汉语,熟练
	长女	陈艳红	98/06	彝	小学	彝语,熟练	汉语,熟练
42	户主	陈保财	62/11	彝	初中	彝语,熟练	汉语,熟练
	配偶	普秀兰	63/01	彝	小学	彝语,熟练	汉语,熟练
	长子	陈毅	86/04	彝	初中	彝语,熟练	汉语,熟练
	次子	陈林	88/03	彝	初中	彝语,熟练	汉语,熟练
43	户主	陈宝顺	68/05	彝	小学	彝语,熟练	汉语,熟练
	配偶	李素华	72/07	彝	小学	彝语,熟练	汉语,熟练
	长子	陈强	94/08	彝	小学	彝语,熟练	汉语,熟练
44	户主	陈保得	65/03	彝	小学	彝语,熟练	汉语,熟练
	配偶	陈桂芝	66/07	彝	小学	彝语,熟练	汉语,熟练

	长子	陈庚	89/04	彝	初中	彝语,熟练	汉语,熟练
	长女	陈晓翠	91/10	彝	初中	彝语,熟练	汉语,熟练
45	户主	陈保文	64/01	彝	小学	彝语,熟练	汉语,熟练
	长子	陈亮	91/11	彝	小学	彝语,熟练	汉语,熟练
	长女	陈玲玲	89/11	彝	中专	彝语,熟练	汉语,熟练
46	户主	陈宝贵	70/04	彝	小学	彝语,熟练	汉语,熟练
	配偶	陈菊英	70/05	汉	小学	汉语,熟练	彝语,略懂
	母亲	陈美英	27/05	彝	文盲	彝语,熟练	汉语,熟练
	长子	陈程	98/04	彝	小学	彝语,熟练	汉语,熟练
47	户主	陈文有	55/08	彝	小学	彝语,熟练	汉语,熟练
	配偶	钱菊芬	64/06	彝	初中	彝语,熟练	汉语,熟练
	长子	陈建春	85/11	彝	初中	彝语,熟练	汉语,熟练
	长女	陈敏	88/05	彝	高中	彝语,熟练	汉语,熟练
48	户主	陈兰芬	66/01	彝	初中	彝语,熟练	汉语,熟练
	母亲	陈玉仙	32/05	彝	文盲	彝语,熟练	汉语,熟练

表 8 平坝

序号	家庭关系	姓名	出生年月	民族	文化程度	第一语言及水平	第二语言及水平
1	户主	师绍富	64/12	彝	小学	彝语,熟练	汉语,熟练
	配偶	普连仙	67/10	彝	初中	彝语,熟练	汉语,熟练
	长女	普丽	88/03	彝	中专	彝语,熟练	汉语,熟练
	长子	普文俊	90/01	彝	小学	彝语,熟练	汉语,熟练
2	户主	普凤亮	35/12	彝	小学	彝语,熟练	汉语,熟练
	配偶	陈秀英	37/08	彝	小学	彝语,熟练	汉语,熟练
	长子	普文和	71/09	彝	初中	彝语,熟练	汉语,熟练
	儿媳	李素兰	71/08	彝	小学	彝语,熟练	汉语,熟练
	孙女	普艳芝	94/10	彝	小学	彝语,熟练	汉语,熟练
	孙女	普艳	99/01	彝	小学	彝语,熟练	汉语,熟练
3	户主	普文贵	62/06	彝	小学	彝语,熟练	汉语,熟练
	配偶	史桃仙	63/01	汉	小学	汉语,熟练	彝语,不会
	父亲	普凤彩	27/06	彝	文盲	彝语,熟练	汉语,熟练
	长子	普家伍	88/10	彝	小学	彝语,熟练	汉语,熟练
	长女	普春玲	87/03	彝	初中	彝语,熟练	汉语,熟练
4	户主	普文兴	65/06	彝	小学	彝语,熟练	汉语,熟练
	配偶	师秀英	68/05	彝	小学	彝语,熟练	汉语,熟练
	长子	普家飞	88/09	彝	初中	彝语,熟练	汉语,熟练
	次子	普家宝	92/02	彝	初中	彝语,熟练	汉语,熟练
5	户主	施文友	62/10	彝	初中	彝语,熟练	汉语,熟练
	配偶	普秀英	64/09	彝	小学	彝语,熟练	汉语,熟练
	父亲	施绍普	43/11	彝	小学	彝语,熟练	汉语,熟练

	长子	师建明	85/11	彝	初中	彝语,熟练	汉语,熟练
	次子	施红兵	87/09	彝	初中	彝语,熟练	汉语,熟练
6	户主	师文贵	65/01	彝	初中	彝语,熟练	汉语,熟练
	配偶	普秀珍	69/04	彝	小学	彝语,熟练	汉语,熟练
	母亲	师桂芬	43/11	彝	文盲	彝语,熟练	汉语,熟练
	长子	师建寿	90/09	彝	初中	彝语,熟练	汉语,熟练
	次子	师建祥	94/10	彝	小学	彝语,熟练	汉语,熟练
7	户主	普凤应	54/10	彝	初中	彝语,熟练	汉语,熟练
	配偶	普兰芬	51/01	彝	文盲	彝语,熟练	汉语,熟练
	次子	普文杰	80/01	彝	中专	彝语,熟练	汉语,熟练
8	户主	普凤田	41/01	彝	文盲	彝语,熟练	汉语,熟练
	配偶	孙兰芬	52/04	彝	文盲	彝语,熟练	汉语,熟练
	长女	普文林	78/10	彝	中专	彝语,熟练	汉语,熟练
	次子	普素仙	76/05	彝	初中	彝语,熟练	汉语,熟练
9	户主	李桂英	57/09	彝	文盲	彝语,熟练	汉语,熟练
10	户主	普文山	53/11	彝	小学	彝语,熟练	汉语,熟练
	配偶	普玉珍	52/05	彝	文盲	彝语,熟练	汉语,熟练
	长女	普华芬	77/07	彝	小学	彝语,熟练	汉语,熟练
	长子	普家文	79/08	彝	中专	彝语,熟练	汉语,熟练
11	户主	李秀华	57/05	彝	文盲	彝语,熟练	汉语,熟练
	长子	普佳鸿	81/11	彝	初中	彝语,熟练	汉语,熟练
	次子	普家昌	85/02	彝	初中	彝语,熟练	汉语,熟练
12	户主	普文有	52/08	彝	小学	彝语,熟练	汉语,熟练
	配偶	白桂林	52/09	傣	文盲	汉语,熟练	彝语,略懂
	母亲	普孔氏	24/06	彝	文盲	彝语,熟练	汉语,熟练
	长子	普家禄	78/11	彝	初中	彝语,熟练	汉语,熟练
13	户主	师文云	72/09	彝	初中	彝语,熟练	汉语,熟练
	配偶	普琼芬	76/02	彝	小学	彝语,熟练	汉语,熟练
	母亲	普桂芬	52/02	彝	文盲	彝语,熟练	汉语,熟练
	长女	普语	97/12	彝	小学	彝语,熟练	汉语,熟练
14	户主	师绍林	54/06	彝	小学	彝语,熟练	汉语,熟练
	配偶	陈桂兰	54/12	彝	文盲	彝语,熟练	汉语,熟练
	长子	师文治	77/08	彝	初中	彝语,熟练	汉语,熟练
	长女	师玉芬	80/11	彝	小学	彝语,熟练	汉语,熟练
15	户主	高文昌	35/05	彝	文盲	彝语,熟练	汉语,熟练
	配偶	李秀兰	44/10	彝	文盲	彝语,熟练	汉语,熟练
	次子	高家禄	73/06	彝	小学	彝语,熟练	汉语,熟练
	三子	高家福	76/12	彝	小学	彝语,熟练	汉语,熟练
	儿媳	李秀琼	78/03	彝	小学	彝语,熟练	汉语,熟练
	孙子	高成伟	99/02	彝	小学	彝语,熟练	汉语,熟练
16	户主	高家有	67/03	彝	小学	彝语,熟练	汉语,熟练
	配偶	普秀英	68/08	彝	小学	彝语,熟练	汉语,熟练
	长子	高成云	92/01	彝	小学	彝语,熟练	汉语,熟练
	长女	高洁	95/12	彝	小学	彝语,熟练	汉语,熟练

17	户主	高家顺	50/07	彝	小学	彝语,熟练	汉语,熟练
	配偶	孔美英	50/08	彝	文盲	彝语,熟练	汉语,熟练
	次子	高成武	74/10	彝	初中	彝语,熟练	汉语,熟练
	孙女	高倩	01/02	彝	学前	彝语,熟练	汉语,熟练
18	户主	高成文	72/04	彝	初中	彝语,熟练	汉语,熟练
	配偶	张桂平	70/04	彝	小学	彝语,熟练	汉语,熟练
	长子	高伟	95/06	彝	小学	彝语,熟练	汉语,熟练
	次女	高晓梅	00/07	彝	学前	彝语,熟练	汉语,熟练
19	户主	高自普	56/12	彝	文盲	彝语,熟练	汉语,熟练
	配偶	高美玉	55/03	彝	文盲	彝语,熟练	汉语,熟练
	长子	高文才	80/01	彝	初中	彝语,熟练	汉语,熟练
	长女	高秀仙	83/07	彝	小学	彝语,熟练	汉语,熟练
	次女	高秀萍	84/06	彝	初中	彝语,熟练	汉语,熟练
20	户主	高自才	46/12	彝	文盲	彝语,熟练	汉语,熟练
	配偶	普兰珍	55/06	彝	文盲	彝语,熟练	汉语,熟练
	长女	高秀兰	75/07	彝	小学	彝语,熟练	汉语,熟练
	女婿	师绍有	70/07	彝	初中	彝语,熟练	汉语,熟练
	三女	高秀英	82/02	彝	小学	彝语,熟练	汉语,熟练
	外孙	高家明	97/08	彝	小学	彝语,熟练	汉语,熟练
21	户主	普凤喜	55/08	彝	初中	彝语,熟练	汉语,熟练
	配偶	禹秀英	55/05	彝	文盲	彝语,熟练	汉语,熟练
	长女	普琼仙	81/02	彝	高中	彝语,熟练	汉语,熟练
22	户主	普凤武	65/10	彝	小学	彝语,熟练	汉语,熟练
	配偶	龙秀珍	66/08	彝	文盲	彝语,熟练	汉语,熟练
	长子	普文才	89/01	彝	初中	彝语,熟练	汉语,熟练
	长女	普琼华	90/11	彝	初中	彝语,熟练	汉语,熟练
23	户主	普文武	61/10	彝	初中	彝语,熟练	汉语,熟练
	配偶	普兰芬	65/08	彝	小学	彝语,熟练	汉语,熟练
	父亲	普凤昌	32/02	彝	文盲	彝语,熟练	汉语,熟练
	母亲	李美芬	35/02	彝	文盲	彝语,熟练	汉语,熟练
	长女	普春燕	86/03	彝	大学	彝语,熟练	汉语,熟练
	次女	普春梅	87/10	彝	高中	彝语,熟练	汉语,熟练
24	户主	普文秀	56/05	彝	小学	彝语,熟练	汉语,熟练
	配偶	施秀芬	64/06	彝	初中	彝语,熟练	汉语,熟练
	长子	普家伟	85/03	彝	高中	彝语,熟练	汉语,熟练
	长女	普春丽	86/09	彝	初中	彝语,熟练	汉语,熟练
25	户主	普文应	61/08	彝	小学	彝语,熟练	汉语,熟练
	配偶	陈桂兰	62/06	彝	小学	彝语,熟练	汉语,熟练
	父亲	普凤取	37/02	彝	文盲	彝语,熟练	汉语,熟练
	长女	普丽华	85/01	彝	初中	彝语,熟练	汉语,熟练
	次女	普丽英	87/06	彝	中专	彝语,熟练	汉语,熟练
26	户主	普文顺	64/06	彝	小学	彝语,熟练	汉语,熟练
	配偶	孙玉珍	63/07	彝	小学	彝语,熟练	汉语,熟练

	母亲	李玉珍	35/06	彝	文盲	彝语,熟练	汉语,熟练
	长子	普家云	88/03	彝	初中	彝语,熟练	汉语,熟练
	长女	普晓梅	89/10	彝	中专	彝语,熟练	汉语,熟练
27	户主	普凤有	50/11	彝	初中	彝语,熟练	汉语,熟练
	配偶	普兰香	49/10	彝	小学	彝语,熟练	汉语,熟练
	次子	普文伟	76/04	彝	小学	彝语,熟练	汉语,熟练
	儿媳	李玉莲	73/06	彝	小学	彝语,熟练	汉语,熟练
	孙女	普娜	01/04	彝	学前	彝语,熟练	汉语,熟练
28	户主	普文春	73/04	彝	初中	彝语,熟练	汉语,熟练
	配偶	普秀林	72/01	彝	小学	彝语,熟练	汉语,熟练
	长女	普慧	97/06	彝	小学	彝语,熟练	汉语,熟练
	次女	普梅	01/05	彝	学前	彝语,熟练	汉语,熟练
29	户主	施绍兴	35/06	彝	文盲	彝语,熟练	汉语,熟练
	配偶	高美珍	43/06	彝	文盲	彝语,熟练	汉语,熟练
	长女	师文英	77/09	彝	小学	彝语,熟练	汉语,熟练
	女婿	张兴建	72/07	汉	小学	汉语,熟练	彝语,略懂
	外孙女	师瑞	95/01	彝	小学	彝语,熟练	汉语,熟练
30	户主	普家财	75/09	彝	初中	彝语,熟练	汉语,熟练
	配偶	李艳萍	77/12	彝	初中	彝语,熟练	汉语,熟练
	母亲	孙美珍	39/05	彝	文盲	彝语,熟练	汉语,熟练
	长女	普玉	98/10	彝	小学	彝语,熟练	汉语,熟练
31	户主	李美芬	50/06	彝	文盲	彝语,熟练	汉语,熟练
	母亲	普师氏	20/06	彝	文盲	彝语,熟练	汉语,熟练
	长子	普文全	75/09	彝	初中	彝语,熟练	汉语,熟练
	孙女	普红玉	01/02	彝	学前	彝语,熟练	汉语,熟练
32	户主	普文云	76/10	彝	小学	彝语,熟练	汉语,熟练
	母亲	普玉兰	39/09	彝	文盲	彝语,熟练	汉语,熟练
	长子	普家顺	00/01	彝	学前	彝语,熟练	汉语,熟练
33	户主	普凤成	42/02	彝	文盲	彝语,熟练	汉语,熟练
	配偶	普美珍	56/04	彝	小学	彝语,熟练	汉语,熟练
	长女	普丽仙	81/05	彝	小学	彝语,熟练	汉语,熟练
	女婿	夏朝柱	79/03	汉	小学	汉语,熟练	彝语,不会
	次女	普丽琴	86/04	彝	小学	彝语,熟练	汉语,熟练
34	户主	普凤早	50/11	彝	中专	彝语,熟练	汉语,熟练
	配偶	龙凤兰	65/11	彝	文盲	彝语,熟练	汉语,熟练
	长子	普文强	88/02	彝	小学	彝语,熟练	汉语,熟练
	长女	普美华	94/06	彝	小学	彝语,熟练	汉语,熟练
35	户主	普自有	52/12	彝	文盲	彝语,熟练	汉语,熟练
	配偶	普美芬	60/01	彝	文盲	彝语,熟练	汉语,熟练
	长女	普华珍	82/07	彝	小学	彝语,熟练	汉语,熟练
	次女	普华仙	86/03	彝	小学	彝语,熟练	汉语,熟练
	长子	普福保	88/06	彝	小学	彝语,熟练	汉语,熟练

36	户主	师绍泽	70/06	彝	小学	彝语,熟练	汉语,熟练
	配偶	陈美桂	67/07	彝	小学	彝语,熟练	汉语,熟练
	母亲	李桂兰	31/05	彝	文盲	彝语,熟练	汉语,熟练
	长女	师艳	93/07	彝	小学	彝语,熟练	汉语,熟练
	次女	师梅	97/09	彝	小学	彝语,熟练	汉语,熟练
37	户主	师绍田	44/09	彝	文盲	彝语,熟练	汉语,熟练
	配偶	孙秀英	51/06	彝	文盲	彝语,熟练	汉语,熟练
	长女	师莲芬	78/04	彝	小学	彝语,熟练	汉语,熟练
	次女	师兰芬	81/10	彝	小学	彝语,熟练	汉语,熟练
	三女	师连珍	84/10	彝	初中	彝语,熟练	汉语,熟练
38	户主	施绍明	55/03	彝	小学	彝语,熟练	汉语,熟练
	配偶	普美英	58/11	彝	文盲	彝语,熟练	汉语,熟练
	长子	施文起	83/08	彝	中专	彝语,熟练	汉语,熟练
	长女	施兰珍	82/04	彝	小学	彝语,熟练	汉语,熟练
39	户主	施绍发	63/11	彝	小学	彝语,熟练	汉语,熟练
	配偶	陈兰仙	66/09	彝	小学	彝语,熟练	汉语,熟练
	次子	师永	89/01	彝	初中	彝语,熟练	汉语,熟练
40	户主	师绍贵	68/12	彝	小学	彝语,熟练	汉语,熟练
	长女	施普换	92/11	彝	初中	彝语,熟练	汉语,熟练
41	户主	高文明	56/01	彝	小学	彝语,熟练	汉语,熟练
	配偶	普玉英	63/08	彝	小学	彝语,熟练	汉语,熟练
	母亲	高施氏	27/01	彝	文盲	彝语,熟练	汉语,略懂
	长女	高秀华	85/02	彝	初中	彝语,熟练	汉语,熟练
	长子	高家云	87/01	彝	小学	彝语,熟练	汉语,熟练
42	户主	高自福	39/02	彝	文盲	彝语,熟练	汉语,熟练
	配偶	普凤仙	44/06	彝	文盲	彝语,熟练	汉语,熟练
	长子	高玉文	77/07	汉	小学	汉语,熟练	彝语,略懂
	长女	高秀玲	82/08	彝	小学	彝语,熟练	汉语,熟练
43	户主	普家富	67/03	彝	小学	彝语,熟练	汉语,熟练
	配偶	陈玉芬	70/01	彝	小学	彝语,熟练	汉语,熟练
	父亲	普文学	43/06	彝	小学	彝语,熟练	汉语,熟练
	长子	普鹏程	91/06	彝	小学	彝语,熟练	汉语,熟练
	次子	普鹏达	92/10	彝	小学	彝语,熟练	汉语,熟练
44	户主	普文忠	49/05	彝	初中	彝语,熟练	汉语,熟练
	配偶	卢哈思	67/04	哈尼	文盲	哈尼语,熟练	汉语,熟练； 彝语,熟练
	次子	普家贵	01/04	彝	学前	彝语,熟练	汉语,熟练
45	户主	普文明	70/05	彝	小学	彝语,熟练	汉语,熟练
	配偶	普玉芬	69/11	彝	小学	彝语,熟练	汉语,熟练
	父亲	普凤金	38/10	彝	文盲	彝语,熟练	汉语,熟练
	长女	普娅	95/10	彝	小学	彝语,熟练	汉语,熟练
46	户主	普文发	72/12	彝	初中	彝语,熟练	汉语,熟练
	配偶	李素连	75/10	彝	小学	彝语,熟练	汉语,熟练

	母亲	李桂珍	41/04	彝	文盲	彝语,熟练	汉语,熟练
	长子	普为为	99/04	彝	小学	彝语,熟练	汉语,熟练
47	户主	普文昌	74/07	彝	小学	彝语,熟练	汉语,熟练
	配偶	李翠芳	74/01	彝	小学	彝语,熟练	汉语,熟练
	长女	普羽佳	01/05	彝	学前	彝语,熟练	汉语,熟练
48	户主	普家福	81/09	彝	中专	彝语,熟练	汉语,熟练
49	户主	普家俊	77/03	彝		聋哑人	
	配偶	车倮记	79/06	哈尼	文盲	哈尼语,熟练	汉语,熟练
	长女	普玲妹	00/10	彝	学前	汉语,熟练	彝语,熟练

表 9　下庄科

序号	家庭关系	姓名	出生年月	民族	文化程度	第一语言及水平	第二语言及水平
1	户主	普金有	55/04	彝	文盲	彝语,熟练	汉语,熟练
	配偶	普兰珍	62/11	彝	初中	彝语,熟练	汉语,熟练
	长子	普宏伟	84/11	彝	高中	彝语,熟练	汉语,熟练
	长女	普红梅	88/09	彝	初中	彝语,熟练	汉语,熟练
2	户主	普金明	67/04	彝	小学	彝语,熟练	汉语,熟练
	配偶	龙素兰	71/02	彝	小学	彝语,熟练	汉语,熟练
	长女	普莉	92/04	彝	小学	彝语,熟练	汉语,熟练
	次女	普敏	96/06	彝	小学	彝语,熟练	汉语,熟练
3	户主	普金成	47/09	彝	文盲	彝语,熟练	汉语,熟练
	养女	普华英	81/11	彝	小学	彝语,熟练	汉语,熟练
	女婿	程喜平	77/08	彝	初中	彝语,熟练	汉语,熟练
4	户主	普金富	53/09	彝	高中	彝语,熟练	汉语,熟练
	配偶	普美珍	51/05	彝	小学	彝语,熟练	汉语,熟练
	长子	普云兵	76/08	彝	初中	彝语,熟练	汉语,熟练
	孙子	普家祥	00/03	彝	小学	彝语,熟练	汉语,熟练
5	户主	张有发	48/04	彝	小学	彝语,熟练	汉语,熟练
	配偶	普桂英	45/04	彝	文盲	彝语,熟练	汉语,熟练
	长女	普林仙	71/12	彝	小学	彝语,熟练	汉语,熟练
	三女	普玲英	77/08	彝	小学	彝语,熟练	汉语,熟练
6	户主	吕家荣	71/09	彝	小学	彝语,熟练	汉语,熟练
	配偶	杨凤英	74/08	彝	小学	彝语,熟练	汉语,熟练
	父亲	吕成金	38/04	汉	小学	汉语,熟练	彝语,略懂
	母亲	施桂英	36/12	彝	文盲	彝语,熟练	汉语,熟练
	长女	施传宏	01/02	彝	小学	彝语,熟练	汉语,熟练
7	户主	施普发	49/09	彝	高中	彝语,熟练	汉语,熟练
	配偶	李桂珍	51/07	彝	小学	彝语,熟练	汉语,熟练
	长子	龙家云	72/10	彝	小学	彝语,熟练	汉语,熟练
	长女	施玉芬	74/10	彝	小学	彝语,熟练	汉语,熟练

	三女	施玉英	81/10	彝	小学	彝语,熟练	汉语,熟练
	孙女	施晓莹	95/10	彝	小学	彝语,熟练	汉语,熟练
	孙女	施琪	00/12	彝	小学	彝语,熟练	汉语,熟练
8	户主	施文林	67/04	彝	初中	彝语,熟练	汉语,熟练
	配偶	龙玉珍	69/12	彝	小学	彝语,熟练	汉语,熟练
	长女	施晓霞	91/10	彝	小学	彝语,熟练	汉语,熟练
	次女	施晓玉	96/08	彝	小学	彝语,熟练	汉语,熟练
9	户主	施正和	55/01	彝	小学	彝语,熟练	汉语,熟练
	配偶	施兰英	56/04	彝	小学	彝语,熟练	汉语,熟练
	长子	施传富	83/02	彝	初中	彝语,熟练	汉语,熟练
10	户主	施成有	67/08	彝	小学	彝语,熟练	汉语,熟练
	配偶	孙林芬	70/04	彝	小学	彝语,熟练	汉语,熟练
	长女	施琼仙	91/10	彝	小学	彝语,熟练	汉语,熟练
	长子	施俊强	96/02	彝	小学	彝语,熟练	汉语,熟练
11	户主	陈见贵	65/08	彝	初中	彝语,熟练	汉语,熟练
	配偶	张美珍	67/07	彝	小学	彝语,熟练	汉语,熟练
	母亲	李桂英	34/04	彝	文盲	彝语,熟练	汉语,熟练
	长女	张丽萍	87/10	彝	小学	彝语,熟练	汉语,熟练
	次女	张丽	89/10	彝	小学	彝语,熟练	汉语,熟练
12	户主	施成发	69/12	彝	小学	彝语,熟练	汉语,熟练
	配偶	龙凤玲	72/03	彝	小学	彝语,熟练	汉语,熟练
	长女	施美玲	93/03	彝	小学	彝语,熟练	汉语,熟练
	长子	施俊宏	96/07	彝	小学	彝语,熟练	汉语,熟练
13	户主	施荣发	61/11	彝	初中	彝语,熟练	汉语,熟练
	配偶	刘桂兰	64/09	彝	小学	彝语,熟练	汉语,熟练
	长子	施金红	85/12	彝	初中	彝语,熟练	汉语,熟练
	长女	施丽萍	88/01	彝	小学	彝语,熟练	汉语,熟练
14	户主	施有贵	70/04	彝	小学	彝语,熟练	汉语,熟练
	配偶	普丽华	75/12	彝	小学	彝语,熟练	汉语,熟练
	父亲	李学见	37/12	彝	小学	彝语,熟练	汉语,熟练
	长子	施文杰	97/05	彝	小学	彝语,熟练	汉语,熟练
15	户主	施有礼	72/02	彝	小学	彝语,熟练	汉语,熟练
	配偶	普桂华	78/08	彝	小学	彝语,熟练	汉语,熟练
	母亲	施桂珍	31/07	彝	文盲	彝语,熟练	汉语,熟练
16	户主	普金元	55/03	彝	文盲	彝语,熟练	汉语,熟练
	配偶	孙秀英	56/04	彝	文盲	彝语,熟练	汉语,熟练
	长女	普素萍	80/07	彝	小学	彝语,熟练	汉语,熟练
	女婿	高进广	77/11	汉	文盲	汉语,熟练	彝语,略懂
	次女	普素琼	83/01	彝	小学	彝语,熟练	汉语,熟练
17	户主	陈家富	72/02	彝	小学	彝语,熟练	汉语,熟练
	配偶	普美芬	71/10	彝	小学	彝语,熟练	汉语,熟练
	母亲	普桂章	32/11	彝	文盲	彝语,熟练	汉语,熟练
	长子	陈进福	93/06	彝	小学	彝语,熟练	汉语,熟练
	次子	陈进云	94/12	彝	小学	彝语,熟练	汉语,熟练

18	户主	陈见文	64/10	彝	初中	彝语,熟练	汉语,熟练
	配偶	龙琼英	64/01	彝	小学	彝语,熟练	汉语,熟练
	父亲	李成富	35/10	彝	小学	彝语,熟练	汉语,熟练
	姑母	陈桂英	26/04	彝	文盲	彝语,熟练	汉语,熟练
	长女	陈丽丽	89/08	彝	小学	彝语,熟练	汉语,熟练
	长子	陈云	91/01	彝	小学	彝语,熟练	汉语,熟练
19	户主	孙文富	71/11	彝	小学	彝语,熟练	汉语,熟练
	配偶	普桂珍	71/08	彝	小学	彝语,熟练	汉语,熟练
	母亲	孙美芬	41/12	彝	小学	彝语,熟练	汉语,熟练
	长女	孙丽梅	94/04	彝	小学	彝语,熟练	汉语,熟练
	长子	孙建国	98/11	彝	小学	彝语,熟练	汉语,熟练
20	户主	孙家顺	47/02	彝	小学	彝语,熟练	汉语,熟练
	配偶	李秀芳	53/01	彝	小学	彝语,熟练	汉语,熟练
	长女	孙美华	85/01	彝	小学	彝语,熟练	汉语,熟练
	次女	孙美兰	87/01	彝	小学	彝语,熟练	汉语,熟练
21	户主	孙文明	65/10	彝	小学	彝语,熟练	汉语,熟练
	配偶	普玉仙	65/09	彝	小学	彝语,熟练	汉语,熟练
	长子	孙艺源	89/04	彝	初中	彝语,熟练	汉语,熟练
	次子	孙艺铭	90/11	彝	高中	彝语,熟练	汉语,熟练
22	户主	孙家和	47/02	彝	文盲	彝语,熟练	汉语,熟练
	配偶	钱素芬	47/02	彝	文盲	彝语,熟练	汉语,熟练
	次子	孙传贵	79/10	彝	初中	彝语,熟练	汉语,熟练
23	户主	孙汝平	66/11	彝	小学	彝语,熟练	汉语,熟练
	配偶	施林珍	69/07	彝	小学	彝语,熟练	汉语,熟练
	母亲	白秀仙	39/04	彝	文盲	彝语,熟练	汉语,熟练
	长女	施华艳	89/08	彝	初中	彝语,熟练	汉语,熟练
	次女	施艳玲	91/11	彝	小学	彝语,熟练	汉语,熟练
24	户主	龙春富	63/05	彝	初中	彝语,熟练	汉语,熟练
	配偶	施兰珍	63/06	彝	小学	彝语,熟练	汉语,熟练
	父亲	龙凤有	29/11	彝	文盲	彝语,熟练	汉语,熟练
	母亲	施桂芬	32/03	彝	文盲	彝语,熟练	汉语,熟练
	长女	龙素芬	85/04	彝	小学	彝语,熟练	汉语,熟练
25	户主	施成昌	64/09	彝	小学	彝语,熟练	汉语,熟练
	配偶	陈兰英	65/11	彝	小学	彝语,熟练	汉语,熟练
	长女	施美华	85/09	彝	小学	彝语,熟练	汉语,熟练
	次子	施俊富	87/04	彝	初中	彝语,熟练	汉语,熟练
26	户主	龙家义	68/12	彝	小学	彝语,熟练	汉语,熟练
	配偶	龙秀珍	66/03	彝	小学	彝语,熟练	汉语,熟练
	长子	龙传有	90/12	彝	初中	彝语,熟练	汉语,熟练
	长女	龙海莲	93/11	彝	小学	彝语,熟练	汉语,熟练
27	户主	施有富	57/09	彝	文盲	彝语,熟练	汉语,熟练
	配偶	龙玉芬	62/06	彝	文盲	彝语,熟练	汉语,熟练
	长子	施关顺	83/04	彝	小学	彝语,熟练	汉语,熟练

28	户主	施文顺	69/03	彝	小学	彝语，熟练	汉语，熟练
	配偶	施秀华	71/02	彝	小学	彝语，熟练	汉语，熟练
	父亲	施存发	46/02	彝	小学	彝语，熟练	汉语，熟练
	长子	施进敏	97/04	彝	小学	彝语，熟练	汉语，熟练
29	户主	施文明	71/04	彝	小学	彝语，熟练	汉语，熟练
	配偶	龙秀玲	74/04	彝	小学	彝语，熟练	汉语，熟练
	母亲	陈美珍	41/05	彝	文盲	彝语，熟练	汉语，熟练
	长子	施建超	95/03	彝	小学	彝语，熟练	汉语，熟练
30	户主	龙家贵	72/07	彝	小学	彝语，熟练	汉语，熟练
	配偶	施秀珍	73/10	彝	小学	彝语，熟练	汉语，熟练
	长子	龙明	95/08	彝	小学	彝语，熟练	汉语，熟练
	次子	龙辉	00/12	彝	学前	彝语，熟练	汉语，熟练
31	户主	龙家富	79/06	彝	小学	彝语，熟练	汉语，熟练
	祖母	龙孙氏	18/12	彝	文盲	彝语，熟练	汉语，熟练
	父亲	龙春有	45/05	彝	文盲	彝语，熟练	汉语，熟练
	母亲	龙桂英	44/04	彝	文盲	彝语，熟练	汉语，熟练
32	户主	孙正洪	52/03	彝	小学	彝语，熟练	汉语，熟练
	配偶	陈美芬	60/06	彝	小学	彝语，熟练	汉语，熟练
	长子	孙荣富	81/09	彝	初中	彝语，熟练	汉语，熟练
	儿媳	李继萍	80/12	彝	小学	彝语，熟练	汉语，熟练
33	户主	普凤兴	51/04	彝	小学	彝语，熟练	汉语，熟练
	长子	孙有发	78/04	彝	小学	彝语，熟练	汉语，熟练
	次子	孙有富	80/06	彝	小学	彝语，熟练	汉语，熟练
34	户主	孙家富	56/05	彝	初中	彝语，熟练	汉语，熟练
	配偶	孙秀兰	56/01	彝	小学	彝语，熟练	汉语，熟练
	三女	孙美玲	85/03	彝	初中	彝语，熟练	汉语，熟练
35	户主	孙传富	73/12	彝	初中	彝语，熟练	汉语，熟练
	配偶	孙素兰	75/09	彝	小学	彝语，熟练	汉语，熟练
	长子	孙超	96/04	彝	小学	彝语，熟练	汉语，熟练
36	户主	查记云	63/10	彝	初中	彝语，熟练	汉语，熟练
	配偶	施兰芬	65/01	彝	小学	彝语，熟练	汉语，熟练
	父亲	施有成	40/12	彝	初中	彝语，熟练	汉语，熟练
	母亲	柏桂珍	43/02	彝	文盲	彝语，熟练	汉语，熟练
	长女	施晓艳	88/08	彝	小学	彝语，熟练	汉语，熟练
37	户主	施荣富	65/07	彝	小学	彝语，熟练	汉语，熟练
	配偶	龙秀仙	65/09	彝	小学	彝语，熟练	汉语，熟练
	长子	施金明	91/07	彝	初中	彝语，熟练	汉语，熟练
	次子	施金强	96/09	彝	小学	彝语，熟练	汉语，熟练
38	户主	施荣贵	67/03	彝	小学	彝语，熟练	汉语，熟练
	配偶	龙美仙	70/04	彝	小学	彝语，熟练	汉语，熟练
	长子	施宗强	91/06	彝	初中	彝语，熟练	汉语，熟练
	次子	施宗云	95/10	彝	小学	彝语，熟练	汉语，熟练

39	户主	施荣昌	72/11	彝	小学	彝语,熟练	汉语,熟练
	配偶	孙丽珍	74/01	彝	小学	彝语,熟练	汉语,熟练
	父亲	施有明	32/12	彝	小学	彝语,熟练	汉语,熟练
	母亲	普桂英	33/08	彝	文盲	彝语,熟练	汉语,熟练
	长子	施金云	96/07	彝	小学	彝语,熟练	汉语,熟练
	次子	施金宝	00/11	彝	文盲	彝语,熟练	汉语,熟练
40	户主	孙正昌	49/07	彝	初中	彝语,熟练	汉语,熟练
	配偶	孙兰英	51/10	彝	文盲	彝语,熟练	汉语,熟练
	长女	孙素珍	72/12	彝	小学	彝语,熟练	汉语,熟练
	女婿	孙家才	71/09	彝	小学	彝语,熟练	汉语,熟练
	外孙	孙鸿	94/03	彝	小学	彝语,熟练	汉语,熟练
	外孙	孙祥	99/07	彝	小学	彝语,熟练	汉语,熟练
41	户主	孙正荣	51/11	彝	小学	彝语,熟练	汉语,熟练
	配偶	龙美珍	56/11	彝	文盲	彝语,熟练	汉语,熟练
	哥哥	孙正和	45/11	彝	文盲	彝语,熟练	汉语,熟练
	次女	孙玉芬	81/08	彝	初中	彝语,熟练	汉语,熟练
	女婿	普绍中	78/06	彝	文盲	彝语,熟练	汉语,熟练
	三女	孙桂玲	84/11	彝	小学	彝语,熟练	汉语,熟练
42	户主	龙凤顺	62/03	彝	初中	彝语,熟练	汉语,熟练
	配偶	普秀兰	63/03	彝	小学	彝语,熟练	汉语,熟练
	长女	龙丽	87/01	彝	初中	彝语,熟练	汉语,熟练
	长子	龙春云	88/12	彝	初中	彝语,熟练	汉语,熟练
43	户主	孙有明	62/09	彝	小学	彝语,熟练	汉语,熟练
	配偶	普兰英	65/08	彝	小学	彝语,熟练	汉语,熟练
	长女	孙丽	89/10	彝	初中	彝语,熟练	汉语,熟练
	次女	孙美玲	93/10	彝	小学	彝语,熟练	汉语,熟练
44	户主	普金文	59/10	彝	初中	彝语,熟练	汉语,熟练
	配偶	孙美芬	57/09	彝	小学	彝语,熟练	汉语,熟练
	长女	普婷	84/04	彝	高中	彝语,熟练	汉语,熟练
45	户主	普金宏	72/09	彝	小学	彝语,熟练	汉语,熟练
	配偶	陈秀仙	72/10	彝	小学	彝语,熟练	汉语,熟练
	长子	普银雄	94/10	彝	小学	彝语,熟练	汉语,熟练
	次女	普梅	99/09	彝	小学	彝语,熟练	汉语,熟练
46	户主	施成进	71/06	彝	小学	彝语,熟练	汉语,熟练
	配偶	李连芬	71/06	彝	小学	彝语,熟练	汉语,熟练
	父亲	施家明	38/05	彝	文盲	彝语,熟练	汉语,熟练
	母亲	施桂兰	33/09	彝	文盲	彝语,熟练	汉语,熟练
	长女	施艺玉	94/12	彝	小学	彝语,熟练	汉语,熟练
	次女	施艺权	98/12	彝	小学	彝语,熟练	汉语,熟练
47	户主	孙传发	55/01	彝	文盲	彝语,熟练	汉语,熟练
	配偶	普素芬	55/08	彝	文盲	彝语,熟练	汉语,熟练
	长女	孙琼英	78/08	彝	小学	彝语,熟练	汉语,熟练
	长子	孙正云	83/10	彝	初中	彝语,熟练	汉语,熟练

48	户主	孙富贵	68/12	彝	小学	彝语,熟练	汉语,熟练
	配偶	龙秀兰	65/10	彝	小学	彝语,熟练	汉语,熟练
	父亲	孙正发	46/10	彝	小学	彝语,熟练	汉语,熟练
	母亲	普秀珍	48/01	彝	文盲	彝语,熟练	汉语,熟练
	长子	孙国强	90/03	彝	初中	彝语,熟练	汉语,熟练
	次子	孙国雄	94/03	彝	小学	彝语,熟练	汉语,熟练
49	户主	龙凤昌	67/02	彝	小学	彝语,熟练	汉语,熟练
	配偶	龙素华	68/05	彝	小学	彝语,熟练	汉语,熟练
	长子	龙春明	92/01	彝	小学	彝语,熟练	汉语,熟练
	次女	龙丽芹	95/06	彝	小学	彝语,熟练	汉语,熟练
50	户主	龙家昌	65/06	彝	初中	彝语,熟练	汉语,熟练
	配偶	龙秀仙	61/10	彝	小学	彝语,熟练	汉语,熟练
	父亲	龙春发	36/12	彝	文盲	彝语,熟练	汉语,熟练
	母亲	张桂芬	36/05	彝	文盲	彝语,熟练	汉语,熟练
	长子	龙传伟	85/05	彝	初中	彝语,熟练	汉语,熟练
	长女	龙华芬	86/07	彝	小学	彝语,熟练	汉语,熟练

表 10 上庄科

序号	家庭关系	姓名	出生年月	民族	文化程度	第一语言及水平	第二语言及水平
1	户主	李家合	63/03	彝	初中	彝语,熟练	汉语,熟练
	配偶	白兰英	63/08	彝	小学	彝语,熟练	汉语,熟练
	次子	李红波	90/11	彝	初中	彝语,熟练	汉语,熟练
2	户主	孙家荣	63/03	彝	初中	汉语,熟练	彝语,不会
	配偶	孙林珍	66/11	彝	初中	彝语,熟练	汉语,熟练
	父亲	孙正福	36/06	彝	文盲	彝语,熟练	汉语,熟练
	长子	孙建强	87/11	彝	初中	彝语,熟练	汉语,熟练
	长女	孙红艳	91/05	彝	初中	彝语,熟练	汉语,熟练
3	户主	孙家应	68/03	彝	小学	彝语,熟练	汉语,熟练
	配偶	普兰英	67/06	彝	小学	彝语,熟练	汉语,熟练
	长子	孙建林	92/03	彝	初中	彝语,熟练	汉语,熟练
	次子	孙建文	96/05	彝	小学	彝语,熟练	汉语,熟练
4	户主	孙家云	72/12	彝	初中	彝语,熟练	汉语,熟练
	配偶	孙素兰	72/01	彝	小学	彝语,熟练	汉语,熟练
	母亲	龙桂芬	35/12	彝	文盲	彝语,熟练	汉语,熟练
	长子	孙杰杰	98/02	彝	小学	彝语,熟练	汉语,熟练
5	户主	李家昌	68/11	彝	小学	彝语,熟练	汉语,熟练
	配偶	王素华	68/10	彝	小学	彝语,熟练	汉语,熟练
	长女	李丽	91/01	彝	小学	彝语,熟练	汉语,熟练
	次女	李蓉	95/11	彝	初中	彝语,熟练	汉语,熟练

6	户主	普应福	47/02	彝	小学	彝语,熟练	汉语,熟练
	配偶	李美珍	49/03	彝	小学	彝语,熟练	汉语,熟练
	四子	李家平	75/10	彝	初中	彝语,熟练	汉语,熟练
7	户主	李家付	65/12	彝	小学	彝语,熟练	汉语,熟练
	配偶	白素平	71/07	彝	小学	彝语,熟练	汉语,熟练
	长女	白玉	91/10	彝	初中	彝语,熟练	汉语,熟练
	长子	李涛涛	96/12	彝	小学	彝语,熟练	汉语,熟练
8	户主	孙正华	43/03	彝	小学	彝语,熟练	汉语,熟练
	配偶	李桂英	39/01	彝	小学	彝语,熟练	汉语,熟练
9	户主	李汝明	58/05	彝	小学	彝语,熟练	汉语,熟练
	配偶	陈丽珍	63/04	彝	小学	彝语,熟练	汉语,熟练
	母亲	李大妹	35/09	彝	文盲	彝语,熟练	汉语,熟练
	长子	李伟	88/06	彝	初中	彝语,熟练	汉语,熟练
	长女	李琴	90/09	彝	小学	彝语,熟练	汉语,熟练
10	户主	孙满昌	72/10	彝	初中	彝语,熟练	汉语,熟练
	配偶	孙林仙	72/01	彝	初中	彝语,熟练	汉语,熟练
	父亲	孙学普	41/10	彝	小学	彝语,熟练	汉语,熟练
	母亲	孙秀珍	41/02	彝	小学	彝语,熟练	汉语,熟练
	长子	孙红祥	94/10	彝	小学	彝语,熟练	汉语,熟练
11	户主	孙荣富	47/08	彝	小学	彝语,熟练	汉语,熟练
	配偶	李美芬	56/07	彝	小学	彝语,熟练	汉语,熟练
	长子	孙汝胜	77/07	彝	初中	彝语,熟练	汉语,熟练
	儿媳	普美琼	77/04	彝	小学	彝语,熟练	汉语,熟练
	次子	孙汝寿	79/09	彝	初中	彝语,熟练	汉语,熟练
12	户主	李家发	62/07	彝	小学	彝语,熟练	汉语,熟练
	配偶	孙桂芬	66/09	彝	小学	彝语,熟练	汉语,熟练
	父亲	李凤支	20/05	彝	文盲	彝语,熟练	汉语,熟练
	次子	李平	87/12	彝	初中	彝语,熟练	汉语,熟练
13	户主	孙家满	74/03	彝	初中	彝语,熟练	汉语,熟练
	配偶	孔连英	80/08	彝	初中	彝语,熟练	汉语,熟练
	母亲	许美华	52/09	汉	小学	汉语,熟练	彝语,不会
14	户主	孙正平	65/08	彝	小学	彝语,熟练	汉语,熟练
	配偶	柏凤珍	60/12	彝	小学	彝语,熟练	汉语,熟练
15	户主	孙学昌	63/03	彝	小学	彝语,熟练	汉语,熟练
	配偶	李惠英	67/02	汉	小学	汉语,熟练	彝语,不会
	长子	孙伟	89/08	彝	初中	彝语,熟练	汉语,熟练
	长女	孙艳	88/05	彝	初中	彝语,熟练	汉语,熟练
16	户主	孙家昌	65/06	彝	初中	彝语,熟练	汉语,熟练
	配偶	普秀平	68/01	彝	小学	彝语,熟练	汉语,熟练
	长子	孙红建	90/05	彝	初中	彝语,熟练	汉语,熟练
	长女	孙艳敏	95/07	彝	小学	彝语,熟练	汉语,熟练
17	户主	孙家有	70/10	彝	初中	彝语,熟练	汉语,熟练
	配偶	李竹芬	70/07	彝	小学	彝语,熟练	汉语,熟练

	长女	孙梅	94/01	彝	小学	彝语,熟练	汉语,熟练
	长子	孙朋	99/07	彝	小学	彝语,熟练	汉语,熟练
18	户主	孙荣贵	56/03	彝	小学	彝语,熟练	汉语,熟练
	配偶	李秀萍	56/05	彝	小学	彝语,熟练	汉语,熟练
	长子	孙汝红	82/01	彝	初中	彝语,熟练	汉语,熟练
	儿媳	龙素玉	85/12	彝	初中	彝语,熟练	汉语,熟练
	次子	孙汝兵	84/06	彝	初中	彝语,熟练	汉语,熟练
19	户主	孙汝昌	68/01	彝	初中	彝语,熟练	汉语,熟练
	配偶	孙素芬	70/04	彝	小学	彝语,熟练	汉语,熟练
	长子	孙强	91/05	彝	初中	彝语,熟练	汉语,熟练
	次子	孙凯	96/03	彝	小学	彝语,熟练	汉语,熟练
20	户主	孙汝进	74/12	彝	初中	彝语,熟练	汉语,熟练
	配偶	李美连	75/04	彝	小学	彝语,熟练	汉语,熟练
	父亲	孙荣发	44/11	彝	文盲	彝语,熟练	汉语,熟练
	母亲	李琼英	46/05	彝	文盲	彝语,熟练	汉语,熟练
	长女	孙帆	97/09	彝	小学	彝语,熟练	汉语,熟练
21	户主	孙家贵	60/06	彝	小学	彝语,熟练	汉语,熟练
	父亲	孙正富	37/02	彝	文盲	彝语,熟练	汉语,熟练
	母亲	孙美英	30/10	彝	文盲	彝语,熟练	汉语,熟练
22	户主	孙家富	65/12	彝	小学	彝语,熟练	汉语,熟练
	配偶	李秀兰	64/10	彝	小学	彝语,熟练	汉语,熟练
	长女	孙琴	89/11	彝	初中	彝语,熟练	汉语,熟练
	长子	孙建文	93/11	彝	小学	彝语,熟练	汉语,熟练
23	户主	孙家发	69/03	彝	小学	彝语,熟练	汉语,熟练
	配偶	王素萍	72/01	彝	小学	彝语,熟练	汉语,熟练
	长子	孙云	92/11	彝	小学	彝语,熟练	汉语,熟练
	次子	孙红	96/12	彝	小学	彝语,熟练	汉语,熟练
24	户主	孙家寿	74/04	彝	初中	彝语,熟练	汉语,熟练
	配偶	李琼华	77/01	彝	初中	彝语,熟练	汉语,熟练
	父亲	孙广生	41/12	彝	小学	彝语,熟练	汉语,熟练
	母亲	普桂珍	46/10	彝	小学	彝语,熟练	汉语,熟练
	长子	孙云斌	00/03	彝	学前	彝语,熟练	汉语,熟练
25	户主	孙林芬	68/08	彝	小学	彝语,熟练	汉语,熟练
	配偶	李本华	72/03	彝	初中	彝语,熟练	汉语,熟练
	长子	李进	96/05	彝	小学	彝语,熟练	汉语,熟练

（二）象平村语言使用情况

一、社会概况

象平村是里山乡的一个彝族聚居村寨。行政单位为象平村村民委员会，是里山乡下面的

6个自然村之一。它位于里山乡政府的所在地东南部的5公里处。象平村总人口529人，其中彝族占95.1%。共有3个村民小组。除了彝族外，还有汉、蒙古、哈尼、傣等其他民族。

象平村的主要经济作物是烟叶、蔬菜、玉米和水稻，耕地面积为998亩。牲畜主要为鸡、猪、牛，还有养鸡场。人均年纯收入1460元。全村约有2/3的家庭拥有电视机、摩托车和农用车。

二、语言使用的基本特点

象平村的彝语具有很强的生命力。下面是象平村彝族彝语能力统计表：

表1 象平村彝族彝语能力统计表

年龄段	总人口	熟练		略懂		不会	
		人口	百分比	人口	百分比	人口	百分比
6—19岁	97	96	99.0	0	0	1	1.0
20—59岁	275	275	100	0	0	0	0
60岁以上	77	77	100	0	0	0	0
合计	449	448	99.8	0	0	1	0.2

表2 象平村彝族汉语能力统计表

年龄段	总人口	熟练		略懂		不会	
		人口	百分比	人口	百分比	人口	百分比
6—19岁	97	97	100	0	0	0	0
20—59岁	275	275	100	0	0	0	0
60岁以上	77	49	63.6	27	35.1	1	1.3
合计	449	421	93.8	27	6.0	1	0.2

从上表可以看出，象平村共有93.8%的人能熟练使用汉语。

象平村有1人不会汉语，即象平村二组第28户的石宝妹。主要是因为很少与外界接触以及年龄比较大。

三、象平村家庭语言使用情况一览表

表3 象平村一组

序号	家庭关系	姓名	出生年月	民族	文化程度	第一语言及水平	第二语言及水平
1	户主	白家发	66/06	彝	中专	彝语，熟练	汉语，熟练
	配偶	普秀珍	65/01	彝	小学	彝语，熟练	汉语，熟练
	母亲	龙秀珍	38/06	彝	小学	彝语，熟练	汉语，熟练
	长子	白鸽	87/10	彝	初中	彝语，熟练	汉语，熟练
	长女	白雪玉	91/11	彝	初中	彝语，熟练	汉语，熟练

2	户主	孙家昌	71/03	彝	小学	彝语,熟练	汉语,熟练
	配偶	沐玉芬	70/07	彝	小学	彝语,熟练	汉语,熟练
	父亲	孙自起	30/10	彝	文盲	彝语,熟练	汉语,熟练
	长女	孙丽娅	92/02	彝	初中	彝语,熟练	汉语,熟练
	次子	孙建民	01/05	彝	学前	彝语,熟练	汉语,熟练
3	户主	李正富	48/12	彝	小学	彝语,熟练	汉语,熟练
	配偶	龙美英	48/12	彝	小学	彝语,熟练	汉语,熟练
	次女	李翠仙	77/06	彝	小学	彝语,熟练	汉语,熟练
	女婿	孔庆云	75/01	彝	小学	彝语,熟练	汉语,熟练
4	户主	李兰仙	68/04	彝	小学	彝语,熟练	汉语,熟练
	配偶	曾详能	65/02	汉	小学	汉语,熟练	彝语,不会
	长子	李进文	90/01	彝	中专	彝语,熟练	汉语,熟练
5	户主	李正起	49/12	彝	小学	彝语,熟练	汉语,熟练
	配偶	普玉仙	57/06	彝	小学	彝语,熟练	汉语,熟练
	长子	李春林	72/04	彝	小学	彝语,熟练	汉语,熟练
	儿媳	白玉芬	80/01	彝	小学	彝语,熟练	汉语,熟练
6	户主	陈进启	66/11	彝	小学	彝语,熟练	汉语,熟练
	配偶	李仙兰	66/04	彝	小学	彝语,熟练	汉语,熟练
	长子	陈伟	89/11	彝	高中	彝语,熟练	汉语,熟练
	次子	陈炯	94/04	彝	小学	彝语,熟练	汉语,熟练
7	户主	沐正有	39/09	彝	文盲	彝语,熟练	汉语,熟练
	配偶	孙桂兰	46/05	彝	文盲	彝语,熟练	汉语,熟练
8	户主	李正顺	51/04	彝	小学	彝语,熟练	汉语,熟练
	配偶	杨秀芝	54/12	哈尼	小学	哈尼语,熟练	汉语,熟练
	长子	李海龙	82/07	彝	小学	彝语,熟练	汉语,熟练
9	户主	李家发	55/07	彝	小学	彝语,熟练	汉语,熟练
	配偶	孙美英	60/04	彝	小学	彝语,熟练	汉语,熟练
	母亲	李李氏	33/02	彝	文盲	彝语,熟练	汉语,熟练
	次子	李剑	87/07	彝	初中	彝语,熟练	汉语,熟练
10	户主	龙兆英	35/11	彝	文盲	彝语,熟练	汉语,熟练
	五子	龙顺明	71/10	彝	小学	彝语,熟练	汉语,熟练
11	户主	龙自新	46/12	彝	初中	彝语,熟练	汉语,熟练
	配偶	赵菊芬	47/02	彝	小学	彝语,熟练	汉语,熟练
	长子	龙勇学	77/09	彝	中专	彝语,熟练	汉语,熟练
12	户主	白家云	64/06	彝	小学	彝语,熟练	汉语,熟练
	配偶	普美玲	66/03	彝	小学	彝语,熟练	汉语,熟练
	长女	白梅	89/12	彝	初中	彝语,熟练	汉语,熟练
	长子	白辉	91/09	彝	初中	彝语,熟练	汉语,熟练
13	户主	白家顺	69/06	彝	小学	彝语,熟练	汉语,熟练
	配偶	赵玉英	70/12	彝	小学	彝语,熟练	汉语,熟练
	长子	白春云	89/12	彝	初中	彝语,熟练	汉语,熟练
	长女	白春苗	97/12	彝	小学	彝语,熟练	汉语,熟练

14	户主	李正保	76/10	彝	小学	彝语,熟练	汉语,熟练
	配偶	施凤珍	76/10	彝	小学	彝语,熟练	汉语,熟练
	母亲	李秀英	36/10	彝	文盲	彝语,熟练	汉语,熟练
15	户主	赵宝顺	73/10	彝	小学	彝语,熟练	汉语,熟练
16	户主	龙顺昌	66/02	彝	小学	彝语,熟练	汉语,熟练
	配偶	马文丽	70/11	傣	小学	汉语,熟练	彝语,不会
	长女	龙俊秀	92/01	彝	初中	汉语,熟练	彝语,熟练
	次女	龙珏妃	98/11	彝	小学	汉语,熟练	彝语,不会
17	户主	李正发	53/04	彝	小学	彝语,熟练	汉语,熟练
	配偶	白桂兰	58/04	彝	小学	彝语,熟练	汉语,熟练
	长子	李文武	86/04	彝	初中	彝语,熟练	汉语,熟练
	次女	李玲妃	89/06	彝	初中	彝语,熟练	汉语,熟练
18	户主	李有绿	70/10	彝	小学	彝语,熟练	汉语,熟练
	配偶	李秀仙	74/05	彝	小学	彝语,熟练	汉语,熟练
	母亲	孙桂英	35/09	彝	文盲	彝语,熟练	汉语,熟练
	长子	李小文	95/03	彝	小学	彝语,熟练	汉语,熟练
19	户主	赵宝明	78/08	彝	小学	彝语,熟练	汉语,熟练
	父亲	赵永禄	37/01	彝	文盲	彝语,熟练	汉语,熟练
	母亲	李桂芬	42/12	彝	文盲	彝语,熟练	汉语,熟练
20	户主	赵保昌	66/02	彝	小学	彝语,熟练	汉语,熟练
	配偶	李莲芬	71/07	彝	小学	彝语,熟练	汉语,熟练
	长子	赵小祥	90/07	彝	初中	彝语,熟练	汉语,熟练
	次女	赵瑞	00/03	彝	学前	彝语,熟练	汉语,熟练
21	户主	龙自顺	70/01	彝	小学	彝语,熟练	汉语,熟练
22	户主	李文顺	61/10	彝	小学	彝语,熟练	汉语,熟练
	配偶	孙美芬	64/02	彝	小学	彝语,熟练	汉语,熟练
	长子	李勇	87/02	彝	初中	彝语,熟练	汉语,熟练
	次子	李青	91/02	彝	初中	彝语,熟练	汉语,熟练
23	户主	罗翠英	68/04	彝	小学	彝语,熟练	汉语,熟练
	父亲	李灯义	29/12	彝	文盲	彝语,熟练	汉语,略懂
	长子	李俊刚	92/08	彝	初中	彝语,熟练	汉语,熟练
	长女	李俊梅	97/03	彝	小学	彝语,熟练	汉语,熟练
24	户主	龙永明	73/02	彝	小学	彝语,熟练	汉语,熟练
	配偶	孙兰芬	71/11	彝	小学	彝语,熟练	汉语,熟练
	长子	龙少波	92/01	彝	初中	彝语,熟练	汉语,熟练
25	户主	沐永顺	68/12	彝	小学	彝语,熟练	汉语,熟练
	配偶	孙华英	75/02	彝	小学	彝语,熟练	汉语,熟练
	长子	沐世超	97/08	彝	小学	彝语,熟练	汉语,熟练
26	户主	李杰	81/05	彝	小学	彝语,熟练	汉语,熟练
	配偶	白秀林	82/05	彝	小学	彝语,熟练	汉语,熟练
27	户主	李家文	64/06	彝	小学	彝语,熟练	汉语,熟练
	配偶	李秀兰	65/10	彝	小学	彝语,熟练	汉语,熟练

28	户主	白正云	69/08	彝	小学	彝语,熟练	汉语,熟练
	配偶	李陈芬	75/01	彝	小学	彝语,熟练	汉语,熟练
	父亲	白家旺	32/10	彝	文盲	彝语,熟练	汉语,熟练
	母亲	高玉芬	34/07	彝	文盲	彝语,熟练	汉语,熟练
	长女	白雪	96/03	彝	小学	彝语,熟练	汉语,熟练
29	户主	白正发	57/09	彝	小学	彝语,熟练	汉语,熟练
	配偶	白素英	62/04	彝	小学	彝语,熟练	汉语,熟练
	次子	白燕春	84/05	彝	初中	彝语,熟练	汉语,熟练
30	户主	龙顺德	63/07	彝	小学	彝语,熟练	汉语,熟练
	配偶	李兴焕	70/12	汉	小学	汉语,熟练	彝语,不会
	长女	龙梅	91/01	彝	初中	彝语,熟练	汉语,熟练
	长子	龙斯	99/12	彝	小学	彝语,熟练	汉语,熟练
31	户主	龙家顺	49/02	彝	小学	彝语,熟练	汉语,熟练
	配偶	高兰芬	56/07	彝	小学	彝语,熟练	汉语,熟练
	次子	龙建云	80/10	彝	小学	彝语,熟练	汉语,熟练
	长女	龙莉	85/04	彝	初中	彝语,熟练	汉语,熟练
32	户主	张明亮	63/09	彝	小学	彝语,熟练	汉语,熟练
	配偶	沐玉珍	64/11	彝	小学	彝语,熟练	汉语,熟练
	父亲	沐正起	36/09	彝	文盲	彝语,熟练	汉语,熟练
	母亲	龙桂英	35/12	彝	文盲	彝语,熟练	汉语,熟练
	长女	沐艳	90/02	彝	初中	彝语,熟练	汉语,熟练
	次女	沐春玲	91/11	彝	初中	彝语,熟练	汉语,熟练
33	户主	李春连	79/10	彝	小学	彝语,熟练	汉语,熟练
	配偶	庚竹英	80/01	彝	小学	彝语,熟练	汉语,熟练
34	户主	白家有	41/06	彝	小学	彝语,熟练	汉语,熟练
	配偶	孙桂芬	43/02	彝	小学	彝语,熟练	汉语,熟练
	长子	白正富	78/12	彝	小学	彝语,熟练	汉语,熟练
	儿媳	龙婕	79/12	彝	初中	彝语,熟练	汉语,熟练
35	户主	李有昌	67/02	彝	小学	彝语,熟练	汉语,熟练
	配偶	姚来美	76/10	哈尼	小学	哈尼语,熟练	汉语,熟练; 彝语,略懂
	长子	李家伟	95/11	彝	小学	彝语,熟练	汉语,熟练
	长女	李园	99/08	彝	小学	彝语,熟练	汉语,熟练
36	户主	李正云	66/09	彝	小学	彝语,熟练	汉语,熟练
	配偶	王兰芬	66/09	彝	小学	彝语,熟练	汉语,熟练
	父亲	李文发	31/07	彝	文盲	彝语,熟练	汉语,熟练
	长女	李小妹	77/02	彝	小学	彝语,熟练	汉语,熟练
37	户主	龙自昌	65/05	彝	小学	彝语,熟练	汉语,熟练
	配偶	白素芬	65/06	彝	小学	彝语,熟练	汉语,熟练
	长女	龙鸭春	89/11	彝	初中	彝语,熟练	汉语,熟练
	长子	龙一	96/07	彝	小学	彝语,熟练	汉语,熟练
38	户主	李美英	46/10	彝	小学	彝语,熟练	汉语,熟练

39	户主	李文云	70/06	彝	小学	彝语，熟练	汉语，熟练
	配偶	李春艳	75/09	彝	小学	彝语，熟练	汉语，熟练
	长女	李小瑜	95/03	彝	小学	彝语，熟练	汉语，熟练
40	户主	白家文	68/01	彝	小学	彝语，熟练	汉语，熟练
	配偶	徐海艳	80/06	汉	小学	汉语，熟练	彝语，不会
	母亲	白孙氏	30/11	彝	文盲	彝语，熟练	汉语，熟练
	叔父	白永顺	40/02	彝	小学	彝语，熟练	汉语，熟练
41	户主	李家有	59/09	汉	小学	汉语，熟练	彝语，熟练
	配偶	李翠英	66/04	彝	小学	彝语，熟练	汉语，熟练
	父亲	李自洪	32/08	彝	小学	彝语，熟练	汉语，熟练
	母亲	白大囡	36/03	彝	小学	彝语，熟练	汉语，熟练
	长女	李晓芳	84/09	彝	高中	彝语，熟练	汉语，熟练
	次女	李艳芳	88/09	彝	初中	彝语，熟练	汉语，熟练
42	户主	孙家起	53/06	彝	文盲	彝语，熟练	汉语，熟练
43	户主	龙自云	47/09	彝	小学	彝语，熟练	汉语，熟练
	长子	龙永顺	72/04	彝	小学	彝语，熟练	汉语，熟练
	儿媳	向琼美	73/12	汉	小学	汉语，熟练	彝语，略懂
	孙女	王诗斯	98/08	彝	小学	彝语，熟练	汉语，熟练
44	户主	白燕飞	81/12	彝	初中	彝语，熟练	汉语，熟练
	配偶	张丽萍	81/11	汉	小学	汉语，熟练	彝语，略懂
45	户主	龙永昌	70/06	彝	初中	彝语，熟练	汉语，熟练
	配偶	白素兰	71/11	彝	小学	彝语，熟练	汉语，熟练
	长子	龙小迪	94/12	彝	小学	彝语，熟练	汉语，熟练
	次子	龙二	99/11	彝	小学	彝语，熟练	汉语，熟练
46	户主	沐永昌	65/04	彝	小学	彝语，熟练	汉语，熟练
	配偶	李兰珍	63/10	彝	小学	彝语，熟练	汉语，熟练
	长女	沐丽	88/05	彝	初中	彝语，熟练	汉语，熟练
	次女	沐洁	90/07	彝	高中	彝语，熟练	汉语，熟练
47	户主	李家旺	66/08	彝	小学	彝语，熟练	汉语，熟练
	配偶	龙三囡	67/05	汉	小学	汉语，熟练	彝语，不会
	长女	李文丽	92/01	彝	初中	彝语，熟练	汉语，熟练
	次女	李二	94/11	彝	小学	彝语，熟练	汉语，熟练
48	户主	李有福	65/07	彝	小学	彝语，熟练	汉语，熟练
	配偶	普兰芬	65/02	彝	小学	彝语，熟练	汉语，熟练
	长女	李琴	87/08	彝	初中	彝语，熟练	汉语，熟练
	次女	李妃	91/01	彝	初中	彝语，熟练	汉语，熟练
49	户主	李自明	39/04	彝	文盲	彝语，熟练	汉语，熟练
	配偶	孙玉秀	42/07	彝	小学	彝语，熟练	汉语，熟练
	三子	李家义	73/08	彝	小学	彝语，熟练	汉语，熟练
50	户主	白文昌	56/02	彝	小学	彝语，熟练	汉语，熟练
	配偶	普桂芬	54/04	彝	小学	彝语，熟练	汉语，熟练
	长子	白威	81/03	彝	初中	彝语，熟练	汉语，熟练
	儿媳	李永艳	78/11	汉	小学	汉语，熟练	彝语，不会

序号	家庭关系	姓名	出生年月	民族	文化程度	第一语言及水平	第二语言及水平
51	户主	李正有	40/06	彝	文盲	彝语,熟练	汉语,熟练
	配偶	龙秀芬	37/04	彝	文盲	彝语,熟练	汉语,熟练
	长女	李琼华	76/10	彝	小学	彝语,熟练	汉语,熟练
	女婿	兰开平	73/05	彝	小学	彝语,熟练	汉语,熟练
52	户主	龙云	80/03	彝	小学	彝语,熟练	汉语,熟练
	配偶	徐永艳	79/11	哈尼	小学	哈尼语,熟练	汉语,熟练;彝语,略懂
53	户主	李家云	60/12	彝	小学	彝语,熟练	汉语,熟练
	配偶	李乔仙	64/12	彝	小学	彝语,熟练	汉语,熟练
	父亲	李自起	29/05	彝	文盲	彝语,熟练	汉语,略懂
	母亲	李普氏	27/07	彝	文盲	彝语,熟练	汉语,略懂
	长女	李小燕	86/04	彝	初中	彝语,熟练	汉语,熟练
	次女	李红燕	88/12	彝	初中	彝语,熟练	汉语,熟练
54	户主	沐家发	68/07	彝	小学	彝语,熟练	汉语,熟练
	母亲	沐桂英	30/07	彝	文盲	彝语,熟练	汉语,熟练
55	户主	李家兴	40/07	彝	小学	彝语,熟练	汉语,熟练
	配偶	白秀芬	39/06	彝	文盲	彝语,熟练	汉语,熟练
56	户主	龙顺有	61/03	彝	小学	彝语,熟练	汉语,熟练
	配偶	李兰芬	63/02	彝	小学	彝语,熟练	汉语,熟练
	长子	龙斌	84/11	彝	初中	彝语,熟练	汉语,熟练
	长女	龙芳	88/02	彝	初中	彝语,熟练	汉语,熟练
57	户主	孙家有	45/08	彝	小学	彝语,熟练	汉语,熟练
	配偶	白翠芬	46/08	彝	小学	彝语,熟练	汉语,熟练
	长子	孙正昌	74/06	彝	小学	彝语,熟练	汉语,熟练
58	户主	白正昌	71/11	彝	小学	彝语,熟练	汉语,熟练
	配偶	沐翠芬	72/11	彝	小学	彝语,熟练	汉语,熟练
	母亲	白秀仙	35/08	彝	文盲	彝语,熟练	汉语,熟练
	长子	白一	94/10	彝	小学	彝语,熟练	汉语,熟练
59	户主	陈剑顺	68/09	彝	小学	彝语,熟练	汉语,熟练
	配偶	曹志丽	73/03	汉	小学	汉语,熟练	彝语,略懂
	长女	陈娜	92/06	彝	初中	彝语,熟练	汉语,熟练
60	户主	龙自福	74/03	彝	小学	彝语,熟练	汉语,熟练
61	户主	龙兆起	45/07	彝	文盲	彝语,熟练	汉语,熟练
62	户主	孙哑巴	52/08	彝	文盲	聋哑人	

表 4　象平村二组

序号	家庭关系	姓名	出生年月	民族	文化程度	第一语言及水平	第二语言及水平
1	户主	普家顺	44/04	彝	小学	彝语,熟练	汉语,熟练
	配偶	普兰英	40/04	彝	小学	彝语,熟练	汉语,熟练
	次子	普文启	74/03	彝	中专	彝语,熟练	汉语,熟练

	儿媳	普丽琼	77/03	彝	小学	彝语,熟练	汉语,熟练
	孙子	普林涛	99/02	彝	小学	彝语,熟练	汉语,熟练
2	户主	普家红	68/12	彝	小学	彝语,熟练	汉语,熟练
	母亲	普陈氏	27/08	彝	文盲	彝语,熟练	汉语,略懂
3	户主	普家明	57/08	彝	小学	彝语,熟练	汉语,熟练
4	户主	普正顺	72/01	彝	小学	彝语,熟练	汉语,熟练
	配偶	普丽兰	72/12	彝	小学	彝语,熟练	汉语,熟练
	父亲	普家昌	28/04	彝	文盲	彝语,熟练	汉语,略懂
	长女	普海梅	99/02	彝	小学	彝语,熟练	汉语,熟练
5	户主	普云学	71/01	彝	小学	彝语,熟练	汉语,熟练
	配偶	普梅芬	73/12	彝	小学	彝语,熟练	汉语,熟练
	母亲	陈桂芬	35/12	彝	文盲	彝语,熟练	汉语,略懂
6	户主	普云有	61/08	彝	小学	彝语,熟练	汉语,熟练
	配偶	龙玉仙	63/04	彝	小学	彝语,熟练	汉语,熟练
	长女	普宁	87/09	彝	大学	彝语,熟练	汉语,熟练
	次女	普晓妃	89/04	彝	中专	彝语,熟练	汉语,熟练
7	户主	普万昌	38/11	彝	小学	彝语,熟练	汉语,略懂
	配偶	李桂芬	38/11	彝	小学	彝语,熟练	汉语,略懂
	长子	普家荣	75/01	彝	小学	彝语,熟练	汉语,熟练
8	户主	李美英	45/04	彝	小学	彝语,熟练	汉语,熟练
	长子	普常有	71/12	彝	小学	彝语,熟练	汉语,熟练
	次子	普常伟	79/09	彝	小学	彝语,熟练	汉语,熟练
	儿媳	龙素艳	86/02	彝	小学	彝语,熟练	汉语,熟练
9	户主	普成昌	37/12	彝	小学	彝语,熟练	汉语,略懂
	配偶	李玉兰	39/04	彝	小学	彝语,熟练	汉语,略懂
	长子	普杰	75/03	彝	小学	彝语,熟练	汉语,熟练
	次子	普家生	79/01	彝	小学	彝语,熟练	汉语,熟练
	孙女	普一	00/04	彝	小学	彝语,熟练	汉语,熟练
10	户主	普家文	53/03	彝	小学	彝语,熟练	汉语,熟练
	配偶	李兰芬	62/04	彝	小学	彝语,熟练	汉语,熟练
	长子	普永明	83/12	彝	小学	彝语,熟练	汉语,熟练
	次女	普海梅	85/04	彝	初中	彝语,熟练	汉语,熟练
11	户主	普兰珍	56/09	彝	小学	彝语,熟练	汉语,熟练
	长女	普海芬	79/02	彝	小学	彝语,熟练	汉语,熟练
12	户主	普自德	52/04	彝	小学	彝语,熟练	汉语,熟练
	配偶	李秀芬	55/12	彝	小学	彝语,熟练	汉语,熟练
13	户主	普正云	63/04	彝	小学	彝语,熟练	汉语,熟练
	配偶	普秀仙	68/02	彝	小学	彝语,熟练	汉语,熟练
	长女	普洁	90/06	彝	初中	彝语,熟练	汉语,熟练
	次女	普敏	94/11	彝	小学	彝语,熟练	汉语,熟练
14	户主	赵凤仙	43/10	蒙古	小学	喀卓语,熟练	汉语,熟练
	长子	普传富	79/08	彝	小学	彝语,熟练	汉语,熟练

15	户主	普荣昌	47/04	彝	小学	彝语,熟练	汉语,熟练
	配偶	普秀英	54/11	彝	小学	彝语,熟练	汉语,熟练
	次女	普艳玲	78/01	彝	初中	彝语,熟练	汉语,熟练
16	户主	普正起	49/12	彝	小学	彝语,熟练	汉语,熟练
	配偶	陈秀仙	51/02	彝	小学	彝语,熟练	汉语,熟练
	母亲	普普氏	22/06	彝	文盲	彝语,熟练	汉语,略懂
	长子	普友云	75/07	彝	小学	彝语,熟练	汉语,熟练
	儿媳	普艳华	78/10	彝	小学	彝语,熟练	汉语,熟练
17	户主	普文云	66/12	彝	小学	彝语,熟练	汉语,熟练
	配偶	普秀玲	71/05	彝	小学	彝语,熟练	汉语,熟练
	母亲	陈玉芬	35/11	彝	文盲	彝语,熟练	汉语,略懂
	长子	普刚	93/06	彝	小学	彝语,熟练	汉语,熟练
	长女	普瑞	98/01	彝	小学	彝语,熟练	汉语,熟练
18	户主	普家政	68/11	彝	小学	彝语,熟练	汉语,熟练
	配偶	李兰英	69/04	彝	小学	彝语,熟练	汉语,熟练
	母亲	普连英	27/04	彝	文盲	彝语,熟练	汉语,略懂
	长子	普文喜	91/04	彝	初中	彝语,熟练	汉语,熟练
	长女	普苏敏	97/01	彝	小学	彝语,熟练	汉语,熟练
19	户主	普家成	64/06	彝	小学	彝语,熟练	汉语,熟练
	配偶	杨金芬	63/11	彝	小学	彝语,熟练	汉语,熟练
	长女	普丽	90/05	彝	初中	彝语,熟练	汉语,熟练
	长子	普荣	92/01	彝	初中	彝语,熟练	汉语,熟练
20	户主	曾家运	64/05	彝	小学	彝语,熟练	汉语,熟练
	配偶	普玉英	66/07	彝	小学	彝语,熟练	汉语,熟练
	长子	普文新	88/09	彝	初中	彝语,熟练	汉语,熟练
	长女	普雪梅	99/12	彝	小学	彝语,熟练	汉语,熟练
21	户主	普家祥	66/03	彝	小学	彝语,熟练	汉语,熟练
	母亲	李素芬	38/02	彝	文盲	彝语,熟练	汉语,略懂
22	户主	普文有	65/05	彝	小学	彝语,熟练	汉语,熟练
	配偶	李艳萍	71/04	彝	小学	彝语,熟练	汉语,熟练
	父亲	普家兴	35/06	彝	小学	彝语,熟练	汉语,略懂
	长女	普梅梅	94/12	彝	小学	彝语,熟练	汉语,熟练
	次女	普小丽	71/04	彝	小学	彝语,熟练	汉语,熟练
25	户主	普家富	50/10	彝	小学	彝语,熟练	汉语,熟练
	配偶	李玉珍	48/10	彝	小学	彝语,熟练	汉语,熟练
	长子	普文明	75/01	彝	小学	彝语,熟练	汉语,熟练
	儿媳	普丽仙	78/12	彝	小学	彝语,熟练	汉语,熟练
	孙女	普娜	00/12	彝	学前	彝语,熟练	汉语,熟练
24	户主	普正有	56/01	彝	小学	彝语,熟练	汉语,熟练
	配偶	赵丽芬	54/09	蒙古	小学	喀卓语,熟练	汉语,熟练
	长子	普云伟	85/01	彝	初中	彝语,熟练	汉语,熟练
25	户主	普正荣	70/06	彝	小学	彝语,熟练	汉语,熟练
	配偶	施琴芬	74/08	彝	小学	彝语,熟练	汉语,熟练

	长女	普素梅	91/10	彝	初中	彝语,熟练	汉语,熟练
	次女	普素琼	98/04	彝	小学	彝语,熟练	汉语,熟练
26	户主	普洪有	72/06	彝	小学	彝语,熟练	汉语,熟练
	母亲	普桂珍	33/07	彝	文盲	彝语,熟练	汉语,熟练
	父亲	普顺昌	26/02	彝	文盲	彝语,熟练	汉语,略懂
	姐姐	普素仙	62/02	彝	小学	彝语,熟练	汉语,熟练
27	户主	普红祥	64/10	彝	小学	彝语,熟练	汉语,熟练
	配偶	普秀华	68/02	彝	小学	彝语,熟练	汉语,熟练
28	户主	石宝妹	37/01	彝	文盲	彝语,熟练	汉语,不会
29	户主	马家运	49/08	汉	小学	汉语,熟练	彝语,略懂
	配偶	普秀兰	54/02	彝	小学	彝语,熟练	汉语,熟练
	次子	普文荣	83/09	彝	小学	彝语,熟练	汉语,熟练
30	户主	普正云	65/05	彝	小学	彝语,熟练	汉语,熟练
	长女	普艳	94/01	彝	初中	彝语,熟练	汉语,熟练
	次女	普慧	98/09	彝	小学	彝语,熟练	汉语,熟练
31	户主	普家发	71/01	彝	小学	彝语,熟练	汉语,熟练
	配偶	普素珍	73/11	彝	小学	彝语,熟练	汉语,熟练
	母亲	杨素英	47/04	彝	文盲	彝语,熟练	汉语,熟练
	弟弟	普家真	76/06	彝	初中	彝语,熟练	汉语,熟练
	弟媳	普艳梅	81/11	彝	中专	彝语,熟练	汉语,熟练
	长女	普慧琼	97/04	彝	小学	彝语,熟练	汉语,熟练
32	户主	普文富	65/12	彝	小学	彝语,熟练	汉语,熟练
	父亲	普家国	40/07	彝	小学	彝语,熟练	汉语,熟练
	长女	普艳春	92/03	彝	初中	彝语,熟练	汉语,熟练
	次女	普二	01/01	彝	学前	彝语,熟练	汉语,熟练
33	户主	普文应	68/01	彝	小学	彝语,熟练	汉语,熟练
	配偶	普玉芬	67/04	彝	小学	彝语,熟练	汉语,熟练
	长女	普梅芳	95/04	彝	小学	彝语,熟练	汉语,熟练
	次子	普二	01/06	彝	学前	彝语,熟练	汉语,熟练
34	户主	普文林	70/09	彝	小学	彝语,熟练	汉语,熟练
	母亲	普桂兰	48/09	彝	文盲	彝语,熟练	汉语,熟练
	长女	普婷	96/07	彝	小学	彝语,熟练	汉语,熟练
35	户主	李美珍	39/04	彝	文盲	彝语,熟练	汉语,略懂
	长女	李会香	68/04	彝	小学	彝语,熟练	汉语,熟练
	女婿	柏碑才	62/11	汉	小学	汉语,熟练	彝语,略懂
	外孙女	李春艳	93/02	彝	小学	彝语,熟练	汉语,熟练
	外孙女	李一	99/02	彝	小学	彝语,熟练	汉语,熟练
36	户主	普正伟	79/12	彝	初中	彝语,熟练	汉语,熟练
	配偶	杨崇波	76/07	彝	小学	彝语,熟练	汉语,熟练
37	户主	普文德	74/10	彝	小学	彝语,熟练	汉语,熟练
	配偶	李梅英	76/12	彝	小学	彝语,熟练	汉语,熟练
	长子	普伟	99/10	彝	小学	彝语,熟练	汉语,熟练
38	户主	普文贵	79/07	彝	小学	彝语,熟练	汉语,熟练
	配偶	普素玲	80/06	彝	初中	彝语,熟练	汉语,熟练

39	户主	普正兴	81/10	彝	小学	彝语，熟练	汉语，熟练
	配偶	普丽华	77/03	彝	小学	彝语，熟练	汉语，熟练

表5 象平村三组

序号	家庭关系	姓名	出生年月	民族	文化程度	第一语言及水平	第二语言及水平
1	户主	李家生	51/04	彝	小学	彝语，熟练	汉语，熟练
	配偶	普丽珍	56/10	彝	小学	彝语，熟练	汉语，熟练
	长子	李华	84/07	彝	初中	彝语，熟练	汉语，熟练
	次子	李林	87/06	彝	高中	彝语，熟练	汉语，熟练
2	户主	普家云	62/04	彝	小学	彝语，熟练	汉语，熟练
	配偶	王琼芬	66/05	汉	小学	汉语，熟练	彝语，略懂
	长子	普文运	86/01	彝	初中	彝语，熟练	汉语，熟练
	次子	普文进	88/10	彝	初中	彝语，熟练	汉语，熟练
3	户主	白桂珍	34/06	彝	文盲	彝语，熟练	汉语，略懂
	三子	普家发	68/03	彝	小学	彝语，熟练	汉语，熟练
	四子	普家林	72/08	彝	小学	彝语，熟练	汉语，熟练
	儿媳	普玉琼	72/08	彝	小学	彝语，熟练	汉语，熟练
	孙女	普一	98/05	彝	小学	彝语，熟练	汉语，熟练
4	户主	禹家起	41/10	彝	小学	彝语，熟练	汉语，熟练
	配偶	向桂芬	49/12	彝	小学	彝语，熟练	汉语，熟练
	三子	禹文有	76/06	彝	小学	彝语，熟练	汉语，熟练
	长女	禹琼仙	83/11	彝	小学	彝语，熟练	汉语，熟练
5	户主	禹文云	71/03	彝	小学	彝语，熟练	汉语，熟练
	配偶	普桂兰	70/07	彝	小学	彝语，熟练	汉语，熟练
	长女	禹悦	97/11	彝	小学	彝语，熟练	汉语，熟练
6	户主	普翠英	57/11	彝	小学	彝语，熟练	汉语，熟练
	长女	禹丽萍	78/02	彝	小学	彝语，熟练	汉语，熟练
	次女	禹丽华	80/10	彝	小学	彝语，熟练	汉语，熟练
	三女	禹丽梅	85/10	彝	小学	彝语，熟练	汉语，熟练
	女婿	朱佳米	69/08	汉	小学	汉语，熟练	彝语，略懂
	外孙	禹一	97/09	彝	小学	彝语，熟练	汉语，熟练
7	户主	禹家昌	54/02	彝	小学	彝语，熟练	汉语，熟练
	配偶	卢明英	66/12	哈尼	小学	哈尼语，熟练	汉语，熟练
	母亲	禹禹氏	19/01	彝	文盲	彝语，熟练	汉语，略懂
	大哥	禹家云	44/09	彝	小学	彝语，熟练	汉语，熟练
	二哥	禹家生	51/04	彝	小学	彝语，熟练	汉语，熟练
8	户主	禹家洪	48/01	彝	小学	彝语，熟练	汉语，熟练
	配偶	李桂仙	56/10	彝	小学	彝语，熟练	汉语，熟练
	次女	禹素玲	83/04	彝	初中	彝语，熟练	汉语，熟练
	长子	禹雪飞	87/04	彝	初中	彝语，熟练	汉语，熟练

9	户主	普正福	54/06	彝	小学	彝语,熟练	汉语,熟练
	配偶	禹秀芬	53/05	彝	小学	彝语,熟练	汉语,熟练
	母亲	普玉珍	32/08	彝	文盲	彝语,熟练	汉语,略懂
	长子	普龚强	80/05	彝	初中	彝语,熟练	汉语,熟练
	长女	普琼	82/04	彝	高中	彝语,熟练	汉语,熟练
	次子	普龚伟	85/11	彝	初中	彝语,熟练	汉语,熟练
10	户主	普正友	69/08	彝	小学	彝语,熟练	汉语,熟练
	配偶	李者优	68/03	哈尼	小学	哈尼语,熟练	汉语,熟练
	长子	李云宏	94/10	彝	小学	彝语,熟练	汉语,熟练
	次子	普云勇	99/03	彝	小学	彝语,熟练	汉语,熟练
11	户主	普正保	56/10	彝	小学	彝语,熟练	汉语,熟练
	配偶	普玉兰	66/03	彝	小学	彝语,熟练	汉语,熟练
	长女	普吉英	87/12	彝	初中	彝语,熟练	汉语,熟练
	长子	普吉云	89/12	彝	初中	彝语,熟练	汉语,熟练
12	户主	陈文富	54/02	彝	小学	彝语,熟练	汉语,熟练
	配偶	普丽英	54/10	彝	小学	彝语,熟练	汉语,熟练
	长子	陈懿珺	78/09	彝	初中	彝语,熟练	汉语,熟练
	长女	陈英	81/03	彝	小学	彝语,熟练	汉语,熟练
13	户主	龙自明	54/12	彝	小学	彝语,熟练	汉语,熟练
	配偶	姚丽仙	58/05	汉	小学	汉语,熟练	彝语,略懂
	长子	龙真	81/07	彝	小学	彝语,熟练	汉语,熟练
	次子	龙永德	85/08	彝	初中	彝语,熟练	汉语,熟练
14	户主	普正林	73/06	彝	小学	彝语,熟练	汉语,熟练
15	户主	普凤云	71/05	彝	小学	彝语,熟练	汉语,熟练
	配偶	普秀华	72/12	彝	小学	彝语,熟练	汉语,熟练
	长女	普金凤	94/01	彝	小学	彝语,熟练	汉语,熟练
	次女	普二	99/04	彝	小学	彝语,熟练	汉语,熟练
16	户主	普家兵	65/06	彝	小学	彝语,熟练	汉语,熟练
	配偶	段山若	73/07	哈尼	小学	哈尼语,熟练	汉语,熟练
	长女	普云丽	92/08	彝	初中	彝语,熟练	汉语,熟练
	次女	普云梅	98/02	彝	小学	彝语,熟练	汉语,熟练
17	户主	李家昌	62/05	彝	小学	彝语,熟练	汉语,熟练
	配偶	普丽仙	62/04	彝	小学	彝语,熟练	汉语,熟练
	长女	李春玲	85/01	彝	初中	彝语,熟练	汉语,熟练
18	户主	李发科	33/05	彝	文盲	彝语,熟练	汉语,略懂
19	户主	普起洪	38/07	彝	文盲	彝语,熟练	汉语,略懂
	配偶	孙桂珍	40/06	彝	文盲	彝语,熟练	汉语,熟练
	三子	普应发	75/09	彝	小学	彝语,熟练	汉语,熟练
	四子	普运斌	80/01	彝	初中	彝语,熟练	汉语,熟练
20	户主	普家旺	65/10	彝	小学	彝语,熟练	汉语,熟练
	长女	王艳	01/04	彝	学前	彝语,熟练	汉语,熟练
21	户主	普家起	48/01	彝	小学	彝语,熟练	汉语,熟练
	配偶	普美英	51/10	彝	小学	彝语,熟练	汉语,熟练

	长子	普金林	79/06	彝	初中	彝语,熟练	汉语,熟练
22	户主	普家昌	67/02	彝	小学	彝语,熟练	汉语,熟练
	配偶	白兰杯	65/04	哈尼	小学	哈尼语,熟练	汉语,熟练
	长女	普锁琼	89/06	彝	初中	彝语,熟练	汉语,熟练
	长子	普琼伟	91/09	彝	初中	彝语,熟练	汉语,熟练
23	户主	普家运	67/02	彝	小学	彝语,熟练	汉语,熟练
	配偶	白牛背	73/06	哈尼	小学	哈尼语,熟练	汉语,熟练
	长子	普伟祥	94/01	彝	小学	彝语,熟练	汉语,熟练
	长女	普雪	00/01	彝	小学	彝语,熟练	汉语,熟练
24	户主	石秀仙	41/03	彝	小学	彝语,熟练	汉语,略懂
	次子	普云学	75/10	彝	小学	彝语,熟练	汉语,熟练
	三子	普云武	78/11	彝	小学	彝语,熟练	汉语,熟练
25	户主	普云飞	73/01	彝	小学	彝语,熟练	汉语,熟练
	长子	普锐锐	96/07	彝	小学	彝语,熟练	汉语,熟练
26	户主	普应保	53/02	彝	小学	彝语,熟练	汉语,熟练
	配偶	普丽芬	56/09	彝	小学	彝语,熟练	汉语,熟练
	长女	普惠玲	88/06	彝	初中	彝语,熟练	汉语,熟练
	次女	普惠珍	90/07	彝	初中	彝语,熟练	汉语,熟练
27	户主	普运学	63/12	彝	小学	彝语,熟练	汉语,熟练
	长子	普一	94/02	彝	初中	彝语,熟练	汉语,熟练
	长女	普二	99/10	彝	小学	彝语,熟练	汉语,熟练
28	户主	苗桂芬	35/08	彝	文盲	彝语,熟练	汉语,略懂
	三子	普应有	69/06	彝	小学	彝语,熟练	汉语,熟练
	五子	普应飞	73/12	彝	小学	彝语,熟练	汉语,熟练
	孙女	苗一	00/12	彝	学前	彝语,熟练	汉语,熟练
29	户主	施美英	45/05	彝	小学	彝语,熟练	汉语,熟练
	次子	普金明	78/09	彝	小学	彝语,熟练	汉语,熟练
30	户主	普金富	69/12	彝	小学	彝语,熟练	汉语,熟练
	配偶	普秀平	71/01	彝	小学	彝语,熟练	汉语,熟练
	长子	普销祥	92/09	彝	小学	彝语,熟练	汉语,熟练
	长女	普一	97/12	彝	小学	彝语,熟练	汉语,熟练
31	户主	普家文	69/07	彝	小学	彝语,熟练	汉语,熟练
	长子	普一	97/11	彝	小学	彝语,熟练	汉语,熟练
32	户主	普永昌	50/05	彝	小学	彝语,熟练	汉语,熟练
	配偶	普美芬	57/12	彝	小学	彝语,熟练	汉语,熟练
	长子	普志华	83/12	彝	初中	彝语,熟练	汉语,熟练
	长女	普文英	86/09	彝	小学	彝语,熟练	汉语,熟练
33	户主	普永顺	52/11	彝	小学	彝语,熟练	汉语,熟练
	配偶	普丽青	61/08	彝	小学	彝语,熟练	汉语,熟练
	长女	普小芳	86/12	彝	初中	彝语,熟练	汉语,熟练
	长子	普小伟	88/05	彝	初中	彝语,熟练	汉语,熟练
34	户主	陈凤云	51/09	彝	小学	彝语,熟练	汉语,熟练
	配偶	普汝英	55/05	彝	小学	彝语,熟练	汉语,熟练

	母亲	普玉芬	36/03	彝	文盲	彝语,熟练	汉语,略懂
	妹妹	普会英	76/04	彝	小学	彝语,熟练	汉语,熟练
	次女	普素萍	83/05	彝	初中	彝语,熟练	汉语,熟练
35	户主	普兰仙	36/04	彝	文盲	彝语,熟练	汉语,略懂
	配偶	普乔生	38/05	彝	文盲	彝语,熟练	汉语,略懂
	次子	普家伟	78/09	彝	小学	彝语,熟练	汉语,熟练
36	户主	普正发	62/04	彝	小学	彝语,熟练	汉语,熟练
	妹妹	普秀珍	67/07	彝	小学	彝语,熟练	汉语,熟练
37	户主	普运国	63/09	彝	小学	彝语,熟练	汉语,熟练
	配偶	秦丽芬	66/06	汉	小学	汉语,熟练	彝语,不会
	长女	胡美兰	88/05	彝	小学	彝语,熟练	汉语,熟练
	次女	普一	98/12	彝	小学	彝语,熟练	汉语,熟练
39	户主	普应武	73/09	彝	小学	彝语,熟练	汉语,熟练
	配偶	普秀清	76/09	彝	小学	彝语,熟练	汉语,熟练
	长女	普一	98/12	彝	小学	彝语,熟练	汉语,熟练

（三）芭蕉村语言使用情况

一、社会概况

芭蕉村是里山彝族乡的一个彝族聚居村寨，属于里山乡下属6个自然村之一。它位于里山乡政府所在地以南约7公里处。约400年前，芭蕉村最早的村民从石屏县龙明镇迁入现在的居住地，因此地有大量野芭蕉而取名芭蕉村。1958年，野芭蕉被全部挖掘，但村名一直沿用。现在芭蕉村下设6个村民小组，分别为：一五组（芭蕉箐组，两组合名）、二组（落水洞组）、三组（平顶山组）、四组（五里箐组）以及六组（葫芦田组）。芭蕉村共有1255人，彝族占多数，共1203人，为总人口的95.9%。芭蕉村的非彝族人口有52人，包括汉、哈尼、苗、傣、蒙古等族，非彝族人口占总人口的4.1%。

芭蕉村的主要经济作物是烤烟、玉米和蔬菜，林果业主要为核桃、板栗、桃子和梨。牲畜、家禽有水牛、山羊、猪和鸡等。全村电视机的普及率约为90%，农用车有10辆。村里生活条件好的家庭几乎都有手机、拖拉机。

二、语言使用的基本特点

（一）芭蕉村6个组均为彝族聚居寨，村民主要以彝语作为交际工具。从调查的情况看（见表1），芭蕉村99.4%的村民能熟练掌握彝语。年龄较长的彝族人均能熟练掌握彝语。彝语既是家庭的内部用语，也是芭蕉村日常生产生活的第一语言。彝语在芭蕉村具有很强的生命力，保留得较好。

表 1　芭蕉村不同年龄段彝语语言能力统计表

年龄段	总人口	熟练		略懂		不会	
		人口	百分比	人口	百分比	人口	百分比
6—19 岁	283	276	97.5	4	1.4	3	1.1
20—59 岁	741	740	99.9	1	0.1	0	0
60 岁以上	179	179	100	0	0	0	0
合计	1203	1195	99.4	5	0.4	3	0.2

（二）芭蕉村各年龄段的大多数村民都能熟练掌握汉语（见表 2）。很多村民都属于"彝语—汉语"两种语言兼用的双语人，包括大量的老年人。

表 2　芭蕉村不同年龄段汉语语言能力统计表

年龄段	总人口	熟练		略懂		不会	
		人口	百分比	人口	百分比	人口	百分比
6—19 岁	283	237	83.7	45	16.0	1	0.3
20—59 岁	741	619	83.5	122	16.5	0	0
60 岁以上	179	121	67.6	57	31.8	1	0.6
合计	1203	977	81.2	224	18.6	2	0.2

三、芭蕉村各组语言使用情况一览表（分组）

（一）芭蕉村一组语言使用情况

全组有效统计人数 188 人。

表 3　芭蕉村一组彝语语言能力统计表

年龄段	总人口	熟练		略懂		不会	
		人口	百分比	人口	百分比	人口	百分比
6—19 岁	48	48	100	0	0	0	0
20—59 岁	106	106	100	0	0	0	0
60 岁以上	34	34	100	0	0	0	0
合计	188	188	100	0	0	0	0

表 4　芭蕉村一组汉语语言能力统计表

年龄段	总人口	熟练		略懂		不会	
		人口	百分比	人口	百分比	人口	百分比
6—19 岁	48	34	70.8	13	27.1	1	2.1
20—59 岁	106	49	46.2	57	53.8	0	0
60 岁以上	34	11	32.4	23	67.6	0	0
合计	188	94	50.0	93	49.5	1	0.5

表 5　芭蕉村一组家庭语言使用情况一览表

序号	家庭关系	姓名	出生年月	民族	文化程度	第一语言及水平	第二语言及水平
1	户主	普秀芬	46/12	彝	小学	彝语,熟练	汉语,略懂
	儿媳	普梅芬	80/04	彝	小学	彝语,熟练	汉语,熟练
	次子	李祥	76/06	彝	初中	彝语,熟练	汉语,熟练
2	户主	李斌	74/01	彝	初中	彝语,熟练	汉语,熟练
	配偶	李竹仙	75/09	彝	小学	彝语,熟练	汉语,略懂
	长子	李福进	96/11	彝	小学	彝语,熟练	汉语,略懂
3	户主	杨云起	64/06	彝	初中	彝语,熟练	汉语,略懂
	配偶	普秀平	64/06	彝	小学	彝语,熟练	汉语,略懂
	父亲	杨有林	36/11	彝	文盲	彝语,熟练	汉语,略懂
	长女	杨翠英	90/04	彝	初中	彝语,熟练	汉语,熟练
	长子	杨家顺	92/03	彝	初中	彝语,熟练	汉语,略懂
4	户主	杨云进	65/11	彝	小学	彝语,熟练	汉语,略懂
	长女	杨翠丽	96/01	彝	小学	彝语,熟练	汉语,略懂
5	户主	李玉英	68/02	彝	小学	彝语,熟练	汉语,略懂
	母亲	李美英	41/05	彝	文盲	彝语,熟练	汉语,熟练
	长女	李婷婷	90/06	彝	初中	彝语,熟练	汉语,熟练
	长子	杨云飞	93/01	彝	小学	彝语,熟练	汉语,略懂
6	户主	杨秀仙	64/09	彝	初中	彝语,熟练	汉语,熟练
7	户主	李正和	55/10	彝	小学	彝语,熟练	汉语,略懂
	配偶	杨素兰	54/12	彝	文盲	彝语,熟练	汉语,略懂
	长子	李福伟	93/06	彝	初中	彝语,熟练	汉语,熟练
8	户主	李正荣	50/04	彝	初中	彝语,熟练	汉语,熟练
	配偶	张桂芬	57/08	彝	文盲	彝语,熟练	汉语,略懂
	长子	李福祥	81/03	彝	初中	彝语,熟练	汉语,熟练
	次子	李福斌	83/01	彝	初中	彝语,熟练	汉语,略懂
	三子	李福运	86/08	彝	大学	彝语,熟练	汉语,熟练
9	户主	杨家红	73/08	彝	文盲	彝语,熟练	汉语,熟练
	父亲	杨有福	52/08	彝	小学	彝语,熟练	汉语,略懂
	长子	杨志华	99/02	彝	小学	彝语,熟练	汉语,不会
10	户主	杨家志	61/01	彝	高中	彝语,熟练	汉语,熟练
	配偶	李美芬	63/03	彝	小学	彝语,熟练	汉语,略懂
	父亲	杨李义	25/03	彝	文盲	彝语,熟练	汉语,略懂
	长女	杨青	84/10	彝	初中	彝语,熟练	汉语,熟练
	长子	杨帆	86/11	彝	大学	彝语,熟练	汉语,熟练
11	户主	杨家来	64/06	彝	初中	彝语,熟练	汉语,熟练
	配偶	龙秀华	64/11	彝	高中	彝语,熟练	汉语,略懂
	长女	杨丽芳	89/08	彝	高中	彝语,熟练	汉语,熟练
	长子	杨勇宏	90/05	彝	初中	彝语,熟练	汉语,熟练
12	户主	张建才	63/05	彝	初中	彝语,熟练	汉语,熟练
	配偶	李素莲	67/07	彝	小学	彝语,熟练	汉语,略懂

	父亲	张家有	31/06	彝	文盲	彝语,熟练	汉语,略懂
	长女	张丽春	88/10	彝	小学	彝语,熟练	汉语,熟练
	长子	张红	90/07	彝	初中	彝语,熟练	汉语,熟练
13	户主	张建富	66/01	彝	初中	彝语,熟练	汉语,熟练
	配偶	普素芬	67/12	彝	小学	彝语,熟练	汉语,略懂
	长子	张红兵	91/01	彝	初中	彝语,熟练	汉语,熟练
	长女	张红丽	94/10	彝	小学	彝语,熟练	汉语,熟练
14	户主	普发传	64/06	彝	小学	彝语,熟练	汉语,略懂
	配偶	李美芬	62/05	彝	小学	彝语,熟练	汉语,略懂
	母亲	李金荣	39/06	彝	文盲	彝语,熟练	汉语,略懂
	长子	普国雄	90/01	彝	初中	彝语,熟练	汉语,熟练
	长女	普华仙	86/01	彝	初中	彝语,熟练	汉语,熟练
	次女	普华英	87/03	彝	大学	彝语,熟练	汉语,熟练
15	户主	李正云	51/11	彝	文盲	彝语,熟练	汉语,略懂
	配偶	普秀兰	51/01	彝	文盲	彝语,熟练	汉语,略懂
	母亲	李普氏	23/02	彝	文盲	彝语,熟练	汉语,略懂
	哥哥	李正明	47/02	彝	文盲	彝语,熟练	汉语,略懂
	长子	李福起	77/07	彝	初中	彝语,熟练	汉语,熟练
	次子	李福财	82/02	彝	初中	彝语,熟练	汉语,熟练
16	户主	李应来	71/10	彝	初中	彝语,熟练	汉语,熟练
	配偶	李琼英	75/01	彝	小学	彝语,熟练	汉语,熟练
	父亲	李正富	46/06	彝	小学	彝语,熟练	汉语,熟练
	母亲	李记仙	47/11	彝	小学	彝语,熟练	汉语,熟练
	长子	李海文	95/11	彝	小学	彝语,熟练	汉语,熟练
17	户主	普发明	68/03	彝	初中	彝语,熟练	汉语,熟练
	父亲	普家生	37/05	彝	小学	彝语,熟练	汉语,熟练
	母亲	李玉仙	41/07	彝	文盲	彝语,熟练	汉语,略懂
	长女	普丽	93/01	彝	初中	彝语,熟练	汉语,熟练
18	户主	普发启	63/10	彝	初中	彝语,熟练	汉语,熟练
	配偶	普梅华	68/12	彝	小学	彝语,熟练	汉语,略懂
	长子	普国伟	90/08	彝	初中	彝语,熟练	汉语,熟练
	长女	普海丽	93/11	彝	小学	彝语,熟练	汉语,熟练
19	户主	普发云	70/01	彝	小学	彝语,熟练	汉语,略懂
	父亲	普家发	41/09	彝	文盲	彝语,熟练	汉语,熟练
	母亲	龙秀英	40/08	彝	文盲	彝语,熟练	汉语,略懂
20	户主	施家洪	68/02	彝	初中	彝语,熟练	汉语,熟练
	配偶	李秀平	67/08	彝	小学	彝语,熟练	汉语,略懂
	长女	施杰	90/12	彝	初中	彝语,熟练	汉语,熟练
	次女	施小芳	93/03	彝	小学	彝语,熟练	汉语,熟练
21	户主	李发云	65/04	彝	小学	彝语,熟练	汉语,略懂
	配偶	普素平	68/11	彝	小学	彝语,熟练	汉语,略懂
	长子	李红祥	91/04	彝	初中	彝语,熟练	汉语,熟练
	长女	李红连	95/08	彝	小学	彝语,熟练	汉语,略懂

22	户主	李玉华	77/03	彝	小学	彝语,熟练	汉语,略懂
	配偶	张家云	70/08	汉	文盲	汉语,熟练	彝语,略懂
	母亲	龙玉仙	47/10	彝	文盲	彝语,熟练	汉语,熟练
	长女	张映	98/08	彝	小学	彝语,熟练	汉语,略懂
23	户主	普发有	62/10	彝	小学	彝语,熟练	汉语,熟练
	配偶	普秀芬	63/06	彝	文盲	彝语,熟练	汉语,熟练
	长女	普艳华	86/11	彝	初中	彝语,熟练	汉语,熟练
	次女	普艳平	89/03	彝	初中	彝语,熟练	汉语,熟练
24	户主	普发应	71/06	彝	小学	彝语,熟练	汉语,略懂
	配偶	杨桂莲	72/11	彝	小学	彝语,熟练	汉语,略懂
	长女	普小仙	93/10	彝	小学	彝语,熟练	汉语,熟练
	次女	普丽	98/06	彝	小学	彝语,熟练	汉语,略懂
25	户主	普家录	62/01	彝	小学	彝语,熟练	汉语,略懂
	父亲	普开云	33/01	彝	文盲	彝语,熟练	汉语,略懂
	母亲	孙玉芬	35/09	彝	文盲	彝语,熟练	汉语,略懂
	长子	普发家	92/08	彝	小学	彝语,熟练	汉语,略懂
	次子	普发财	97/05	彝	小学	彝语,熟练	汉语,略懂
26	户主	李桂兰	38/08	彝	文盲	彝语,熟练	汉语,熟练
	长子	普进	70/05	彝	小学	彝语,熟练	汉语,略懂
27	户主	杨有和	64/06	彝	小学	彝语,熟练	汉语,略懂
	配偶	普兰珍	65/05	彝	小学	彝语,熟练	汉语,略懂
	长子	杨家文	88/07	彝	初中	彝语,熟练	汉语,熟练
	长女	杨芳	90/09	彝	初中	彝语,熟练	汉语,熟练
28	户主	杨有来	69/10	彝	小学	彝语,熟练	汉语,熟练
	配偶	白兰仙	69/09	彝	初中	彝语,熟练	汉语,熟练
	母亲	李桂英	43/02	彝	文盲	彝语,熟练	汉语,熟练
	长女	杨云妹	93/03	彝	初中	彝语,熟练	汉语,熟练
	长子	杨云昭	97/12	彝	小学	彝语,熟练	汉语,熟练
29	户主	李汝云	48/12	彝	小学	彝语,熟练	汉语,略懂
	配偶	施桂英	52/04	彝	文盲	彝语,熟练	汉语,熟练
	长子	李家祥	75/12	汉	小学	汉语,熟练	彝语,略懂
	次女	施李珍	76/12	彝	初中	彝语,熟练	汉语,熟练
	三女	施李芬	77/04	彝	小学	彝语,熟练	汉语,熟练
	四女	施李琼	79/10	彝	小学	彝语,熟练	汉语,熟练
	五女	施李华	81/12	彝	初中	彝语,熟练	汉语,熟练
	孙女	施卓君	01/03	彝	小学	彝语,熟练	汉语,熟练
30	户主	李秀兰	55/11	彝	文盲	彝语,熟练	汉语,略懂
	次子	施建峰	80/09	彝	初中	彝语,熟练	汉语,熟练
31	户主	施文启	61/02	彝	小学	彝语,熟练	汉语,熟练
	配偶	期美芬	62/05	彝	小学	彝语,熟练	汉语,略懂
	长女	施晓芳	87/03	彝	高中	彝语,熟练	汉语,熟练
	长子	施进伟	88/06	彝	初中	彝语,熟练	汉语,熟练

32	户主	施文来	68/03	彝	初中	彝语,熟练	汉语,熟练
	父亲	施家富	36/07	彝	文盲	彝语,熟练	汉语,略懂
	母亲	杨桂英	37/11	彝	文盲	彝语,熟练	汉语,略懂
	长子	施进进	92/10	彝	初中	彝语,熟练	汉语,熟练
	次子	施一	97/04	彝	小学	彝语,熟练	汉语,熟练
33	户主	李发富	62/03	彝	小学	彝语,熟练	汉语,略懂
	配偶	普秀仙	63/04	彝	文盲	彝语,熟练	汉语,略懂
	长子	李明	87/10	彝	初中	彝语,熟练	汉语,熟练
	次子	李英	89/10	彝	初中	彝语,熟练	汉语,熟练
34	户主	李发昌	68/06	彝	小学	彝语,熟练	汉语,略懂
	配偶	李桂玲	76/05	汉	小学	汉语,熟练	彝语,略懂
	长女	李珍凤	97/11	彝	小学	彝语,熟练	汉语,熟练
35	户主	李发新	71/02	彝	小学	彝语,熟练	汉语,略懂
	父亲	李杨有	34/03	彝	文盲	彝语,熟练	汉语,略懂
	母亲	李桂芬	38/06	彝	文盲	彝语,熟练	汉语,略懂
36	户主	李文启	47/10	彝	文盲	彝语,熟练	汉语,熟练
	配偶	李桂兰	49/04	彝	文盲	彝语,熟练	汉语,略懂
	长子	李学明	68/10	彝	小学	彝语,熟练	汉语,熟练
	儿媳	杨美英	65/12	彝	小学	彝语,熟练	汉语,熟练
	孙女	李杰	89/02	彝	小学	彝语,熟练	汉语,熟练
	孙女	李青	92/04	彝	初中	彝语,熟练	汉语,熟练
37	户主	张建宽	67/04	彝	小学	彝语,熟练	汉语,略懂
	配偶	普玉仙	68/03	彝	小学	彝语,熟练	汉语,略懂
	长子	张红文	93/06	彝	小学	彝语,熟练	汉语,熟练
	长女	张丽涛	00/03	彝	小学	彝语,熟练	汉语,略懂
38	户主	普应来	65/03	彝	小学	彝语,熟练	汉语,略懂
	配偶	李竹英	66/04	彝	小学	彝语,熟练	汉语,略懂
	母亲	李桂珍	34/09	彝	文盲	彝语,熟练	汉语,略懂
	长女	普琼	88/12	彝	小学	彝语,熟练	汉语,熟练
	次女	普洁	90/07	彝	初中	彝语,熟练	汉语,熟练
39	户主	范丽英	73/10	汉	初中	汉语,熟练	彝语,略懂
40	户主	普开义	38/02	彝	文盲	彝语,熟练	汉语,略懂
	配偶	李玉兰	42/05	彝	小学	彝语,熟练	汉语,熟练
	次子	普应和	78/08	彝	小学	彝语,熟练	汉语,略懂
41	户主	杨有启	56/05	彝	小学	彝语,熟练	汉语,略懂
	配偶	普玉兰	55/01	彝	文盲	彝语,熟练	汉语,略懂
	父亲	杨林生	25/09	彝	文盲	彝语,熟练	汉语,略懂
	长子	杨家俊	80/10	彝	初中	彝语,熟练	汉语,熟练
	长女	杨丽琼	82/07	彝	初中	彝语,熟练	汉语,熟练
42	户主	李文学	58/09	彝	小学	彝语,熟练	汉语,熟练
	配偶	李兰芬	60/04	彝	小学	彝语,熟练	汉语,略懂
	母亲	李李氏	17/03	彝	文盲	彝语,熟练	汉语,略懂
	次女	李琴	83/11	彝	高中	彝语,熟练	汉语,熟练

43	户主	施映	79/09	彝	初中	彝语，熟练	汉语，熟练
	配偶	周迎波	80/01	傣	初中	傣语，熟练	汉语，熟练
44	户主	杨有云	64/08	彝	小学	彝语，熟练	汉语，略懂
	配偶	普丽英	68/08	彝	小学	彝语，熟练	汉语，略懂
	妹妹	杨桂平	69/01	彝	小学	彝语，熟练	汉语，略懂
	长女	杨艳萍	93/07	彝	小学	彝语，熟练	汉语，略懂
45	户主	杨有文	72/04	彝	小学	彝语，熟练	汉语，熟练
46	户主	孙保明	32/01	彝	小学	彝语，熟练	汉语，熟练
	配偶	杨桂芬	49/07	彝	文盲	彝语，熟练	汉语，略懂
	长子	孙家发	76/03	彝	小学	彝语，熟练	汉语，略懂
	儿媳	普玲芬	74/09	彝	小学	彝语，熟练	汉语，略懂
	次子	孙家富	78/01	彝	小学	彝语，熟练	汉语，略懂
47	户主	杨家亮	69/04	彝	小学	彝语，熟练	汉语，熟练
	配偶	李桂平	69/09	彝	小学	彝语，熟练	汉语，熟练
	祖母	杨李氏	20/10	彝	文盲	彝语，熟练	汉语，略懂
	母亲	李杨香	42/04	彝	文盲	彝语，熟练	汉语，略懂
	长子	杨志刚	92/02	彝	初中	彝语，熟练	汉语，熟练
	次子	杨志祥	97/04	彝	小学	彝语，熟练	汉语，略懂
48	户主	普发祥	73/11	彝	小学	彝语，熟练	汉语，略懂
49	户主	普家杨	65/11	彝	小学	彝语，熟练	汉语，略懂
	配偶	张桂莲	68/08	彝	小学	彝语，熟练	汉语，略懂
	母亲	普桂芬	32/02	彝	文盲	彝语，熟练	汉语，略懂
	长子	普保红	95/11	彝	小学	彝语，熟练	汉语，略懂
50	户主	普发富	68/05	彝	小学	彝语，熟练	汉语，略懂
	母亲	王秀珍	41/06	彝	文盲	彝语，熟练	汉语，略懂

（二）芭蕉村二组语言使用情况

全组有效统计人数 340 人。

表 6 芭蕉村二组彝语语言能力统计表

年龄段	总人口	熟练		略懂		不会	
		人口	百分比	人口	百分比	人口	百分比
6—19 岁	98	98	100	0	0	0	0
20—59 岁	201	201	100	0	0	0	0
60 岁以上	41	41	100	0	0	0	0
合计	340	340	100	0	0	0	0

表 7 芭蕉村二组汉语语言能力统计表

年龄段	总人口	熟练		略懂		不会	
		人口	百分比	人口	百分比	人口	百分比
6—19 岁	98	87	88.8	11	11.2	0	0
20—59 岁	201	198	98.5	3	1.5	0	0

60岁以上	41	22	53.7	18	43.9	1	2.4
合计	340	307	90.3	32	9.4	1	0.3

表8 芭蕉村二组家庭语言使用情况一览表

序号	家庭关系	姓名	出生年月	民族	文化程度	第一语言及水平	第二语言及水平
1	户主	李生荣	68/06	彝	小学	彝语,熟练	汉语,略懂
	配偶	陈秀香	68/04	彝	小学	彝语,熟练	汉语,熟练
	长女	李红星	92/09	彝	初中	彝语,熟练	汉语,熟练
	长子	李红祥	95/11	彝	小学	彝语,熟练	汉语,熟练
2	户主	李生学	70/04	彝	小学	彝语,熟练	汉语,熟练
	配偶	李仙芬	74/09	彝	小学	彝语,熟练	汉语,熟练
	长女	李红琼	96/09	彝	小学	彝语,熟练	汉语,熟练
	次女	李二	01/03	彝	学前	彝语,熟练	汉语,略懂
3	户主	李生来	70/04	彝	小学	彝语,熟练	汉语,熟练
	配偶	龙素仙	73/08	彝	小学	彝语,熟练	汉语,熟练
	长女	李梓瑞	95/02	彝	小学	彝语,熟练	汉语,熟练
	次女	李梓丽	00/01	彝	学前	彝语,熟练	汉语,略懂
4	户主	李生贵	64/12	彝	小学	彝语,熟练	汉语,熟练
	配偶	孔兰芬	63/06	彝	小学	彝语,熟练	汉语,熟练
	长女	李春梅	87/12	彝	初中	彝语,熟练	汉语,熟练
	长子	李富文	89/07	彝	初中	彝语,熟练	汉语,熟练
5	户主	李生云	62/08	彝	初中	彝语,熟练	汉语,熟练
	配偶	李玉芬	63/04	彝	小学	彝语,熟练	汉语,熟练
	长子	李富祥	85/12	彝	初中	彝语,熟练	汉语,熟练
	长女	李艳萍	88/01	彝	初中	彝语,熟练	汉语,熟练
6	户主	李生平	64/07	彝	小学	彝语,熟练	汉语,熟练
	配偶	普秀英	64/10	彝	小学	彝语,熟练	汉语,熟练
	母亲	施桂英	34/02	彝	文盲	彝语,熟练	汉语,略懂
	长子	李福贵	89/03	彝	初中	彝语,熟练	汉语,熟练
	次子	李福聪	91/04	彝	初中	彝语,熟练	汉语,熟练
7	户主	师正金	73/12	彝	小学	彝语,熟练	汉语,熟练
	配偶	杨美芬	68/12	彝	小学	彝语,熟练	汉语,熟练
	长子	师云伟	94/08	彝	小学	彝语,熟练	汉语,熟练
	次子	师云宏	96/11	彝	小学	彝语,熟练	汉语,熟练
8	户主	李继仙	71/04	彝	小学	彝语,熟练	汉语,熟练
	配偶	兰开云	68/12	汉	小学	汉语,熟练	彝语,略懂
	长子	师云祥	91/11	彝	小学	彝语,熟练	汉语,熟练
	长女	师明琴	97/06	彝	小学	彝语,熟练	汉语,熟练
9	户主	师中明	64/07	彝	初中	彝语,熟练	汉语,熟练
	配偶	李莲英	65/12	彝	小学	彝语,熟练	汉语,熟练

	长子	师正起	89/10	彝	初中	彝语,熟练	汉语,熟练
	次子	师正飞	91/11	彝	初中	彝语,熟练	汉语,熟练
10	户主	师中成	37/11	彝	文盲	彝语,熟练	汉语,熟练
	配偶	李秀英	41/05	彝	文盲	彝语,熟练	汉语,略懂
	三女	师素仙	84/03	彝	小学	彝语,熟练	汉语,熟练
11	户主	师正明	64/09	彝	初中	彝语,熟练	汉语,熟练
	配偶	陈秀英	67/03	彝	小学	彝语,熟练	汉语,熟练
	长女	师丽琼	93/03	彝	初中	彝语,熟练	汉语,熟练
	次女	师丽梅	96/09	彝	小学	彝语,熟练	汉语,熟练
12	户主	师正付	69/03	彝	小学	彝语,熟练	汉语,熟练
	配偶	普美芬	71/03	彝	小学	彝语,熟练	汉语,熟练
	长子	师云勇	92/11	彝	小学	彝语,熟练	汉语,熟练
	次子	师云雄	98/05	彝	小学	彝语,熟练	汉语,熟练
13	户主	李高有	36/02	彝	文盲	彝语,熟练	汉语,略懂
	配偶	石玉珍	37/08	彝	文盲	彝语,熟练	汉语,略懂
	长女	李连珍	73/06	彝	初中	彝语,熟练	汉语,熟练
14	户主	李高明	39/08	彝	文盲	彝语,熟练	汉语,熟练
	配偶	李桂英	42/01	彝	文盲	彝语,熟练	汉语,熟练
	三子	李生文	71/10	彝	初中	彝语,熟练	汉语,熟练
	儿媳	龙兰芬	72/01	彝	小学	彝语,熟练	汉语,略懂
	四子	李生运	75/08	彝	初中	彝语,熟练	汉语,熟练
	孙女	李一	99/02	彝	学前	彝语,熟练	汉语,略懂
15	户主	李生和	61/04	彝	初中	彝语,熟练	汉语,熟练
	配偶	孔秀芬	63/10	彝	小学	彝语,熟练	汉语,熟练
	长女	李敏	84/10	彝	初中	彝语,熟练	汉语,熟练
	女婿	王志强	80/08	汉	初中	汉语,熟练	彝语,略懂
16	户主	李生龙	64/06	彝	小学	彝语,熟练	汉语,熟练
	配偶	李秀芬	62/10	彝	小学	彝语,熟练	汉语,熟练
	父亲	李高发	35/09	彝	文盲	彝语,熟练	汉语,熟练
	长女	李艳丽	95/03	彝	初中	彝语,熟练	汉语,熟练
17	户主	李生虎	74/09	彝	小学	彝语,熟练	汉语,熟练
	配偶	李琼仙	72/12	彝	小学	彝语,熟练	汉语,熟练
	母亲	王正兰	35/09	彝	文盲	彝语,熟练	汉语,熟练
	姐姐	李粉仙	71/03	彝	小学	彝语,熟练	汉语,熟练
	长女	李丽香	96/04	彝	小学	彝语,熟练	汉语,熟练
	次女	李二	00/09	彝	学前	彝语,熟练	汉语,略懂
18	户主	李高富	54/08	彝	小学	彝语,熟练	汉语,熟练
	配偶	李竹英	55/10	彝	小学	彝语,熟练	汉语,熟练
	三女	李艳珍	82/09	彝	中专	彝语,熟练	汉语,熟练
19	户主	师中学	70/03	彝	小学	彝语,熟练	汉语,熟练
	配偶	李玉琼	80/02	哈尼	小学	哈尼语,熟练	汉语,熟练;彝语,熟练

	弟弟	师宗满	75/03	彝	小学	彝语，熟练	汉语，熟练
	长子	施一	99/11	彝	小学	彝语，熟练	汉语，熟练
20	户主	师中云	61/11	彝	小学	彝语，熟练	汉语，熟练
	配偶	龙兰英	67/06	彝	小学	彝语，熟练	汉语，熟练
	长子	师正海	86/12	彝	初中	彝语，熟练	汉语，熟练
	次子	师正龙	88/05	彝	初中	彝语，熟练	汉语，熟练
21	户主	师宗祥	58/03	彝	小学	彝语，熟练	汉语，熟练
	配偶	李美英	73/08	哈尼	小学	哈尼语，熟练	汉语，熟练； 彝语，熟练
	长女	师兰仙	92/11	彝	初中	彝语，熟练	汉语，熟练
	长子	师正宏	97/12	彝	小学	彝语，熟练	汉语，熟练
22	户主	师正昌	63/11	彝	小学	彝语，熟练	汉语，熟练
	配偶	龙秀芬	63/08	彝	小学	彝语，熟练	汉语，熟练
	长女	师悦	86/08	彝	初中	彝语，熟练	汉语，熟练
	长子	师云保	88/04	彝	初中	彝语，熟练	汉语，熟练
23	户主	李洪福	50/01	彝	文盲	彝语，熟练	汉语，熟练
	配偶	李玉兰	52/09	彝	文盲	彝语，熟练	汉语，略懂
	次女	李秀林	80/04	彝	小学	彝语，熟练	汉语，熟练
	女婿	唐军	78/04	汉	小学	汉语，熟练	彝语，略懂
24	户主	李高成	47/09	彝	文盲	彝语，熟练	汉语，略懂
	配偶	李桂兰	50/07	彝	文盲	彝语，熟练	汉语，熟练
	次女	李琼珍	79/12	彝	初中	彝语，熟练	汉语，熟练
	三女	李琼花	84/01	彝	初中	彝语，熟练	汉语，熟练
25	户主	李高生	64/11	彝	初中	彝语，熟练	汉语，熟练
	配偶	普连芬	67/07	彝	小学	彝语，熟练	汉语，熟练
	母亲	李陈氏	24/12	彝	文盲	彝语，熟练	汉语，略懂
	长子	李生永	90/04	彝	初中	彝语，熟练	汉语，熟练
	长女	李丽清	94/12	彝	初中	彝语，熟练	汉语，熟练
26	户主	李高文	56/09	彝	小学	彝语，熟练	汉语，熟练
	配偶	施秀芬	61/06	彝	小学	彝语，熟练	汉语，熟练
	父亲	李洪德	20/05	彝	文盲	彝语，熟练	汉语，略懂
	长女	李桂玲	84/02	彝	初中	彝语，熟练	汉语，熟练
	长子	李生强	85/08	彝	初中	彝语，熟练	汉语，熟练
27	户主	李高应	49/11	彝	初中	彝语，熟练	汉语，熟练
	配偶	孔素珍	48/06	彝	小学	彝语，熟练	汉语，熟练
	长子	李生伟	76/03	彝	初中	彝语，熟练	汉语，熟练
	次子	李生武	82/10	彝	初中	彝语，熟练	汉语，熟练
	三女	李琼秀	80/10	彝	小学	彝语，熟练	汉语，熟练
28	户主	李高来	55/10	彝	初中	彝语，熟练	汉语，熟练
	长女	李琴雯	87/05	彝	初中	彝语，熟练	汉语，熟练
	次女	李琼梅	89/10	彝	初中	彝语，熟练	汉语，熟练
29	户主	李高昌	66/12	彝	初中	彝语，熟练	汉语，熟练
	配偶	李会兰	66/09	彝	小学	彝语，熟练	汉语，熟练

	母亲	师美英	24/04	彝	文盲	彝语，熟练	汉语，略懂
	长女	李海艳	90/01	彝	初中	彝语，熟练	汉语，熟练
	次女	李海平	90/01	彝	初中	彝语，熟练	汉语，熟练
	长子	李生寿	93/01	彝	初中	彝语，熟练	汉语，熟练
30	户主	李仙兰	53/07	彝	小学	彝语，熟练	汉语，熟练
	三女	李明珍	83/08	彝	初中	彝语，熟练	汉语，熟练
31	户主	李洪旺	48/06	彝	小学	彝语，熟练	汉语，熟练
	配偶	李秀珍	54/02	彝	小学	彝语，熟练	汉语，熟练
	长子	李高荣	77/08	彝	初中	彝语，熟练	汉语，熟练
	儿媳	普美仙	77/01	彝	小学	彝语，熟练	汉语，熟练
	次女	李艳华	80/09	彝	小学	彝语，熟练	汉语，熟练
	孙子	李一	00/12	彝	学前	彝语，熟练	汉语，略懂
32	户主	李高祥	67/11	彝	小学	彝语，熟练	汉语，熟练
	配偶	陈翠英	64/03	彝	小学	彝语，熟练	汉语，熟练
	长女	李婷	90/04	彝	初中	彝语，熟练	汉语，熟练
	次女	李佳	92/09	彝	初中	彝语，熟练	汉语，熟练
33	户主	普素仙	72/10	彝	小学	彝语，熟练	汉语，熟练
	长女	李艳芝	94/01	彝	小学	彝语，熟练	汉语，熟练
	次女	李艳丽	98/12	彝	小学	彝语，熟练	汉语，熟练
34	户主	李树珍	58/09	彝	小学	彝语，熟练	汉语，熟练
	长子	李生福	83/06	彝	初中	彝语，熟练	汉语，熟练
	次女	李艳梅	85/01	彝	初中	彝语，熟练	汉语，熟练
35	户主	周锡志	48/02	汉	小学	汉语，熟练	彝语，略懂
	配偶	李兰芬	53/09	彝	小学	彝语，熟练	汉语，熟练
	长子	李生进	74/09	彝	中专	彝语，熟练	汉语，熟练
	儿媳	刘应荷	76/03	汉	初中	汉语，熟练	彝语，不会
	长女	李丽仙	76/12	彝	初中	彝语，熟练	汉语，熟练
	三女	李丽萍	82/06	彝	初中	彝语，熟练	汉语，熟练
36	户主	李高顺	61/03	彝	初中	彝语，熟练	汉语，熟练
	配偶	师兰英	60/06	彝	小学	彝语，熟练	汉语，熟练
	长女	李丽	87/05	彝	初中	彝语，熟练	汉语，熟练
	长子	李生富	89/03	彝	初中	彝语，熟练	汉语，熟练
37	户主	李高平	65/11	彝	小学	彝语，熟练	汉语，熟练
	配偶	许琼芬	66/04	彝	小学	彝语，熟练	汉语，熟练
	长子	李生永	95/01	彝	小学	彝语，熟练	汉语，熟练
38	户主	李高和	68/01	彝	小学	彝语，熟练	汉语，熟练
	配偶	张学芬	73/02	哈尼	小学	哈尼语，熟练	汉语，熟练； 彝语，略懂
	长女	李辉	92/09	彝	初中	彝语，熟练	汉语，熟练
	长子	李生祥	96/02	彝	小学	彝语，熟练	汉语，熟练
39	户主	李高洪	69/11	彝	初中	彝语，熟练	汉语，熟练
	配偶	李桂林	74/01	彝	小学	彝语，熟练	汉语，熟练
	母亲	李金莲	37/11	彝	文盲	彝语，熟练	汉语，熟练
	长子	李生有	97/07	彝	小学	彝语，熟练	汉语，熟练

40	户主	普正富	71/04	彝	初中	彝语,熟练	汉语,熟练
	配偶	孔兰珍	73/04	彝	初中	彝语,熟练	汉语,熟练
	长女	普丽	95/06	彝	小学	彝语,熟练	汉语,熟练
	次女	普艳	99/06	彝	小学	彝语,熟练	汉语,熟练
41	户主	普正启	65/10	彝	初中	彝语,熟练	汉语,熟练
	配偶	孙玉兰	67/05	彝	小学	彝语,熟练	汉语,熟练
	长子	普传伟	90/10	彝	初中	彝语,熟练	汉语,熟练
42	户主	普正明	67/04	彝	初中	彝语,熟练	汉语,熟练
	配偶	李桂华	66/12	彝	小学	彝语,熟练	汉语,熟练
	长子	普传俊	91/01	彝	初中	彝语,熟练	汉语,熟练
	长女	普玲	99/07	彝	小学	彝语,熟练	汉语,熟练
43	户主	普家元	42/03	彝	文盲	彝语,熟练	汉语,略懂
	四子	普正有	73/04	彝	初中	彝语,熟练	汉语,熟练
	孙女	普一	01/05	彝	小学	彝语,熟练	汉语,熟练
44	户主	普正昌	73/01	彝	初中	彝语,熟练	汉语,熟练
	配偶	孔映萍	72/03	彝	初中	彝语,熟练	汉语,熟练
	长子	普传宏	95/02	彝	小学	彝语,熟练	汉语,熟练
	长女	普虹霞	99/11	彝	小学	彝语,熟练	汉语,略懂
45	户主	李汝云	25/03	彝	文盲	彝语,熟练	汉语,熟练
	配偶	谭一仙	26/09	彝	初中	彝语,熟练	汉语,不会
46	户主	李汝生	35/11	彝	文盲	彝语,熟练	汉语,略懂
	配偶	石桂玉	36/11	彝	文盲	彝语,熟练	汉语,略懂
	次子	李家发	76/12	彝	初中	彝语,熟练	汉语,熟练
	儿媳	孔莲芬	78/02	彝	初中	彝语,熟练	汉语,熟练
	孙女	李英	99/11	彝	小学	彝语,熟练	汉语,熟练
47	户主	李家昌	69/01	彝	初中	彝语,熟练	汉语,熟练
	配偶	杨秀平	70/07	彝	初中	彝语,熟练	汉语,熟练
	长子	李正文	92/01	彝	初中	彝语,熟练	汉语,熟练
	次子	李正钱	96/12	彝	小学	彝语,熟练	汉语,熟练
48	户主	李洪祥	50/06	彝	小学	彝语,熟练	汉语,熟练
	配偶	李汝华	55/04	彝	初中	彝语,熟练	汉语,熟练
	长女	李丽芬	79/05	彝	初中	彝语,熟练	汉语,熟练
	次女	李丽珍	83/09	彝	中专	彝语,熟练	汉语,熟练
	三女	李丽佳	86/10	彝	高中	彝语,熟练	汉语,熟练
49	户主	龙有和	71/12	彝	初中	彝语,熟练	汉语,熟练
	配偶	李桂珍	74/09	彝	小学	彝语,熟练	汉语,熟练
	母亲	施桂芬	45/02	彝	文盲	彝语,熟练	汉语,熟练
	长子	龙家顺	96/01	彝	小学	彝语,熟练	汉语,熟练
	次子	龙家祥	00/10	彝	小学	彝语,熟练	汉语,熟练
50	户主	龙有才	65/10	彝	小学	彝语,熟练	汉语,熟练
	配偶	杨秀英	67/11	彝	小学	彝语,熟练	汉语,熟练
	长女	龙桂华	89/01	彝	初中	彝语,熟练	汉语,熟练
	长子	龙家伟	92/01	彝	小学	彝语,熟练	汉语,熟练

51	户主	李汝培	54/03	彝	小学	彝语,熟练	汉语,熟练
	配偶	李仙兰	54/03	彝	小学	彝语,熟练	汉语,熟练
	长子	李家生	77/11	彝	初中	彝语,熟练	汉语,熟练
	儿媳	李秀华	78/04	彝	小学	彝语,熟练	汉语,熟练
	次子	李家才	79/10	彝	初中	彝语,熟练	汉语,熟练
	三子	李家富	82/05	彝	初中	彝语,熟练	汉语,熟练
52	户主	李家增	64/09	彝	小学	彝语,熟练	汉语,熟练
	弟弟	李家贵	71/06	彝	中专	彝语,熟练	汉语,熟练
	长女	李玲	89/03	彝	初中	彝语,熟练	汉语,熟练
	次女	李一	00/02	彝	学前	彝语,熟练	汉语,略懂
53	户主	李美华	61/06	彝	小学	彝语,熟练	汉语,熟练
54	户主	李洪保	67/12	彝	初中	彝语,熟练	汉语,熟练
	配偶	孔映兰	68/04	彝	小学	彝语,熟练	汉语,熟练
	长女	李玉芳	90/02	彝	初中	彝语,熟练	汉语,熟练
	长子	李斌	94/01	彝	小学	彝语,熟练	汉语,熟练
55	户主	李翠芬	61/01	彝	小学	彝语,熟练	汉语,熟练
	长女	李萍	87/10	彝	初中	彝语,熟练	汉语,熟练
	次女	李琴	91/10	彝	初中	彝语,熟练	汉语,熟练
56	户主	郑安德	57/07	汉	小学	汉语,熟练	彝语,略懂
	配偶	孔树兰	64/12	彝	小学	彝语,熟练	汉语,熟练
	长子	孔庆国	87/04	彝	初中	彝语,熟练	汉语,熟练
57	户主	孔宪和	65/01	彝	初中	彝语,熟练	汉语,熟练
	配偶	李映兰	69/06	彝	小学	彝语,熟练	汉语,熟练
	长子	孔国伟	97/08	彝	初中	彝语,熟练	汉语,熟练
	次子	孔国运	91/07	彝	小学	彝语,熟练	汉语,熟练
58	户主	孔召元	36/02	彝	中专	彝语,熟练	汉语,熟练
	配偶	李美英	37/06	彝	文盲	彝语,熟练	汉语,熟练
	长子	孔宪文	74/02	彝	初中	彝语,熟练	汉语,熟练
	儿媳	普兰仙	73/08	彝	小学	彝语,熟练	汉语,熟练
	次子	孔二	00/11	彝	学前	彝语,熟练	汉语,熟练
	孙女	孔丽	96/06	彝	小学	彝语,熟练	汉语,熟练
59	户主	李家起	71/10	彝	中专	彝语,熟练	汉语,熟练
	配偶	龙素梅	77/04	彝	初中	彝语,熟练	汉语,熟练
	长女	李润英	98/05	彝	小学	彝语,熟练	汉语,熟练
60	户主	李汝明	43/11	彝	中专	彝语,熟练	汉语,熟练
	配偶	普秀芬	47/01	彝	文盲	彝语,熟练	汉语,熟练
	四子	李家祥	84/01	彝	初中	彝语,熟练	汉语,熟练
61	户主	李家顺	67/03	彝	小学	彝语,熟练	汉语,熟练
	配偶	孔素芬	65/07	彝	小学	彝语,熟练	汉语,熟练
	长子	李正宏	92/01	彝	初中	彝语,熟练	汉语,熟练
	次子	李正兴	94/12	彝	小学	彝语,熟练	汉语,熟练
62	户主	李家利	69/06	彝	初中	彝语,熟练	汉语,熟练
	配偶	普桂珍	67/06	彝	小学	彝语,熟练	汉语,熟练

	长女	李晓婷	92/04	彝	初中	彝语,熟练	汉语,熟练
	长子	李飞	94/10	彝	小学	彝语,熟练	汉语,熟练
63	户主	李高俊	74/04	彝	初中	彝语,熟练	汉语,熟练
	配偶	李兰珍	72/09	彝	小学	彝语,熟练	汉语,熟练
	母亲	李金兰	46/07	彝	文盲	彝语,熟练	汉语,熟练
	长子	李生梁	94/10	彝	初中	彝语,熟练	汉语,熟练
64	户主	白秀珍	45/08	彝	文盲	彝语,熟练	汉语,略懂
	长子	李生顺	73/07	彝	初中	彝语,熟练	汉语,熟练
	次子	李生才	78/04	彝	小学	彝语,熟练	汉语,熟练
	孙子	李一	01/05	彝	学前	彝语,熟练	汉语,略懂
65	户主	普美芬	44/06	彝	文盲	彝语,熟练	汉语,熟练
	长子	李家德	75/08	彝	初中	彝语,熟练	汉语,熟练
	孙子	李青	99/02	彝	小学	彝语,熟练	汉语,熟练
66	户主	孔庆发	73/04	彝	小学	彝语,熟练	汉语,熟练
	配偶	吕桂仙	72/03	彝	小学	彝语,熟练	汉语,熟练
67	户主	孔庆明	69/08	彝	小学	彝语,熟练	汉语,熟练
	长女	孔春花	92/02	彝	小学	彝语,熟练	汉语,熟练
	次女	孔一	96/08	彝	小学	彝语,熟练	汉语,熟练
68	户主	孔宪富	56/12	彝	初中	彝语,熟练	汉语,熟练
	配偶	李玉珍	52/09	彝	初中	彝语,熟练	汉语,熟练
	三女	孔丽萍	83/04	彝	初中	彝语,熟练	汉语,熟练
	长子	孔庆文	87/01	彝	初中	彝语,熟练	汉语,熟练
69	户主	李正平	72/08	彝	小学	彝语,熟练	汉语,熟练
	母亲	李孙氏	28/02	彝	文盲	彝语,熟练	汉语,略懂
	长子	李涛	96/09	彝	小学	彝语,熟练	汉语,熟练
	次子	李二	01/03	彝	学前	彝语,熟练	汉语,略懂
70	户主	李正昌	68/12	彝	小学	彝语,熟练	汉语,熟练
	配偶	李玉仙	70/03	彝	小学	彝语,熟练	汉语,熟练
	父亲	李家和	28/05	彝	文盲	彝语,熟练	汉语,略懂
	长女	李梅	92/01	彝	初中	彝语,熟练	汉语,熟练
	长子	李发俊	95/11	彝	小学	彝语,熟练	汉语,熟练
71	户主	李正元	55/02	彝	小学	彝语,熟练	汉语,熟练
	配偶	普美芬	54/01	彝	小学	彝语,熟练	汉语,熟练
	长子	李发起	76/11	彝	初中	彝语,熟练	汉语,熟练
	次子	李发付	78/09	彝	初中	彝语,熟练	汉语,熟练
	三子	李发荣	81/12	彝	初中	彝语,熟练	汉语,熟练
	孙女	李一	99/02	彝	学前	彝语,熟练	汉语,略懂
72	户主	李正明	54/12	彝	初中	彝语,熟练	汉语,熟练
	配偶	李素英	54/02	彝	小学	彝语,熟练	汉语,熟练
	长女	李丽琼	78/09	彝	初中	彝语,熟练	汉语,熟练
	孙子	李一	00/07	彝	学前	彝语,熟练	汉语,略懂
	孙女	李秋林	00/08	彝	学前	彝语,熟练	汉语,熟练
73	户主	李正发	46/11	彝	小学	彝语,熟练	汉语,熟练
	配偶	何桂仙	47/12	彝	文盲	彝语,熟练	汉语,略懂

	长子	李发明	71/10	彝	小学	彝语,熟练	汉语,熟练
	孙女	李谢英	94/04	彝	小学	彝语,熟练	汉语,熟练
	孙女	李美芳	98/10	彝	小学	彝语,熟练	汉语,熟练
74	户主	李家运	51/10	彝	初中	彝语,熟练	汉语,熟练
	配偶	龙秀英	53/11	彝	小学	彝语,熟练	汉语,熟练
	长女	李美萍	76/11	彝	小学	彝语,熟练	汉语,熟练
	长子	李正福	80/07	彝	初中	彝语,熟练	汉语,熟练
	次子	李正强	86/01	彝	初中	彝语,熟练	汉语,熟练
75	户主	李素平	75/06	彝	初中	彝语,熟练	汉语,熟练
	母亲	普桂英	32/10	彝	文盲	彝语,熟练	汉语,略懂
	长子	李发康	96/12	彝	小学	彝语,熟练	汉语,熟练
76	户主	李正付	60/10	彝	初中	彝语,熟练	汉语,熟练
	配偶	李绘仙	65/08	彝	小学	彝语,熟练	汉语,熟练
	长女	李艳	87/12	彝	初中	彝语,熟练	汉语,熟练
77	户主	李生宝	65/01	彝	中专	彝语,熟练	汉语,熟练
	配偶	李莲芬	65/12	彝	小学	彝语,熟练	汉语,熟练
	父亲	李高云	41/06	彝	小学	彝语,熟练	汉语,熟练
	母亲	陈美英	42/11	彝	小学	彝语,熟练	汉语,熟练
	长子	李强	84/11	彝	初中	彝语,熟练	汉语,熟练
	次子	李俊	89/05	彝	初中	彝语,熟练	汉语,熟练
78	户主	李正荣	67/07	彝	初中	彝语,熟练	汉语,熟练
	配偶	孔艳仙	68/02	彝	初中	彝语,熟练	汉语,熟练
	母亲	李美凤	29/11	彝	文盲	彝语,熟练	汉语,略懂
	长女	李春艳	93/11	彝	初中	彝语,熟练	汉语,熟练
	长子	李发祥	98/10	彝	小学	彝语,熟练	汉语,熟练
79	户主	李正和	70/04	彝	初中	彝语,熟练	汉语,熟练
	配偶	师秀芬	73/06	彝	初中	彝语,熟练	汉语,熟练
	长女	李小华	96/02	彝	初中	彝语,熟练	汉语,熟练
	长子	李二	00/06	彝	小学	彝语,熟练	汉语,熟练
80	户主	孙汝明	51/12	彝	小学	彝语,熟练	汉语,熟练
	配偶	李兰英	49/11	彝	初中	彝语,熟练	汉语,熟练
	长子	李家来	77/12	彝	初中	彝语,熟练	汉语,熟练
81	户主	孔宪祥	67/04	彝	小学	彝语,熟练	汉语,熟练
	配偶	李莲仙	69/10	彝	小学	彝语,熟练	汉语,熟练
	长子	孔庆俊	94/02	彝	初中	彝语,熟练	汉语,熟练
	次子	孔一	99/03	彝	小学	彝语,熟练	汉语,熟练
82	户主	李家明	68/12	彝	小学	彝语,熟练	汉语,熟练
	配偶	龙凤华	74/12	彝	小学	彝语,熟练	汉语,熟练
	母亲	龙桂芬	33/06	彝	文盲	彝语,熟练	汉语,熟练
	长女	李艳飞	96/12	彝	小学	彝语,熟练	汉语,熟练
83	户主	普秀兰	69/03	彝	小学	彝语,熟练	汉语,熟练
	长子	李俊	90/11	彝	初中	彝语,熟练	汉语,熟练
	次子	李康	96/12	彝	小学	彝语,熟练	汉语,熟练

84	户主	李汝文	46/04	彝	初中	彝语,熟练	汉语,熟练
	配偶	普美仙	52/10	彝	小学	彝语,熟练	汉语,熟练
	长子	李家俊	72/08	彝	初中	彝语,熟练	汉语,熟练
	三子	李家林	78/05	彝	初中	彝语,熟练	汉语,熟练
	儿媳	李玉芬	79/05	彝	小学	彝语,熟练	汉语,熟练
85	户主	杨美芬	63/04	彝	初中	彝语,熟练	汉语,熟练
	次子	孔庆伟	85/02	彝	初中	彝语,熟练	汉语,熟练
86	户主	李生林	81/04	彝	初中	彝语,熟练	汉语,熟练
	母亲	陈美珍	56/04	彝	小学	彝语,熟练	汉语,熟练
87	户主	李正才	72/06	彝	小学	彝语,熟练	汉语,熟练
	配偶	李绘英	71/03	彝	小学	彝语,熟练	汉语,熟练
	母亲	李美珍	32/04	彝	文盲	彝语,熟练	汉语,略懂
	长女	李海琼	94/03	彝	初中	彝语,熟练	汉语,熟练
	长子	李一	99/07	彝	小学	彝语,熟练	汉语,熟练
88	户主	李汝昌	40/08	彝	小学	彝语,熟练	汉语,熟练

（三）芭蕉村三组语言使用情况

全组有效统计人数 242 人。

表 9 芭蕉村三组彝语语言能力统计表

年龄段	总人口	熟练		略懂		不会	
		人口	百分比	人口	百分比	人口	百分比
6—19 岁	51	49	96.1	2	0.4	0	0
20—59 岁	159	159	100	0	0	0	0
60 岁以上	32	32	100	0	0	0	0
合计	242	240	99.2	2	0.8	0	0

表 10 芭蕉村三组汉语语言能力统计表

年龄段	总人口	熟练		略懂		不会	
		人口	百分比	人口	百分比	人口	百分比
6—19 岁	51	46	90.2	5	9.8	0	0
20—59 岁	159	156	98.1	3	1.9	0	0
60 岁以上	32	22	68.8	10	31.2	0	0
合计	242	224	92.6	18	7.4	0	0

表 11 芭蕉村三组家庭语言使用情况一览表

序号	家庭关系	姓名	出生年月	民族	文化程度	第一语言及水平	第二语言及水平
1	户主	龙家昌	68/05	彝	初中	彝语,熟练	汉语,熟练
	配偶	普兰珍	68/09	彝	小学	彝语,熟练	汉语,熟练
	长女	龙小元	92/07	彝	小学	彝语,熟练	汉语,熟练
	长子	龙一	96/03	彝	小学	彝语,熟练	汉语,略懂
2	户主	龙保录	58/11	彝	初中	彝语,熟练	汉语,熟练
	配偶	李素仙	61/11	彝	小学	彝语,熟练	汉语,熟练
	长子	龙详伟	84/10	彝	中专	彝语,熟练	汉语,熟练
	次子	龙详兵	86/09	彝	初中	彝语,熟练	汉语,熟练
3	户主	龙详有	71/03	彝	初中	彝语,熟练	汉语,熟练
	配偶	普桂仙	70/12	彝	初中	彝语,熟练	汉语,熟练
	父亲	龙保富	42/10	彝	小学	彝语,熟练	汉语,熟练
	长子	龙四代	96/01	彝	小学	彝语,熟练	汉语,熟练
	次女	龙二	00/12	彝	小学	彝语,熟练	汉语,熟练
4	户主	龙云有	55/05	彝	初中	彝语,熟练	汉语,熟练
	配偶	普桂芬	57/08	彝	小学	彝语,熟练	汉语,熟练
	父亲	龙家富	33/02	彝	小学	彝语,熟练	汉语,熟练
	长子	龙柯全	81/06	彝	初中	彝语,熟练	汉语,熟练
	次子	龙柯锦	82/12	彝	初中	彝语,熟练	汉语,熟练
5	户主	龙云祥	66/03	彝	初中	彝语,熟练	汉语,熟练
	配偶	普琼仙	65/06	彝	初中	彝语,熟练	汉语,熟练
	长子	龙海兵	88/10	彝	初中	彝语,熟练	汉语,熟练
	长女	龙小艳	91/07	彝	小学	彝语,熟练	汉语,熟练
6	户主	白兰英	45/10	彝	文盲	彝语,熟练	汉语,略懂
	次子	普云传	70/04	彝	小学	彝语,熟练	汉语,熟练
	三子	普云启	75/02	彝	小学	彝语,熟练	汉语,熟练
7	户主	普元祥	68/02	彝	初中	彝语,熟练	汉语,熟练
	配偶	龙素仙	75/02	彝	初中	彝语,熟练	汉语,熟练
	长女	普美琼	95/12	彝	小学	彝语,熟练	汉语,熟练
	次子	普二	00/11	彝	小学	彝语,熟练	汉语,熟练
8	户主	龙家发	47/03	彝	初中	彝语,熟练	汉语,熟练
	配偶	李云仙	48/01	彝	小学	彝语,熟练	汉语,熟练
	长子	龙云传	74/11	彝	初中	彝语,熟练	汉语,熟练
	次子	龙云成	76/04	彝	初中	彝语,熟练	汉语,熟练
	儿媳	普素琼	80/04	彝	初中	彝语,熟练	汉语,熟练
9	户主	龙家启	54/08	彝	小学	彝语,熟练	汉语,熟练
	配偶	陈桂英	57/01	彝	小学	彝语,熟练	汉语,熟练
	母亲	龙李氏	21/10	彝	文盲	彝语,熟练	汉语,略懂
	长子	龙云伟	80/03	彝	初中	彝语,熟练	汉语,熟练
	次子	龙云洪	82/07	彝	初中	彝语,熟练	汉语,熟练

10	户主	龙应详	64/08	彝	大学	彝语,熟练	汉语,熟练
	配偶	李玉芬	68/11	彝	初中	彝语,熟练	汉语,熟练
	母亲	龙普氏	23/11	彝	文盲	彝语,熟练	汉语,熟练
	妹妹	龙素芬	66/06	彝	小学	彝语,熟练	汉语,熟练
	次子	龙建鸿	92/09	彝	初中	彝语,熟练	汉语,熟练
11	户主	龙运福	46/09	彝	小学	彝语,熟练	汉语,熟练
	配偶	施美芬	53/08	彝	文盲	彝语,熟练	汉语,略懂
	长子	龙成进	82/10	彝	初中	彝语,熟练	汉语,熟练
12	户主	龙云华	71/11	彝	初中	彝语,熟练	汉语,熟练
	配偶	龙丽珍	71/04	汉	初中	汉语,熟练	彝语,略懂
	母亲	施美珍	41/01	彝	文盲	彝语,熟练	汉语,熟练
	长子	龙柯羽	98/11	彝	小学	彝语,熟练	汉语,熟练
13	户主	龙云彩	71/05	彝	初中	彝语,熟练	汉语,熟练
	父亲	龙宝昌	30/12	彝	文盲	彝语,熟练	汉语,略懂
	长子	龙文	95/12	彝	小学	彝语,熟练	汉语,熟练
	次女	龙二	00/12	彝	学前	彝语,熟练	汉语,略懂
14	户主	龙云和	74/05	彝	初中	彝语,熟练	汉语,熟练
	母亲	施桂珍	36/03	彝	文盲	彝语,熟练	汉语,熟练
	长子	龙键	97/12	彝	小学	彝语,熟练	汉语,熟练
15	户主	普传德	49/04	彝	小学	彝语,熟练	汉语,熟练
	配偶	吴云珍	57/11	彝	文盲	彝语,熟练	汉语,略懂
	长女	普翠兰	77/04	彝	小学	彝语,熟练	汉语,熟练
	三女	普翠华	84/11	彝	初中	彝语,熟练	汉语,熟练
16	户主	普传学	67/07	彝	初中	彝语,熟练	汉语,熟练
	配偶	杨桂仙	64/11	彝	初中	彝语,熟练	汉语,熟练
	父亲	普有富	28/08	彝	小学	彝语,熟练	汉语,熟练
	母亲	普普氏	26/09	彝	文盲	彝语,熟练	汉语,略懂
	长女	普红春	88/08	彝	初中	彝语,熟练	汉语,熟练
	次女	普红丽	90/04	彝	小学	彝语,熟练	汉语,熟练
17	户主	刘福保	60/06	汉	小学	汉语,熟练	彝语,略懂
	配偶	龙秀芬	65/11	彝	小学	彝语,熟练	汉语,熟练
	父亲	龙应书	38/11	彝	小学	彝语,熟练	汉语,熟练
	长女	龙慧琴	84/07	彝	初中	彝语,熟练	汉语,熟练
	长子	龙正云	91/06	彝	初中	彝语,熟练	汉语,熟练
18	户主	龙应富	56/03	彝	小学	彝语,熟练	汉语,熟练
	配偶	施素芬	59/01	彝	小学	彝语,熟练	汉语,熟练
	长子	龙学伟	82/01	彝	初中	彝语,熟练	汉语,熟练
19	户主	龙家德	71/04	彝	小学	彝语,熟练	汉语,熟练
	母亲	龙玉兰	31/11	彝	文盲	彝语,熟练	汉语,熟练
	长子	龙一	01/06	彝	学前	彝语,熟练	汉语,略懂

20	户主	龙家贵	66/11	彝	小学	彝语,熟练	汉语,熟练
	配偶	莱红梅	68/08	汉	小学	汉语,熟练	彝语,略懂
	长女	龙华英	91/05	彝	文盲	彝语,略懂	汉语,熟练
	次子	龙应来	99/08	彝	小学	彝语,略懂	汉语,熟练
21	户主	龙进才	52/04	彝	初中	彝语,熟练	汉语,熟练
	配偶	李桂英	55/02	彝	小学	彝语,熟练	汉语,熟练
	长子	龙国强	81/01	彝	初中	彝语,熟练	汉语,熟练
	长女	龙梅芳	82/05	彝	初中	彝语,熟练	汉语,熟练
22	户主	龙俊明	58/01	彝	初中	彝语,熟练	汉语,熟练
	配偶	张玉花	62/01	汉	小学	汉语,熟练	彝语,略懂
	长子	龙国伟	86/06	彝	初中	彝语,熟练	汉语,熟练
	次子	龙国成	87/09	彝	初中	彝语,熟练	汉语,熟练
23	户主	龙家保	58/01	彝	小学	彝语,熟练	汉语,熟练
	配偶	孙秀珍	55/01	彝	小学	彝语,熟练	汉语,熟练
	长子	龙云喜	83/12	彝	初中	彝语,熟练	汉语,熟练
	次子	龙云笑	86/06	彝	初中	彝语,熟练	汉语,熟练
24	户主	龙俊保	54/10	彝	初中	彝语,熟练	汉语,熟练
	配偶	普兰英	60/06	彝	小学	彝语,熟练	汉语,熟练
	母亲	施桂珍	36/05	彝	文盲	彝语,熟练	汉语,略懂
	长子	普朝红	80/11	彝	初中	彝语,熟练	汉语,熟练
	次子	普朝伟	81/11	彝	初中	彝语,熟练	汉语,熟练
25	户主	龙保才	57/12	彝	初中	彝语,熟练	汉语,熟练
	配偶	龙美英	55/02	彝	初中	彝语,熟练	汉语,熟练
	长子	龙云金	79/03	彝	小学	彝语,熟练	汉语,熟练
	长女	龙兰芬	88/11	彝	小学	彝语,熟练	汉语,熟练
26	户主	龙保福	60/01	彝	初中	彝语,熟练	汉语,熟练
	配偶	陈凤英	62/01	汉	小学	汉语,熟练	彝语,略懂
	长子	龙云发	85/09	彝	初中	彝语,熟练	汉语,熟练
	次子	龙云旺	87/06	彝	初中	彝语,熟练	汉语,熟练
27	户主	龙保起	73/05	彝	初中	彝语,熟练	汉语,熟练
	配偶	孙玲英	74/03	彝	初中	彝语,熟练	汉语,熟练
	长女	龙丽琴	97/09	彝	小学	彝语,熟练	汉语,熟练
28	户主	普传义	60/09	彝	初中	彝语,熟练	汉语,熟练
	长子	普强顺	86/11	彝	初中	彝语,熟练	汉语,熟练
	长女	普红艳	88/12	彝	初中	彝语,熟练	汉语,熟练
29	户主	普传元	56/07	彝	初中	彝语,熟练	汉语,熟练
	配偶	王翠芬	58/04	汉	初中	汉语,熟练	彝语,略懂
	长子	普强林	80/11	彝	初中	彝语,熟练	汉语,熟练
	次子	普建	82/09	彝	初中	彝语,熟练	汉语,熟练
	长女	普美丽	85/01	彝	小学	彝语,熟练	汉语,熟练
30	户主	龙应财	57/01	彝	初中	彝语,熟练	汉语,熟练
	配偶	龙素珍	62/03	彝	小学	彝语,熟练	汉语,熟练
	长女	龙美丽	84/08	彝	初中	彝语,熟练	汉语,熟练
	次女	龙美凤	88/04	彝	小学	彝语,熟练	汉语,熟练

31	户主	龙应和	48/08	彝	小学	彝语,熟练	汉语,熟练
	配偶	白秀仙	50/01	彝	文盲	彝语,熟练	汉语,熟练
	四子	龙成学	82/10	彝	初中	彝语,熟练	汉语,熟练
32	户主	普学贵	61/01	彝	初中	彝语,熟练	汉语,熟练
	配偶	龙秀平	63/08	彝	小学	彝语,熟练	汉语,熟练
	长子	普国强	87/09	彝	初中	彝语,熟练	汉语,熟练
33	户主	普学友	64/06	彝	初中	彝语,熟练	汉语,熟练
	配偶	张继芬	66/04	汉	小学	汉语,熟练	彝语,略懂
	长子	普航	87/12	彝	初中	彝语,熟练	汉语,熟练
	长女	普琼华	90/05	彝	初中	彝语,熟练	汉语,熟练
34	户主	普学勇	70/03	彝	初中	彝语,熟练	汉语,熟练
	配偶	陈美英	70/03	彝	小学	彝语,熟练	汉语,熟练
	长子	普成宝	91/09	彝	初中	彝语,熟练	汉语,熟练
	长女	普成妹	92/08	彝	初中	彝语,熟练	汉语,熟练
35	户主	普桂有	42/07	彝	小学	彝语,熟练	汉语,熟练
	配偶	白秀芬	41/11	彝	文盲	彝语,熟练	汉语,熟练
	长子	普祥喜	70/06	彝	小学	彝语,熟练	汉语,熟练
	次女	普翠芬	75/05	彝	初中	彝语,熟练	汉语,熟练
36	户主	普祥宏	73/05	彝	初中	彝语,熟练	汉语,熟练
	长女	普艳	96/02	彝	初中	彝语,熟练	汉语,熟练
	次女	普二	00/11	彝	学前	彝语,熟练	汉语,略懂
37	户主	龙在富	48/11	彝	小学	彝语,熟练	汉语,熟练
	配偶	龙秀兰	52/02	彝	小学	彝语,熟练	汉语,熟练
	长子	龙家金	74/11	彝	初中	彝语,熟练	汉语,熟练
	儿媳	普美华	74/05	彝	初中	彝语,熟练	汉语,熟练
	次子	龙家银	75/11	彝	初中	彝语,熟练	汉语,熟练
	三子	龙家祥	77/09	彝	初中	彝语,熟练	汉语,熟练
	长女	龙美玲	80/11	彝	初中	彝语,熟练	汉语,熟练
	孙子	龙春红	97/11	彝	初中	彝语,熟练	汉语,熟练
38	户主	龙成富	60/10	彝	中专	彝语,熟练	汉语,熟练
	配偶	石素兰	60/12	彝	初中	彝语,熟练	汉语,熟练
	长子	龙顺兴	83/11	彝	初中	彝语,熟练	汉语,熟练
	次子	龙顺旺	88/11	彝	初中	彝语,熟练	汉语,熟练
39	户主	龙成有	63/06	彝	初中	彝语,熟练	汉语,熟练
	配偶	普兰仙	64/04	彝	初中	彝语,熟练	汉语,熟练
	长子	龙建德	89/01	彝	初中	彝语,熟练	汉语,熟练
	次子	龙顺才	99/07	彝	初中	彝语,熟练	汉语,熟练
40	户主	龙成明	65/09	彝	初中	彝语,熟练	汉语,熟练
	配偶	许糯干	69/02	汉	初中	汉语,熟练	彝语,略懂
	长女	龙许华	89/06	彝	初中	彝语,熟练	汉语,熟练
	次女	龙溪溪	91/08	彝	初中	彝语,熟练	汉语,熟练
41	户主	龙成堂	69/12	彝	中专	彝语,熟练	汉语,熟练
	长子	龙磊	93/10	彝	初中	彝语,熟练	汉语,熟练

42	户主	龙成宏	74/06	彝	中专	彝语,熟练	汉语,熟练
	母亲	普玉珍	40/01	彝	文盲	彝语,熟练	汉语,熟练
	妹妹	龙琼珍	81/07	彝	初中	彝语,熟练	汉语,略懂
43	户主	普传发	45/06	彝	初中	彝语,熟练	汉语,熟练
	配偶	施桂兰	47/11	彝	文盲	彝语,熟练	汉语,熟练
	次子	普祥明	79/12	彝	初中	彝语,熟练	汉语,熟练
44	户主	普强伟	73/11	彝	初中	彝语,熟练	汉语,熟练
	配偶	张纪琼	74/10	汉	小学	汉语,熟练	彝语,略懂
	长女	普海姣	96/12	彝	小学	彝语,熟练	汉语,熟练
	长子	普海涛	01/06	彝	小学	彝语,熟练	汉语,熟练
45	户主	龙俊文	66/03	彝	初中	彝语,熟练	汉语,熟练
	配偶	普素华	67/08	汉	初中	汉语,熟练	彝语,略懂
	长女	龙小梅	88/05	彝	小学	彝语,熟练	汉语,熟练
	长子	龙小兵	90/11	彝	小学	彝语,熟练	汉语,熟练
46	户主	普传富	44/03	彝	小学	彝语,熟练	汉语,熟练
	配偶	皮桂华	44/09	汉	文盲	汉语,熟练	彝语,略懂
	长女	普玉芬	75/04	彝	小学	彝语,熟练	汉语,熟练
	次子	普家寿	77/03	彝	小学	彝语,熟练	汉语,熟练
	三子	普家喜	82/06	彝	小学	彝语,熟练	汉语,熟练
47	户主	普家福	68/02	彝	小学	彝语,熟练	汉语,熟练
	配偶	陈秀芬	67/03	彝	小学	彝语,熟练	汉语,熟练
	长子	普明发	90/03	彝	初中	彝语,熟练	汉语,熟练
	长女	普丽梅	94/11	彝	初中	彝语,熟练	汉语,熟练
48	户主	普家陆	71/03	彝	小学	彝语,熟练	汉语,熟练
49	户主	普有才	38/10	彝	小学	彝语,熟练	汉语,熟练
	配偶	李桂英	40/01	彝	小学	彝语,熟练	汉语,熟练
	次子	普云福	79/04	彝	初中	彝语,熟练	汉语,熟练
50	户主	普云发	67/01	彝	初中	彝语,熟练	汉语,熟练
	长子	普国栋	94/11	彝	初中	彝语,熟练	汉语,熟练
	次子	普国梁	99/04	彝	初中	彝语,熟练	汉语,熟练
51	户主	普美珍	58/10	彝	小学	彝语,熟练	汉语,熟练
	母亲	普李氏	19/02	彝	文盲	彝语,熟练	汉语,略懂
	长子	普祥运	84/06	彝	中专	彝语,熟练	汉语,熟练
	次子	普祥鑫	85/11	彝	中专	彝语,熟练	汉语,熟练
52	户主	普学宏	78/07	彝	初中	彝语,熟练	汉语,熟练
	妹妹	普美荣	81/02	彝	初中	彝语,熟练	汉语,熟练
53	户主	龙进富	51/05	彝	小学	彝语,熟练	汉语,熟练
	配偶	普秀珍	53/10	彝	小学	彝语,熟练	汉语,熟练
	长子	龙中顺	79/05	彝	小学	彝语,熟练	汉语,熟练
54	户主	普学启	73/05	彝	初中	彝语,熟练	汉语,熟练
	父亲	普有昌	33/04	彝	文盲	彝语,熟练	汉语,略懂
	母亲	普施氏	33/09	彝	文盲	彝语,熟练	汉语,略懂
	长女	普雪梅	99/12	彝	初中	彝语,熟练	汉语,熟练

55	户主	龙富有	55/11	彝	初中	彝语,熟练	汉语,熟练
	配偶	普美英	55/09	彝	小学	彝语,熟练	汉语,熟练
	长女	龙翠芬	81/07	彝	初中	彝语,熟练	汉语,熟练
56	户主	普学伟	75/01	彝	初中	彝语,熟练	汉语,熟练
	配偶	普美莲	71/05	彝	初中	彝语,熟练	汉语,熟练
	祖母	普陈氏	16/01	彝	文盲	彝语,熟练	汉语,略懂
	长女	普艳萍	97/12	彝	初中	彝语,熟练	汉语,熟练
57	户主	期美华	66/09	汉	初中	汉语,熟练	彝语,略懂
58	户主	普玉华	73/10	彝	小学	彝语,熟练	汉语,熟练
59	户主	龙在保	41/01	彝	初中	彝语,熟练	汉语,熟练
	配偶	施美珍	41/02	彝	文盲	彝语,熟练	汉语,熟练
	三子	龙家明	73/05	彝	初中	彝语,熟练	汉语,熟练
	四子	龙家文	75/11	彝	初中	彝语,熟练	汉语,熟练
	孙女	龙一	00/02	彝	小学	彝语,熟练	汉语,略懂
60	户主	高进华	70/04	汉	初中	汉语,熟练	彝语,略懂
	配偶	龙素玲	73/11	彝	初中	彝语,熟练	汉语,熟练
	父亲	龙家宽	49/09	彝	小学	彝语,熟练	汉语,熟练
	母亲	龙美芬	53/09	彝	文盲	彝语,熟练	汉语,熟练
	妹妹	龙素萍	84/06	彝	初中	彝语,熟练	汉语,熟练
	长子	龙顺祥	98/06	彝	小学	彝语,熟练	汉语,熟练
61	户主	龙家成	70/03	彝	初中	彝语,熟练	汉语,熟练
	长子	龙小伟	94/09	彝	小学	彝语,熟练	汉语,熟练
	次子	龙云慧	99/05	彝	小学	彝语,熟练	汉语,熟练
62	户主	龙进有	41/06	彝	初中	彝语,熟练	汉语,熟练
	配偶	普秀芬	49/03	彝	小学	彝语,熟练	汉语,熟练
	次女	龙丽英	75/02	彝	初中	彝语,熟练	汉语,熟练
	长子	龙传云	82/02	彝	初中	彝语,熟练	汉语,熟练
	三女	龙丽仙	86/02	彝	初中	彝语,熟练	汉语,熟练
	四女	龙丽玲	87/10	彝	初中	彝语,熟练	汉语,熟练
63	户主	普学兵	70/05	彝	初中	彝语,熟练	汉语,熟练
	配偶	陈茹仙	74/07	汉	小学	汉语,熟练	彝语,略懂
	长子	普红发	95/11	彝	初中	彝语,熟练	汉语,熟练
64	户主	普学发	67/03	彝	初中	彝语,熟练	汉语,熟练
	配偶	龙桂华	67/03	彝	初中	彝语,熟练	汉语,熟练
	长子	普雄结	89/11	彝	小学	彝语,熟练	汉语,熟练
	长女	普惠	92/01	彝	小学	彝语,熟练	汉语,熟练
65	户主	普学文	58/09	彝	初中	彝语,熟练	汉语,熟练
	配偶	施兰仙	64/09	彝	初中	彝语,熟练	汉语,熟练
	长女	普丽梅	85/12	彝	小学	彝语,熟练	汉语,熟练
	长子	普雄敏	87/11	彝	小学	彝语,熟练	汉语,熟练
66	户主	黄忠喜	64/08	汉	小学	汉语,熟练	彝语,略懂
	配偶	龙凤珍	68/11	彝	小学	彝语,熟练	汉语,熟练
	母亲	普桂仙	37/05	彝	文盲	彝语,熟练	汉语,略懂

	妹妹	龙凤莲	71/01	彝	小学	彝语,熟练	汉语,熟练
	次子	龙家利	91/02	彝	初中	彝语,熟练	汉语,熟练
67	户主	龙成发	76/09	彝	初中	彝语,熟练	汉语,熟练
	配偶	孙桂珍	79/06	彝	初中	彝语,熟练	汉语,熟练
68	户主	普继华	75/10	彝	初中	彝语,熟练	汉语,熟练

(四)芭蕉村四组语言使用情况

全组有效统计人数 208 人。

表 12 芭蕉村四组彝语语言能力统计表

年龄段	总人口	熟练		略懂		不会	
		人口	百分比	人口	百分比	人口	百分比
6—19 岁	40	39	97.5	1	2.5	0	0
20—59 岁	135	135	100	0	0	0	0
60 岁以上	33	33	100	0	0	0	0
合计	208	207	99.5	1	0.5	0	0

表 13 芭蕉村四组汉语语言能力统计表

年龄段	总人口	熟练		略懂		不会	
		人口	百分比	人口	百分比	人口	百分比
6—19 岁	40	38	95.0	2	5	0	0
20—59 岁	135	135	100	0	0	0	0
60 岁以上	33	29	87.9	4	12.1	0	0
合计	208	202	97.1	6	2.9	0	0

表 14 芭蕉村四组家庭语言使用情况一览表

序号	家庭关系	姓名	出生年月	民族	文化程度	第一语言及水平	第二语言及水平
1	户主	普强荣	75/03	彝	小学	彝语,熟练	汉语,熟练
	配偶	孙素华	78/04	彝	小学	彝语,熟练	汉语,熟练
	母亲	普秀英	50/12	彝	小学	彝语,熟练	汉语,熟练
2	户主	普传云	68/12	彝	初中	彝语,熟练	汉语,熟练
	母亲	龙玉芬	40/12	彝	初中	彝语,熟练	汉语,熟练
3	户主	普自贵	47/01	彝	初中	彝语,熟练	汉语,熟练
	配偶	普桂兰	48/11	彝	文盲	彝语,熟练	汉语,熟练
	长女	普玉华	76/04	彝	初中	彝语,熟练	汉语,熟练
	次子	普传发	79/02	彝	初中	彝语,熟练	汉语,熟练
	三子	普传才	83/06	彝	初中	彝语,熟练	汉语,熟练

4	户主	普传明	64/07	彝	初中	彝语,熟练	汉语,熟练
	配偶	普桂英	73/01	彝	文盲	彝语,熟练	汉语,熟练
	父亲	普自付	40/04	彝	初中	彝语,熟练	汉语,熟练
	长女	普丽琴	92/09	彝	小学	彝语,熟练	汉语,熟练
	长子	普梓原	96/12	彝	小学	彝语,熟练	汉语,熟练
5	户主	普家文	59/03	彝	初中	彝语,熟练	汉语,熟练
	配偶	张美花	62/02	彝	初中	彝语,熟练	汉语,熟练
	长女	普翠芬	85/05	彝	初中	彝语,熟练	汉语,熟练
	长子	普传满	87/01	彝	中专	彝语,熟练	汉语,熟练
6	户主	普家顺	56/03	彝	小学	彝语,熟练	汉语,熟练
	配偶	龙素芬	62/01	彝	小学	彝语,熟练	汉语,熟练
	长子	普传福	87/06	彝	初中	彝语,熟练	汉语,熟练
	长女	普翠梅	89/03	彝	初中	彝语,熟练	汉语,熟练
7	户主	普凤和	62/06	彝	中专	彝语,熟练	汉语,熟练
	配偶	普美玉	66/03	彝	小学	彝语,熟练	汉语,熟练
	母亲	普阙氏	22/02	彝	文盲	彝语,熟练	汉语,熟练
	长女	普华梅	89/02	彝	初中	彝语,熟练	汉语,熟练
	长子	普家壮	90/12	彝	初中	彝语,熟练	汉语,熟练
8	户主	普凤林	55/10	彝	小学	彝语,熟练	汉语,熟练
	配偶	施美芬	54/07	彝	文盲	彝语,熟练	汉语,熟练
	长子	普家雄	77/06	彝	初中	彝语,熟练	汉语,熟练
	次子	普家勇	80/10	彝	初中	彝语,熟练	汉语,熟练
	长女	普华芬	83/11	彝	初中	彝语,熟练	汉语,熟练
9	户主	普传林	69/07	彝	初中	彝语,熟练	汉语,熟练
	配偶	普秀华	72/03	彝	小学	彝语,熟练	汉语,熟练
	父亲	普家满	50/04	彝	小学	彝语,熟练	汉语,熟练
	母亲	普秀平	49/04	彝	文盲	彝语,熟练	汉语,熟练
	长女	普素梅	94/01	彝	初中	彝语,熟练	汉语,熟练
	次女	普素琴	98/01	彝	小学	彝语,熟练	汉语,熟练
10	户主	普传贵	52/07	彝	小学	彝语,熟练	汉语,熟练
	配偶	普兰芬	53/11	彝	小学	彝语,熟练	汉语,熟练
	次女	普春艳	81/02	彝	初中	彝语,熟练	汉语,熟练
	长子	普祥红	83/09	彝	初中	彝语,熟练	汉语,熟练
11	户主	普传伟	68/08	彝	初中	彝语,熟练	汉语,熟练
	配偶	师秀兰	67/08	彝	小学	彝语,熟练	汉语,熟练
	长子	普祥跃	88/04	彝	初中	彝语,熟练	汉语,熟练
	次子	普祥云	90/02	彝	初中	彝语,熟练	汉语,熟练
12	户主	普美英	52/04	彝	小学	彝语,熟练	汉语,熟练
	长子	普传武	79/08	彝	初中	彝语,熟练	汉语,熟练
	次子	普传宝	81/12	彝	初中	彝语,熟练	汉语,熟练
	三子	普传来	84/09	彝	初中	彝语,熟练	汉语,熟练
13	户主	普家强	72/07	彝	初中	彝语,熟练	汉语,熟练
	配偶	普素珍	72/09	彝	初中	彝语,熟练	汉语,熟练

	母亲	查美芬	37/06	彝	小学	彝语,熟练	汉语,熟练
	长子	普顺福	96/11	彝	初中	彝语,熟练	汉语,熟练
14	户主	普传有	55/05	彝	初中	彝语,熟练	汉语,熟练
	配偶	普秀芬	56/10	彝	小学	彝语,熟练	汉语,熟练
	母亲	普普氏	22/04	彝	文盲	彝语,熟练	汉语,略懂
	长女	普莲华	80/12	彝	初中	彝语,熟练	汉语,熟练
	长子	普祥云	82/08	彝	初中	彝语,熟练	汉语,熟练
	次子	普祥武	86/05	彝	初中	彝语,熟练	汉语,熟练
15	户主	普家旺	50/11	彝	小学	彝语,熟练	汉语,熟练
	配偶	普梅玉	64/11	彝	小学	彝语,熟练	汉语,熟练
	长子	普传祥	84/09	彝	初中	彝语,熟练	汉语,熟练
	长女	普英	86/09	彝	初中	彝语,熟练	汉语,熟练
16	户主	普家红	62/11	彝	初中	彝语,熟练	汉语,熟练
	配偶	张凤兰	63/10	汉	小学	汉语,熟练	彝语,略懂
	长子	普传春	88/04	彝	初中	彝语,熟练	汉语,熟练
	长女	普海青	93/02	彝	初中	彝语,熟练	汉语,熟练
17	户主	龙普氏	22/02	彝	文盲	彝语,熟练	汉语,熟练
18	户主	普传兴	32/12	彝	小学	彝语,熟练	汉语,熟练
	长子	普祥民	72/01	彝	初中	彝语,熟练	汉语,熟练
	孙子	普学兵	01/01	彝	学前	彝语,熟练	汉语,略懂
19	户主	普祥方	63/10	彝	初中	彝语,熟练	汉语,熟练
	配偶	李针文	70/10	彝	小学	彝语,熟练	汉语,熟练
	母亲	普桂仙	38/05	彝	文盲	彝语,熟练	汉语,熟练
	长女	普一	91/06	彝	小学	彝语,熟练	汉语,熟练
20	户主	普家平	52/10	彝	小学	彝语,熟练	汉语,熟练
	配偶	孙秀芬	55/01	彝	小学	彝语,熟练	汉语,熟练
	长女	普美丽	80/11	彝	初中	彝语,熟练	汉语,熟练
	长子	普传富	82/02	彝	初中	彝语,熟练	汉语,熟练
	次子	普传龙	86/05	彝	初中	彝语,熟练	汉语,熟练
21	户主	龙白兴	71/12	彝	小学	彝语,熟练	汉语,熟练
	配偶	查连珍	73/02	彝	小学	彝语,熟练	汉语,熟练
	父亲	龙兆富	35/10	彝	文盲	彝语,熟练	汉语,熟练
	母亲	普桂英	42/08	彝	文盲	彝语,熟练	汉语,熟练
	长子	龙传辉	97/11	彝	小学	彝语,熟练	汉语,熟练
22	户主	龙兆有	69/05	彝	小学	彝语,熟练	汉语,熟练
	配偶	普素仙	72/07	彝	小学	彝语,熟练	汉语,熟练
	母亲	龙龙氏	33/02	彝	文盲	彝语,熟练	汉语,熟练
	长子	龙自伟	92/02	彝	初中	彝语,熟练	汉语,熟练
	长女	龙丽平	96/12	彝	初中	彝语,熟练	汉语,熟练
23	户主	龙兆明	66/11	彝	初中	彝语,熟练	汉语,熟练
	配偶	普华英	66/05	彝	小学	彝语,熟练	汉语,熟练
	父亲	龙文普	26/12	彝	文盲	彝语,熟练	汉语,熟练
	长女	龙丽琼	89/02	彝	初中	彝语,熟练	汉语,熟练
	次女	龙丽梅	91/05	彝	初中	彝语,熟练	汉语,熟练

24	户主	龙桂英	57/12	彝	小学	彝语,熟练	汉语,熟练
	配偶	普传启	55/02	彝	小学	彝语,熟练	汉语,熟练
	母亲	普秀珍	34/01	彝	小学	彝语,熟练	汉语,熟练
	长女	龙美华	80/11	彝	初中	彝语,熟练	汉语,熟练
	次女	龙美玲	82/12	彝	初中	彝语,熟练	汉语,熟练
25	户主	龙自富	67/11	彝	初中	彝语,熟练	汉语,熟练
	配偶	普莲珍	66/01	彝	小学	彝语,熟练	汉语,熟练
	父亲	龙兆昌	31/05	彝	小学	彝语,熟练	汉语,熟练
	母亲	李桂英	32/11	彝	文盲	彝语,熟练	汉语,熟练
	长子	龙传红	89/04	彝	初中	彝语,熟练	汉语,熟练
	次子	龙传磊	91/09	彝	初中	彝语,熟练	汉语,熟练
26	户主	龙兆喜	54/09	彝	小学	彝语,熟练	汉语,熟练
	配偶	李秀芬	64/10	彝	初中	彝语,熟练	汉语,熟练
	长子	龙自保	83/09	彝	初中	彝语,熟练	汉语,熟练
27	户主	龙自成	71/03	彝	初中	彝语,熟练	汉语,熟练
	配偶	孙桂珍	70/01	彝	初中	彝语,熟练	汉语,熟练
	父亲	龙兆福	36/11	彝	小学	彝语,熟练	汉语,熟练
	母亲	孙美仙	38/12	彝	小学	彝语,熟练	汉语,熟练
	长子	龙传明	91/11	彝	初中	彝语,熟练	汉语,熟练
	长女	龙艳清	96/03	彝	初中	彝语,熟练	汉语,熟练
28	户主	龙兆六	44/03	彝	小学	彝语,熟练	汉语,熟练
	配偶	龙秀芬	62/05	彝	小学	彝语,熟练	汉语,熟练
	长子	龙自得	84/05	彝	初中	彝语,熟练	汉语,熟练
29	户主	普家钟	55/04	彝	初中	彝语,熟练	汉语,熟练
	配偶	普秀兰	56/03	彝	小学	彝语,熟练	汉语,熟练
	养父	普凤高	23/03	彝	文盲	彝语,熟练	汉语,略懂
	养母	普普氏	25/08	彝	文盲	彝语,熟练	汉语,略懂
	长子	普传勇	81/10	彝	初中	彝语,熟练	汉语,熟练
	长女	普琼仙	83/10	彝	初中	彝语,熟练	汉语,熟练
30	户主	龙自选	64/03	彝	初中	彝语,熟练	汉语,熟练
	配偶	龙素琼	67/11	彝	初中	彝语,熟练	汉语,熟练
	长女	龙玉华	88/01	彝	初中	彝语,熟练	汉语,熟练
	次女	龙玉芬	88/01	彝	初中	彝语,熟练	汉语,熟练
	长子	龙传有	89/08	彝	初中	彝语,熟练	汉语,熟练
31	户主	孙美珍	56/01	彝	小学	彝语,熟练	汉语,熟练
	长女	龙琴仙	81/01	彝	初中	彝语,熟练	汉语,熟练
	次女	龙琼玉	83/06	彝	初中	彝语,熟练	汉语,熟练
	三女	龙琴秀	85/12	彝	初中	彝语,熟练	汉语,熟练
32	户主	龙自强	67/08	彝	小学	彝语,熟练	汉语,熟练
	配偶	普丽萍	70/12	彝	小学	彝语,熟练	汉语,熟练
	父亲	龙兆会	33/02	彝	文盲	彝语,熟练	汉语,熟练
	母亲	何秀芬	39/11	彝	文盲	彝语,熟练	汉语,熟练
	长子	龙元寿	97/02	彝	小学	彝语,熟练	汉语,熟练

33	户主	普家伟	66/03	彝	初中	彝语,熟练	汉语,熟练
	配偶	陈秀兰	69/01	彝	小学	彝语,熟练	汉语,熟练
	母亲	钱桂兰	28/10	彝	文盲	彝语,熟练	汉语,略懂
	长子	普小明	92/04	彝	初中	彝语,熟练	汉语,熟练
	长女	普福利	98/04	彝	初中	彝语,熟练	汉语,熟练
34	户主	普传起	55/06	彝	初中	彝语,熟练	汉语,熟练
	配偶	龙秀英	58/04	彝	小学	彝语,熟练	汉语,熟练
	长子	普祥俊	83/04	彝	初中	彝语,熟练	汉语,熟练
	儿媳	普素玲	85/07	彝	小学	彝语,熟练	汉语,熟练
	次子	普祥福	85/06	彝	初中	彝语,熟练	汉语,熟练
35	户主	龙自荣	70/03	彝	初中	彝语,熟练	汉语,熟练
	配偶	普琼英	72/10	彝	初中	彝语,熟练	汉语,熟练
	母亲	龙张氏	27/02	彝	文盲	彝语,熟练	汉语,熟练
	长子	龙徽	93/11	彝	小学	彝语,熟练	汉语,熟练
	长女	龙金梅	98/04	彝	小学	彝语,熟练	汉语,熟练
36	户主	龙自有	49/05	彝	小学	彝语,熟练	汉语,熟练
	配偶	普桂莲	48/12	彝	小学	彝语,熟练	汉语,熟练
	长子	龙传雄	71/02	彝	初中	彝语,熟练	汉语,熟练
	儿媳	张阿抽	74/02	汉	小学	汉语,熟练	彝语,略懂
	次子	龙传勇	76/02	彝	小学	彝语,熟练	汉语,熟练
	孙子	龙春	93/04	彝	小学	彝语,熟练	汉语,熟练
	孙子	龙伟发	97/05	彝	小学	彝语,熟练	汉语,熟练
	孙子	陆伟	99/10	彝	小学	彝语,熟练	汉语,熟练
37	户主	普家荣	62/03	彝	中专	彝语,熟练	汉语,熟练
	配偶	龙美芬	64/09	彝	初中	彝语,熟练	汉语,熟练
	长子	普传净	86/01	彝	初中	彝语,熟练	汉语,熟练
	次子	普传奇	87/06	彝	初中	彝语,熟练	汉语,熟练
38	户主	普凤业	66/11	彝	初中	彝语,熟练	汉语,熟练
	配偶	普丽芬	65/09	彝	初中	彝语,熟练	汉语,熟练
	长女	普玲丽	91/02	彝	初中	彝语,熟练	汉语,熟练
	次女	普玲玉	93/10	彝	初中	彝语,熟练	汉语,熟练
39	户主	普凤毕	63/10	彝	初中	彝语,熟练	汉语,熟练
	配偶	龙秀林	66/08	彝	初中	彝语,熟练	汉语,熟练
	父亲	普文有	27/06	汉	文盲	汉语,熟练	彝语,略懂
	长子	普家国	89/03	彝	初中	彝语,熟练	汉语,熟练
	次子	普家府	90/11	彝	小学	彝语,熟练	汉语,熟练
40	户主	普传荣	73/04	彝	初中	彝语,熟练	汉语,熟练
	配偶	普玉	75/10	彝	中专	彝语,熟练	汉语,熟练
	母亲	阙桂仙	53/07	汉	小学	汉语,熟练	彝语,略懂
	长女	普海会	96/11	彝	小学	彝语,熟练	汉语,熟练
41	户主	普传武	64/02	彝	初中	彝语,熟练	汉语,熟练
	配偶	曹继芬	66/11	彝	小学	彝语,熟练	汉语,熟练
	母亲	龙素仙	41/06	彝	初中	彝语,熟练	汉语,熟练

	长子	曹祥付	87/12	汉	初中	汉语,熟练	彝语,略懂
	长女	普海秀	89/09	彝	初中	彝语,熟练	汉语,熟练
42	户主	期美英	58/02	彝	小学	彝语,熟练	汉语,熟练
43	户主	龙兆贵	37/11	彝	小学	彝语,熟练	汉语,熟练
	配偶	普桂珍	33/10	彝	文盲	彝语,熟练	汉语,熟练
	次子	龙自和	73/02	彝	小学	彝语,熟练	汉语,熟练
	孙子	龙一	00/01	彝	小学	彝语,略懂	汉语,略懂
44	户主	龙兆和	42/01	彝	小学	彝语,熟练	汉语,熟练
	配偶	普玉芬	47/01	彝	小学	彝语,熟练	汉语,熟练
	长子	龙自发	71/12	彝	初中	彝语,熟练	汉语,熟练
	儿媳	普美华	74/04	彝	初中	彝语,熟练	汉语,熟练
	孙子	龙传运	93/10	彝	小学	彝语,熟练	汉语,熟练
	孙子	龙传伟	95/10	彝	小学	彝语,熟练	汉语,熟练
45	户主	普家昌	55/09	彝	初中	彝语,熟练	汉语,熟练
	配偶	普秀芬	56/06	彝	小学	彝语,熟练	汉语,熟练
	母亲	普普氏	23/05	彝	文盲	彝语,熟练	汉语,熟练
	长子	普传斌	82/03	彝	初中	彝语,熟练	汉语,熟练
	次子	普传顺	83/12	彝	初中	彝语,熟练	汉语,熟练
46	户主	普家宝	46/04	彝	小学	彝语,熟练	汉语,熟练
	配偶	李桂芬	47/03	彝	初中	彝语,熟练	汉语,熟练
47	户主	普家和	52/04	彝	小学	彝语,熟练	汉语,熟练
	配偶	孙兰珍	56/08	彝	小学	彝语,熟练	汉语,熟练
	长子	普传文	77/02	彝	中专	彝语,熟练	汉语,熟练
	儿媳	普丽琼	78/06	彝	初中	彝语,熟练	汉语,熟练
	长女	普翠英	82/09	彝	初中	彝语,熟练	汉语,熟练
	孙女	普顺玉	99/12	彝	小学	彝语,熟练	汉语,熟练
48	户主	普家来	48/10	彝	小学	彝语,熟练	汉语,熟练
	配偶	施桂兰	53/05	彝	文盲	彝语,熟练	汉语,熟练
	长子	普传宏	75/11	彝	初中	彝语,熟练	汉语,熟练
	次子	普传喜	77/06	彝	初中	彝语,熟练	汉语,熟练

（五）芭蕉村五组语言使用情况

全组有效统计人数194人。

表15 芭蕉村五组彝语语言能力统计表

年龄段	总人口	熟练		略懂		不会	
		人口	百分比	人口	百分比	人口	百分比
6—19岁	40	36	90.0	1	2.5	3	7.5
20—59岁	118	117	99.2	1	0.8	0	0
60岁以上	36	36	100	0	0	0	0
合计	194	189	97.4	2	1.0	3	1.6

表 16 芭蕉村五组汉语语言能力统计表

年龄段	总人口	熟练		略懂		不会	
		人口	百分比	人口	百分比	人口	百分比
6—19 岁	40	26	65.0	14	35.0	0	0
20—59 岁	118	60	50.8	58	49.2	0	0
60 岁以上	36	34	94.4	2	5.6	0	0
合计	194	120	61.9	74	38.1	0	0

表 17 芭蕉村五组家庭语言使用情况一览表

序号	家庭关系	姓名	出生年月	民族	文化程度	第一语言及水平	第二语言及水平
1	户主	张自云	62/08	彝	初中	彝语,熟练	汉语,略懂
	配偶	龙丽华	62/09	彝	高中	彝语,熟练	汉语,略懂
	长子	张永强	89/01	彝	高中	彝语,熟练	汉语,熟练
	长女	张艳	91/12	彝	初中	彝语,熟练	汉语,熟练
2	户主	张自富	72/03	彝	初中	彝语,熟练	汉语,熟练
	配偶	姚美红	73/12	汉	小学	汉语,熟练	彝语,略懂
	母亲	普秀英	32/06	彝	文盲	彝语,熟练	汉语,略懂
	长女	张雪梅	97/09	彝	小学	汉语,熟练	彝语,略懂
3	户主	李云祥	63/03	彝	小学	彝语,熟练	汉语,略懂
	配偶	龙秀兰	66/11	彝	小学	彝语,熟练	汉语,略懂
	长女	李丽	88/01	彝	小学	彝语,熟练	汉语,略懂
	长子	李学林	89/12	彝	初中	彝语,熟练	汉语,熟练
4	户主	孙保明	32/01	彝	小学	彝语,熟练	汉语,略懂
	配偶	杨桂芬	49/07	彝	文盲	彝语,熟练	汉语,略懂
	长子	孙家发	76/03	彝	小学	彝语,熟练	汉语,略懂
	儿媳	普玲芬	74/09	彝	小学	彝语,熟练	汉语,略懂
	次子	孙家富	78/01	彝	小学	彝语,熟练	汉语,略懂
5	户主	杨家亮	69/04	彝	小学	彝语,熟练	汉语,熟练
	配偶	李桂平	69/09	彝	小学	彝语,熟练	汉语,熟练
	祖母	杨李氏	20/10	彝	文盲	彝语,熟练	汉语,略懂
	母亲	李杨香	42/04	彝	文盲	彝语,熟练	汉语,略懂
	长子	杨志刚	92/02	彝	初中	彝语,熟练	汉语,熟练
	次子	杨志祥	97/04	彝	小学	彝语,熟练	汉语,略懂
6	户主	普发祥	73/11	彝	小学	彝语,熟练	汉语,略懂
7	户主	普家杨	65/11	彝	小学	彝语,熟练	汉语,略懂
	配偶	张桂莲	68/08	彝	小学	彝语,熟练	汉语,略懂
	母亲	普桂芬	32/02	彝	文盲	彝语,熟练	汉语,略懂
	长子	普保红	95/11	彝	小学	彝语,熟练	汉语,略懂
8	户主	普发富	68/05	彝	小学	彝语,熟练	汉语,略懂
	母亲	王秀珍	41/06	彝	文盲	彝语,熟练	汉语,略懂

9	户主	王林有	54/12	彝	小学	彝语,熟练	汉语,略懂
	配偶	杨秀兰	57/02	彝	文盲	彝语,熟练	汉语,熟练
	父亲	杨林有	25/08	彝	文盲	彝语,熟练	汉语,略懂
	母亲	普美珍	29/05	彝	文盲	彝语,熟练	汉语,略懂
	长子	杨家富	79/09	彝	初中	彝语,熟练	汉语,熟练
	长女	杨丽芬	81/08	彝	小学	彝语,熟练	汉语,略懂
10	户主	孙保利	62/10	彝	小学	彝语,熟练	汉语,略懂
	配偶	普美英	65/11	彝	小学	彝语,熟练	汉语,略懂
	长子	孙伟	87/12	彝	初中	彝语,熟练	汉语,熟练
	长女	孙青梅	89/02	彝	小学	彝语,熟练	汉语,熟练
11	户主	李正才	54/06	彝	文盲	彝语,熟练	汉语,略懂
	配偶	张桂英	51/07	彝	文盲	彝语,熟练	汉语,略懂
	长女	李桂珍	79/11	彝	小学	彝语,熟练	汉语,略懂
	女婿	张传富	78/01	彝	小学	汉语,熟练	彝语,略懂
	三女	李桂华	84/12	彝	初中	彝语,熟练	汉语,熟练
12	户主	普杨香	38/07	彝	文盲	彝语,熟练	汉语,略懂
	长子	李云柱	71/06	彝	中专	彝语,熟练	汉语,熟练
	四女	李秀琼	73/11	彝	初中	彝语,熟练	汉语,略懂
	五女	李秀玲	76/05	彝	初中	彝语,熟练	汉语,熟练
	孙女	李敏	01/01	彝	小学	彝语,熟练	汉语,熟练
13	户主	李云保	53/04	彝	小学	彝语,熟练	汉语,略懂
	配偶	龙应芬	52/09	彝	文盲	彝语,熟练	汉语,略懂
	长子	李汝进	73/10	彝	初中	彝语,熟练	汉语,熟练
	儿媳	孙丽珍	78/03	彝	小学	彝语,熟练	汉语,略懂
	次子	李汝文	75/10	彝	初中	彝语,熟练	汉语,熟练
	三子	李汝成	78/05	彝	小学	彝语,熟练	汉语,熟练
	四子	李汝来	80/08	彝	小学	彝语,熟练	汉语,熟练
	孙子	李杰	99/01	彝	小学	彝语,熟练	汉语,略懂
14	户主	李学云	63/11	彝	小学	彝语,熟练	汉语,熟练
	配偶	普连芬	62/12	彝	小学	彝语,熟练	汉语,略懂
	母亲	普兰英	39/03	彝	文盲	彝语,熟练	汉语,略懂
	妹妹	李桂仙	66/07	彝	小学	彝语,熟练	汉语,略懂
	长女	李娅平	86/12	彝	初中	彝语,熟练	汉语,熟练
	长子	李海青	88/04	彝	初中	彝语,熟练	汉语,熟练
15	户主	李学文	71/07	彝	初中	彝语,熟练	汉语,熟练
	配偶	普丽英	69/06	彝	小学	彝语,熟练	汉语,略懂
	长子	李海飞	94/02	彝	小学	彝语,熟练	汉语,略懂
	长女	李海应	98/01	彝	小学	彝语,熟练	汉语,略懂
16	户主	李正来	66/09	彝	小学	彝语,熟练	汉语,熟练
	配偶	李素芬	64/11	彝	文盲	彝语,熟练	汉语,略懂
	长女	李丽琼	89/10	彝	小学	彝语,熟练	汉语,熟练
	次女	李丽平	93/01	彝	初中	彝语,熟练	汉语,熟练

17	户主	李正亮	70/08	彝	小学	彝语,熟练	汉语,略懂
	配偶	李翠莲	73/03	彝	小学	彝语,熟练	汉语,略懂
	母亲	李美珍	38/07	彝	文盲	彝语,熟练	汉语,略懂
	长女	李风娇	96/03	彝	小学	彝语,熟练	汉语,略懂
18	户主	李仙兰	66/09	彝	小学	彝语,熟练	汉语,略懂
	配偶	李永有	62/04	汉	小学	汉语,熟练	彝语,熟练
	母亲	唐秀仙	35/02	汉	文盲	汉语,熟练	彝语,不会
	次子	李福云	89/09	彝	小学	彝语,熟练	汉语,熟练
19	户主	李绍亮	71/01	彝	初中	彝语,熟练	汉语,熟练
	长子	李超	92/02	彝	初中	汉语,熟练	彝语,不会
	长女	李黎	94/06	彝	小学	汉语,熟练	彝语,不会
20	户主	李素兰	45/12	彝	文盲	彝语,熟练	汉语,略懂
	配偶	普家来	42/04	彝	文盲	彝语,熟练	汉语,略懂
21	户主	李秀华	67/12	彝	小学	彝语,熟练	汉语,略懂
	配偶	张桂芬	70/10	苗	文盲	苗语,熟练	汉语,熟练
	父亲	李汝明	48/04	彝	文盲	彝语,熟练	汉语,略懂
	母亲	李素英	49/01	彝	文盲	彝语,熟练	汉语,略懂
	长女	李红春	90/06	彝	初中	彝语,熟练	汉语,略懂
	长子	李红进	97/02	彝	小学	彝语,熟练	汉语,熟练
22	户主	李正旺	53/04	彝	小学	彝语,熟练	汉语,熟练
	配偶	龙素英	57/06	彝	文盲	彝语,熟练	汉语,略懂
	长子	李伟	80/05	彝	初中	彝语,熟练	汉语,熟练
	长女	李萍	82/06	彝	初中	彝语,熟练	汉语,熟练
23	户主	李汝义	41/11	彝	文盲	彝语,熟练	汉语,略懂
	配偶	孙秀英	44/01	彝	文盲	彝语,熟练	汉语,略懂
	长女	李莲仙	69/03	彝	小学	彝语,熟练	汉语,熟练
	次女	李美琼	73/05	彝	初中	彝语,熟练	汉语,熟练
	三女	李美蓝	75/09	彝	小学	彝语,熟练	汉语,熟练
24	户主	孙保林	43/10	彝	初中	彝语,熟练	汉语,略懂
	配偶	龙素珍	44/05	彝	文盲	彝语,熟练	汉语,略懂
	长子	孙进荣	73/09	彝	初中	彝语,熟练	汉语,熟练
	儿媳	普玉琼	77/06	彝	小学	彝语,熟练	汉语,略懂
	次子	孙祥	76/08	彝	初中	彝语,熟练	汉语,熟练
	儿媳	施玉仙	76/02	彝	小学	彝语,熟练	汉语,熟练
	三子	孙进伟	79/10	彝	初中	彝语,熟练	汉语,熟练
	孙女	孙施雨	00/11	彝	小学	彝语,熟练	汉语,熟练
25	户主	孙保义	51/11	彝	小学	彝语,熟练	汉语,熟练
	配偶	李秀珍	52/02	彝	文盲	彝语,熟练	汉语,略懂
	长子	孙友	74/10	彝	初中	彝语,熟练	汉语,熟练
	次子	孙文	78/08	彝	初中	彝语,熟练	汉语,熟练
	孙女	孙诗琪	98/05	彝	小学	汉语,熟练	彝语,不会
26	户主	孙保录	65/07	彝	初中	彝语,熟练	汉语,熟练
	配偶	施秀英	64/12	彝	初中	彝语,熟练	汉语,略懂

	长子	孙永	86/10	彝	初中	彝语,熟练	汉语,熟练
	长女	孙丽	89/02	彝	高中	彝语,熟练	汉语,熟练
27	户主	李汝生	36/01	彝	小学	彝语,熟练	汉语,略懂
	配偶	普桂英	37/11	彝	文盲	彝语,熟练	汉语,略懂
	长子	李学有	64/01	彝	小学	彝语,熟练	汉语,熟练
	儿媳	孔应芬	62/10	彝	文盲	彝语,熟练	汉语,略懂
	孙女	李玉芬	85/04	彝	初中	彝语,熟练	汉语,熟练
	孙子	李静	87/02	彝	大学	彝语,熟练	汉语,熟练
28	户主	李汝祥	63/04	彝	小学	彝语,熟练	汉语,略懂
	配偶	普玉珍	62/03	汉	小学	汉语,熟练	彝语,略懂
	母亲	钱李氏	27/04	汉	文盲	汉语,熟练	彝语,略懂
	长女	李梅	85/01	彝	大学	彝语,熟练	汉语,熟练
	长子	李学兵	86/11	彝	高中	彝语,熟练	汉语,熟练
29	户主	李汝张	43/10	汉	文盲	汉语,熟练	彝语,熟练
	配偶	普兰英	48/04	彝	文盲	彝语,熟练	汉语,略懂
	次子	李学成	75/05	彝	初中	彝语,熟练	汉语,略懂
	孙女	李海梅	00/11	彝	小学	彝语,熟练	汉语,略懂
30	户主	李云贵	41/06	彝	文盲	彝语,熟练	汉语,略懂
	配偶	期桂珍	42/06	彝	文盲	彝语,熟练	汉语,略懂
	长子	李学亮	68/05	彝	小学	彝语,熟练	汉语,熟练
	儿媳	杨美兰	69/08	彝	小学	彝语,熟练	汉语,略懂
	孙女	李应萍	89/11	彝	初中	彝语,熟练	汉语,熟练
31	户主	李云发	44/04	彝	小学	彝语,熟练	汉语,熟练
	配偶	期美珍	52/05	彝	文盲	彝语,熟练	汉语,略懂
	长女	李慧兰	75/10	彝	小学	彝语,熟练	汉语,熟练
	次女	李慧英	78/10	彝	小学	彝语,熟练	汉语,熟练
	长子	李学运	81/05	彝	初中	彝语,熟练	汉语,熟练
32	户主	李正昌	56/02	彝	小学	彝语,熟练	汉语,熟练
	长女	李媛	91/12	彝	小学	彝语,熟练	汉语,熟练
33	户主	期中祥	71/08	彝	小学	彝语,熟练	汉语,熟练
	配偶	李素萍	68/10	彝	小学	彝语,熟练	汉语,略懂
	长子	期国伟	91/12	彝	初中	彝语,熟练	汉语,熟练
	长女	期琼惠	97/07	彝	小学	彝语,熟练	汉语,熟练
34	户主	钱素仙	42/08	彝	文盲	彝语,熟练	汉语,熟练
	次女	阿四	74/10	彝	文盲	彝语,熟练	汉语,略懂
	儿媳	李美仙	73/03	彝	初中	彝语,熟练	汉语,熟练
	孙子	期新红	97/08	彝	小学	彝语,熟练	汉语,熟练
35	户主	期文学	73/12	彝	初中	彝语,熟练	汉语,熟练
	父亲	期中有	41/02	彝	文盲	彝语,熟练	汉语,略懂
	长女	期扫仙	96/04	彝	小学	彝语,熟练	汉语,略懂
36	户主	期文云	70/11	彝	小学	彝语,熟练	汉语,略懂
	长子	期伟	96/09	彝	小学	彝语,熟练	汉语,略懂
	次子	期伟强	01/02	彝	小学	彝语,熟练	汉语,略懂

37	户主	沈学中	46/02	汉	小学	汉语,熟练	彝语,略懂
	配偶	普秀兰	54/04	彝	文盲	彝语,熟练	汉语,略懂
38	户主	王林起	66/04	彝	小学	彝语,熟练	汉语,熟练
	配偶	李玉仙	65/10	彝	文盲	彝语,熟练	汉语,略懂
	父亲	王汝洪	37/09	彝	文盲	彝语,熟练	汉语,略懂
	母亲	阙桂芬	42/01	彝	文盲	彝语,熟练	汉语,略懂
	长女	王丽	87/01	彝	初中	彝语,熟练	汉语,熟练
	次女	王艳	88/09	彝	小学	彝语,熟练	汉语,略懂
39	户主	王林成	62/06	彝	小学	彝语,熟练	汉语,略懂
	配偶	龙兰芬	63/08	彝	文盲	彝语,熟练	汉语,略懂
	母亲	王龙氏	28/02	彝	文盲	彝语,熟练	汉语,略懂
	长女	王梅	86/07	彝	小学	彝语,熟练	汉语,熟练
	次女	王芳	88/06	彝	初中	彝语,熟练	汉语,熟练
40	户主	普家明	64/05	彝	小学	彝语,熟练	汉语,略懂
	长子	普荣伟	97/12	彝	小学	彝语,熟练	汉语,略懂
41	户主	王林生	62/02	彝	小学	彝语,熟练	汉语,略懂
	母亲	王陈氏	25/11	彝	文盲	彝语,熟练	汉语,略懂
	堂兄	王林富	42/08	彝	文盲	彝语,熟练	汉语,略懂
	长女	王欢	97/06	彝	小学	彝语,熟练	汉语,略懂
42	户主	王声龙	40/01	汉	小学	汉语,熟练	彝语,略懂
	配偶	期莲芬	48/10	彝	文盲	彝语,熟练	汉语,略懂
	四子	期中平	78/03	彝	初中	彝语,熟练	汉语,熟练
43	户主	期中来	65/05	彝	小学	彝语,熟练	汉语,略懂
	配偶	王素英	64/09	彝	小学	彝语,熟练	汉语,略懂
	长女	期丽莲	86/11	彝	初中	彝语,熟练	汉语,熟练
	次女	期丽琼	88/09	彝	高中	彝语,熟练	汉语,熟练
	三女	期丽梅	90/03	彝	初中	彝语,熟练	汉语,熟练
44	户主	期正明	39/03	彝	文盲	彝语,熟练	汉语,略懂
	配偶	龙桂珍	38/12	彝	文盲	彝语,熟练	汉语,略懂
	长子	期中顺	67/10	彝	初中	彝语,熟练	汉语,略懂
	儿媳	李琼英	66/01	彝	小学	彝语,熟练	汉语,略懂
	孙女	期燕	89/09	彝	初中	彝语,熟练	汉语,熟练
	孙女	期红丽	91/07	彝	初中	彝语,熟练	汉语,熟练
45	户主	李云成	53/05	彝	小学	彝语,熟练	汉语,熟练
	配偶	杨桂珍	48/01	彝	文盲	彝语,熟练	汉语,略懂
46	户主	孙保华	68/10	彝	小学	彝语,熟练	汉语,略懂
	配偶	李琼珍	67/01	彝	初中	彝语,熟练	汉语,熟练
	母亲	龙桂英	38/12	彝	文盲	彝语,熟练	汉语,略懂
	长女	李婷	87/12	彝	初中	彝语,熟练	汉语,熟练
	次女	李芳	89/07	彝	高中	彝语,熟练	汉语,熟练
47	户主	李汝洪	65/11	彝	小学	彝语,熟练	汉语,熟练
	配偶	杨桂华	66/03	彝	小学	彝语,熟练	汉语,略懂
	长女	李燕	86/12	彝	初中	彝语,熟练	汉语,熟练
	次女	李燕梅	88/06	彝	小学	彝语,熟练	汉语,熟练
48	户主	熊昌云	80/03	汉	小学	汉语,熟练	彝语,略懂

49	户主	李自德	35/09	彝	文盲	彝语,熟练	汉语,略懂

（六）芭蕉村六组语言使用情况

全组有效统计人数31人。

表18 芭蕉村六组彝语语言能力统计表

年龄段	总人口	熟练		略懂		不会	
		人口	百分比	人口	百分比	人口	百分比
6—19岁	6	6	100	0	0	0	0
20—59岁	22	22	100	0	0	0	0
60岁以上	3	3	100	0	0	0	0
合计	31	31	100	0	0	0	0

表19 芭蕉村六组汉语语言能力统计表

年龄段	总人口	熟练		略懂		不会	
		人口	百分比	人口	百分比	人口	百分比
6—19岁	6	6	100	0	0	0	0
20—59岁	22	21	95.5	1	4.5	0	0
60岁以上	3	3	100	0	0	0	0
合计	31	30	96.8	1	3.2	0	0

表20 芭蕉村六组家庭语言使用情况一览表

序号	家庭关系	姓名	出生年月	民族	文化程度	第一语言及水平	第二语言及水平
1	户主	龙兆寿	47/11	彝	小学	彝语,熟练	汉语,熟练
	配偶	杨素珍	52/10	彝	文盲	彝语,熟练	汉语,熟练
	长女	杨丽萍	76/08	彝	初中	彝语,熟练	汉语,熟练
	次女	杨丽华	78/09	彝	初中	彝语,熟练	汉语,熟练
	长子	杨勇富	81/01	彝	初中	彝语,熟练	汉语,熟练
	次子	杨勇	83/07	彝	初中	彝语,熟练	汉语,熟练
2	户主	李家强	73/05	彝	初中	彝语,熟练	汉语,熟练
	父亲	李成俊	46/09	彝	小学	彝语,熟练	汉语,熟练
	母亲	杨桂英	49/01	彝	文盲	彝语,熟练	汉语,略懂
3	户主	杨家福	55/12	彝	初中	彝语,熟练	汉语,熟练
	配偶	李秀英	55/11	彝	小学	彝语,熟练	汉语,熟练
	母亲	孔杨氏	31/10	彝	文盲	彝语,熟练	汉语,熟练
	长子	杨永明	78/11	彝	初中	彝语,熟练	汉语,熟练
	儿媳	李玉华	81/03	彝	小学	彝语,熟练	汉语,熟练
	次女	杨梅	84/10	彝	初中	彝语,熟练	汉语,熟练

4	户主	李家明	70/12	彝	初中	彝语,熟练	汉语,熟练
	配偶	牛会莲	72/06	彝	小学	彝语,熟练	汉语,熟练
	长女	李凯萍	96/12	彝	初中	彝语,熟练	汉语,熟练
	次女	李凯莉	00/12	彝	小学	彝语,熟练	汉语,熟练
5	户主	李成保	66/06	彝	初中	彝语,熟练	汉语,熟练
	配偶	陈素玲	69/01	彝	初中	彝语,熟练	汉语,熟练
	长女	李晓芝	90/09	彝	小学	彝语,熟练	汉语,熟练
	次女	李晓芳	94/11	彝	初中	彝语,熟练	汉语,熟练
6	户主	李成发	64/08	彝	初中	彝语,熟练	汉语,熟练
	配偶	期美兰	65/10	彝	初中	彝语,熟练	汉语,熟练
	长子	李家堡	88/09	彝	初中	彝语,熟练	汉语,熟练
	长女	李娟	90/10	彝	初中	彝语,熟练	汉语,熟练
7	户主	李成福	60/04	彝	初中	彝语,熟练	汉语,熟练
	配偶	杨素芬	59/11	彝	小学	彝语,熟练	汉语,熟练
	长女	李凤仙	83/10	彝	初中	彝语,熟练	汉语,熟练
	次女	李凤英	86/01	彝	初中	彝语,熟练	汉语,熟练

（四）大黑冲语言使用情况

一、社会概况

大黑冲村委会地处里山彝族乡东南部,距乡政府约15公里,有村级公路与“建一通”(“建水”至“通海”)省道相连。据统计,目前大黑冲村委会彝族共有834人(2007年)。大黑冲传统上除种植水稻外,还大量种植金竹、山蘑、柑橘、蔬菜、烤烟等经济作物。改革开放以来,水果、蔬菜、烤烟等经济作物的种植面积进一步扩大,现今已成为当地的支柱性产业。大黑冲彝族还充分利用山坡草场优势从事牛、羊、骡马的养殖,利用沟渠水塘发展牛蛙及各种鱼类的养殖业。连续几年,大黑冲彝族人均纯收入都超过2500元,在全乡6个村委会中收入居于中上。

二、语言使用的基本特点

现阶段,大黑冲彝语处于语言转用的晚期。其表现主要有以下4个方面:一,彝语使用的年龄段偏高。彝语熟练使用者多为70岁以上的年长者。70岁以下,尤其是50岁以下的彝语熟练使用者,往往是从芭蕉村、象平村、峨山彝族自治县等彝族高度聚居区嫁入或入赘的。二,能熟练使用彝语的绝对人口数量极少。现今大黑冲彝语水平为“熟练”的66人,仅占彝族全部人口的7.91%。三,彝语的使用范围狭窄。彝语的使用主要集中于村寨、家庭的内部由年长者所组成的语言社区内。四,第一语言传承出现“断层”。在家庭内部,父母一代基本上不再传授彝语,儿童失去了“学得”的机会;在母语社区内,自然习得彝语的语言环境也不复存在,儿童又失去了自然习得的机会。

三、大黑冲家庭语言使用情况一览表(分组)

表1 大黑冲一组

序号	家庭关系	姓名	出生年月	民族	文化程度	第一语言及水平	第二语言及水平
1	户主	师家顺	62/02	彝	小学	汉语,熟练	无
	长子	师进一	92/12	彝	初中	汉语,熟练	无
2	户主	师家禄	64/07	彝	小学	汉语,熟练	无
	配偶	李解珍	71/04	哈尼	小学	哈尼语,熟练	汉语,熟练
	父亲	师正付	26/11	彝	文盲	彝语,熟练	汉语,略懂
	长子	师强	91/09	彝	小学	汉语,熟练	无
	长女	师艳	93/01	彝	初中	汉语,熟练	无
3	户主	师家坤	54/12	彝	文盲	汉语,熟练	无
	配偶	王秀芬	63/10	彝	小学	汉语,熟练	无
	长女	师琼	83/04	彝	初中	汉语,熟练	无
4	户主	王利芳	37/06	彝	文盲	彝语,略懂	汉语,熟练
5	户主	王从寿	61/05	汉	初中	汉语,熟练	无
	父亲	王流保	37/01	汉	文盲	汉语,熟练	无
	母亲	胡秀珍	42/04	汉	文盲	汉语,熟练	无
	长子	王靖翔	87/03	汉	高中	汉语,熟练	无
6	户主	李黎明	72/01	彝	初中	汉语,熟练	无
	配偶	王桂芬	72/04	汉	初中	汉语,熟练	无
	父亲	李永绿	37/07	彝	小学	彝语,略懂	汉语,熟练
	母亲	李桂仙	42/12	彝	文盲	彝语,略懂	汉语,熟练
	长子	李利清	93/10	彝	初中	汉语,熟练	无
	次子	李利琴	97/01	彝	小学	汉语,熟练	无
7	户主	师家生	46/06	彝	小学	汉语,熟练	无
	长子	师学德	65/10	彝	小学	汉语,熟练	无
	长女	师玉兰	66/12	彝	小学	汉语,熟练	无
	孙子	师进辉	87/12	彝	高中	汉语,熟练	无
	孙子	师进伟	89/12	彝	初中	汉语,熟练	无
8	户主	王从明	52/12	汉	小学	汉语,熟练	无
	母亲	王罗氏	25/05	汉	文盲	汉语,熟练	无
	长子	王朝付	77/04	汉	初中	汉语,熟练	无
	次子	王海云	81/09	汉	高中	汉语,熟练	无
9	户主	王从非	76/07	汉	初中	汉语,熟练	无
	配偶	胡双凤	72/05	汉	初中	汉语,熟练	无
	长女	王莹添	99/11	汉	小学	汉语,熟练	无
10	户主	师正德	45/04	彝	小学	汉语,熟练	无
	配偶	王美荣	58/01	汉	小学	汉语,熟练	无
	次子	王从文	79/04	汉	初中	汉语,熟练	无

11	户主	王从伟	64/03	汉	初中	汉语,熟练	无
	配偶	白素仙	63/03	傣	初中	汉语,熟练	无
	长女	王晓虹	85/12	汉	高中	汉语,熟练	无
12	户主	孙进才	64/02	彝	初中	汉语,熟练	无
	配偶	李翠莲	66/06	彝	小学	汉语,熟练	无
	长子	孙利红	83/04	彝	初中	汉语,熟练	无
	长女	李丽	85/01	彝	初中	汉语,熟练	无
13	户主	李家寿	65/02	彝	初中	汉语,熟练	无
	配偶	李翠兰	66/03	彝	小学	汉语,熟练	无
	长女	李娜	85/03	彝	初中	汉语,熟练	无
	长子	李燕明	87/06	彝	初中	汉语,熟练	无
14	户主	李家喜	58/06	彝	小学	彝语,略懂	汉语,熟练
	配偶	黄翠芬	63/05	彝	初中	汉语,熟练	无
	父亲	李永全	31/04	彝	文盲	彝语,熟练	汉语,熟练
	次女	李华芬	84/11	彝	初中	汉语,熟练	无
15	户主	师家寿	56/10	彝	初中	彝语,略懂	汉语,略懂
	配偶	王美英	58/11	彝	小学	汉语,熟练	无
	长女	师桂芬	80/03	彝	初中	汉语,熟练	无
	次女	师晓芬	82/01	彝	初中	汉语,熟练	无
16	户主	师家喜	64/05	彝	小学	汉语,熟练	无
	配偶	李兰芬	62/10	彝	初中	汉语,熟练	无
	妹妹	师菊英	70/02	彝	初中	汉语,熟练	无
	次女	师春竹	85/05	彝	初中	汉语,熟练	无
17	户主	李家明	59/09	彝	初中	汉语,熟练	无
	配偶	李兰芬	60/09	彝	小学	汉语,熟练	无
	次女	李瑞	84/07	彝	初中	汉语,熟练	无
	女婿	刘军	77/05	汉	初中	汉语,熟练	无
18	户主	师家福	65/09	彝	初中	汉语,熟练	无
	次女	师娇	89/05	彝	高中	汉语,熟练	无
19	户主	师家才	68/10	彝	初中	汉语,熟练	无
	配偶	师翠仙	67/01	彝	小学	汉语,熟练	无
	母亲	李存仙	35/02	彝	文盲	彝语,熟练	汉语,熟练
	长子	师航	92/03	彝	初中	汉语,熟练	无
	长女	师慧	96/04	彝	小学	汉语,熟练	无
20	户主	王从喜	48/03	彝	小学	彝语,略懂	汉语,熟练
	配偶	赵林珍	53/02	汉	小学	汉语,熟练	无
	长子	王富文	76/08	汉	初中	汉语,熟练	无
	次子	王富明	80/10	汉	高中	汉语,熟练	无
	孙女	王一	00/02	彝	小学	汉语,熟练	无
21	户主	王永平	53/01	彝	小学	彝语,略懂	汉语,熟练
	配偶	李兰英	57/07	彝	小学	彝语,略懂	汉语,熟练
	长女	王瑞	84/05	彝	高中	汉语,熟练	无
	女婿	管家亮	82/04	汉	初中	汉语,熟练	无
	次女	王晓菊	89/06	彝	高中	汉语,熟练	无

22	户主	王永田	43/11	彝	小学	彝语,熟练	汉语,熟练
	配偶	李桂仙	49/11	彝	文盲	彝语,略懂	汉语,熟练
	长子	王从华	68/04	彝	初中	汉语,熟练	无
	儿媳	李翠仙	68/06	彝	初中	汉语,熟练	无
	三女	王琼	78/03	彝	初中	汉语,熟练	无
	孙女	王娇	87/06	彝	初中	汉语,熟练	无
	孙女	王微	89/07	彝	初中	汉语,熟练	无
23	户主	王永生	48/08	彝	小学	彝语,略懂	汉语,熟练
	配偶	普玉英	58/06	彝	小学	彝语,略懂	汉语,熟练
	长子	王从云	82/10	彝	初中	汉语,熟练	无
24	户主	王永德	63/05	汉	初中	汉语,熟练	无
	配偶	董如芬	65/03	彝	小学	汉语,熟练	无
	长子	王富春	85/02	汉	初中	汉语,熟练	无
	次子	王富强	86/11	汉	高中	汉语,熟练	无
25	户主	李家昌	62/12	彝	小学	汉语,熟练	无
	配偶	师美芬	68/08	彝	初中	汉语,熟练	无
	长子	师宏	89/10	彝	初中	汉语,熟练	无
26	户主	杨学林	58/05	傣	初中	汉语,熟练	无
	配偶	师焕英	57/09	彝	小学	汉语,熟练	无
	长子	师庭	82/08	彝	初中	汉语,熟练	无
27	户主	王永喜	51/02	彝	小学	彝语,略懂	汉语,熟练
	配偶	普莲英	55/02	彝	小学	汉语,熟练	无
	长子	王从富	79/06	彝	初中	汉语,熟练	无
	长女	王梅	81/08	彝	小学	汉语,熟练	无
28	户主	王朝友	57/10	汉	文盲	汉语,熟练	无
	配偶	师桂兰	61/09	彝	小学	汉语,熟练	无
	长子	王俊	81/07	汉	高中	汉语,熟练	无
	儿媳	孙会仙	79/02	彝	初中	汉语,熟练	无
29	户主	王朝运	66/06	汉	小学	汉语,熟练	无
	配偶	董外芬	71/01	彝	初中	汉语,熟练	无
	母亲	钱菊英	33/01	汉	文盲	汉语,熟练	无
	长子	王青	91/07	彝	初中	汉语,熟练	无
	次子	王刚	95/10	彝	小学	汉语,熟练	无
30	户主	李家应	70/04	彝	初中	汉语,熟练	无
	配偶	王晓	72/10	汉	初中	汉语,熟练	无
	父亲	李永来	33/10	汉	文盲	汉语,熟练	无
	母亲	李英妹	37/01	彝	文盲	彝语,熟练	汉语,熟练
	长女	李瑞琪	92/03	彝	初中	汉语,熟练	无
	次女	李瑞敏	98/11	彝	小学	汉语,熟练	无
31	户主	师家满	50/02	彝	小学	彝语,略懂	汉语,熟练
	配偶	李兰芬	56/04	彝	初中	汉语,熟练	无
	长女	师红英	78/04	彝	初中	汉语,熟练	无
	长子	师伟	80/08	彝	高中	汉语,熟练	无
	次子	师钰	84/12	彝	初中	汉语,熟练	无

32	户主	李家德	62/06	彝	初中	汉语,熟练	无
	配偶	陈兰英	64/04	彝	小学	汉语,熟练	无
	长子	李学忠	86/11	彝	初中	汉语,熟练	无
	次子	李学义	88/02	彝	初中	汉语,熟练	无
33	户主	李翠兰	65/06	彝	小学	汉语,熟练	无
	长子	师勇	84/10	彝	初中	汉语,熟练	无
	长女	师丽梅	86/12	彝	初中	汉语,熟练	无
34	户主	师学林	68/11	彝	小学	汉语,熟练	无
	配偶	李翠梅	72/03	彝	初中	汉语,熟练	无
	妹妹	师丽华	77/09	彝	初中	汉语,熟练	无
	长子	师进忠	95/08	彝	小学	汉语,熟练	无
	次子	师进涛	00/06	彝	小学	汉语,熟练	无
35	户主	师德宝	71/11	彝	初中	汉语,熟练	无
	配偶	师秀仙	74/04	彝	初中	汉语,熟练	无
	母亲	李兰珍	40/04	彝	文盲	彝语,略懂	汉语,熟练
	长女	师梦瑶	98/12	彝	小学	汉语,熟练	无
36	户主	王金喜	59/05	彝	初中	汉语,熟练	无
	配偶	李如仙	61/08	彝	小学	汉语,熟练	无
	长子	王富顺	84/10	彝	高中肄业	汉语,熟练	无
	长女	王丽芝	88/06	彝	初中	汉语,熟练	无

表 2　大黑冲二组

序号	家庭关系	姓名	出生年月	民族	文化程度	第一语言及水平	第二语言及水平
1	户主	普从林	70/03	彝	初中	汉语,熟练	无
	配偶	刘琼芬	72/04	汉	初中	汉语,熟练	无
	母亲	普凤英	40/03	彝	文盲	彝语,略懂	汉语,熟练
	长子	普云德	97/04	彝	小学	汉语,熟练	无
2	户主	普从保	65/04	彝	小学	汉语,熟练	无
	配偶	李跃	68/08	哈尼	初中	哈尼语,熟练	汉语,熟练
	父亲	张家顺	38/09	彝	文盲	彝语,略懂	汉语,熟练
	长女	普红玉	90/02	彝	初中	汉语,熟练	无
	次女	普红琼	91/07	彝	初中	汉语,熟练	无
3	户主	张家得	41/12	彝	文盲	彝语,略懂	汉语,熟练
	长子	张绍富	74/04	彝	初中	汉语,熟练	无
	儿媳	陈兰珍	76/04	彝	初中	汉语,熟练	无
	次子	张绍贵	75/10	彝	初中	汉语,熟练	无
4	户主	张绍明	65/02	彝	小学	汉语,熟练	无
	配偶	李美芬	70/04	彝	初中	汉语,熟练	无
	长子	张文	96/05	彝	小学	汉语,熟练	无

5	户主	张绍友	62/04	彝	小学	汉语,熟练	无
	配偶	普美玲	66/03	彝	小学	汉语,熟练	无
	父亲	张家发	33/06	彝	文盲	彝语,熟练	汉语,熟练
	长子	张伟	88/12	彝	高中	汉语,熟练	无
	次子	张涛	90/09	彝	初中	汉语,熟练	无
	长女	张虹	90/09	彝	初中	汉语,熟练	无
6	户主	张绍林	69/11	彝	初中	汉语,熟练	无
	配偶	朱万芬	73/06	哈尼	初中	哈尼语,熟练	汉语,熟练
	长女	张琼	94/11	彝	小学	汉语,熟练	无
	次女	张艳	99/05	彝	小学	汉语,熟练	无
7	户主	孙家平	68/02	彝	小学	汉语,熟练	无
	配偶	普美珍	68/02	彝	小学	汉语,熟练	无
	长女	朱燕	87/12	彝	初中	汉语,熟练	无
	次女	朱虹	89/05	彝	初中	汉语,熟练	无
8	户主	朱从应	65/01	彝	小学	汉语,熟练	无
	配偶	王美芬	68/05	彝	小学	汉语,熟练	无
	弟弟	朱红明	76/09	彝	小学	汉语,熟练	无
	长子	朱红青	91/12	彝	初中	汉语,熟练	无
9	户主	普从晋	58/09	彝	小学	汉语,熟练	无
	配偶	李桂芬	62/09	彝	小学	汉语,熟练	无
	长女	普琼	85/03	彝	初中	汉语,熟练	无
	次女	普晓妹	89/12	彝	高中	汉语,熟练	无
10	户主	普正和	50/05	彝	小学	彝语,略懂	汉语,熟练
	配偶	李存英	57/05	彝	小学	汉语,熟练	无
	长子	普从明	78/04	彝	初中	汉语,熟练	无
11	户主	普正有	46/07	彝	文盲	彝语,略懂	汉语,略懂
	母亲	普沈氏	10/07	彝	文盲	彝语,熟练	汉语,略懂
12	户主	普从付	65/10	彝	小学	汉语,熟练	无
	配偶	胡春兰	70/05	汉	初中	汉语,熟练	无
	长子	普刚	92/06	彝	初中	汉语,熟练	无
	次子	普荣	97/05	彝	小学	汉语,熟练	无
13	户主	普兆昌	44/06	彝	文盲	彝语,略懂	汉语,略懂
	配偶	李菊英	53/11	汉	小学	汉语,熟练	无
	长子	普正兵	90/04	彝	初中	汉语,熟练	无
14	户主	普正祥	64/04	彝	小学	汉语,熟练	无
	配偶	陈美芬	63/04	彝	小学	汉语,熟练	无
	长女	普小燕	86/03	彝	高中	汉语,熟练	无
	次女	普小丽	89/10	彝	初中	汉语,熟练	无
15	户主	普正勇	71/05	彝	初中	汉语,熟练	无
	配偶	李美华	71/01	彝	小学	汉语,熟练	无
	母亲	普秀珍	35/07	彝	文盲	彝语,熟练	汉语,熟练
	长女	普依琦	00/02	彝	小学	汉语,熟练	无

16	户主	沈自强	77/08	彝	小学	汉语,熟练	无
	配偶	李秀凤	79/04	彝	初中	汉语,熟练	无
17	户主	沈有才	50/02	彝	小学	彝语,略懂	汉语,熟练
	配偶	李兰英	50/09	彝	文盲	彝语,略懂	汉语,熟练
	母亲	沈丁氏	21/09	彝	文盲	彝语,熟练	汉语,略懂
18	户主	普正富	57/02	彝	小学	汉语,熟练	无
	配偶	普玉芬	56/12	彝	小学	彝语,略懂	汉语,熟练
	母亲	普杨氏	30/04	彝	文盲	彝语,熟练	汉语,略懂
	长子	普伟	82/05	彝	初中	汉语,熟练	无
	长女	普丽英	83/08	彝	初中	汉语,熟练	无
19	户主	普正文	68/04	彝	初中	汉语,熟练	无
	配偶	李兰珍	69/03	彝	小学	汉语,熟练	无
	长女	普婷	92/10	彝	初中	汉语,熟练	无
	长子	普俊	97/01	彝	小学	汉语,熟练	无
20	户主	普正林	66/09	彝	初中	汉语,熟练	无
	配偶	施桂仙	65/05	彝	小学	汉语,熟练	无
	父亲	普兆明	37/12	彝	文盲	彝语,略懂	汉语,熟练
	弟弟	普正喜	72/12	彝	小学	汉语,熟练	无
	长女	普芳芳	87/09	彝	大学	汉语,熟练	无
	长子	普凯华	90/04	彝	初中	汉语,熟练	无
21	户主	普正荣	70/06	彝	初中	汉语,熟练	无
	配偶	师玉华	71/02	彝	初中	汉语,熟练	无
	母亲	李秀英	38/11	彝	文盲	彝语,略懂	汉语,熟练
	长女	普圆圆	92/02	彝	初中	汉语,熟练	无
	次女	普洁	96/08	彝	小学	汉语,熟练	无
22	户主	朱从良	62/05	彝	小学	汉语,熟练	无
	配偶	施秀英	62/11	彝	小学	汉语,熟练	无
	母亲	普桂仙	28/06	彝	文盲	彝语,熟练	汉语,略懂
	长子	朱玉荣	89/11	彝	高中	汉语,熟练	无
23	户主	朱从喜	62/11	彝	小学	汉语,熟练	无
	配偶	师美英	63/05	彝	小学	汉语,熟练	无
	长子	朱伟	84/12	彝	初中	汉语,熟练	无
	长女	朱玉琼	87/05	彝	高中	汉语,熟练	无
24	户主	李秀珍	54/02	彝	文盲	彝语,略懂	汉语,熟练
	父亲	普兆得	31/08	彝	小学	彝语,熟练	汉语,熟练
	长子	普建华	83/11	彝	初中	汉语,熟练	无
	次子	普建荣	85/10	彝	高中	汉语,熟练	无
25	户主	普正洪	66/11	彝	小学	汉语,熟练	无
	配偶	李秀英	69/01	彝	小学	汉语,熟练	无
	母亲	王兰英	37/11	汉	文盲	汉语,熟练	无
	长女	普丽娜	94/03	彝	小学	汉语,熟练	无
	次子	普治翔	00/07	彝	学前	汉语,熟练	无

26	户主	李文旺	72/11	彝	小学	汉语,熟练	无
	配偶	普秀玲	78/05	彝	小学	汉语,熟练	无
	长女	李娅梅	97/12	彝	小学	汉语,熟练	无
27	户主	李文昌	70/01	彝	小学	汉语,熟练	无
	配偶	许学珍	71/08	汉	小学	汉语,熟练	无
	父亲	李家有	31/04	彝	文盲	彝语,熟练	汉语,熟练
	长女	李娅丽	94/09	彝	小学	汉语,熟练	无
	次女	李娟	99/10	彝	小学	汉语,熟练	无
28	户主	普正保	57/11	彝	小学	汉语,熟练	无
	配偶	张美芬	57/04	彝	文盲	汉语,熟练	无
	长子	普强	85/03	彝	初中	汉语,熟练	无
29	户主	普从伟	77/02	彝	初中	汉语,熟练	无
	配偶	董玉玲	76/12	彝	初中	汉语,熟练	无
	父亲	普正贵	53/04	彝	小学	彝语,略懂	汉语,熟练
	母亲	施桂芬	52/12	彝	小学	彝语,略懂	汉语,熟练
	伯父	普押弟	47/01	彝	文盲	彝语,略懂	汉语,熟练
	长子	普显翔	01/06	彝	学前	汉语,熟练	
30	户主	李永友	64/03	彝	小学	汉语,熟练	无
	配偶	孙存英	66/03	汉	小学	汉语,熟练	无
	母亲	李桂英	34/05	彝	文盲	彝语,熟练	汉语,熟练
	长子	李刚	89/02	彝	初中	汉语,熟练	无
	次子	李强	91/01	彝	初中	汉语,熟练	无
31	户主	李永林	72/02	彝	初中	汉语,熟练	无
	配偶	马秀玲	76/05	彝	初中	汉语,熟练	无
	长女	李娇	95/05	彝	小学	汉语,熟练	无
32	户主	李永富	60/03	彝	小学	汉语,熟练	无
	配偶	祁桂仙	60/07	彝	小学	汉语,熟练	无
	父亲	普正春	29/12	彝	文盲	彝语,熟练	汉语,略懂
	长子	李超	86/04	彝	大学	汉语,熟练	无
33	户主	李文保	65/11	彝	小学	汉语,熟练	无
	配偶	李银芬	66/09	彝	小学	汉语,熟练	无
	母亲	朱桂英	38/11	彝	文盲	彝语,略懂	汉语,熟练
	长子	李林	86/11	彝	高中	汉语,熟练	无
	长女	李兰梅	88/10	彝	初中	汉语,熟练	无
34	户主	杨开林	77/10	汉	小学	汉语,熟练	无
	配偶	李翠仙	77/10	彝	小学	汉语,熟练	无
	祖母	李卜氏	16/01	彝	文盲	彝语,熟练	汉语,略懂
	妹妹	李翠玲	80/12	彝	初中	汉语,熟练	无
	长女	李杨婷	98/08	彝	小学	汉语,熟练	无
35	户主	普美华	73/04	彝	初中	汉语,熟练	无
	岳父	普兆生	38/04	彝	文盲	彝语,略懂	汉语,熟练
	长子	普金勇	94/11	彝	小学	汉语,熟练	无
	次子	普金强	96/12	彝	小学	汉语,熟练	无

36	户主	普从兴	65/01	彝	小学	汉语,熟练	无
	配偶	普莲华	65/04	彝	小学	汉语,熟练	无
	父亲	普正德	39/02	彝	文盲	彝语,略懂	汉语,熟练
	母亲	普王氏	34/01	彝	文盲	彝语,熟练	汉语,熟练
	长子	普辉	88/08	彝	初中	汉语,熟练	无
	次子	普志伟	92/05	彝	初中	汉语,熟练	无
37	户主	普正昌	45/04	彝	小学	彝语,略懂	汉语,熟练
	配偶	李鹤仙	40/03	彝	文盲	彝语,熟练	汉语,熟练
	次女	普素玲	71/04	彝	小学	汉语,熟练	无
	三子	普从清	78/10	彝	初中	汉语,熟练	无
38	户主	普从云	73/11	彝	小学	汉语,熟练	无
	配偶	师艳芬	75/04	彝	初中	汉语,熟练	无
	长女	普兰	98/06	彝	小学	汉语,熟练	无
39	户主	朱正昌	46/03	彝	文盲	彝语,略懂	汉语,熟练
	配偶	李兰芬	53/11	彝	文盲	汉语,熟练	无
	哥哥	朱正保	36/07	彝	文盲	彝语,略懂	汉语,熟练
	长女	朱丽萍	75/12	彝	初中	汉语,熟练	无
	女婿	普正明	74/08	彝	小学	汉语,熟练	无
	次女	朱晓青	79/04	彝	初中	汉语,熟练	无
	外孙女	朱梦娟	96/11	彝	小学	汉语,熟练	无

表 3　大黑冲三组

序号	家庭关系	姓名	出生年月	民族	文化程度	第一语言及水平	第二语言及水平
1	户主	普永贵	68/02	彝	小学	汉语,熟练	无
	配偶	师美华	72/09	彝	高中	汉语,熟练	无
	母亲	普普氏	24/05	彝	文盲	彝语,熟练	汉语,熟练
	长女	普艳	91/12	彝	初中	汉语,熟练	无
	长子	普梓恩	95/12	彝	小学	汉语,熟练	无
2	户主	普传有	70/04	彝	初中	汉语,熟练	无
	配偶	师兰芳	71/11	彝	小学	汉语,熟练	无
	父亲	普永绿	34/06	彝	文盲	彝语,熟练	汉语,熟练
	母亲	杨春桂	34/06	傣	文盲	彝语,略懂	汉语,熟练
	长子	普伟	93/10	彝	初中	汉语,熟练	无
	次子	普昆	96/04	彝	小学	汉语,熟练	无
3	户主	普永富	67/05	彝	小学	汉语,熟练	无
	配偶	师桂华	67/01	彝	小学	汉语,熟练	无
	长女	普丽丽	87/05	彝	高中	汉语,熟练	无
	长子	普传林	89/02	彝	初中	汉语,熟练	无
4	户主	李自明	73/11	彝	小学	汉语,熟练	无
	配偶	孙贵英	75/09	彝	初中	彝语,熟练	汉语,熟练
	父亲	李忠成	43/11	彝	小学	彝语,略懂	汉语,熟练

	母亲	李素仙	47/08	彝	文盲	彝语,略懂	汉语,熟练
	长子	李雪梅	97/12	彝	小学	汉语,熟练	无
5	户主	顾家法	55/11	汉	小学	汉语,熟练	无
	配偶	李秀芬	63/02	彝	小学	汉语,熟练	无
	母亲	李普氏	30/03	彝	文盲	彝语,熟练	汉语,熟练
	长女	李艳珍	85/03	彝	高中	汉语,熟练	无
	三女	李艳玲	92/09	彝	初中	汉语,熟练	无
6	户主	师庭有	71/02	彝	初中	汉语,熟练	无
	配偶	李玉英	72/09	彝	小学	汉语,熟练	无
	母亲	师李英	51/08	彝	小学	汉语,熟练	无
	妹妹	师玲芬	76/08	彝	初中	汉语,熟练	无
	长女	师美琼	96/12	彝	小学	汉语,熟练	无
7	户主	师庭先	74/02	彝	小学	汉语,熟练	无
	配偶	李林英	73/05	彝	小学	汉语,熟练	无
	长女	师燕	97/08	彝	小学	汉语,熟练	无
8	户主	师家昌	53/08	彝	小学	汉语,熟练	无
	配偶	师凤仙	52/04	彝	小学	汉语,熟练	无
	长女	师玲仙	76/05	彝	小学	汉语,熟练	无
	次女	师林珍	79/02	彝	初中	汉语,熟练	无
	三女	师玲华	81/01	彝	初中	汉语,熟练	无
9	户主	师庭生	69/08	彝	小学	汉语,熟练	无
	配偶	施艳芬	72/05	彝	初中	汉语,熟练	无
	父亲	师家旺	47/02	彝	小学	彝语,略懂	汉语,熟练
	母亲	祁桂英	47/06	彝	文盲	彝语,略懂	汉语,熟练
	长女	师秋萍	89/09	彝	高二	汉语,熟练	无
	长子	师建兴	92/01	彝	初中	汉语,熟练	无
10	户主	师家贵	59/10	彝	小学	汉语,熟练	无
	配偶	祁桂珍	63/04	彝	小学	彝语,略懂	汉语,熟练
	次女	师丽华	86/10	彝	高中	汉语,熟练	无
	长子	师庭义	92/03	彝	初中	汉语,熟练	无
11	户主	师家德	63/05	彝	小学	汉语,熟练	无
	配偶	李兰华	66/06	彝	小学	汉语,熟练	无
	长女	师丽仙	95/01	彝	小学	汉语,熟练	无
12	户主	师家和	59/06	彝	小学	汉语,熟练	无
	配偶	刘家芬	60/04	彝	小学	汉语,熟练	无
	父亲	师正泰	24/10	彝	小学	彝语,熟练	汉语,熟练
	母亲	师李氏	27/10	彝	文盲	彝语,熟练	汉语,熟练
	长子	师庭文	79/11	彝	小学	汉语,熟练	无
	次子	师庭云	84/08	彝	小学	汉语,熟练	无
13	户主	师家启	65/03	彝	小学	汉语,熟练	无
	配偶	李琼珍	65/01	彝	小学	汉语,熟练	无
	长女	师美玲	88/04	彝	高中	汉语,熟练	无
	次女	师美艳	90/12	彝	初中	汉语,熟练	无

14	户主	祁家富	54/12	彝	小学	彝语,略懂	汉语,熟练
	配偶	陈桂兰	54/02	彝	小学	彝语,略懂	汉语,熟练
	嫂子	李琼芬	52/07	彝	小学	彝语,略懂	汉语,熟练
	长子	祁绍平	78/11	彝	高中	汉语,熟练	无
15	户主	师家祥	39/04	彝	小学	彝语,略懂	汉语,熟练
	配偶	普莲英	38/12	彝	小学	彝语,略懂	汉语,熟练
	长子	师全有	76/11	彝	初中	汉语,熟练	无
	儿媳	孙会兰	76/05	彝	小学	汉语,熟练	无
	孙女	师碟	99/11	彝	小学	汉语,熟练	无
16	户主	陈秀芬	55/11	彝	小学	彝语,略懂	汉语,熟练
	长女	施美芬	76/11	彝	初中	汉语,熟练	无
17	户主	施家兴	67/12	彝	小学	汉语,熟练	无
	配偶	李玲珍	70/12	彝	初中	汉语,熟练	无
	长女	施晔	90/12	彝	初中	汉语,熟练	无
	长子	施祥	94/11	彝	小学	汉语,熟练	无
18	户主	施家平	70/03	彝	高中	汉语,熟练	无
	配偶	李兰芳	69/11	彝	初中	汉语,熟练	无
	长子	施小雨	95/02	彝	小学	汉语,熟练	无
19	户主	施应富	62/04	彝	小学	汉语,熟练	无
	配偶	孙秀兰	64/07	彝	小学	汉语,熟练	无
	长子	施荣	86/06	彝	高中	汉语,熟练	无
	长女	施妹	89/01	彝	高中	汉语,熟练	无
20	户主	施家庭	72/04	彝	初中	汉语,熟练	无
	母亲	施普氏	28/10	彝	文盲	彝语,熟练	汉语,略懂
	父亲	施应和	28/07	彝	文盲	彝语,熟练	汉语,略懂
21	户主	施应保	75/06	彝	小学	汉语,熟练	无
	父亲	施正起	28/11	彝	文盲	彝语,熟练	汉语,熟练
	母亲	施焕美	33/04	彝	文盲	彝语,熟练	汉语,熟练
22	户主	丁国民	58/05	汉	小学	汉语,熟练	无
	配偶	李秀仙	63/07	彝	小学	汉语,熟练	无
	父亲	李福顺	32/04	彝	文盲	彝语,熟练	汉语,熟练
	母亲	祁桂粉	38/03	彝	文盲	彝语,略懂	汉语,熟练
	长女	李青	85/12	彝	高中	汉语,熟练	无
	长子	李志刚	89/04	彝	高中	汉语,熟练	无
23	户主	普永兴	61/03	彝	小学	汉语,熟练	无
	配偶	普莲珍	60/11	彝	小学	汉语,熟练	无
	父亲	普文富	20/01	彝	文盲	彝语,熟练	汉语,略懂
	长子	普传荣	84/03	彝	高中	汉语,熟练	无
	次子	普传云	88/01	彝	初中	汉语,熟练	无
24	户主	普永明	64/09	彝	小学	汉语,熟练	无
	配偶	普华珍	69/05	彝	小学	汉语,熟练	无
	母亲	普杨氏	21/06	彝	文盲	彝语,熟练	汉语,略懂
	长子	普传伟	91/03	彝	初中	汉语,熟练	无
	长女	普翠琼	95/01	彝	小学	汉语,熟练	无

25	户主	施应昌	57/12	彝	小学	彝语,略懂	汉语,熟练
	配偶	刘美仙	57/06	彝	小学	彝语,略懂	汉语,熟练
	长子	施家金	82/05	彝	初中	汉语,熟练	无
26	户主	师正顺	43/01	彝	小学	彝语,熟练	汉语,略懂
	配偶	师凤英	47/03	彝	小学	彝语,略懂	汉语,略懂
	次子	师家荣	76/09	彝	初中	汉语,熟练	无
	孙女	师艺丹	99/12	彝	小学	汉语,熟练	无
27	户主	师家生	69/06	彝	小学	汉语,熟练	无
	配偶	李玉芬	70/12	彝	小学	汉语,熟练	无
	长子	师廷斌	93/06	彝	初中	汉语,熟练	无
	次子	师廷林	97/12	彝	小学	汉语,熟练	无
28	户主	普永昌	57/09	彝	小学	汉语,熟练	无
	配偶	柏香芳	64/10	傣	小学	汉语,熟练	无
	长女	普翠华	86/01	彝	初中	汉语,熟练	无
	次女	普春艳	88/05	彝	初中	汉语,熟练	无
29	户主	普文昌	47/08	彝	小学	彝语,略懂	汉语,熟练
30	户主	李忠保	67/01	彝	小学	汉语,熟练	无
	配偶	杨桂华	67/12	傣	初中	汉语,熟练	无
	母亲	李普氏	28/09	彝	文盲	彝语,熟练	汉语,略懂
	长子	李智伟	88/11	彝	中专	汉语,熟练	无
	长女	李艳	90/07	彝	中专	汉语,熟练	无
31	户主	师家付	54/08	彝	小学	汉语,熟练	无
	配偶	普秀英	54/07	彝	小学	汉语,熟练	无
	次女	普桂玲	80/03	彝	初中	汉语,熟练	无
32	户主	师文	70/12	彝	高中	汉语,熟练	无
	配偶	李素兰	72/11	彝	小学	汉语,熟练	无
	长子	师真云	92/11	彝	初中	汉语,熟练	无
	长女	师锐	97/01	彝	小学	汉语,熟练	无
33	户主	李发金	43/05	彝	小学	彝语,略懂	汉语,熟练
	配偶	师焕英	48/12	彝	小学	彝语,略懂	汉语,熟练
	父亲	师正国	25/03	彝	文盲	彝语,熟练	汉语,熟练
	母亲	师杨氏	23/11	彝	文盲	彝语,熟练	汉语,熟练
	次子	师明	75/06	彝	高中	汉语,熟练	无
	孙子	师建超	99/10	彝	小学	汉语,熟练	无
34	户主	普传保	63/10	彝	小学	汉语,熟练	无
	配偶	普桂芬	62/12	彝	小学	汉语,熟练	无
	长女	普梦	87/01	彝	高中	汉语,熟练	无
	长子	普一	89/01	彝	初中	汉语,熟练	无
35	户主	普传富	67/05	彝	小学	汉语,熟练	无
	配偶	李兰仙	65/11	彝	小学	汉语,熟练	无
	长女	普小珍	88/11	彝	高中	汉语,熟练	无
	次女	普小云	90/12	彝	初中	汉语,熟练	无
36	户主	祁正富	48/05	彝	小学	彝语,熟练	汉语,熟练

37	户主	祁秀明	57/06	彝	小学	汉语,熟练	无
	配偶	易琼芬	63/10	彝	小学	汉语,熟练	无
	长女	祁艳	87/10	彝	高中	汉语,熟练	无
38	户主	师永林	67/12	彝	初中	汉语,熟练	无
	配偶	李惠兰	71/02	彝	初中	汉语,熟练	无
	长女	师夏	91/01	彝	初中	汉语,熟练	无
	次女	师莲桔	95/05	彝	小学	汉语,熟练	无
39	户主	师永有	69/03	彝	小学	汉语,熟练	无
	配偶	胡美仙	73/04	彝	小学	汉语,熟练	无
	长女	师微	94/12	彝	小学	汉语,熟练	无
	长子	师一	98/12	彝	小学	汉语,熟练	无
40	户主	师永保	74/01	彝	小学	汉语,熟练	无
	父亲	师家明	40/08	彝	小学	彝语,熟练	汉语,熟练
	母亲	张秀珍	43/12	彝	小学	彝语,熟练	汉语,熟练
41	户主	杜学云	63/04	彝	小学	汉语,熟练	无
	配偶	师兰芬	55/12	彝	小学	汉语,熟练	无
	长子	普传文	82/02	彝	初中	汉语,熟练	无
	次子	普传刚	87/02	彝	职高	汉语,熟练	无
42	户主	普永宝	50/01	彝	小学	彝语,略懂	汉语,熟练
	配偶	李美英	50/01	彝	小学	彝语,略懂	汉语,熟练
	长子	普传明	74/05	彝	初中	汉语,熟练	无
	儿媳	普琼珍	79/05	彝	初中	汉语,熟练	无
	次子	普传昌	75/09	彝	初中	汉语,熟练	无
	孙子	普光银	99/10	彝	小学	汉语,熟练	无
43	户主	李永昌	65/11	彝	小学	汉语,熟练	无
	配偶	普玉兰	65/03	彝	小学	彝语,略懂	汉语,熟练
	父亲	李家成	29/08	彝	文盲	彝语,熟练	汉语,熟练
	母亲	李李氏	33/03	彝	文盲	彝语,熟练	汉语,熟练
	长子	李忠云	91/02	彝	初中	汉语,熟练	无
	次子	李忠伟	95/02	彝	小学	汉语,熟练	无
44	户主	师家林	55/12	彝	小学	汉语,熟练	无
	配偶	孙张芬	57/02	彝	小学	彝语,略懂	汉语,熟练
45	户主	普传新	56/10	彝	小学	彝语,略懂	汉语,熟练
	配偶	李素华	56/06	彝	小学	彝语,略懂	汉语,熟练
	父亲	普永德	32/01	彝	文盲	彝语,熟练	汉语,熟练
	长子	普光兴	78/04	彝	小学	汉语,熟练	无
	儿媳	普桂林	78/01	彝	初中	彝语,熟练	汉语,熟练
	长女	普翠玲	79/08	彝	初中	汉语,熟练	无
	孙女	普一	01/11	彝	学前	汉语,熟练	无
46	户主	师家云	47/05	彝	小学	彝语,略懂	汉语,熟练
	配偶	普玉芬	55/07	彝	小学	彝语,略懂	汉语,熟练
	长子	师庭伟	79/02	彝	小学	汉语,熟练	无
	次子	师廷明	79/10	彝	初中	汉语,熟练	无

47	户主	祁家保	57/12	彝	小学	汉语,熟练	无
	配偶	李凤英	57/08	彝	小学	彝语,略懂	汉语,熟练
	长子	祁绍强	82/07	彝	小学	汉语,熟练	无
	次子	祁绍林	84/11	彝	高中	汉语,熟练	无
48	户主	施家学	61/05	彝	中专	汉语,熟练	无
	配偶	杨惠兰	63/11	傣	初中	汉语,熟练	无
	长子	施全伟	84/10	彝	初中	汉语,熟练	无
	次子	施林	87/03	彝	高二肄业	汉语,熟练	无
49	户主	师家福	53/07	彝	小学	彝语,略懂	汉语,熟练
	配偶	王艳萍	66/07	彝	小学	汉语,熟练	无
	长女	师琼	85/11	彝	初中	汉语,熟练	无
	长子	师庭	90/05	彝	初中	汉语,熟练	无
50	户主	祁秀生	62/07	彝	小学	汉语,熟练	无
	配偶	张美英	63/03	彝	小学	汉语,熟练	无
	母亲	祁祁氏	22/01	彝	文盲	彝语,熟练	汉语,略懂
	长女	祁翠翠	90/05	彝	高中	汉语,熟练	无
	长子	祁绍伟	97/12	彝	小学	汉语,熟练	无

表 4 大黑冲四组

序号	家庭关系	姓名	出生年月	民族	文化程度	第一语言及水平	第二语言及水平
1	户主	白学林	73/05	傣	初中	汉语,熟练	无
	配偶	白凤芬	71/02	傣	初中	汉语,熟练	无
	长子	柏凡	97/12	傣	小学	汉语,熟练	无
2	户主	白学明	75/06	傣	小学	汉语,熟练	无
	配偶	李翠华	73/09	彝	小学	汉语,熟练	无
	长子	白银	97/12	傣	小学	汉语,熟练	无
3	户主	白学元	73/04	傣	小学	汉语,熟练	无
	配偶	刘琼芬	73/02	彝	小学	汉语,熟练	无
	长女	柏一	00/09	傣	小学	汉语,熟练	无
4	户主	白有才	62/02	傣	初中	汉语,熟练	无
	配偶	杨素华	64/09	傣	小学	汉语,熟练	无
	长女	白杰	85/11	傣	初中	汉语,熟练	无
	次女	白晓梅	87/09	傣	初中	汉语,熟练	无
5	户主	白永平	81/07	傣	初中	汉语,熟练	无
	祖母	普秀琼	32/07	彝	文盲	彝语,熟练	汉语,熟练
	母亲	白兰英	56/03	傣	小学	汉语,熟练	无
6	户主	马富荣	57/06	汉	小学	汉语,熟练	无
	配偶	白桂仙	60/06	傣	小学	汉语,熟练	无
	父亲	马家元	28/11	汉	文盲	汉语,熟练	无

	次女	马秀琼	83/11	汉	初中	汉语，熟练	无
	长子	马武明	85/09	汉	初中	汉语，熟练	无
7	户主	白家昌	65/01	傣	小学	汉语，熟练	无
	配偶	李琼珍	66/04	彝	小学	汉语，熟练	无
	妹妹	白桂芬	70/07	傣	初中	汉语，熟练	无
	长子	白治宏	88/11	傣	初中	汉语，熟练	无
	长女	白治芳	90/07	傣	初中	汉语，熟练	无
8	户主	施桂英	68/10	彝	初中	汉语，熟练	无
9	户主	马付义	73/03	汉	初中	汉语，熟练	无
	配偶	白素英	71/02	傣	初中	汉语，熟练	无
	母亲	李秀英	33/11	彝	文盲	彝语，熟练	汉语，熟练
	长子	马行	94/12	汉	小学	汉语，熟练	无
	长女	马金枝	97/01	汉	小学	汉语，熟练	无
10	户主	李兰芬	52/07	彝	文盲	汉语，熟练	无
11	户主	白学富	63/10	傣	小学	汉语，熟练	无
	配偶	李莲芬	66/04	彝	小学	汉语，熟练	无
	母亲	杨秀芬	41/05	傣	文盲	汉语，熟练	无
	长女	白丽华	86/02	傣	初中	汉语，熟练	无
	长子	白家平	88/03	傣	初中	汉语，熟练	无
12	户主	白永林	79/01	傣	初中	汉语，熟练	无
	配偶	邱凤芬	79/10	彝	初中	汉语，熟练	无
	父亲	白学文	56/03	傣	初中	汉语，熟练	无
13	户主	白有祥	66/10	傣	小学	汉语，熟练	无
	配偶	孙玉芬	69/08	彝	小学	汉语，熟练	无
	父亲	白其	29/06	傣	文盲	汉语，熟练	无
	长女	白美玲	92/06	傣	小学	汉语，熟练	无
	长子	白学勇	89/06	傣	小学	汉语，熟练	无
14	户主	白有昌	72/01	傣	小学	汉语，熟练	无
	配偶	李莲英	71/04	彝	小学	汉语，熟练	无
	母亲	蔡桂香	32/10	汉	文盲	汉语，熟练	无
	长子	白学超	95/11	傣	小学	汉语，熟练	无
	次女	柏二	00/01	傣	学前	汉语，熟练	无
15	户主	白学喜	71/06	傣	初中	汉语，熟练	无
	配偶	金梅	73/09	汉	初中	汉语，熟练	无
	长子	白晶	97/11	傣	小学	汉语，熟练	无
16	户主	马付有	54/11	汉	小学	汉语，熟练	无
	配偶	陈美英	60/07	彝	小学	汉语，熟练	无
	长女	马琴芬	80/04	汉	高中	汉语，熟练	无
	长子	马强	83/01	汉	初中	汉语，熟练	无
17	户主	白学兴	77/06	傣	初中	汉语，熟练	无
	配偶	许洪丽	80/09	彝	初中	汉语，熟练	无
	长子	白思宇	01/06	傣	学前	汉语，熟练	无

18	户主	白学金	82/08	傣	初中	汉语,熟练	无
	母亲	李秀仙	43/04	彝	文盲	彝语,略懂	汉语,熟练
19	户主	白学平	74/12	傣	小学	汉语,熟练	无
	配偶	李芸芬	81/04	彝	初中	汉语,熟练	无
	父亲	白有亮	28/12	傣	文盲	汉语,熟练	无
	母亲	李竹英	37/07	彝	文盲	彝语,熟练	汉语,熟练
20	户主	白家有	62/11	傣	初中	汉语,熟练	无
	配偶	李美芬	64/02	彝	初中	汉语,熟练	无
	长女	白梅	86/06	傣	高中	汉语,熟练	无
	次女	白萍	88/02	傣	初中	汉语,熟练	无
21	户主	白有忠	37/05	傣	小学	汉语,熟练	无
22	户主	白学普	76/01	傣	初中	汉语,熟练	无
23	户主	白学兵	78/05	傣	初中	汉语,熟练	无
	配偶	窦晓梅	84/09	汉	初中	汉语,熟练	无
	父亲	柏有仁	43/05	傣	初中	汉语,熟练	无
	母亲	白秀兰	46/05	傣	初中	汉语,熟练	无
	妹妹	白翠珍	81/01	傣	初中	汉语,熟练	无
24	户主	杨春红	44/09	傣	小学	彝语,略懂	汉语,熟练
	配偶	普凤仙	42/02	彝	小学	彝语,略懂	汉语,熟练
	长子	杨学有	70/10	傣	初中	汉语,熟练	无
	儿媳	李菊英	73/12	汉	小学	汉语,熟练	无
	孙女	杨诗丹	94/10	傣	小学	汉语,熟练	无
	孙子	杨涛	99/03	傣	小学	汉语,熟练	无
25	户主	李本兵	63/12	彝	初中	汉语,熟练	无
	配偶	马秀芳	71/08	汉	小学	汉语,熟练	无
	父亲	马付起	39/06	汉	文盲	汉语,熟练	无
	长女	马娇娇	90/03	汉	初中	汉语,熟练	无
	长子	马靖昀	91/10	汉	高中	汉语,熟练	无
26	户主	白学堂	72/03	傣	初中	汉语,熟练	无
	配偶	李莲华	73/03	彝	小学	汉语,熟练	无
	母亲	罗美英	48/09	彝	文盲	汉语,熟练	无
	长女	白雪	94/11	傣	小学	汉语,熟练	无
	次女	白慧	98/11	傣	小学	汉语,熟练	无
27	户主	白学武	71/04	傣	初中	汉语,熟练	无
	配偶	普汝英	74/11	彝	小学	汉语,熟练	无
	长子	柏一	00/04	傣	小学	汉语,熟练	无
28	户主	杨桂兰	57/09	傣	初中	汉语,熟练	无
	配偶	张学清	60/07	彝	初中	汉语,熟练	无
	父亲	杨春文	34/04	傣	初中	汉语,熟练	无
	母亲	许梅芳	33/02	彝	小学	彝语,熟练	汉语,熟练
	长子	杨飞	83/10	傣	初中	汉语,熟练	无
	长女	杨晓丽	85/03	傣	中专	汉语,熟练	无

29	户主	白有跃	53/02	傣	小学	汉语,熟练	无
	配偶	师兰英	52/06	彝	小学	汉语,熟练	无
30	户主	柏有文	42/01	傣	小学	汉语,熟练	无

表 5　大黑冲五组

序号	家庭关系	姓名	出生年月	民族	文化程度	第一语言及水平	第二语言及水平
1	户主	李应富	61/06	彝	小学	汉语,熟练	无
	配偶	普凤莲	60/04	彝	初中	汉语,熟练	无
	长女	李萍芬	84/11	彝	初中	汉语,熟练	无
	长子	李忠华	87/07	彝	初中	汉语,熟练	无
2	户主	李应起	53/01	彝	小学	汉语,熟练	无
	配偶	李秀芳	55/12	彝	文盲	汉语,熟练	无
	长子	李忠富	80/07	彝	高中	汉语,熟练	无
	次女	李梅仙	82/11	彝	初中	汉语,熟练	无
3	户主	李永进	39/02	彝	文盲	彝语,熟练	汉语,熟练
	配偶	普兰英	37/07	彝	文盲	彝语,熟练	汉语,熟练
	三子	李应学	78/03	彝	小学	汉语,熟练	无
	四子	李应伟	81/05	彝	小学	汉语,熟练	无
4	户主	普凤莲	57/02	彝	小学	汉语,熟练	无
	父亲	李应田	34/01	彝	文盲	彝语,熟练	汉语,熟练
	次子	李伟	84/11	彝	中专	汉语,熟练	无
5	户主	李应德	42/03	彝	文盲	彝语,略懂	汉语,熟练
	配偶	李翠仙	53/03	彝	文盲	汉语,熟练	无
	长子	李宗林	82/06	彝	初中	汉语,熟练	无
6	户主	李忠云	68/02	彝	小学	汉语,熟练	无
	配偶	李凤芬	66/01	彝	小学	汉语,熟练	无
	母亲	李普氏	31/03	彝	文盲	彝语,熟练	汉语,熟练
	长女	李玉华	90/06	彝	初中	汉语,熟练	无
	次女	李晓华	91/11	彝	初中	汉语,熟练	无
7	户主	李忠明	64/12	彝	小学	汉语,熟练	无
	配偶	李凤兰	63/02	彝	小学	汉语,熟练	无
	父亲	李应红	35/01	彝	文盲	彝语,熟练	汉语,熟练
	长女	李萍	86/01	彝	初中	汉语,熟练	无
	长子	李祖平	87/12	彝	初中	汉语,熟练	无
8	户主	李应明	66/12	彝	小学	汉语,熟练	无
	配偶	白桂华	67/08	傣	小学	汉语,熟练	无
	长子	李忠学	91/12	彝	小学	汉语,熟练	无
	长女	李春莲	94/05	彝	小学	汉语,熟练	无
9	户主	李应林	72/04	彝	小学	汉语,熟练	无

10	户主	李应武	76/09	彝	小学	汉语,熟练	无
	配偶	白翠梅	80/04	傣	初中	汉语,熟练	无
	长女	李雪佳	01/04	彝	小学	汉语,熟练	无
11	户主	李忠有	69/03	彝	小学	汉语,熟练	无
	配偶	李翠珍	70/06	彝	小学	汉语,熟练	无
	父亲	李应和	40/07	彝	文盲	彝语,略懂	汉语,熟练
	长子	李祖元	92/02	彝	初中	汉语,熟练	无
	长女	李小妹	94/04	彝	初中	汉语,熟练	无
12	户主	李忠平	77/08	彝	小学	汉语,熟练	无
	母亲	师桂珍	43/01	彝	文盲	彝语,略懂	汉语,熟练
13	户主	李忠全	79/04	彝	初中	汉语,熟练	无
14	户主	白兰珍	71/06	傣	初中	汉语,熟练	无
	长女	李娅玲	91/09	彝	初中	汉语,熟练	无
	次女	李粉仙	95/11	彝	小学	汉语,熟练	无
15	户主	李应保	71/09	彝	小学	汉语,熟练	无
	配偶	杨丽华	76/09	傣	初中	汉语,熟练	无
	母亲	王妹仙	36/12	彝	文盲	彝语,熟练	汉语,熟练
	长女	李一	95/05	彝	小学	汉语,熟练	无
16	户主	李应福	73/02	彝	小学	汉语,熟练	无
	配偶	普翠林	77/04	彝	小学	汉语,熟练	无
	父亲	李永才	42/07	彝	文盲	彝语,略懂	汉语,熟练
	长子	李所平	97/03	彝	小学	汉语,熟练	无
17	户主	李应六	78/09	彝	小学	汉语,熟练	无
	母亲	李秀兰	49/04	彝	小学	彝语,略懂	汉语,熟练
18	户主	李华有	70/01	彝	小学	汉语,熟练	无
	配偶	丁丽芬	74/04	彝	初中	汉语,熟练	无
	长子	李海兵	95/12	彝	小学	汉语,熟练	无
	次子	李二	99/12	彝	小学	汉语,熟练	无
19	户主	李应华	66/10	彝	小学	汉语,熟练	无
	配偶	代如珍	70/10	彝	小学	汉语,熟练	无
	长子	李海龙	92/11	彝	初中	汉语,熟练	无
	长女	李露露	95/06	彝	小学	汉语,熟练	无
20	户主	李桂芬	37/07	彝	文盲	彝语,熟练	汉语,熟练
21	户主	李应寿	52/11	彝	小学	汉语,熟练	无
	配偶	李琼英	52/10	彝	文盲	汉语,熟练	无
	长子	杨忠武	79/08	傣	小学	汉语,熟练	无
	长女	李菊仙	81/02	彝	初中	汉语,熟练	无
	次女	李菊玲	84/03	彝	初中	汉语,熟练	无
22	户主	李应有	62/03	彝	小学	汉语,熟练	无
	配偶	李入芬	62/08	彝	小学	汉语,熟练	无
	父亲	李永发	36/07	彝	文盲	彝语,熟练	汉语,熟练
	长子	李忠伟	84/02	彝	高中	汉语,熟练	无
	次子	李忠强	85/10	彝	初中	汉语,熟练	无

23	户主	李应荣	62/05	彝	小学	汉语，熟练	无
	配偶	孙会玲	64/03	彝	小学	汉语，熟练	无
	父亲	李永胜	20/05	彝	文盲	彝语，熟练	汉语，略懂
	长子	李忠许	85/12	彝	初中	汉语，熟练	无
	次子	李忠笔	87/08	彝	初中	汉语，熟练	无
24	户主	李忠义	66/03	彝	小学	汉语，熟练	无
	配偶	李艳芬	71/03	彝	小学	汉语，熟练	无
	父亲	李应昌	40/03	彝	小学	彝语，熟练	汉语，熟练
	长女	李惠玲	92/07	彝	初中	汉语，熟练	无
	长子	李国平	94/01	彝	小学	汉语，熟练	无
25	户主	李应元	63/09	彝	文盲	汉语，熟练	无
	配偶	石桂芬	66/05	彝	小学	汉语，熟练	无
	父亲	李永录	30/07	彝	文盲	彝语，熟练	汉语，熟练
	长女	李梅	88/03	彝	初中	汉语，熟练	无
	次女	李琼	90/01	彝	初中	汉语，熟练	无
26	户主	李应平	74/08	彝	小学	汉语，熟练	无
	母亲	李桂凤	35/04	彝	文盲	彝语，熟练	汉语，熟练
	长女	李红丽	99/09	彝	小学	汉语，熟练	无
27	户主	李应权	62/08	彝	小学	汉语，熟练	无
	配偶	孙会芬	62/06	彝	初中	汉语，熟练	无
	长子	李忠兵	85/05	彝	初中	汉语，熟练	无
	长女	李秀梅	86/07	彝	高中	汉语，熟练	无
28	户主	李应志	78/09	彝	初中	汉语，熟练	无
	配偶	李菊珍	76/03	彝	小学	汉语，熟练	无
	母亲	李英妹	33/08	彝	文盲	彝语，熟练	汉语，熟练
29	户主	李忠亮	63/04	彝	小学	汉语，熟练	无
	配偶	李菊芬	68/04	彝	小学	汉语，熟练	无
	妹妹	李翠芬	67/01	彝	小学	汉语，熟练	无
	长子	李光辉	90/03	彝	初中	汉语，熟练	无
	次子	李祖伟	92/10	彝	初中	汉语，熟练	无
30	户主	李应早	72/03	彝	小学	汉语，熟练	无
	配偶	李玲珍	72/07	彝	小学	汉语，熟练	无
	父亲	李永仁	48/04	彝	小学	彝语，略懂	汉语，熟练
	长子	李强元	95/12	彝	小学	汉语，熟练	无
	次女	李会萍	00/07	彝	小学	汉语，熟练	无
31	户主	高兰英	47/07	彝	文盲	彝语，略懂	汉语，熟练
	次子	李应发	77/05	彝	小学	汉语，熟练	无
32	户主	李应喜	64/02	彝	小学	汉语，熟练	无
	配偶	白凤英	63/05	傣	初中	汉语，熟练	无
	长子	李忠文	88/11	彝	高中	汉语，熟练	无
	次子	李忠武	90/12	彝	小学	汉语，熟练	无
33	户主	李应兵	74/11	彝	小学	汉语，熟练	无
	配偶	陈明芬	79/03	彝	小学	汉语，熟练	无

表 6　大黑冲六组

序号	家庭关系	姓名	出生年月	民族	文化程度	第一语言及水平	第二语言及水平
1	户主	杨桂兰	42/02	傣	文盲	汉语，熟练	无
	四女	李翠萍	74/01	彝	小学	汉语，熟练	无
	次子	李绍明	78/06	彝	初中	汉语，熟练	无
2	户主	李绍荣	69/06	彝	小学	汉语，熟练	无
	配偶	施兰珍	68/10	彝	小学	汉语，熟练	无
	长女	李艳秋	92/09	彝	初中	汉语，熟练	无
	长子	李建林	94/07	彝	小学	汉语，熟练	无
3	户主	李绍昌	59/09	彝	初中	汉语，熟练	无
	配偶	李惠珍	58/01	彝	小学	汉语，熟练	无
	长子	李宗祥	82/12	彝	初中	汉语，熟练	无
	儿媳	李玲	80/04	彝	初中	汉语，熟练	无
	次子	李宗富	83/12	彝	高中	汉语，熟练	无
4	户主	李凤伟	63/02	彝	小学	汉语，熟练	无
	配偶	李其帮	69/11	哈尼	小学	哈尼语，熟练	汉语，熟练
	次子	李绍祥	94/05	彝	小学	汉语，熟练	无
	长女	李孝丽	99/04	彝	小学	汉语，熟练	无
5	户主	李凤学	60/02	彝	小学	汉语，熟练	无
	配偶	张双凤	69/03	彝	小学	汉语，熟练	无
	次女	李思琪	00/05	彝	小学	汉语，熟练	无
6	户主	李家昌	39/12	彝	文盲	彝语，熟练	汉语，熟练
	配偶	李惠英	64/06	彝	小学	汉语，熟练	无
	三子	李凤富	90/04	彝	小学	汉语，熟练	无
7	户主	李凤成	64/10	彝	小学	汉语，熟练	无
	配偶	戴如英	63/03	彝	小学	汉语，熟练	无
	次女	李华	88/08	彝	初中	汉语，熟练	无
8	户主	李凤禄	58/11	彝	小学	汉语，熟练	无
	配偶	李惠兰	57/04	彝	文盲	汉语，熟练	无
	父亲	李家顺	32/10	彝	文盲	彝语，熟练	汉语，熟练
	长子	李学伟	80/10	彝	小学	汉语，熟练	无
	长女	李学琼	82/12	彝	初中	汉语，熟练	无
9	户主	李凤全	64/09	彝	小学	汉语，熟练	无
	配偶	李云仙	58/07	彝	小学	汉语，熟练	无
	母亲	李兰英	25/12	彝	文盲	彝语，熟练	汉语，略懂
	长子	李学云	81/02	彝	初中	汉语，熟练	无
	次子	李学俊	83/12	彝	初中	汉语，熟练	无
10	户主	刘满福	71/01	彝	小学	汉语，熟练	无
	配偶	熊玉芬	75/06	彝	小学	汉语，熟练	无
	长子	刘一	93/06	彝	初中	汉语，熟练	无

11	户主	李凤德	56/05	彝	文盲	汉语,熟练	无
	配偶	普桂仙	55/12	彝	文盲	汉语,熟练	无
	长子	李学林	85/11	彝	初中	汉语,熟练	无
12	户主	陈忠联	50/06	彝	小学	彝语,略懂	汉语,熟练
	配偶	王秀芬	49/08	彝	文盲	彝语,略懂	汉语,熟练
	长子	陈云华	79/02	彝	初中	汉语,熟练	无
13	户主	李凤美	49/03	彝	文盲	彝语,略懂	汉语,熟练
	配偶	王惠英	52/07	彝	文盲	彝语,略懂	汉语,熟练
	长女	李学英	75/06	彝	小学	汉语,熟练	无
	长子	李学富	80/11	彝	高中	汉语,熟练	无
14	户主	李绍建	52/06	彝	文盲	彝语,略懂	汉语,熟练
	配偶	王翠英	55/01	彝	文盲	汉语,熟练	无
	长子	李宗福	82/12	彝	初中	汉语,熟练	无
15	户主	李凤书	50/06	彝	文盲	彝语,略懂	汉语,熟练
	配偶	李翠英	58/05	彝	小学	彝语,略懂	汉语,熟练
	次子	李绍华	79/06	彝	小学	汉语,熟练	无
16	户主	李凤益	50/09	彝	文盲	彝语,略懂	汉语,熟练
	次女	李玉萍	78/12	彝	初中	汉语,熟练	无
	女婿	李贤飞	78/01	彝	初中	汉语,熟练	无
	外孙	李昂	00/09	彝	小学	汉语,熟练	无
17	户主	李绍满	74/12	彝	初中	汉语,熟练	无
	父亲	李凤昌	42/01	彝	文盲	汉语,熟练	无
	母亲	李凤珍	38/06	彝	文盲	彝语,略懂	汉语,熟练
	长子	李智云	99/01	彝	小学	汉语,熟练	无
18	户主	陈忠付	52/11	彝	文盲	彝语,略懂	汉语,熟练
	配偶	李翠仙	56/02	彝	文盲	汉语,熟练	无
	长子	陈绍平	79/07	彝	初中	汉语,熟练	无
19	户主	陈忠明	55/04	彝	小学	汉语,熟练	无
	配偶	李翠仙	53/06	彝	文盲	彝语,略懂	汉语,熟练
	长子	陈进光	82/08	彝	高中	汉语,熟练	无
20	户主	高发富	49/09	彝	文盲	彝语,略懂	汉语,熟练
	配偶	杨素芬	50/02	彝	文盲	彝语,略懂	汉语,熟练
	长女	高桂英	72/12	彝	小学	汉语,熟练	无
	长子	高玉和	73/06	彝	小学	汉语,熟练	无
	三女	高丽	80/04	彝	初中	汉语,熟练	无
	孙子	高强	94/09	彝	初中	汉语,熟练	无
	孙子	高休云	99/04	彝	小学	汉语,熟练	无
21	户主	李学义	67/12	彝	初中	汉语,熟练	无
	配偶	李翠华	67/01	彝	小学	汉语,熟练	无
	长子	李兆雄	89/11	彝	高中	汉语,熟练	无
	次子	李兆辉	91/11	彝	初中	汉语,熟练	无
22	户主	李绍云	58/04	彝	小学	汉语,熟练	无
	配偶	李兰珍	63/04	彝	小学	汉语,熟练	无

	父亲	李凤生	35/09	彝	文盲	彝语,熟练	汉语,熟练
	长女	李瑞	83/12	彝	中专	汉语,熟练	无
	次女	李萍	86/02	彝	中专	汉语,熟练	无
23	户主	张福英	74/08	汉	初中	汉语,熟练	无
	母亲	李凤英	37/02	彝	文盲	彝语,略懂	汉语,熟练
	长子	李伟	98/11	彝	小学	汉语,熟练	无
24	户主	李世福	65/05	彝	小学	汉语,熟练	无
	配偶	李翠芬	64/04	彝	小学	汉语,熟练	无
	长女	李玲	86/07	彝	中专	汉语,熟练	无
	长子	李传文	88/09	彝	高中	汉语,熟练	无
25	户主	李永祥	40/05	彝	小学	彝语,略懂	汉语,熟练
	配偶	李秀氏	38/04	彝	文盲	彝语,略懂	汉语,熟练
	次子	李世林	74/05	彝	初中	汉语,熟练	无
	三子	李世云	77/03	彝	初中	汉语,熟练	无
	四子	李世鹏	79/11	彝	初中	汉语,熟练	无
	孙女	李秋易	01/02	彝	学前	汉语,熟练	无
26	户主	李凤斌	65/08	彝	小学	汉语,熟练	无
	配偶	李菊英	70/06	彝	小学	汉语,熟练	无
	长女	李红映	92/01	彝	初中	汉语,熟练	无
	次女	李紫青	94/01	彝	初中	汉语,熟练	无
27	户主	李凤田	50/02	彝	文盲	彝语,略懂	汉语,熟练
	配偶	高翠英	49/06	彝	文盲	彝语,略懂	汉语,熟练
	长子	李宗林	72/05	彝	小学	汉语,熟练	无
	儿媳	李玉莲	77/02	彝	小学	汉语,熟练	无
	孙女	李娅楠	98/05	彝	小学	汉语,熟练	无
28	户主	张家有	60/04	彝	小学	彝语,略懂	汉语,熟练
	配偶	普凤仙	60/08	彝	小学	彝语,略懂	汉语,熟练
	母亲	张素明	26/11	彝	文盲	彝语,熟练	汉语,略懂
	长子	张伟	87/07	彝	初中	汉语,熟练	无
	长女	张艳	88/10	彝	初中	汉语,熟练	无
29	户主	李凤吴	56/09	彝	文盲	汉语,熟练	无
	长子	李绍彬	96/03	彝	初中	汉语,熟练	无
30	户主	高发贵	57/09	彝	初中	汉语,熟练	无
	配偶	李兰仙	60/04	彝	小学	汉语,熟练	无
	长女	高艳	83/09	彝	初中	汉语,熟练	无
31	户主	陈凤德	71/11	彝	小学	汉语,熟练	无
	配偶	孙会珍	75/07	彝	初中	汉语,熟练	无
	长子	陈志勇	96/11	彝	小学	汉语,熟练	无
32	户主	陈凤庭	58/10	彝	中专	汉语,熟练	无
	配偶	李玉兰	61/07	彝	小学	汉语,熟练	无
	长女	陈丽	85/02	彝	中专	汉语,熟练	无
	次女	陈秋萍	87/12	彝	高中	汉语,熟练	无

33	户主	李凤红	49/10	彝	小学	彝语,略懂	汉语,熟练
	长女	李艳	84/01	彝	初中	汉语,熟练	无
	长子	李绍祥	85/02	彝	高中	汉语,熟练	无
34	户主	李凤柱	53/06	彝	小学	汉语,熟练	无
	配偶	李兰仙	54/11	彝	文盲	汉语,熟练	无
	长子	李绍田	81/01	彝	初中	汉语,熟练	无
35	户主	李凤云	57/09	彝	小学	汉语,熟练	无
	配偶	阮菊英	53/05	傣	文盲	汉语,熟练	无
	长子	李学明	80/10	彝	初中	汉语,熟练	无
36	户主	李永明	52/10	彝	文盲	彝语,略懂	汉语,熟练
	配偶	李琼仙	54/04	彝	文盲	汉语,熟练	无
	大哥	李永寿	39/03	彝	文盲	彝语,略懂	汉语,熟练
	二哥	李永昌	43/11	彝	文盲	彝语,略懂	汉语,熟练
	长子	李绍全	75/12	彝	初中	汉语,熟练	无
	长女	李燕	78/07	彝	初中	汉语,熟练	无
	次女	李丽萍	81/11	彝	初中	汉语,熟练	无
	孙女	李雪佳	00/12	彝	小学	汉语,熟练	无
37	户主	陈凤祥	46/12	彝	小学	彝语,略懂	汉语,熟练
	配偶	普秀芬	47/08	彝	文盲	彝语,略懂	汉语,熟练
	次子	陈志有	70/04	彝	小学	汉语,熟练	无
	孙女	陈晓玉	97/11	彝	小学	汉语,熟练	无
38	户主	陈忠云	65/09	彝	小学	汉语,熟练	无
	配偶	孔丽琼	71/02	汉	初中	汉语,熟练	无
	长女	陈晓梅	91/05	彝	初中	汉语,熟练	无
	次女	陈晓芳	93/07	彝	初中	汉语,熟练	无
39	户主	陈凤有	45/10	彝	文盲	彝语,略懂	汉语,熟练
	配偶	李桂英	46/08	彝	文盲	彝语,略懂	汉语,熟练
40	户主	陈建平	76/01	彝	初中	汉语,熟练	无
41	户主	李凤义	56/04	彝	小学	汉语,熟练	无
	配偶	陈玉芬	60/05	彝	小学	汉语,熟练	无
	长子	陈春福	82/03	彝	高中	汉语,熟练	无
	长女	陈春燕	84/08	彝	高中	汉语,熟练	无
42	户主	王学有	57/08	彝	小学	汉语,熟练	无
	配偶	李琼芬	59/08	彝	小学	汉语,熟练	无
	长子	王保富	83/03	彝	初中	汉语,熟练	无
	儿媳	依雷	81/01	彝	初中	汉语,熟练	无
	次子	王保林	84/11	彝	初中	汉语,熟练	无
43	户主	李凤林	48/01	彝	文盲	彝语,略懂	汉语,熟练
	配偶	施桂珍	48/02	彝	文盲	彝语,略懂	汉语,熟练
	次子	李绍福	75/05	彝	初中	汉语,熟练	无
	三子	李绍红	77/12	彝	初中	汉语,熟练	无
	儿媳	普金芬	77/08	彝	初中	汉语,熟练	无
	孙子	李一	00/09	彝	小学	汉语,熟练	无

44	户主	李绍德	69/02	彝	小学	汉语,熟练	无
	配偶	李华珍	68/08	彝	小学	汉语,熟练	无
	长子	李梓瑞	93/12	彝	初中	汉语,熟练	无
	长女	李梓玉	97/06	彝	小学	汉语,熟练	无
45	户主	李世平	73/05	彝	小学	汉语,熟练	无
	配偶	普林芬	74/02	彝	初中	汉语,熟练	无
	父亲	李永顺	47/03	彝	文盲	彝语,略懂	汉语,熟练
	母亲	普菊英	47/03	彝	文盲	彝语,略懂	汉语,熟练
	长女	李梅	96/11	彝	小学	汉语,熟练	无
46	户主	李世全	68/08	彝	小学	汉语,熟练	无
	配偶	施琼英	66/01	彝	小学	汉语,熟练	无
	长子	李传真	91/01	彝	初中	汉语,熟练	无
	长女	李传芬	92/10	彝	初中	汉语,熟练	无
47	户主	李莲芬	63/03	彝	初中	彝语,略懂	汉语,熟练
	母亲	普家英	28/02	彝	文盲	彝语,熟练	汉语,略懂
	长女	普丽华	93/08	彝	初中	汉语,熟练	无
	长子	普建辉	96/09	彝	小学	汉语,熟练	无
48	户主	普忠昌	50/01	彝	文盲	彝语,略懂	汉语,熟练
	配偶	祁兰英	51/10	彝	文盲	彝语,略懂	汉语,熟练
	次子	普建伟	80/07	彝	初中	汉语,熟练	无
49	户主	李凤金	73/07	彝	初中	汉语,熟练	无
	配偶	马会芬	72/12	汉	小学	汉语,熟练	无
	母亲	李秀英	35/10	彝	文盲	彝语,略懂	汉语,熟练
	长子	李国强	99/01	彝	小学	汉语,熟练	无
50	户主	李凤孟	63/04	彝	小学	汉语,熟练	无
	配偶	杨玉华	72/06	傣	初中	汉语,熟练	无
	长女	李春艳	95/04	彝	初中	汉语,熟练	无
	次女	李二	99/09	彝	小学	汉语,熟练	无
51	户主	李凤平	69/01	彝	初中	汉语,熟练	无
	配偶	李建存	74/11	彝	初中	汉语,熟练	无
	长女	李红丽	91/10	彝	初中	汉语,熟练	无
	长子	李学海	94/02	彝	初中	汉语,熟练	无
52	户主	陈建华	71/11	彝	初中	汉语,熟练	无
	配偶	奚美兰	70/02	汉	初中	汉语,熟练	无
	长子	陈银	98/11	彝	初中	汉语,熟练	无
53	户主	陈建德	68/04	彝	初中	汉语,熟练	无
	配偶	白凤珍	68/07	傣	初中	汉语,熟练	无
	长子	陈春林	92/01	彝	初中	汉语,熟练	无
	长女	陈春梅	97/12	彝	初中	汉语,熟练	无
54	户主	李绍林	74/04	彝	初中	汉语,熟练	无
	父亲	李凤启	46/05	彝	文盲	彝语,略懂	汉语,熟练
	母亲	普福芬	49/12	彝	文盲	汉语,熟练	无

55	户主	陈绍林	77/03	彝	初中	汉语,熟练	无
	母亲	陈凤珍	38/10	彝	文盲	彝语,略懂	汉语,熟练
	长子	陈宇	00/10	彝	小学	汉语,熟练	无
56	户主	陈树明	68/01	彝	小学	汉语,熟练	无
	配偶	李兰珍	70/11	彝	初中	汉语,熟练	无
	父亲	李凤春	41/07	彝	文盲	彝语,略懂	汉语,熟练
	母亲	李桂珍	42/10	彝	文盲	汉语,熟练	无
	妹妹	李秀萍	80/05	彝	初中	汉语,熟练	无
	长女	李琳娜	90/06	彝	初中	汉语,熟练	无
	长子	李国贤	91/09	彝	初中	汉语,熟练	无
57	户主	李凤有	63/09	彝	初中	汉语,熟练	无
	配偶	李翠珍	62/07	彝	初中	汉语,熟练	无
	父亲	李家国	35/01	彝	文盲	彝语,略懂	汉语,熟练
	长女	李莉	84/11	彝	初中	汉语,熟练	无
	长子	李学强	87/04	彝	高中	汉语,熟练	无
58	户主	普建平	74/10	彝	初中	汉语,熟练	无
	配偶	李华	75/01	彝	初中	汉语,熟练	无
	长子	普虹贵	99/11	彝	初中	汉语,熟练	无

二 访谈录

(一)通海县里山彝族乡乡长访谈录

访谈对象:普家忠,男,35岁,彝族。大专文化程度,里山乡现任乡长。

访谈时间:2007年7月8日

访谈地点:里山乡乡政府办公室

问:普乡长,请您简要介绍一下全乡的情况。

答:好。我们里山乡北边邻近通海县城,从这里到城郊只有5公里,东边是杨广镇,西边靠着九街镇,南边接着高大乡和曲江镇,面积100.1平方公里。我们乡共有6个村委会,41个自然村,44个组,总人口在8300人左右。我们这里有汉、彝、哈尼等8个民族,其中汉族、彝族人数最多,各有4000多人。最近几年,我们这里经济、文教各方面都有较大的发展,老百姓的生活水平也有很大的提高。目前,我们乡主要是种植水稻、烟草、蔬菜等作物,去年全年粮食总产量是120万公斤,人均自产粮超过150公斤,全乡烟草收购量122万公斤,收购金额近1500万元。我们乡还有包括施工、商品流通、旅游饮食、交通、社会服务等乡镇企业108个。在教育方面,我们在全乡范围内广泛推行教师全员聘任制,认真落实九年义务制教育的各项规定,目前小学入学率、巩固率均达到100%。在医疗卫生方面,我们采取了各种措施,积极动员群众参加新型农村合作医疗,解决农民看病难的问题。当然,不足之处还有很多,比如,产业结构还不太合理,基础建设方面相对落后。这些问题都是我们今后在工作中要逐步解决的。

问:里山乡彝语的使用情况怎么样?

答:大体上看有三种类型吧。芭蕉村委会和象平村委会应该属于第一种,这两个村委会里的彝族老乡男女老少都会说彝语。里山村委会可以算作第二种类型,那里年长些的老人听、说都没有问题,年纪轻一些的听的方面还不错,但说的方面相对要差一些。第三种类型就是大黑冲了,这个村委会里只有一些70—80岁的老人还能讲彝语,中年以下的基本上不会听,更不会说了。

问:现阶段,彝语中的汉语借词越来越多,您怎么看?

答:这是事实。新事物、新现象不断出现,这些在彝语里以前是没有的,老辈人也从来没听说过,不借用汉语怎么办?还有些词语,用彝语说起来不太简便,所以也借用了汉语的说法。我现在抽的"红塔山"烟,用汉语就是简单的三个音节,要用彝语说就又"弯"又"绕",不容易被认可。所以,汉语借词多了一些是合理的,也是必需的。

问:里山乡大部分彝族老乡都会讲彝语,您觉得有利于彝语保留的条件主要有哪些?

答:这个嘛,我没有专门考虑过。不过,总体上看,居住相对集中应该算是一个最重要的条件。在我们里山乡,有不少村寨都是纯彝族的,左邻右舍见面讲彝话是再自然不过的了。我们乡有些村子是既有汉族,又有彝族的,但不同民族的家庭还是分开住的。像在我们乡里山村,彝族和汉族基本是各占一半,但彝族都是住在高处,跟汉族是分开的,所以彝族老乡之间说彝话的机会还是很多。还有,临近彝语使用区也是一个有利条件。我们里山靠近红河哈尼族彝族自治州,从这里到石屏,坐车子去的话也就个把小时,两边彝族也时常有些来往,这对彝语的保留应该是很有利。另外,我个人觉得还有两个重要条件:一个是民族感情,一个是实用价值。先说民族感情,比如,如果我在昆明遇见了我们彝族人,聊上几句民族话,那么不需要先喝酒碰杯,很自然地就能变成无话不谈的老朋友。这就是民族感情的作用,认可本民族,自然就爱讲民族话。再看彝语的实用价值,我们本民族人在一起,聊些本村、本寨的事,用民族语其实还是更方便,更"到位"一些。还有,我们这里七八十岁的老年人讲汉语的时候"舌头有点儿变不活"(当地方言,指"表达能力较差"),跟他们交流,讲彝话当然要更顺当些。

问:这里彝族老乡都会讲汉语吧?

答:那是当然。可以说,男女老少都能讲。小孩子两三岁上就能听懂汉话,等到四五岁上了幼儿园,一有了语言环境马上就能开口讲。老人汉语稍微要差一点儿,但基本的交流一点儿问题也没有。

问:老乡普遍掌握汉语的主要原因是什么?

答:汉语是我们国家的通用语言嘛。从我们乡政府的情况来看,不掌握好汉语,国家的政策就落实不好,经济、文教等各项工作就根本无法开展。从个人角度来讲,不会汉语,不用说外出求学、经商、务工,就连赶街(当地方言,"赶集"义)都成问题。另外,50年代中期修建的"建一通"("建水"至"通海"的省道)公路,还有近年开通的"建一通"高速公路,都经过我们乡,现在我们无论是到昆明,还是到西双版纳,都非常方便。交通便利了,人员交流就更密切,使用汉语的场合自然也就更多了。还有,我们乡彝族跟汉族、傣族通婚是非常普遍的,在通婚的家庭里,下一代彝族顶多也就能说上几句日常用语,基本上就都转用汉语了。

问:有人说,语言、民族服饰、民族歌舞都是民族的标志,一定要保留下来,您怎么看?

答:我的观点就是,凡是有利于民族发展的,都不要回避,更不能有抵触情绪;凡是本民族中优秀的成分,不仅要保留下来,而且还要发扬光大。具体到你提到的这三个方面,我的看法是,彝语应该尽量保留下来。至于彝语中的有些不太简便的表达方法,该借用汉语的就一定要借。服饰方面呢,我觉得应该改进。坦率地讲,我们有些民族服饰对于生活、劳动都不太方便。如果将来有一天,服装设计师设计出了既有我们民族特色,又方便实用的彝族时装,我们也乐意穿。民族歌舞方面,我的态度是要有所取舍。对一些跟时代不合拍的落后习俗,要改进,甚至要放弃;对一些具有传统色彩,能反映我们本民族文化特色的文化遗产,要大力保护,更要尽量传承。比如,我们已经组织民间艺人整理了我们这里独有的“五山腔”,在小学里当成一门课程来教,在节日期间演唱。

问:经济的发展跟语言的保留是不是存在着冲突?

答:不能这样理解吧。语言的保留跟经济的发展如果处理得当,两方面会相辅相成的。语言和文化要保留得好,可以带动经济的发展;经济水平提高了,又能够加大保护语言和文化的力度。

问:您在兴蒙蒙古族乡也担任过乡长,应该说对里山和兴蒙都是非常了解的。能不能大致谈谈这两个乡在母语使用、对待母语的态度等方面有哪些相同或不同之处?

答:非常了解谈不上,我三年以前在兴蒙乡,只是给当时的乡长担任过一段时间的副手。我觉得,我们两个乡在使用母语,保留母语和发展母语方面的看法和做法基本都是一致的。但坦率地讲,兴蒙乡的蒙古族在母语的使用和保留方面,无论是态度还是具体的行动都要更积极一些,这点是值得我们里山学习的。

问:最后一个问题,您预测一下,里山彝语能否长久地保留下去?

答:如果顺其自然发展下去的话,我们彝话有一天会丢失。但我觉得保留百八十年还是没什么问题的。

(二)通海县里山彝族乡乡人大主席访谈录

访谈对象:李汝成,男,49岁,彝族。中专文化程度,现任里山乡党委委员,乡人大主席。

访谈时间:2007年7月9日

访谈地点:里山乡乡政府办公室

问:请您介绍一下您的个人情况。

答:我是彝族,1958年5月出生,中共党员,中专毕业,现在是里山乡党委委员、乡人大主席。

问:里山乡芭蕉村、大黑冲村、象平村都是彝族聚居区,您认为他们语言的使用情况有什么不同吗?

答:我们里山乡有6个村委会。芭蕉、大黑冲、象平3个村全部都是彝族。芭蕉、象平两地男女老少都会说彝语。大黑冲村和其他两个村不一样,只有老的才会说彝语,小的不会说了。

问:为什么会出现这种情况呢?

答:大黑冲靠近华宁县,经常和汉族在一起,从小就说汉话了。

问:其他3个村是什么情况呢?

答:五山村和中铺村都是汉族,都不说彝语。里山村有一部分是彝族,大概占40%左右,都会讲彝语。那儿的彝族都聚居在山区,汉族居住在乡政府附近。聚居在一起,彝语就说得好一些,分散开的就不行了。挨着彝族村的汉族,不会说彝语,只能听懂一些简单的彝语。

问:现在是不是有这样一种情况,就是年龄稍长的老人彝语说得好,年轻人就差一点?

答:不是。年龄大的,年龄小的,包括幼儿园的小孩,都是一样的,都会说彝语。小孩会说话的时候就会说彝语了。小孩出生后,我们彝族就用彝语教他们,平时都是使用彝语的。

问:那小孩说汉语是什么情况呢?

答:小孩一般在4岁左右上了幼儿园,那时就开始学汉话了。4岁以前不太会说汉语。

问:现在彝语的使用情况是不是有变化,您是怎么看的呢?

答:像我们芭蕉村、象平村,还有里山村的彝族,男女老幼都会使用我们彝族语言,短时期内不会有什么变化的。

问:那您认为短时期是一个怎样的时间段呢?

答:我认为上百年是不会有变化的。这和我们的民族感情、地理位置都有关系。随着经济社会的发展,特别是文化的发展,交流就多起来了,外出的人越来越多,说彝语的人慢慢就会减少。但我们彝族出去打工的很少,相当少,基本上在家务农。

问:您是怎么看待地理位置这个条件的?

答:比如说,接近汉族的地方,居住比较偏远的地区,比如大黑冲村,那里年龄小的人就不会说彝语了。

问:里山彝族人口比较少,但是彝语一直保留了下来,您认为是什么原因呢?

答:除了地理位置外,还有就是生活习惯和民族感情,彝族人习惯使用彝语。像芭蕉村、象平村这两个村委会,我估计过百十年是不会变的,因为它整个村都是彝族,外面迁进来的人很少,村里基本上都是彝族。

问:您平时工作的时候,或者与彝族干部开会的时候,即使有汉族在场,会不会也使用彝语呢?

答:有汉族同志参加会议的时候,我们都是讲汉语的,这也是我们的规定。因为我们如果说彝语,汉族同志听不懂,就理解不了我们的意思,也不知道我们在做什么。我们在下边开村组干部会、群众会的时候,有汉族同志的时候,我们也都讲汉话。在工作上,是要讲通用语言的。

问:您觉得小孩子出生后先教他汉语好呢,还是先教彝语好呢?

答:彝族的孩子还是先教彝语好,这是改变不了的。大人用彝语教他们,已成了一种习惯。

问:大家都知道说好汉语很重要。从您的角度来看,说好汉语到底有什么作用呢?

答:因为我们是彝族,我们彝族的文化一样也要保留,不能失传,这是很重要的。另外我们也要与汉族广泛交流,特别是彝族的子女要多读书,和外边多接触,这样思想才开放些,多了一个窗口,多了一条路,这样才能发展。

问:我还想了解一下您家孩子的彝语使用情况。

答:我有两个儿子,大儿子已经大学毕业了,小儿子初中毕业。他们从小就会说彝语,说得很好。我们在家里都说彝语,不说汉语。他们和长辈们说的也是彝语,只要都是彝族,就只说彝语,不说汉语。我们村里也是这种情况,孩子们一般都是说彝语,不说汉语,不过孩子们一般一入学以后,也就学会汉语了。

(三)通海县里山中心学校德育主任访谈录

访谈对象:张姚波,男,33 岁,汉族。本科文化程度,通海县里山中心学校德育主任。

访谈时间:2007 年 7 月 9 日

访谈地点:里山乡乡政府办公室

问:张老师,您好,请问您当老师多少年了?

答:已经 14 年了。

问:您一直在通海里山中心学校任教吗?

答:我在里山中心学校任教 8 年,之前在高大乡小学教书。

问:您在里山中心学校工作这么久了,请您先简单介绍一下里山中心学校的基本情况,好吗?

答:好的。通海县里山彝族乡中心学校始建于 1945 年,是玉溪市规模较大的山区少数民族地区寄宿制学校。学校辖两所完小,两所初小以及一所一师一校点。两所完小分别设在大黑冲乡和里山乡,而两所初小分校分别设在五山乡和中铺乡,还有一所一师一校点设在五里箐乡。过去,学校还设有初中部,1994 年初中部归并给了通海十六中。现在学校有学生 796 人,全校在编教师有 70 人。

问:学校的教学条件如何?

答:还可以吧。教学硬件上,每个教室都配备了彩电和 DVD。学校也设有多媒体室、语音室、计算机室、音乐室、舞蹈室以及课件室。教师素质上,我们有特级教师 1 名,省级骨干教师 1 名,小学高级教师 26 名。我们学校对教师也有定期的培训。

问:里山彝族乡中心学校是少数民族地区学校,现在学校有多少彝族学生?

答:学校现有彝族学生 336 人,占学生总数的 42.2%。

问:为针对少数民族地区的学生上学,国家有优惠政策吗?

答:有。国家对少数民族学生上学实行"三免一补"政策,即免学杂费、书本费以及文具费;补贴寄宿制经费,每人每月 15 元。还有一些其他形式的社会捐助,每年都有几万元。

问:学校里语言的使用情况如何?

答:在学校,上课时间都使用普通话。下课以后,老师和学生一般用当地汉语交流,少数民族学生之间偶尔用民族语交流。

问:彝族学生学习和使用汉语的情况如何?

答:在我们教师看来,彝族学生使用汉语的水平和汉族学生使用汉语的水平差不多。里山乡 8000 多人中,汉族和彝族各占了一半,彝族占总人口的 49%左右。彝族和汉族的交流非常频繁,很多彝族小孩很小就会说汉语。另外,各村基本都设有学前班,少数民族学生 5 岁左右就可以到学前班学习汉语。在我们学校,有的彝族学生的普通话比汉族学生说得还好。

问:实际教学中,您有没有发现彝族学生学习上有语言障碍?

答:没有。我们学校是寄宿制学校,学生一周有五天在学校,只有两天回家。同学们已经习惯了用汉语交流,说汉语的时间大大超过了说彝语的时间,彝族学生能较好地掌握汉语,学习上也不存在语言障碍。

问:在您看来,彝族学生的彝语现在有变化吗?

答:我不是彝族,但我能感觉到现在的彝语和过去的彝语有区别。在过去,学生们的彝语很难懂。但现在,我们能猜到一些彝语的内容,因为现在学生们的彝语中掺杂了很多汉语词,比如电视、计算机等。有的彝语中甚至还掺杂"上课"、"放学"、"作业"等汉语词。

问:彝族学生和汉族学生的学习成绩、升学率有差别吗?

答:我认为没有差别。普及九年义务制教育后,学生们都可以进入初中学习,不容易看出差别。但据我了解,很多学习刻苦的彝族学生在初中毕业后,也考取了重点高中。所以,彝族学生和汉族学生一样,只要努力学习,都能顺利升学。

问:现在彝族的读书人比过去更多了吧?

答:是的。我是 1999 年到里山乡中心小学工作的。我来的时候,里山乡还没有一个大学生,但到了最近几年,里山乡的彝族大学生越来越多了。现在,几乎每个村,大约 1000 人左右,就会有一个大学生。

问:这些考出去的彝族大学生有没有给家乡带来什么影响?

答:肯定有。知识的丰富必然带来思想观念的改变。这些考出去的彝族学生见得多了,想法也就更多。他们的知识、想法以及技术大大促进了家乡的建设。最为明显的是,这些考出去的彝族学生首先带动了自己家庭经济的发展。

问:彝族学生的家长对孩子学习汉语的态度如何?

答:每一个家长都希望自己的孩子学习好。很多彝族家长也已经看到了语言发展的趋势,他们都希望孩子学好汉语。

问:彝族学生家长在孩子上学前是不是有意识地培养孩子学习汉语呢?

答:是。现在六七岁小学生的家长大概 30 多岁。他们的思想比较开放和超前。为了不让孩子"输在起跑线上",一些家长在孩子还小的时候就有意识地教孩子学习汉语。所以,很多彝族学生说汉语、甚至说普通话,一点儿也不吃力。

问:彝族学生们对汉语的态度呢?

答:他们很自然地想学好汉语。作为学生,都会希望自己学习好。但彝族学生并不仅是为了语文成绩好而学习汉语。通海这个地方很小,彝族与汉族杂居,彝族学生想与外界交流的想法非常自然,他们都很愿意学好语文,说好汉语。

问:您能预测今后彝语会怎样发展吗?

答:使用的人会越来越少吧。彝族村里、寨子里的彝语会如何变化我预测不了。但我认为至少学校里说彝语的学生会越来越少,估计二十年后,就没有人在学校里说彝语了。

问:学校有没有想过要为彝族文化、彝族语言的保留出力呢?

答:有。事实上,我们也正在做这方面的工作。我们学校有一个做了五六年的云南省教育科研课题,名为"彝族歌舞课程开发与运用研究"。课题的目的是研究如何更好地保留彝族的传统舞蹈和歌曲。为此,学校编写了彝族传统歌舞的教材,聘请了彝族的艺术家给学生们上课,每年还组织一次彝族歌舞的汇演,学生们还有一周两次的彝族舞课间操。希望通过种种活动加强对彝族传统文化的保留。

三 音系及词汇

（一）里山彝语语音系统

通海县里山乡位于通海县东南部，距离县城5公里，主要居民为汉族、彝族。里山乡的彝族大多数都使用彝语，并普遍兼用汉语，使用文字为汉文。通海里山彝语属于彝语南部方言，使用人口约4000余人。里山彝语内部基本一致，但也存在细微差别。本语音系统以通海里山乡芭蕉村的彝语为依据，发音人是里山乡芭蕉二村村民李生宝和李家彬。他们都是在里山乡土生土长的，以里山彝语为第一语言。

里山彝语语音的主要特点有：(1) 塞音、塞擦音、擦音的声母都分清浊两类；(2) 边音有清化和不清化的对立；(3) 韵母比较丰富，有松紧、鼻化非鼻化的对立；(4) 韵母以单元音韵母为主，复合元音韵母主要出现在汉语借词中；(5) 声调数量较少。现按声母、韵母、声调的特点分述如下：

一、声母

声母共有28个。按发音部位特点可划分为双唇、舌尖中、舌尖前、舌面、舌根五类。具体是：

表 1

p	ph	b	m	f	v
t	th	d	n	l	ɬ
ts	tsh	dz	s	z	
tɕ	tɕh	dʑ	ɕ	ʑ	
k	kh	g	ŋ	x	ɣ

例词：

表 2

p	pu^{55} 挑（刺）	pɛ̱^{33} 发（芽）
ph	phu^{55} 穿（耳朵）	phɛ̱^{33}（一）把（刀）
b	bu^{33}（猪）拱（土）	bɛ̱^{33} 说（媳妇）
m	mu^{33} 天	mɛ̱^{31} 熟
f	fa̱^{31} 干燥	fɛ̱^{31} 山崖
v	va̱^{31} 搓（绳）	vɛ̱^{31} 猪

t	tu̱^{33} 撑	te^{31} 追
th	thu^{33} (一)砣	the^{31} 告诉
d	du̱^{33} 出	de^{31} 飞
n	nu^{55} 好	ne^{31} 藤子的一种
l	lu^{55} (一)排	lɛ̱^{31} 手
ts	tsu̱^{55} 尖	tsɔ^{31} 饭
tsh	tshu^{55} 胖	tshɔ^{31} 遮
dz	dzu^{31} (晒)蔫	dzɔ^{31} 有
s	su^{31} 别人	sɛ^{33} 核
z	zu^{31} 抓	zɛ^{33} 淌
tɕ	tɕi^{31} 紧	tɕɛ̱^{33} 耙（田）
tɕh	tɕhi^{31} ʑi^{31} 米汤	tɕhɛ̱^{33} 梳（头）
dʑ	dʑi^{31} 酒	dʑɛ̱^{33} 冷
ɕ	ɕi^{31} 下（毛毛雨）	ɕɛ̱^{33} (皮肤)粗糙
ʑ	ʑi^{31} 锯（木）	ʑɛ̱^{33} 鸡
k	kɔ^{55} 烤	kɤ̱^{31} 滞食
kh	khɔ^{55} 靠	khɤ̱^{31} 舀
g	gɔ^{55} (田)里	gɤ̱^{31} 腿
ŋ	ŋɔ^{33} 要	ŋɤ̱^{31} 热
x	xɔ^{31} 等待	xɯ^{31} 海
ɣ	ɣɔ^{31} 菜	ɣɯ^{31} 切

声母说明：

1. 与 u、o、ɔ 结合的舌尖声母，发音时舌叶略抬起，近似舌叶音。如：dzu^{33}“筋”、tshɔ^{31}“人”、zɔ̃^{31}“大麦”、zɔ^{55}“辣”等。

2. 声母 m、ŋ 能自成音节。发音人不同时，m 存在不同变体，m 读为 mu 或 u，如：m^{33}dɤ^{33}/u^{33}dɤ^{33}“头”，m^{55}/mu^{55}“天”。

二、韵母

韵母共有 40 个，以单元音韵母为主。

单元音韵母以口元音韵母为主，也有部分鼻化元音韵母。鼻化元音韵母主要出现在汉语借词中，出现在本语词中的很少。单元音韵母有松紧元音对立，主要出现在口元音上，鼻化元音有松紧对立的很少。

复合元音韵母出现在本语词中的较少。但由于汉语借词的进入，大大增加了复合元音韵母的数量和使用频率。

(一) 单元音韵母

单元音韵母共有 27 个，分为松元音韵母、紧元音韵母、鼻化元音韵母三类。鼻化元音韵母大多是松的，只有个别是紧的。列表如下：

表 3

ɿ	i	e	ɛ	a	ɔ	o	u	ɤ	ɯ
ɿ̱	i̱		ɛ̱	a̱	ɔ̱	o̱	u̱	ɤ̱	ɯ̱
	ĩ	ẽ	ɛ̃	ã		õ		ɤ̃	ɯ̃
			ɛ̱̃						

例词：

表 4

ɿ	dzɿ^{31} 扔	sɿ^{31} 死
ɿ̱	dzɿ̱^{31} 缝	sɿ̱^{31} 拧
i	vi^{31} 稗子	li^{33} 重
i̱	vi̱^{31} 穿（衣）	li̱^{33} 缠
e	de^{31} 飞	ne^{31} 藤子的一种
ɛ	dɛ^{33} 打	nɛ^{31} 响
ɛ̱	dɛ̱^{33} 上（山）	nɛ̱^{31} 深
ɔ	tshɔ^{31} 人	mɔ^{31} 老
ɔ̱	tshɔ̱^{31} 蹭	mɔ̱^{31} 擦
a	tɕa^{31} 假	ta^{55} 带（路）
a̱	ɔ^{55} tɕa̱^{31} 叔叔	ta̱^{31} 拴（牛）
o	tsho^{31} 哄	mo^{33} 马
o̱	tso̱^{31} 掺（水）	to̱^{31} 升（起）
u	du^{33} 挖	dzu^{33} 筋
u̱	du̱^{33} 出（太阳）	dzu̱^{33} 怕
ɤ	dzɤ^{31} 刺儿	gɤ^{31} 渡
ɤ̱	dzɤ̱^{31} 花椒	gɤ̱^{31} 脚
ɯ	lɯ^{33} 滚	khɯ^{33} 偷
ɯ̱	lɯ̱^{33} 动	mɯ̱^{33} 孵（小鸡）
ĩ	thĩ^{31} 编（辫子）	ɕĩ^{31} 铁
ẽ	so^{55} tsẽ^{55} 麦芒	mɤ^{55} tsẽ^{31} 鸡棕
ɛ̃	sɛ̃^{33} 长	sɛ̃^{31} 肝
ɛ̱̃	ɛ̱̃^{33} 牛	xɛ̱̃^{31} 八
ã	thã^{31} 塘	kã^{33} 缸
õ	kõ^{31} 矿	xõ^{55} 出嫁
ɤ̃	khɤ̃^{31} 牢固	tshɤ̃^{55}（肚）胀
ɯ̃	kɯ̃^{55} 硌（脚）	lɯ̃^{55} 傻

（二）复合元音韵母

复合元音韵母共有 13 个，均为二合元音韵母。前一元音为 u、i、o、a，可分鼻化和非鼻化两类，列表如下：

表 5

ui	uɛ	uo	ua	iɛ	io	ou	au
uĩ	uɛ̃	uã	iɛ̃	iã			

例词：

表 6

ui	sɿ^{31} xui^{33} 石灰	tã^{33} kui^{33} 当归
uɛ	suɛ^{55} 税	tshuɛ^{55} 脆
uo	xuo^{33} tɕhɛ^{31} 银元	uo^{35} 了
ua	tõ^{33} kua^{33} 冬瓜	kua^{55} 快
iɛ	niɛ^{31} tɕi^{55} 年纪	ɕĩ^{33} tɕhi^{33} thiɛ^{55} 星期天
io	mio^{31} 话	tio^{55} 钓
ou	tou^{31} 抖	tou^{33} fu^{33} 豆腐
au	ɣau^{33} 熬（粥）	kau^{55} ɕi^{55} 高兴
uĩ	suĩ顺	xuĩ^{55} ku^{33} xuĩ^{55} tsã^{55} 乱七八糟
iã	niã^{55} 腻	liã^{55} 亮
iɛ̃	niɛ̃^{31} 年	liɛ̃^{31} khɛ^{31} 连接
uɛ̃	kuã^{33} kuɛ̃^{55} 光棍儿	tshuɛ̃^{55} 寸
uã	xuã^{31} kua^{33} 黄瓜	suã^{55} phã^{31} 算盘

韵母说明：

1. 松元音韵母在 4 个调上都出现，例词见后面的声调部分。而紧元音韵母只出现在中平和低降两个调上，不出现在高平和高升调上。如：

表 7

高平	中平	低调	高升
—	nɛ̱^{33} 黑	nɛ̱^{31} 深	—
—	dɛ̱^{33} 上（去）	dɛ̱^{31} 春	—

2. 鼻化元音韵母除了ɛ̃出现个别松紧对立的词外，均是松元音，没有紧元音。

3. 鼻化元音韵母有的伴随-m、-ŋ 鼻韵尾。主要是：õ 音后大多带-m，也有少数带-ŋ 尾的，ĩ、ɛ̃、ɯ̃、ɤ̃后带-ŋ 尾。如：zõ（m）^{31}"大麦"，xõ（ŋ）^{55}"出嫁"，ɕĩ(ŋ)^{31}"铁"，zɛ̃(ŋ)^{31} nɛ^{55}"忍耐"，lɯ̃(ŋ)^{55}"蠢"，khɤ̃(ŋ)"牢固"。由于带鼻韵尾的汉语借词不断增多，带鼻韵尾的音节大量出现。但不同发音人的情况不同，总的看来汉语言水平高的，出现带鼻韵尾的音节频率高些。

4. a 的实际音值接近 æ，在本语词里多出现紧元音。汉语借词的 a 借进后读为松元音。如：nã^{31}"南"，tshã^{31}"馋"。汉语的 aŋ 韵母借入后读为 ɑŋ。如：tã^{31}"党"读为 tɑŋ^{31}。

5. u 的实际发音为唇齿元音 v，摩擦较重。如：bu^{31}"背"、nu^{31}"病"。

6. e、o 实际发音时后面分别带有轻微的 i、u。如：de^{31}"飞"，lo^{33}"（一）筐（菜）"。

7. 紧元音ɤ̱舌位比松元音ɤ略低。如"芋头"gɤ̱^{31}"脚"，m^{55} gɤ^{31}"枕头"，ɔ^{55} dɛ^{33} bɤ̱^{31}"芋头"，bɤ^{31}"穴"。

8. ɔ 出现在前缀位置上读为 ʌ。如：ɔ^{55} mo^{31}"母亲"读为 ʌ^{55} mo^{31}，ɔ^{55} nɛ̱^{33} mo^{31}"乌鸦"读为 ʌ^{55} nɛ̱^{33} mo^{31}。

9. 复合元音韵母主要出现在汉语借词中，本语词只出现在少量词中，其中有的是两个音节的合音。如：gu^{31} siɛ^{35}"熄火"是 gu^{31} sɿ^{31} ɛ^{35} 的合音，ʑi^{31} so^{31}"睡着了"是 ʑi^{31} sɿ^{31} o^{31} 的合音。

三、声调

声调共有4个。高升调出现频率少，主要出现在汉语借词和合音上。调型、调值及例词如下：

表8

高平55	中平33	低降31	高升35
mo⁵⁵高	mo³³马	mo³¹母	ɣɛ̃³⁵很
bɤ⁵⁵拱	bɤ³³的	bɤ³¹山	pa³⁵ tɔ³³摆开
nu⁵⁵好	nu³³毛	nu³¹痛	uo³⁵了
so⁵⁵麦子	so³³穷	so³¹找	sɿ³³ vɛ³⁵擦掉
khu⁵⁵扣	khu³³年	khu³¹偿还	ɕĩ³³ tɕhi³³ ɤ³⁵星期二

声调说明：

1. 出现在本语词中的主要是高平、中平、低降三个调。高升调出现频率较低，主要出现在汉语借词和语气词中。此外还有少数几个词出现高降调（51），此调是使用合音而产生的新调值。如：dzɔ³³ dzo³³ nuo⁵¹"中午"中的nuo⁵¹是nu⁵⁵ o³¹的合音，sio⁵¹"（衣服）破了"是sɛ⁵⁵ o³¹的合音。

2. 变调较少。常见的有：33 + 31 = 31 + 31。如：ʑɛ̱³³/³¹ mo³¹"母鸡"，ɕi³³/³¹ phi³¹"树皮"等。

四、音节结构类型

音节结构主要有以下四种：

1. 元音，例如：ɤ³³"鸭子"，u³¹"肠子"。
2. 元音 + 元音，例如：ua⁵⁵"歪"，uo³⁵"了"。
3. 辅音 + 元音，例如：phɤ³³"多"，sɔ³³"三"。
4. 辅音 + 元音 + 元音，例如：tsuɛ̃³¹"准"，niɛ³¹ tɕi⁵⁵"年纪"。

在以上四种类型中第三种类型是最常见的，第四种类型是由于汉语借词的进入才发展起来的。随着汉语借词的大量进入，在青少年和知识分子中后带鼻辅音韵尾的音节逐渐增多，出现了以下三种新的结构形式。

1. 元音 + 辅音，例如：ãŋ⁵⁵"暗"，ẽŋ³⁵ zɤ̃³¹"恩人"。
2. 辅音 + 元音 + 辅音，例如：tɕĩŋ³⁵"剑"，ɕõŋ³¹"熊"。
3. 辅音 + 元音 + 元音 + 辅音，例如：tsuãn³³"砖"，liãŋ⁵⁵"亮"。

这些新的音节结构形式由于还不甚稳定，在不同发音人中存在差异，因而暂不列入音位系统。

（二）里山彝族说当地汉语方言语音系统

里山彝族在与当地汉族接触的过程中,普遍掌握了当地通海方言。当地汉语方言属于西南官话。里山彝族说当地汉语方言,与当地汉族说的相差不远。下面把里山彝族说的当地汉语方言的语音系统分述如下:

一、声母

声母共有21个。按发音部位特点可划分为双唇、舌尖中、舌尖前、舌面、舌根等五类。列表如下:

表1

p	ph	m	f	v	w
t	th	n	l		
ts	tsh	s	z		
tɕ	tɕh	ɕ	ʑ		
k	kh		x		

例词:

表2

p	po^{55} 波	pɔ^{55} 疤
ph	pho^{55} 坡	phɔ^{31} 趴
m	mo^{55} 摸	mɔ^{31} 麻
f	fɛ^{55} 飞	fɤ̃^{55} 风
w	wɤi^{55} 微	wɤi^{324} 胃
v	vã^{33} 网	vu^{324} 雾
t	tau^{324} 到	tui^{55} 堆
th	thau^{324} 套	thui^{55} 推
n	nau^{33} 脑	nũ^{324} 嫩
l	lau^{33} 老	lui^{324} 累
ts	tsau^{33} 早	tsui^{324} 最
tsh	tshau^{33} 草	tshui^{324} 脆
s	sau^{33} 少	sui^{324} 碎
z	zau^{324} 绕	zu^{31} 如
k	kau^{55} 高	kui^{324} 贵

kh	khau³²⁴靠	kho³¹渴
x	xau³³好	xui³²⁴会
tɕ	tɕiau⁵⁵教	tɕo³¹脚
tɕh	tɕhiau³²⁴翘	tɕho³¹雀
ɕ	ɕau³³小	ɕo³¹学
ʑ	ʑi³³雨	ʑi⁵⁵衣

二、韵母

韵母共有26个，包括单元音韵母13个，复元音韵母13个。

（一）单元音韵母

单元音韵母共有13个，分为松元音韵母、鼻化元音韵母两类。列表如下：

表3

ɿ	i	ɛ	ɔ	o	ɤ	æ	u
	ĩ	ɛ̃	ɔ̃	õ	ã		

例词：

表4

ɿ	tsɿ⁵⁵资	tsɿ³¹织
i	ʑi³³雨	ʑi⁵⁵衣
ɛ	sɛ³¹色	khɛ³¹客
ɔ	phɔ³¹爬	lɔ³¹辣
o	ko³¹国	xo³¹和
ɤ	ɤ³³耳	ɤ³¹而
æ	thæ³¹台	kæ³²⁴介
u	ku³²⁴顾	mu³³母
ĩ	tɕĩ³³紧	lĩ³¹灵
ɛ̃	kɛ̃⁵⁵跟	sɛ̃⁵⁵生
ɔ̃	tɔ̃³³胆	pɔ̃³²⁴半
õ	tõ⁵⁵东	wõ⁵⁵翁
ã	tã³³党	sã⁵⁵桑

（二）复合元音韵母

复合元音韵母共有13个，其中二合元音韵母12个，三合元音韵母1个，可分鼻化和非鼻化两类。列表如下：

表 5

uɔ	ui	ɔu	ɤu	ei	iu	iɛ	ia	iɔu
uã	iõ	iɛ̃	iã					

例词：

表 6

uɔ	xuɔ^{55}花	kuɔ^{31}刮
ui	kui^{324}桂	xui^{324}会
ɔu	pɔu^{33}保	thɔu^{31}淘
ɤu	tɤu^{324}斗	sɤu^{55}搜
ei	mei^{324}妹	mei^{31}眉
iu	liu^{31}流	tiu^{55}丢
iɛ	iɛ^{31}月	tɕiɛ^{33}姐
ia	ia^{31}鸭	tɕia^{324}架
uã	tshuã^{31}床	tsuã^{55}专
iõ	iõ^{33}勇	iõ^{31}荣
iɛ̃	tɕiɛ̃^{55}间	tɕhiɛ̃^{31}权
iɔu	thiɔu^{31}条	tɕiɔu^{55}教（书）

韵母说明：

普通话带鼻辅音尾的韵母，通海里山彝族说当地汉语方言时都读为鼻化元音韵母。但有的人（特别是普通话程度较好的人）后带有鼻辅音 ŋ。鼻辅音 ŋ 是鼻化音的伴随音，所以不在音系中显示。普通话带 n 尾的韵母，虽然都读为带 ŋ 的鼻化元音，但有的人在发音时舌尖略顶起，似 n 尾。由于气流仍从舌根通过，还看作带 ŋ 的鼻化元音。

三、声调

声调共有 4 个，其调值及例词如下：

表 7

高平 55	pĩ^{55}兵	tiu^{55}丢
中平 33	ɕɛ̃^{33}癣	tɕiɛ^{33}姐
低降 31	ɕõ^{31}熊	thɔ^{31}塔
高升 324	tɕĩ^{324}剑	tsa^{324}债

里山彝族人说当地通海方言时的声调与当地通海方言的声调完全一致。

（三）里山彝语汉语借词语音系统

里山彝语在与当地汉语接触的过程中，吸收了很多汉语借词。这些汉语借词融入里山彝语中时，语音形式发生了一些变化。里山彝语吸收了大量汉语借词的同时，生成了自己的一套汉语借词语音系统，区别于原有的里山彝语语音系统。下面把通海里山彝语汉语借词语音系统分述如下：

一、声母

声母共有 21 个。按发音部位特点可划分为双唇、舌尖中、舌尖前、舌面、舌根等五类。列表如下：

表 1

p	ph	m	f	v
t	th	n	l	
ts	tsh	s	z	
tɕ	tɕh	ɕ	ʑ	
k	kh		x	ɣ

例词：

表 2

p	pĩ^{33} 兵	pã^{31} li^{31} 板栗
ph	phĩ^{31} ko^{33} 苹果	phu^{31} tho^{55} 葡萄
m	mɔ^{31} tsɿ^{31} 麻子	mu^{31} tɕã^{55} 木匠
f	fu^{31} li^{33} 狐狸	lɔ^{55} tsha^{33} fu^{31} 连鬓胡
v	vɔ^{31} 袜子	vã^{31} 网
t	ti^{55} tɕi^{33} 地基	tĩ^{33} tsɿ^{31} 钉子
th	thɔ^{31} 塔	thiɛ^{31} tɕã^{55} 铁匠
n	ɔ^{55} na^{33} 奶奶	nõ^{31} mĩ^{33} 农民
l	lui^{33} 铝	lɔ^{33} sɿ^{55} 老师
ts	tsã^{55} mo^{31} 岳母	tsɿ^{33} mɔ^{33} 芝麻
tsh	tshɔ^{31} 茶	tshɤ^{55} thi^{55} 抽屉
s	sɿ^{31} xui^{55} 石灰	sã^{55} tiɛ^{35} 商店
z	zɤ^{31} nɔ^{55} 热闹	sɛ̃^{55} zɿ^{31} 生日
tɕ	tɕi^{31} tsɿ^{33} 橘子	ko^{31} tɕa^{33} 国家
tɕh	tɕhĩ^{31} tsi^{31} 裙子	khõ^{33} tɕho^{31} 孔雀
ɕ	ɕi^{31} 锡	ɕo^{31} ɕɔ^{35} 学校
ʑ	ʑi^{55} jɛ̃^{35} 医院	ʑa^{31} mɤ^{55} 衙门
k	kã^{35} pu^{35} 干部	ku^{33} sui^{33} 骨髓
kh	khõ^{31} 矿	tshã^{33} khu^{55} 仓库
x	xui^{31} tshɛ̃^{31} 灰尘	xo^{31} sã^{35} 和尚
ɣ	ɣau^{33} 熬（药）	ɣã^{33} tsɿ^{31} 马鞍

声母说明：

与彝语语音系统中的声母系统相比较，里山彝语汉语借词语音系统少了整套塞音、塞擦音上的浊辅音声母 b、d、dz、dʑ、g 以及鼻辅音声母 ŋ 和舌尖中音 ɬ。

二、韵母

韵母共有 33 个，其中单元音韵母有 20 个，复合元音韵母有 13 个。

（一）单元音韵母

单元音韵母共有 20 个，分为松元音韵母、紧元音韵母、鼻化元音韵母三类。列表如下：

表 3

ɿ	i	e	ε	a	ɔ	o	u	ɤ
	i̱		ε̱	a̱	ɔ̱	o̱		ɤ̱
	ĩ		ε̃	ã		õ		ɤ̃

例词：

表 4

ɿ	sɿ^{31} 丝	tho^{55} tsɿ^{31} 驼子
i	li^{33} tsɿ^{55} 李子	ti^{33} tɕhu^{31} 地球
i̱	tɕh i̱^{33} 油漆	po^{33} l i̱^{31} 玻璃
e	pe^{31} 扁	tɔ^{55} te^{33} 伯父
ε	pε^{55} 背（书）	ku^{33} ʑε^{33} 女婿
ε̱	mε̱^{31} thã^{55} 煤炭	fε̱^{31} tsɔ^{35} 肥皂
ɔ	pɔ^{55} tsɿ^{31} 坝子	lɔ^{33} tsɿ^{31} 辣椒
ɔ̱	lɔ̱^{31} tε̃^{33} 蜡烛	
a	a^{55} ʑi^{33} 阿姨	ʑa^{31} pɔ^{33} 哑巴
a̱	xo^{31} tɕa̱^{31} 火钳	tɕa̱^{31} tsɿ^{31} 夹子
o	ɕo^{31} sε̃^{33} 学生	xo^{31} xo^{33} 盒子
o̱	thi^{31} lo̱^{31} 提箩	to̱^{31} 刺（痛）
u	u^{33} kui^{33} 乌龟	ku^{33} mɔ^{33} 姑母
ɤ	xɤ^{31} 湖	tsɤ^{33} lã^{31} 走廊
ɤ̱	tsɤ̱^{31} 窄	sɤ̱^{31} 塞
ĩ	ʑã^{31} tɕĩ^{31} 肥皂	lɔ^{33} pε^{31} ɕĩ^{35} 老百姓
ε̃	ɕε̃^{33} 癣	ʑi^{33} sε̃^{33} 医生
ã	kã^{33} 缸	sã^{33} ʑã^{31} 山羊
õ	ɕõ^{31} 熊	sõ^{55} 香
ɤ̃	phɤ̃^{31} 捧（量词）	zɤ̃^{55} ʑε^{31} 闰月

（二）复合元音韵母

复合元音韵母共有 13 个，均为二合元音韵母。前一元音为 u、i、o、a，可分鼻化和非鼻化两类。列表如下：

表 5

ua	uɛ	uo	ui	iɛ	io	ou	au
uã	uɛ̃	iã	uĩ	iɛ̃			

例词：

表 6

ui	ui^{31} tɕhã^{31} 围墙	mɔ^{55} lui^{55} 毛驴
uɛ	suɛ^{55} 税	tshuɛ^{55} 脆
uo	suo^{31} tsɿ^{31} 刷子	xuo^{33} tɕhɛ^{31} 银元
ua	kua^{33} lɔ^{33} 挂篮	tõ^{33} kua^{33} 冬瓜
iɛ	niɛ^{31} tɕi^{55} 年纪	thiɛ^{31} tɕhau^{33} 铁锹
io	tio^{55} 钓	ɕĩ^{31} thio^{33} 梁
ou	lou^{31} 楼	tou^{33} fu^{33} 豆腐
au	ɣau^{33} 熬（粥）	kau^{55} ɕi^{55} 高兴
iã	liã^{55} 亮	liã^{31} sɿ^{31} 粮食
iɛ̃	niɛ̃^{31} 年	liɛ̃^{31}（khɛ^{31}）连接
uɛ̃	o^{33} suɛ̃^{31} 莴笋	kuã^{33} kuɛ̃^{33} 光棍
uã	tsuã^{33} 砖	uã^{33} tshõ^{33} 弯葱
uĩ	suĩ^{33} 顺	suĩ^{31} li^{31} 顺利

韵母说明：

1. 与彝语语音系统中的单元音韵母相比较，彝语汉语借词语音系统少了 ɯ、ɯ̱、ɿ、u̱、ɯ̃、ẽ、ɛ̱̃ 7 个韵母。

2. 当地汉语中的一些元音，里山彝语有些读作紧元音。只有 ɿ、e、u 3 个元音有松元音，没有紧元音。

3. 与彝语语音系统中的复合元音韵母相同。

4. 当地汉语的韵母只有鼻化元音韵母，没有带鼻辅音尾的韵母，鼻辅音韵母进入里山彝语后大都也用鼻化音，只有少数一些鼻化元音用口元音表示。

5. 鼻化元音有的伴随-m、-ŋ 韵尾。主要是：õ 音后大多带-m，也有少数带-ŋ 尾的；ĩ、ɛ̃、ɤ̃后带-ŋ 尾。如：tɕĩ(m)^{35}"剑"，khõ (ŋ)^{31}"空"，tĩ(ŋ)^{55}"钉"，zɛ̃(ŋ)^{31} nɛ^{55}"忍耐"，phɤ̃^{31} (ŋ)"捧"。由于带鼻韵尾的汉语借词不断增多，带鼻韵尾的音节大量出现。但不同发音人的情况不同，总的看来汉语水平高的，出现带鼻韵尾的音节频率高些。

三、声调

声调共有 4 个，其调值及例词如下：

表 7

高平 55	phɔ^{55} 炮	ɕĩ^{55} 信
低降 31	ɕõ^{31} 熊	thɔ^{31} 塔

中平 33	pĩ兵	ɕɛ̃^{33} 癣
高升 35	tɕĩ^{35} 剑	tsa^{35} 债

汉语借词的 4 个声调与现代通海方言的 4 个声调对应基本一致。

（四）里山彝族说普通话语音系统

一、声母

普通话用汉语拼音标音。

声母对应：

表 1

普通话	里山彝族读音	普通话	里山彝族读音
b	p	j	tɕ
p	ph	q	tɕh
m	m	x	ɕ
f	f	z	ts
d	t	c	tsh
t	th	s	s
n	n	zh	ts
l	l	ch	tsh
g	k	sh	s
k	kh	r	z
h	x		

声母对应例字：

表 2

对应	普通话	里山彝族读音	例字
b—p	bā	pa^{55}	八
p—ph	pā	pha^{55}	趴
m—m	mā	ma^{55}	妈
f—f	fā	fa^{55}	发
d—t	dā	ta^{55}	搭
t—th	tā	tha^{55}	他
n—n	nà	na^{53}	那
l—l	lā	la^{55}	拉
g—k	gē	kɤ^{55}	哥
k—kh	kē	khɤ^{55}	科
h—x	hē	xɤ^{55}	喝

j—tɕ	jī	tɕi^{55}	基
q—tɕh	qī	tɕhi^{55}	期
x—ɕ	xī	ɕi^{55}	西
z—ts	zā	tsa^{55}	扎
c—tsh	cā	tsha^{55}	擦
s—s	sā	sa^{55}	撒
zh—ts	zhā	tsa^{55}	扎
ch—tsh	chā	tsha^{55}	差
sh—s	shā	sa^{55}	沙
r—z	rù	zu^{41}	人

二、韵母

韵母对应：

表 3

普通话	里山彝族读音	普通话	里山彝族读音
ɑ	ɔ	üe	yɛ
o	o	ɑng	ã (ŋ)
e	ɤ	ong	ũ(ŋ)
i	i	eng	ɤ̃(ŋ)
u	u	iɑo	iau
ü	y	iɑn	iɛ̃(ŋ)
ɑi	a	ing	ĩ(ŋ)
ɑo	au	iou	iɤu
ɑn	ã (ŋ)	uɑi	va
ou	ɤu	uɑn	vã (ŋ)
ei	ɛi	uei	vɤi
en	ɛ̃(ŋ)	uen	vɤ̃(ŋ)
iɑ	ia	üɑn	yɛ̃(ŋ)
ie	iɛ	iɑng	iã (ŋ)
in	ĩ(ŋ)	iong	iũ(ŋ)
uɑ	ua	uɑng	uã (ŋ)
uo	uɤ	ueng	uɤ̃(ŋ)
ün	ỹ(ŋ)		

韵母对应例字：

表 4

对应	普通话	里山彝族读音	例字
ɑ—a	ā	a^{55}	阿
ɑi—ai	ài	ai^{41}	艾

ao—au	bāo	pau^{55}	包
an—ã (ŋ)	ān	ã (ŋ)^{55}	安
ang—ã (ŋ)	bāng	pã (ŋ)^{55}	邦
o—o	bō	po^{55}	玻
ou—ɤu	tōu	thɤu^{55}	偷
ong—ũ(ŋ)	chōng	tshũ(ŋ)^{55}	充
e—ɤ	è	ɤ^{41}	鄂
ei—ɛi	lèi	lɛi^{41}	类,雷
en—ɛ̃(ŋ)	bèn	pɛ̃(ŋ)^{41}	笨
eng—ɤŋ	bèng	pɤ̃(ŋ)^{41}	蹦
i—i	yī	ʑi^{55}	一
ia—ia	yà	ʑa^{41}	亚
iao—iau	piāo	phiau^{55}	飘
ian—iɛ̃(ŋ)	biān	piɛ̃(ŋ)^{55}	边
iang—iã (ŋ)	yàng	ʑã (ŋ)^{41}	样
iou—iɤu	yòu	ʑɤu^{41}	右
iong—iũ(ŋ)	yòng	ʑũ(ŋ)^{41}	用
ie—iɛ	bié	piɛ^{35}	别
in—ẽ (ŋ)	pīn	phẽ (ŋ)^{55}	拼;宾,品
ing—ĩ(ŋ)	tíng	thĩ(ŋ)^{324}	庭
u—u	tǔ	thu^{324}	土
ua—ua	guā	kua^{55}	瓜
uai—ua	huài	xua^{41}	坏
uan—uã (ŋ)	chuān	tʃhuã (ŋ)^{55}	川
uang—ã (ŋ)	guǎng	kuã (ŋ)^{324}	广
uei—vɤi	wēi	vɤi^{55}	微
uen—vɤ̃(ŋ)	wén	vɤ̃(ŋ)^{35}	文
ueng—vɤ̃(ŋ)	wēng	vɤ̃(ŋ)^{55}	翁
uo—uo	huǒ	xuo^{324}	火
ü—y	jú	tɕy^{35}	局
üan—yɛ̃(ŋ)	juān	tɕyɛ̃(ŋ)^{55}	娟
üe—yɛ	yuè	yɛ^{41}	月
ün—ỹ(ŋ)	jūn	tɕỹ(ŋ)^{55}	均

韵母说明:

1. 普通话带 ŋ 尾的韵母,里山彝族读为鼻化元音韵母,但鼻化元音后带有轻微的 ŋ。因此在此系统中标为 ŋ。例如:kuã (ŋ)^{324}“广”,tʃhuã (ŋ)^{55}“川”。

2. 普通话带 n 尾的韵母,里山彝族也读为鼻化元音韵母,但鼻化元音后带有轻微的 ŋ,有的在发音部位上舌尖翘起。发音部位的形状似 n。但气流还是通过舌根 ŋ,从本质上看还是舌根部位发出的音。因此在此系统中标为 ŋ。例如:tɕyɛ̃(ŋ)^{55}“娟”,vɤ̃(ŋ)^{35}“文”。

3. 普通话的 ong、eng 里山彝族读为“ũ(ŋ)”“ɤ̃(ŋ)”,但鼻化元音后带有轻微的 ŋ,有的在发音时双唇闭合,发音部位的形状似 m。但气流还是通过舌根 ŋ,从本质上看还是舌根部位发出的音。因此在此系统中标为ŋ。例如：ʑũ(ŋ)^{41}“用”，vɤ̃(ŋ)^{55}“翁”。

4. 以上三点的发音变体与本语鼻化的发音特点是一致的。

（五）里山彝语词汇

表 1

汉义	里山彝语	汉义	里山彝语
天	mu^{33}	太阳	ɔ^{55} tshu^{31}
光	dɔ^{33}	月光	xo^{31} bo^{31} mo^{31}
星星	tsɛ̃^{55} mo^{31}	云	tɛ̱^{33} nɛ^{33} mo^{31}
雷	mu^{33} tɤ̃^{31}	闪电	mu^{33} tsa^{33}
风	mi^{33} xɛ̃^{33}	雨	ɔ^{55} fu^{33}
虹	vɛ̱^{31} mo^{31} ɕi^{55} ʑi^{31}	雪	ɣo^{33}
雹子	lu^{33} thi^{31} mo^{31}	霜	ne^{55}
露水	tsɤ^{31} ʑi^{31}	雾	ɔ^{55} nɛ^{55} khɯ^{33}
冰	ɣo^{31} ne^{33} dzu̱^{33} dzu̱^{33}	火	mɛ^{33} tu̱^{31}
烟(火烟)	mɛ^{33} khɯ^{33}	气	ɕɛ̱^{31}
蒸汽	ɕɛ̱^{31}	地	mi^{55} thi^{55}
山	bɤ^{31}	山谷	bɤ^{31} lɔ^{33}
悬崖	fɛ̱^{31}	岩石	lu̱^{33} bɤ^{31}
洞	lu̱^{33} dɤ^{31}	孔	dɤ^{31}
河	ʑi^{31} thɔ^{33}	岸，田埂	xɛ̃^{31} bɤ^{31}
湖	xɤ^{31}（汉借）	海	xɤ^{31}（汉借）
池塘	ʑi^{31} thã^{31}（半借）	沟	ʑi^{31} kɤ^{33}（汉借）
井	ʑi^{31} tsa̱^{31}	坝	pɔ^{55} kɤ̃^{31}（半借）
坑	ɣɔ^{33}	路	dzo^{31} mo^{31}
平坝	pɔ^{55} tsɿ^{31}（汉借）	水库	pɔ^{55} thã^{31}（汉借）
山崖	fɛ̱^{31}	草地	sɿ^{33} phɛ^{33} dɛ^{31}
土	nɛ̱^{31} tshɤ^{33}	田地	mi^{55}
水田	mi^{55} nɛ̱^{33}，ʑi^{31} mi^{55}（古）	旱地	mi^{55} fa̱^{31}，bɤ^{31} mi^{55}
石头	lu̱^{33} bɤ^{31}	沙子	sɔ^{33} lɔ^{33}（半借）
尘土	kho^{31} phɛ^{31}，xui^{31} tshɛ̃^{31}（汉借）	泥巴	nɛ̱^{31} tsõ^{31}
水	ʑ i̱^{33} ʑɛ̱^{31}	水滴	ʑi̱^{33} ʑɛ̱^{31} thɛ̱^{33}
泡沫	ʑi^{31} po^{31} lu^{55} mo^{31}	泉水	bɤ^{31} ʑi^{31}
森林	ɕi^{31} tɛ^{55}	矿	kõ^{31}（汉借）
金子	sɛ^{55}	银子	thu^{31}
铜	dʑi^{33}	铁	ɕĩ̱^{31}
锡	ɕi^{31}（汉借）	锈	mi^{55} dʑi^{33}
铅	tɕh ĩ^{33}（汉借）	铝	lui^{33}（汉借）
煤	mɛ̱^{31} thã^{55}（汉借）	炭	mɛ^{33} sɛ^{33}

盐	tsho^{33}	碱	tɔ^{55} tɕĩ^{31}（半借）
草木灰	kho^{31} mo^{31}	石灰	sɿ^{31} xui^{33}（汉借）
国家	ko^{31} tɕa^{33}（汉借）	街	li^{33}（li^{33}）
村子	tɕhɛ^{33}	家（房子）	ʑi^{31} khɯ^{55}
家（家庭）	ɣɤ^{33}	学校	ɕo^{31} ɕɔ^{35}（汉借）
商店	sã^{55} tiɛ^{35}（汉借）	医院	ʑi^{55} ʑɛ̃^{35}（汉借）
监狱	ʑã^{31} mo^{31}（汉借）	衙门	ʑa^{31} mɤ^{55}（汉借）
庙	bu^{33} xɛ̃^{31}	碑	pĩ^{33}（汉借）
棚子	so^{55} xɛ^{55}	桥	dzɤ^{31} gɤ^{31}
坟	lu̱^{31} bɤ^{31}	塔	thɔ^{31}（汉借）
身体	gɤ^{31} mo^{31}	头	m^{33} dɤ^{33}
头发	m^{33} tɕhɛ^{31}	辫子	m^{33} tɛ^{55}
额头	nɤ^{55} bu^{33} tsã^{55}	眉毛	nɛ̱^{33} bu^{31} tsã^{55}
眼睛	nɛ̱^{33}	睫毛	nɛ̱^{33} bu^{31} tsã^{55}
鼻子	nu^{55} bu^{31}	耳朵	lu^{55} pɔ^{55}
脸	bo^{33} mɛ^{33}，tha^{31} nɛ̱^{31}	腮	tha̱^{31} nɤ^{55}
嘴	nɛ̱^{31} phi^{33}	嘴唇	nɛ̱^{31} pa̱^{31}
胡子	nɛ̱^{31} bɛ^{31}	连鬓胡	lɔ^{55} tsha^{33} fu^{31}（汉借）
下巴	nɛ̱^{31} tɕi^{55}	脖子	lo^{33} bɛ̱^{31}
肩膀	lɛ̱^{31} phu^{33}	背	phe^{55} de^{31}
腋	lɛ̱^{31} mɛ^{55} dɛ^{31} khɯ^{55}	胸	nɛ̱^{33} mo^{31}
乳房	ɔ^{55} ne^{31}	肚子	ɔ̱^{31} pɛ^{55}
肚脐	tɕhi^{33} bɛ^{31} tu^{55}	腰	dzu̱^{31} tɕi^{33}
屁股	thi^{33} du^{33}	腿	a^{31} khɯ^{55} dʑe^{31}
大腿	tɔ^{55} khua^{31}（汉借）	膝盖	gɤ̱^{31} mi^{55} tɕi̱^{31}
脚	gɤ̱^{31}	脚踝	gɤ̱^{31} nɛ̱^{33} sɤ^{33}
脚掌	gɤ̱^{31} phɛ^{31}	肘	lɛ̱^{31} bu^{31}
手	lɛ̱^{31}	手腕	lɛ̱^{31} phɛ^{31}
手指	lɛ̱^{31} tsɿ^{55}	拇指	lɛ̱^{31} mo^{31}
食指	ni^{31} tsɿ^{55} tsɿ^{55}（半借）	中指	sɔ^{33} tsɿ^{55} tsɿ^{55}（半借）
无名指	ɬi^{33} tsɿ^{55} tsɿ^{55}（半借）	小指	lɛ̱^{31} zo^{33} tsɿ^{55}
指甲	lɛ̱^{31} sɛ^{33} mo^{31}	拳	lɛ̱^{31} pu^{33}
男生殖器	dɛ̱^{31}	睾丸	dɛ̱^{31} fu^{31}
胎盘	ʑi^{33} põ^{33}（汉借）	脐带	tɕhɛ^{33}
皮肤	dʑi^{55} phi^{31}（半借）	皱纹	tsɤ^{55} vɛ̃^{31}（汉借）
汗毛	gɯ^{31} mo^{31} nu^{33}	痣	so^{31} mɛ̱^{31}
疮	ɔ^{55} dʑi^{33}	疤	pɔ^{33} pɔ^{33}（汉借）
天花	bi^{55} lɔ^{31} mo^{31}	癣	ɕɛ̃^{33}（汉借）
肌肉	xo^{33}	奶汁	ɔ^{55} ne^{31} ʑi^{31}
血	sɿ^{33}	筋	dzu^{33}
手脉	mɛ^{31}（汉借）	脑髓	ũ^{33} nɔ̃^{31}
骨头	ɣɯ^{55} bɛ^{31}	骨髓	ku^{33} sui^{33}（汉借），ɣɯ^{55} bɛ^{31} ʑi^{31}
肋骨	lɛ^{31} pɔ^{33} ku^{31}（汉借）	骨节	tɕi^{31} tɔ^{55}

牙齿	dzɛ31，dzɛ31 tsɿ31	牙龈	ɔ55 lu55
舌头	ɬo55 phɛ̱31	小舌	ɬo55 nɛ33 o33
颚	ã31 lã55	喉咙	sã31 kã31（汉借），tsho33/31 po33 tɕi31
嗓子	tsho33	肺	tshɿ31 bɤ31
心脏	nɛ̱33，nɛ̱33 mo31	肝	sɛ̃31
肾	ʑɔ33 tsɿ31（汉借）	胆	tɕi55
胃	thi33 tɛ33 põ33	肠子	u31
屎	thi33	尿	ɕi55
屁	bɛ31	汗	tɕɔ31
痰	nɛ31 ʑi31	口水	nɛ31 ʑi31
鼻涕	nu55 tshɿ31	眼泪	nɛ̱33 ʑi31
脓	dɛ̃31 ʑi31	污垢	sa̱33
声音	sɛ̃33 ʑĩ33（汉借）	话	mĩ31，ŋɯ31
气息	ɕɛ̱31	生命	（zẽ31）mi55（汉借）
寿命	mi33（汉借）	汉族	thɔ31 ni55 pho31
彝族	nɛ̱33 sɿ55 pho31	回族	ɔ31 vɛ55 pho31
蒙古族	ʑi31 fu55 pho31（半借）	人	tshɔ31
成年人	tshɔ31 ɣɛ33 mo31	小孩儿	ɔ55 kɯ33 zo33
婴儿	ɔ55 kɯ33 mɛ33 mɛ33	老人	tshɔ31 mɔ31
老头儿	tshɔ31 mɔ31	老太太	tshɔ31 mɔ31
最老的人	tshɔ31 mɔ31 mɔ31 mo31	女性	mɛ31 dʑɛ31
男性	u33 tsɤ55	妇女	mɛ31 dʑɛ31 mo31
小伙子	tshɔ31 ɬɛ31 o55	小姑娘	ɔ31 mɛ33 o33
姑娘	ni55 ɬɛ̱31 mo31	百姓	lɔ33 pɛ31 ɕĩ35（汉借）
农民	nõ31 mĩ31（汉借）	士兵	pĩ33（汉借）
干部	kã35 pu35（汉借）	学生	ɕo31 sɛ̃33（汉借）
老师	lɔ33 sɿ55（汉借），ɕi55 tsu33	医生	ʑi33 sɛ̃33（汉借），nu31 ʑi33 pho31
穷人	tshɔ31 so33 pho31	富人	tshɔ31 fu55 pho31（半借）
木匠	mu31 tɕã55（汉借），xɛ31 tɔ55 pho31	铁匠	thiɛ31 tɕã55（汉借），ɕĩ31 dɛ33 pho31
石匠	lu̱33 dɛ33 pho31（半借），ʂɿ31 tɕã55（汉借）	裁缝	thɔ31 dzɿ31 mo31
猎人	ʑi31 u31 bɛ̱33 pho31（半借）	和尚	xo31 sã35（汉借）
喇嘛	ɔ55 dõ55 pho31	巫婆	tshɔ31 lu31 mo31
乞丐	dza̱33	贼	ɕɔ55 thɤ55（汉借）
病人	nu33 tɕhi31 pho31	皇帝	ɣo33 mo33 mo31
官	dzɿ55 ma̱31	朋友	tshɔ31 ɣɛ31
（男的）朋友	ɬɛ̱31 tshɔ31	（女的）朋友	ɔ55 tshɔ31 mo31
瞎子	nɛ̱33 ta33 pho31（mo31）	跛子	gɤ̱31 thɛ̱33 pho31（mo31）
聋子	lo55 pɔ55 bɔ33 pho31（mo31）	麻子	mɔ31 tsɿ31（汉借）
驼子	to55 tsɿ31（汉借）	傻子	tshɔ31 lɯ̃55
疯子	tshɔ31 nɛ̱31	结巴	ɔ55 zɤ̃31 thi31
哑巴	ʑa31 pɔ33（汉借）	独眼龙	tu31 ʑɛ33 lõ31（汉借）
客人	kɔ55 tɕɛ̱31	祖宗	ɔ55 tsu31 mɔ31 mɔ31（汉借）

爷爷	ɔ^{55} ʑɛ̱^{31}（汉借）	奶奶	ɔ^{55} na^{33}（汉借）
外公	ɔ^{31} kõ^{33}（面称），ɔ^{55} kõ^{33}（背称）	外婆	ɔ^{31} pho^{31}（面称），ɔ^{55} pho^{31}（背称）
父亲	ɔ^{55} te^{33}（汉借）	母亲	ɔ^{55} mo^{31}（汉借）
儿子	zo^{33}	媳妇（儿媳）	mɛ^{31} dzu^{33} ɬɛ̱^{31}
女儿	ɔ^{31} mɛ^{33}	女婿	ku^{33} ʑɛ^{33}（汉借）
孙子	ɬi^{33} o^{33}	小叔	ɔ^{55} lɛ^{31}
孙女	ɬi^{33} o^{33}	哥哥	ɔ^{55} ko^{33}（汉借）
姐姐	ɔ^{55} nɛ̱^{31}	弟弟	ni^{55} lɛ̱^{31}
妹妹	ni^{55} lɛ̱^{31}	伯父	tɔ^{55} tɛ^{33}（汉借）
二伯（叔）	ɔ^{55} ɬi^{33}（疏），ɔ^{31} ɬi^{31}（亲）	三伯（叔）	ɔ^{55} tɕa̱^{31}（疏），ɔ^{31} tɕa̱^{31}（亲）
四伯（叔）	ɔ^{55} lɛ^{31}（疏），ɔ^{31} lɛ^{31}（亲）	伯母	tɔ^{55} mo^{33}（汉借）
二伯（叔）的妻子	ɔ^{55} mo^{31} ɬi^{33}	三伯（叔）的妻子	ɔ^{55} mo^{31} dʑa̱^{31}
四伯（叔）的妻子	ɔ^{55} mo^{31} lɛ^{31}	叔叔	ɔ^{55} tɕa̱^{31}
婶母	ɔ^{55} mo^{31} tɕa̱^{31}	侄子	zɔ$^{33/31}$ du^{31}
兄弟	na^{55} ku^{33} na^{55} lɛ̱^{31}	姐妹	na^{55} ku^{33} na^{55} lɛ̱^{31}
兄妹	na^{55} ku^{33} na^{55} lɛ̱^{31}	姐弟	na^{55} ku^{33} na^{55} lɛ̱^{31}
嫂子	ɔ^{55} mɛ^{31}	舅父	ɔ^{55} ɣɯ^{55}
舅母	ɔ^{55} ɬɛ̱^{31}	姨父	ʑi^{31} tɛ̱^{33}（汉借）
姨母	a^{55} ʑi^{33}（汉借）	大姨妈（比母亲大）	ta^{55} ʑi^{31} mo^{33}（汉借）
二姨妈（比母亲大）	lu^{55} ʑi^{31} mo^{33}（汉借）	三姨妈（比母亲大）	sã^{33} ʑi^{31} mo^{33}（汉借）
四姨妈（比母亲大）	sɿ^{55} ʑi^{31} mo^{33}（汉借）	阿姨（比母亲小）	ɔ^{55} ʑi^{33} tɔ^{55} tɔ^{55}
二姨（比母亲小）	ɔ^{55} ʑi^{33} ɬi^{31} ɬi^{31}	三姨（比母亲小）	ɔ^{55} ʑi^{33} dʑa̱^{31} dʑa̱^{31}
四姨（比母亲小）	ɔ^{55} ʑi^{33} lɛ^{31} lɛ^{31}，ɔ^{55} ʑi^{33} sɿ^{55} sɿ^{55}	姑父	ku^{31} tɛ̱^{33}（汉借）
姑母	ku^{33} mo^{33}（汉借）	大姑妈（比父亲大）	tɔ^{55} ku^{33} mo^{33}（汉借）
二姑妈(比父亲大)	lu^{55} ku^{33} mo^{33}（汉借）	三姑妈(比父亲大)	sã^{33} ku^{33} mo^{33}（汉借）
大姑（比父亲小）	ɔ^{55} ni^{55} tɔ^{55} tɔ^{55}	二姑（比父亲小）	ɔ^{55} ni^{55} ɬi^{33} ɬi^{33}
三姑（比父亲小）	ɔ^{55} ni^{55} dʑa̱^{31} dʑa̱^{31}	四姑（比父亲小）	ɔ^{55} ni^{55} sɿ^{55} sɿ^{55}，ɔ^{55} ni^{55} lɛ^{31} lɛ^{31}
亲戚	kɔ^{55} tɕɛ̱$^{31/55}$	岳父	tsã^{55} zɿ^{33}（汉借）
岳母	tsã^{55} mo^{31}（汉借）	公公	nɔ^{31} phu^{33}
婆婆	nɔ^{31} phu^{33} ni^{55} mo^{31}	丈夫	n^{31} m^{55} tsɛ^{55}
妻子	m^{31} mɛ^{31}	继母	xɤ^{55} lɤ^{31} mo^{31}（半借）
继父	xɤ^{55} lɤ^{31} pho^{31}（半借）	寡妇	mɛ^{31} tshɿ^{33} mo^{31}
鳏夫	mɛ^{31} tshɿ^{33} pho^{31}	单身汉	kuã^{33} kuɛ̃^{33}（汉借）
孤儿	mɛ^{31} tshɿ^{33} zɔ^{33}	牲畜	dʑɛ^{33} ma^{33} nɛ^{33}
牛	ɛ̃^{33}	黄牛	ni^{33} mɯ^{55}
水牛	ɛ̃̄^{33}	牛犊	ɛ̃^{33} zo^{33}
公牛	ɛ̃̄^{33} bɔ^{33}	母牛	ɛ̃̄^{33} mo^{31}
公黄牛	n̄i^{33} bɔ^{33}	母黄牛	n̄i^{33} mo^{31}
牛奶	ɛ̃^{33} nɤ^{31}	犄角	tshɿ^{31}
蹄	b̄ɤ̱^{31} tsu^{33}	皮	dʑi^{55}
毛	nu^{33}	粪	thi^{33}
尾巴	mɛ^{33} dzu^{33}	马	mo^{33}
马驹	mo^{33} zo^{33}	公马	mo^{33} pɔ^{31}

母马	mo^{33} mo^{31}	马鬃	mo^{33} uã^{31} tɕhĩ^{31}
马粪	mo^{33} thi^{33}	羊	tɕhi^{31} mo^{31}
绵羊	xɔ^{31} mo^{31}	公绵羊	xɔ^{31} lo^{33} xɛ^{31}
母绵羊	xɔ^{31} mo^{31} khɔ^{55} mo^{31}	山羊	sã^{33} ʐa^{31}（汉借）
羊羔	tɕhi^{31} zo^{33}	绵羊羔	xɔ^{31} mo^{31} zo^{33}
羊毛	tɕhi^{31} mo^{31} nu^{33}	羊粪	tɕhi^{31} mo^{31} thi^{33}
骡子	lo^{55} tsɿ^{33}（汉借）	驴	lɔ^{55} mɛ^{33}，mɔ^{55} lui^{55}（汉借）
猪	vɛ̱^{31}	公猪	vɛ̱^{31} po^{33}
母猪	vɛ̱^{31} mo^{31}	猪崽	vɛ̱^{31} zo^{33}
猪粪	vɛ̱^{31} thi^{33}	狗	tɕhi^{33}
公狗	tɕhi^{33} po^{31}	母狗	tɕhi^{33} mo^{31}
狗崽	tɕhi^{33} zo^{33}	猎狗	bɯ^{31} dɛ$^{31/35}$ tɕhi^{33}
猫	mɛ^{55} nɯ^{33} mo^{31}	兔子	thɔ^{55} ɬo^{31} mo^{31}
鸡	ʐɛ̱^{33}	公鸡	ʐɛ̱^{33} phu^{33}
母鸡	ʐɛ̱$^{33/31}$ mo^{31}	雏鸡	ʐɛ̱^{33} zo^{33}
阉鸡	ɕĩ^{55} tɕi^{33} mo^{31}	秧鸡（黑色、长嘴，常在田里的鸟）	ʐi̱^{33} du^{55} mo^{31}
翅膀	do^{31} nɛ̱^{31}	羽毛	nu^{33}
鸭子	ɤ^{33}	鹅	ɛ^{55} lɛ^{33} mo^{31}
鸽子	ko^{31} tsɿ^{31} mo^{31}（半借）	野兽	ʐɛ^{31} vu^{31}
老虎	ʐi^{31} mo^{31}	狮子	sɿ^{33} tsɿ^{31} mo^{31}（半借）
龙	lõ^{33} sɛ̃^{55} mo^{31}（半借）	爪子	gɤ̱^{31} tsɿ^{55} tɕɛ^{33}
猴子	ɔ^{55} no̱^{31} mo^{31}	象	ɔ^{55} pa̱^{31} xo^{31} mo^{31}
豹子	vɛ^{31} mo^{31}	熊	ɕõ^{31}（汉借）
野猪	vɛ̱^{31} ni^{55} mo^{31}	麂子	tshɿ^{33} nɤ^{55} mo^{31}
（有角的大）麂子	tɔ^{55} ku^{33} tɕi^{55} mo^{31}	（小）麂子	ɛ^{33} le^{55} o^{33}
麂子角	khɔ^{31} tshɿ^{31}	穿山甲	thɔ̃^{31} tɕhĩ^{31} mo^{31}
刺猬	bu^{55} mo^{31}	老鼠	mi^{31} dɤ^{33} mo^{31}
松鼠	go^{31} po^{33} mo^{31}	黄鼠狼	ɣo^{31} bi̱^{31} ɕi^{55}
狼	vi̱^{31} mo^{31}	狐狸	fu^{31} li^{33}（汉借）
穴	bɤ^{31}	鸟	xɛ̱^{33}
鸟窝	xɛ̱^{33} bɤ^{31}	老鹰	de^{31} mɔ^{31} mɔ^{31} mo^{31}
猫头鹰	fu^{33} fu^{33} mo^{31}	燕子	tɕi^{55} ka̱^{31} li^{55} mo^{31}
大雁	ʐi^{31} tsɛ̃^{55} phɛ^{31} mo^{31}	麻雀	ɔ^{55} dzo^{55} dzo^{55} mo^{31}
蝙蝠	bɤ^{31} ne^{55} nɛ^{33} mo^{31}	喜鹊	ɕi^{31} tɕho^{31}
乌鸦	ɔ^{55} nɛ̱^{33} mo^{31}	野鸡	sõ^{33}
鹦鹉	ɔ^{55} dʑi^{33} ni^{55} mo^{31}	斑鸠	pã^{55} tɕo^{55} mo^{31}（半借）
啄木鸟	ɕi^{33} po^{33} to^{33} mo^{31}	布谷鸟	ko^{55} pu^{33} mo^{31}
土画眉	xo^{31} dzo^{31} mo^{31}	画眉	tsho^{33} phɛ^{33} mo^{31}
竹鸡	lɛ̱^{31} mo^{31}	箐鸡	tshɛ̃^{33} mo^{31}
孔雀	khõ^{33} tɕho^{31}（汉借）	乌龟	u^{33} kui^{33}（汉借）
蛇	sɛ̃^{33} mo^{31}	四脚蛇	tɕhi^{31} bɛ̱^{31} tu^{55} mo^{31}
青蛇	sɛ̃^{55} ni^{55} kɛ^{31} mo^{31}	青蛙	ɔ^{55} po^{33} mo^{31}

田鸡	ɔ^{55} po^{33} ni^{55} mo^{31}	石蚌	ɔ^{55} po^{33} lɛ^{31} bɛ^{31} mo^{31}
癞蛤蟆	ɔ^{55} po^{33} dʑi^{33} kɤ^{33} dɤ^{33} mo^{31}	小绿蛙	ɔ^{55} po^{33} ni^{55} o^{55}
（变成癞蛤蟆的）蝌蚪	pɔ^{55} la^{31} li^{55} mo^{31}	（变成青蛙的）蝌蚪	pɔ^{55} lo^{31} mo^{31}
鱼	ɔ^{55} m^{33}	鳞	ɔ^{55} m^{33} kɤ^{33}
鳝鱼	xɔ^{31} dʑi^{31} mo^{31}	泥鳅	tsɿ^{55} lɯ^{33} mo^{31}
虾	bɯ^{31} dʑɛ^{31} mo^{31}	虫	bu^{33} mo^{31}
跳蚤	tɕhi^{33} tɕhi^{33} mo^{31}	虱	ɕi^{31} mo^{31}
虮子	ɕi^{31} fu^{31}	苍蝇	xɔ^{31} mo^{33} mo^{31}
蛆	bu^{33} mo^{31}	蚊子	xɔ^{31} sɛ^{55} mo^{31}
蜘蛛	ɔ^{55} na̠^{31} tshɛ^{31} tshɛ^{31} mo^{31}	蜈蚣	sɛ̃^{33} ɕi^{55} li^{33} mo^{31}
蚯蚓	sã^{55} li^{55} bɯ^{31} dɯ^{31} mo^{31}	蚂蟥	xɔ^{31} bi^{31} mo^{31}
蟋蟀	tsã^{55} tɕi^{55} li^{55} mo^{31}	蚂蚁	bu^{55} xɤ^{31} mo^{31}
蚕	bu^{33} mo^{31}	蚕茧	bu^{33} mo^{31} khɔ^{31}
蜜蜂	do^{33} mo^{31}	蝗虫（蚂蚱）	ɔ^{55} pa̠^{33} mo^{31}
螳螂	tshɔ^{31} xo^{31} mo^{31} dɔ^{55} du^{55}	蜻蜓	tɕã^{33} dɤ^{55} dɤ^{55} mo^{31}
蝴蝶	bi^{31} li^{31} mo^{31}	蛾子	bi^{31} li^{31} mo^{31}
毛虫	bi^{31} dzu^{33} mo^{31}	蜗牛	sɿ^{31} ne^{31} mo^{31}
螃蟹	bɤ^{31} lɔ^{55} dʑa̠^{31} mo^{31}	螺蛳	ɔ^{55} ko^{31} mo^{31}
树	dzɤ̃^{31}	树干	ɕi̠$^{33/31}$ dzɤ̃^{31}
树枝	ɕi̠$^{33/31}$ lɛ̠^{31}	树梢	ɕi̠^{33} m^{33} kɤ^{33}
树皮	ɕi̠^{33} phi^{31}（半借）	根	pa̠^{31}
叶子	ɕi$^{33/31}$ phɛ̠^{31}	花	bi^{55} lu^{31}
核儿	sɛ^{33}	芽儿	kho^{31} bu^{33}，kho^{31} pɛ^{33}
蓓蕾	ɕo^{31} ku̠^{31} tu^{33}（汉借）	桃树	ɔ^{55} vɤ^{33} dzɤ̃^{31}
李树	ɔ^{55} tsho^{33} nɛ^{55} mo^{31} dz ɤ̃^{31}，li^{33} tsɿ^{55} ɕi^{33}（半借）	梨树	gu^{55} lu^{31} dzɤ̃^{31}
杏树	ɣɛ^{31} o^{33} dzɤ̃^{31}	柳树	ʑĩ^{31} ɣɤ̃^{31} dzɤ̃^{31}
杨树	pa^{31} tsɿ^{55} ko^{31} dzɤ̃^{31}	杉树	sɔ^{33} mu^{31} dzɤ̃^{31}
松树	thɔ^{33} ɕi^{33} dzɤ̃^{31}（半借）	松香	thɔ^{33} ɕi^{33}（半借）
松明子	thɔ^{31} dʑi^{33}	椿树	tshõ^{33} bu^{33} dzɤ̃^{31}
野芭蕉	phi^{55} li^{55} phɛ^{31} lɛ^{31} mo^{31}	竹子	mo^{55}
竹笋	mo^{55} pu^{33}，tsu^{31} ɕuɛ̃^{33}（汉借）	藤子	na̠^{31} ko̠^{31}
刺儿	dzɤ^{31} bɤ^{31}	桃子	ɔ^{55} vɤ^{33}
梨	gu^{55} lu^{31}	李子	li^{33} tsɿ^{55}（汉借）
杏儿	ɣɛ^{31} o^{33}	橘子	tɕi^{31} tsɿ^{33}（汉借），mi^{31} thõ^{31}
柿子	ɔ^{55} bɛ̃^{55}	苹果	phĩ^{31} ko^{33}（汉借）
葡萄	phu^{31} thɔ^{55}（汉借）	石榴	ʑɛ̠^{33} nɔ^{55}
板栗	dʑa̠^{31} nɛ^{31}，pã^{31} li^{31}（汉借）	芭蕉	pɔ^{33} tɕo^{33} ko^{31}（汉借）
甘蔗	kã^{33} tshɿ^{55}（半借）	山楂	sɔ^{31} xõ^{31}
核桃	sɔ^{31} mɛ^{31}	莲花	ʑi^{31} nɛ^{33}
粮食	sɿ^{31} mo^{31}	水稻	tɕhe^{31}
糯米	tɕhe^{31} nɔ^{33}	种子	sɿ^{31}

秧	tɕhe^{31} sɿ^{31}	穗	tɕhe^{31} nɛ^{33}
稻草	pɤ̱^{31}	谷粒	tɕhe^{31} sɛ^{33}
小麦	so^{55}	大麦	zõ^{31}
荞麦	go^{33}	麦秸	so^{55} pɤ̱^{31}
麦芒	so^{55} tsẽ^{55}	玉米	so^{55} bɤ^{31}，ʑi^{55} mɛ^{31}
小米	xã^{33} tsha^{33}	棉花	so^{55} lo^{55} vi̱^{31}
蔬菜	ɣɔ^{31}	白菜	ɣɔ^{31} phɛ^{31} thu^{31}，p ɛ̱^{31} tshɛ^{35}（汉借）
青菜	ɣɔ^{31} ni^{31} tɕɛ̱^{31}	油菜	kɔ^{55} lɔ^{31}
韭菜	tsɤ^{33} ɣɔ^{31}	香菜	ʑĩ^{31} ɕi^{55}（汉借）
萝卜	ɣɔ^{31} tshɤ^{31}	芋头	ɔ^{55} dɛ^{33} bɤ̱^{31}
茄子	ɔ^{55} tsõ^{31}	辣椒	lɔ^{33} tsɿ^{31}（汉借）
葱	uã^{33} tshõ^{33}（汉借）	蒜	su^{33} bɛ̱^{31}
姜	tshɔ^{33} bɛ̱^{31}	莴笋	o^{33} suẽ^{31}（汉借）
马铃薯	ʑa̱^{31} ʑi^{55}	红薯	ɔ^{55} na̱^{31} nɤ^{55}
香椿	tshõ^{33} bu^{33}	瓜	ɔ^{55} phɯ^{31}
南瓜	ɔ^{55} phɯ^{31} la^{55} kua^{33}	冬瓜	tõ^{33} kua^{33}（汉借）
葫芦	ɔ^{55} phɯ^{31} xu^{31} lu^{55}（半借）	黄瓜	sɔ^{31} tɕɛ^{33} tshɿ^{55}，xuã^{31} kua^{33}（汉借）
豆	ɔ^{55} nu̱^{33}	黄豆	ɔ^{55} nu̱^{31} mo^{31} sɛ^{33}
黑豆	ɔ^{55} nu̱^{31} nɛ̱^{33}	蚕豆	ɔ^{55} nu̱^{33}
豌豆	so^{55} nu^{33} mo^{31}	扁豆	ɔ^{55} nu̱^{33} dʑi^{55}
豇豆	kɤ̃^{31} tɤ^{55}（汉借）	豆芽	ɔ^{55} nu̱^{33} dzɤ^{31} bu^{33}
花生	lo^{31} ti^{55} sõ^{33}（汉借）	芝麻	tsɿ^{33} mɔ^{33}（汉借）
草	su^{33} be^{31}	稗子	vi^{31}
茅草	ɛ̃^{55} tɕhe^{31} nɔ^{33}	蘑菇	mɤ^{55} lɤ^{55}
鸡棕	m̄ɤ^{55} tsẽ^{31}	干巴菌	kã^{31} pã^{33} tɕẽ^{55}
骨头菌	mɤ^{55} gu^{33}（汉借）	有毒菌	tsɔ^{31} tɕe^{55}
野草莓	ɔ^{33} lɔ^{33} thu^{31} mo^{31}	(一种红色的) 野莓	ɔ^{33} lɔ^{33} nɯ^{55} mo^{31}
(一种黑色的) 野莓	ɔ^{33} lɔ^{33} nɛ̱^{33} mo^{31}	木耳	ɔ^{55} phi^{33} mo^{31} lu^{55} pɔ^{55}
烟叶	ʑĩ^{33} phɛ̱^{31}（半借）	青苔	ʑi^{31} na̱^{31} ni^{55} mo^{31}
当归	tã^{33} kui^{33}（汉借）	三七	sã^{31} tɕhi^{31}（汉借）
八角	pɔ^{31} ko^{31}（汉借）	米	tɕhe^{31} thu^{55}
饭	dzo^{31}	早饭	mu^{33} ɕɛ^{33} thɔ^{33} bɤ^{33} dzo^{31}
中饭	dzɔ^{33} dzo^{33} no$^{31/51}$ bɤ^{33} dzo^{31}	晚饭	mu^{33} tɕhi^{33} thɔ^{33} bɤ^{33} dzo^{31}
粥（稀饭）	lɔ^{55} xã^{33}	面条	kuã^{55} mẽ^{55}（汉借）
粑粑	lɔ^{55} ta̱^{31}	面粉	so^{55} mu^{31}
菜	ɣo^{31}	肉	pɔ^{55} xo^{33}
牛肉	ɛ̃^{33} xo^{33}	羊肉	tɕhi^{31} mo^{31} xo^{33}
猪肉	v̄ɛ̱^{31} xo^{33}	肥肉	fɛ̱^{31} zu^{31}（汉借）
瘦肉	khɔ^{31} xo^{33} tɕĩ^{55} tɕĩ^{55}（半借）	油	tshɛ^{31}
香油	ʑi^{31} ʑi^{31}	茴香	tshã^{55} lã^{55} bɛ^{31}
豆腐	ɔ^{55} nu^{33} dzɤ^{31}，tou^{31} fu^{33}（汉借）	醋	suã^{33} tshu^{31}（汉借）
胡椒	xu^{31} tɕo^{55}（汉借）	花椒	dzɤ̱^{31}
糖	po^{31} tɕi^{33}	白砂糖	pɤ^{31} sɔ^{33} thã^{31}（汉借）

红糖	sɔ^{33} thã^{31}（汉借）	（鸡）蛋	fu^{31}
蜂蜜	do^{33} ʑi^{31}	汤	ɣo^{31} dʑɛ^{31} ʑi^{31}
酒	dʑi^{31}	白酒	dʑi^{31}
开水	ʑi^{31} tshɔ^{31}	茶	tshɔ^{31}（汉借）
（吸的）烟	ʑĩ^{33}（汉借）	鸦片	ʑã^{31} ʑĩ^{33}（汉借）
药	kho^{31} tɕhi^{33}	糠	tɕhe^{31} khɛ^{33}
麦麸	so^{55} bi^{33}	猪食	vɛ̱^{31} dzo^{31}
马料	mo$^{33/31}$ dzo^{31}	饼	lɔ^{55} ta̱^{31}
线	tshɛ̃^{31}	布	pho^{31}
丝	sɿ^{55}（汉借）	绸子	ɕi^{33} pu^{33}
衣服	thɔ^{31}	衣领	lɛ^{31} khɛ^{33}
衣襟	thɔ^{31} ɬo^{55} phe^{31}	衣袖	lɛ̱^{31} du̱^{31}
衣袋	ɔ^{55} tu^{33}	棉衣	so^{55} lo^{55} thɔ^{31}
长衫	sã^{33} tsɿ^{31}（汉借）	皮衣	phi^{31} thɔ^{31}（汉借）
坎肩	lɛ^{31} tɛ̃^{55}	扣子	thɔ^{31} dzu^{33} khu^{55}
扣眼儿	thɔ^{31} dzu^{33} khu^{55} dɤ^{31}	裤子	ɬo^{31}
裤腿儿	ɬo^{31} gɤ̱^{31}	裤裆	ɬo^{31} thɔ^{31}
裙子	tɕhĩ^{31} tsɿ^{31}（汉借）	头帕	m^{55} pɛ^{55}
包头	m^{31} kɤ^{33} pɛ^{55}	帽子	m^{33} khu^{33}
围裙	ui^{31} tɕhi^{31}（汉借）	腰带	dzu^{33} nɛ̱^{31}
袜子	vɔ^{31}（汉借）	鞋	tɕhi^{31} nɤ^{33}
草鞋	tshã^{31} xã^{31}（汉借）	梳子	m^{33} tɕhɛ^{33}
篦子	m^{33} tsɔ^{55}	耳环	lo^{33} tsa^{33}
项圈	xã^{55} tɕhã^{33}	戒指	lɛ̱^{31} pa̱^{31}
手镯	lɛ̱^{31} dzõ^{31}	脚圈	gɤ̱^{31} dzõ^{31}
毛巾	lɛ̱^{31} sɿ^{33} phɔ^{31}	手绢儿	lɛ̱^{31} sɿ^{33} phɔ^{31}
背带(背小孩用)	pɛ^{55} ti^{31}	穗子	sã^{31} sɿ^{33}
被子	ʑi^{55} bu^{33}	毯子	mɔ^{31} thã^{33}（汉借）
棉絮	so^{55} lo^{55} nɛ̱^{31}	枕头	m^{55} gɤ^{31}
席子	ʑa^{33}	垫子	tĩ^{55} du^{33}（半借）
蓑衣	ɕɛ^{55} ʑɛ^{55}	斗笠	khu^{31} lu^{33}
房子	xɛ^{31}	房顶	xɛ^{31} m^{55} dɤ^{55}
地基	ti^{55} tɕi^{33}（汉借）	院子	pha̱^{33} la̱^{33}
走廊	tsɤ^{33} lã^{33}（汉借）	厕所	tɕhi$^{33/31}$ thã^{55}（半借）
厨房	tsau^{33} fã^{31}（汉借）	楼房	lou^{31}（汉借）
火塘	xo^{31} phɛ̃^{31}（汉借）	仓库	tshã^{33} khu^{55}（汉借），kõ^{33} fã^{31}（汉借）
磨房	kõ^{33} fã^{31}（汉借），tshã^{33} khu^{55}（汉借）	牛圈	ɛ̃^{33} bɤ^{31}
猪圈	vɛ̱^{31} bɤ^{31}	马圈	mo^{31} bɤ^{31}
羊圈	tɕhi^{31} mo^{31} bɤ^{31}	鸡圈	ʑɛ̱^{33} bɤ^{31}
砖	tsuã^{33}（汉借）	瓦	tsɔ^{33} khɤ^{33}
土墙	nɛ̱^{31} tsɤ^{55}	围墙	ui^{31} tɕhã^{31}（汉借）

木头	ɕi$^{33/31}$ thɤ^{31}	木板	ɕi$^{33/31}$ phɤ^{31}
柱子	zɛ̃^{31} mo^{31}	门	li^{33} go^{31}
门坎	go^{31} di^{55}	大门	tɔ^{55} mɛ̃^{31}（汉借）
窗子	tshõ^{55} fu^{55}（汉借）	门框	mɛ̃^{31} khuã^{33}（汉借）
门闩	go^{31} khu^{55}	梁	ɕĩ^{31} thio^{33}（汉借）
椽子	xɛ^{31} dõ^{31}	台阶	lu^{33} thã^{31}
梯子	dʑɛ^{55} dzɤ^{31}	园子	go^{31} tsho^{31} mi^{55}
东西	na$^{33/31}$ nɛ^{33}	桌子	tsɔ^{55} tsɿ^{33}（汉借）
凳子	ni^{55} do^{31}	椅子	ʑi^{31} tsɿ^{33}（汉借）
床	ʑi^{31} do^{31}	抽屉	tshɤ^{55} thi^{55}（汉借）
箱子	ɕã^{31} tsɿ^{31}（汉借）	柜子	ɬɛ^{31} khɤ̱^{31}
盒子	xo^{31} xo^{33}（汉借）	脸盆	tha̱^{31} nɛ̱^{31} tɕi^{31} kha̱^{31}
肥皂	ʑa^{31} tɕĩ^{31}（汉借），fɛ̱^{31} tsɔ^{35}（汉借）	镜子	ʑi^{31} tso^{55}，tɕĩ^{55} tsɿ^{31}（汉借）
玻璃	po^{33} li̱^{31}（汉借）	刷子	sɔ^{31} tsɿ^{31}（汉借）
扫帚	mo^{55} sɿ^{33}	抹布	mɔ^{31} pu^{55}（汉借）
灯	tɛ̃^{33} pa̱^{33}（半借）	灯芯	tɛ̃^{33} ɕĩ^{33}（汉借）
马灯	mɔ^{31} tɛ̃^{33}（汉借）	蜡烛	lɔ̱^{31} tsu^{33}（汉借）
灯笼	tɛ̃^{33} lõ^{55}（汉借）	柴	ɕi^{33}
（燃着的）火炭	mɛ^{33} ʑi^{31}	火石	lu̱^{33} dʑa̱^{31}
火绒	lɔ^{55} thu^{55}	火柴	ʑã^{31} fa̱^{31} tsu̱^{31}，xo^{33} tsha^{31}（汉借）
火把	xo^{33} pɔ^{33}（汉借）	（烧的）香	sõ^{55}（汉借）
垃圾	lo^{33} so^{33}	油漆	tɕhi̱^{31}（汉借）
灶	ko^{55} tɤ^{31}（汉借）	铁锅	tɕhi^{31} tshɛ^{31}（汉借）
炒菜锅	tɕhi^{31} tshɛ^{31}（汉借）	盖子	ɕɛ^{31} pi^{31}，ka^{55}（汉借）
蒸笼	tsɛ̃^{33} lõ^{33}（汉借）	甑子	ɕɛ^{31} nɛ^{33}
（菜）刀	po^{55} to^{33}	小刀	fɛ^{55} tɛ^{55}
砍柴刀	thɔ^{33} gu^{31}	（刀）把儿	po^{55} to^{33} mɛ^{33} ɣɯ^{33}
（茶杯）把儿	lɛ̱^{31}	刀背	po^{55} to^{33} nu^{55}
刀刃	po^{55} to^{33} khɤ^{31}（半借）	锅铲	ko^{33} tshɛ^{31}（汉借）
漏勺	lɤ^{55} so^{31}（汉借）	勺子	tɕho^{33} tɕho^{33}（汉借）
匙（调羹）	tɕho^{33} tɕho^{33}（汉借）	碗	pɛ^{33} sɛ̃^{33}
盘子	phã^{31} tsɿ^{31}（汉借）	碟子	tsõ^{55} tiɛ^{31}（汉借）
筷子	mi^{55} dzu^{31}	瓶子	phĩ^{31} phĩ^{55}（汉借）
罐子	ɔ^{55} bu^{31} tɤ^{33}	杯子	tsha^{31} pɛ^{33}（汉借）
壶	ʑi^{31} tshɔ^{31} sɤ̃^{31} du^{31}	缸	kã^{33}（汉借）
水桶	ʑi^{31} thõ^{31}（半借）	箍儿	ku^{33}（汉借）
瓢	ɔ^{55} mo^{31} phe^{55}	三脚架	sã^{55} tɕo^{31}（汉借）
火钳	xo^{31} tɕa̱^{31}（汉借）	吹火筒	xo^{31} thõ^{31}（汉借）
提箩	lã^{31} tsɿ^{31}（汉借），thi^{31} lo̱^{31}（汉借）	篮子	kua^{33} lɔ^{33}（汉借）
扇子	thã^{31} tɕhĩ^{31}	背带	ɔ^{55} pɤ^{33} tɕɛ^{33}
算盘	suã^{55} phã^{31}（汉借）	秤	tsã^{55}
斗	tɤ^{33}（汉借）	升	tu^{33}

钱（货币）	ʑi^{31} mo^{31}	银元	xuɔ^{33} tɕhɛ^{31}（汉借）
本钱	pɛ^{33} tɕhɛ^{31}（汉借）	价钱	tɕha^{35} tɕhi^{31}
工钱	ɣo^{33} phu^{33}	利息	li^{55} ɕi^{31}（汉借）
债	tsa^{35}（汉借）	税	suɛ^{55}（汉借）
尺子	tshʅ^{31}（汉借）	针	ɣɤ̲^{31}
锥子	tsui^{33} tsʅ^{31}（汉借）	钉子	ɕĩ^{31} nu^{33}，tĩ^{33} tsʅ^{31}（汉借）
剪刀	tsha̲^{33}	夹子	tɕa̲^{31} tsʅ^{31}（汉借）
伞	sa̲^{31} pa̲^{31}（半借）	锁	dzo^{33} po^{33}
钥匙	dzu^{33} khɔ^{31}	链子	ɕĩ^{31} tɕɛ^{33}，lo^{55} dʑɔ^{31}
棍子	ba̲^{33} bo^{31}	轮子	ku^{33} lu^{33}（汉借）
马车	mo^{33} tshɛ^{33}	马鞍	ɣã^{33} tsʅ^{33}（汉借）
马笼头	mo^{33} lõ^{31} thɤ^{33}（半借）	马肚带	mo^{33} tu^{55} tɛ^{55}（半借）
马嚼子	ʑɔ^{31} tɕɛ^{33}	马掌	mo^{33} tsã^{31}（半借）
马槽	mo^{33} sʅ^{33}	缰绳	mo^{33} tɕɛ^{33}
鞭子	phi^{31} pĩ^{33}（汉借）	牛轭	lĩ^{33} go^{31}（汉借）
牛鼻圈	ɛ̃^{33} nu^{55} bu^{31} tɕɛ^{33}	牛皮绳	phi^{31} tɕĩ^{33} mo^{31}（半借）
帐篷	tsã^{55} phõ^{31}（汉借）	喂猪槽	vɛ̲^{31} dzo^{31} khu^{55} la^{31}
轿子	tshɤ̃^{31} pɤ^{31}	浆	tɕã^{33}（汉借）
船	ɬi^{55}	工具	kõ^{31} tɕi^{33}（汉借）
斧头	nɤ^{55} dzu^{33}	锤子	tshui^{31}（汉借）、
凿子	dzõ^{33} the^{33}（汉借）	锯子	tɕɛ̲^{31}
钻子	tshɛ^{33} tɕuã^{35}（半借）	锉	tsho^{55}（汉借）
刨子	ɕi^{31} dzɤ^{33}	钳子	tɕhɛ̃^{31} tsʅ^{31}（汉借）
铲子	tshã^{31} tshã^{33}（汉借）	胶	tɕɔ^{33}（汉借）
犁	dzõ^{55}	铧	dzõ^{55} nɛ^{31}
耙	tɕɛ^{33}	木板耙	tɕɛ^{33}
铁锹	thiɛ^{31} tɕhau^{33}（汉借）	锄头	tsɤ̃^{31} khu^{31}
扁担	tɔ^{55} dzu^{33}	绳子	tɕi^{33} tshɛ̃^{55}
麻袋	tsɔ^{55} tɛ^{33}	箩筐	ɔ^{55} lo^{55} tɤ^{33}
叉子	tshɔ^{33} tshɔ^{33}（汉借）	楔子	ɕi^{33} dʑɛ^{33}
桩子	tsuã^{33}（汉借）	背篓	ɔ^{55} pɤ^{33}
撮箕	tsho^{31} tɕi^{33}（汉借），fɛ̃^{55} tɕi^{33}（汉借）	肥料	fɛ̲^{31} liɔ^{55}（汉借）
镰刀	pa̲^{31} lɛ^{55}（汉借）	弯刀	thɔ^{33} gu̲^{31}
水槽	bɤ^{33}	水碓	ʑi^{31} tshɛ^{31} bɛ^{33}
石滚	ʂʅ^{31} ni^{31} lu^{33}	臼	tsho^{31} phe^{33}
杵	tsho^{33} tɛ̲^{31} nɛ̲^{31}	筛子	xo^{55} tɕɛ^{55}
（筛米的）筛子	xo^{55} tɕi^{55}	（筛麦子的）筛子	xo^{55} kɛ^{55}
罗筛	sa̲^{33} lo^{33}	簸箕	xo^{55} mo^{31}
石磨	tshʅ^{33} lu^{33}	碾子	nĩ^{31} tsʅ^{31}（汉借）
织布机	pho^{31} ʑĩ^{31} du^{31}	柴刀	ɕi^{33} ɣɤ^{33} du^{31}
刀鞘	fɛ^{55} tɛ^{55} tɛ^{31} du^{31}	子弹	tsʅ^{31} tã^{55}（汉借）
枪	tɕhã^{33}（汉借）	剑	tɕĩ^{35}（汉借）
炮	phɔ^{55}（汉借）	（捕兽的）圈套	go^{31} khɤ^{55}

陷阱	lu^{55} tɤ^{31}（半借）	火药	xo^{31} ʑo^{31}（汉借）
毒	tu^{31} ʑo^{31}（汉借）	网	vã^{31}（汉借）
渔网	ɔ^{55} ŋ^{31} tho^{31} du^{31}	盖子	ka̱^{55} ka̱^{55}（汉借）
钩子	kɤ^{33} tsɿ^{31}（汉借）	字	ɕi^{33} so^{31}
信	ɕĩ^{55}（汉借）	画	xua^{55}（汉借）
书	sɿ^{33} so^{31}	纸	tha^{31} ʑi^{33}
本子	pɛ̃^{31} pɛ̃^{31}（汉借），sɿ^{33} so^{31} pɛ̃^{31}（半借）	笔	pi^{31}（汉借），sɿ^{33} so^{31} ɕɛ^{31} du^{31}
墨	mɛ^{31}（汉借）	印章	tsã^{33}（汉借）
浆糊	mɛ^{55} fu^{33}（汉借）	墨水	mɛ̱^{31} sui^{35}（汉借）
话	miɛ^{31}	故事	ku^{35} sɿ^{35}（汉借）
笑话	ɕɔ^{55} xua^{55}（汉借）	谜语	su^{55} tsha^{55}（半借）
歌	ko^{33}（汉借）	山歌	bɤ^{31} khɛ^{31} tio^{55}（半借）
舞蹈	u^{33}（汉借）	戏	ɕi^{55}（汉借）
球	tɕho^{31}（汉借）	棋	tɕhi^{31}（汉借）
鼓	dzɛ̃^{31} põ^{33}	锣	tɔ^{55} po^{31}
钹	phi^{55} phi^{55} tɕhã^{31}（半借）	钟	tsõ^{33}（汉借）
笛子	ɕɔ^{33}（汉借）	箫	ɕɔ^{33}（汉借）
胡琴	tshɛ̃^{31}ɛ̃^{55}	铃	tsɛ̃^{55} lɛ̃^{55}
喇叭（唢呐）	lɔ^{55} pɔ^{31}（汉借）	鞭炮	po^{55} tsɔ̱^{31}
旗子	phɛ^{33}	神仙	sɛ̃^{31} ɕĩ^{33}
鬼	tshɔ^{31} xo^{31} mo^{31}	罪	tsuɛ^{55}
菩萨	phu^{31} sa^{55}（汉借）	香	sõ^{33}（汉借）
命	zɛ̃^{33}	灵魂	xo^{31} mo^{31}
福气	fu^{31} tɕhi^{55}（汉借）	运气	ʑĩ^{55} tɕhi^{55}（汉借）
力气	ɣo^{33}	办法	pã^{55} fɔ̃^{31}（汉借）
道理	tɔ^{55} li^{31}（汉借）	脾气	phi^{31} tɕi^{55}（汉借）
记号	tɕi^{55} xɔ^{55}（汉借）	生日	sɛ̃^{55} zɿ^{31}（汉借）
生活	sɛ̃^{31} xo^{31}（汉借）	年纪	niɛ^{31} tɕi^{55}（汉借）
姓	ɕi^{55}（汉借）	名字	mɛ^{55}（汉借）
份儿	fɤ^{33}（汉借）	回音	ʑĩ^{33} thɔ^{31}
裂缝	dʑi^{55} dzɔ^{31}	结子	khɔ^{31} pu^{31} thɤ^{31}
痕迹	khɔ^{31} ʑɛ^{55}	渣滓	tsɔ^{55} tɕĩ^{55}
影子	ɔ^{55} tshɔ^{31} ʑi^{33} mo^{31}	梦	ʑi^{31} mɛ̱^{31}
好处	nu^{55} fɛ^{55}	颜色	ʑĩ^{31} sɛ^{31}（汉借）
东（方）	tõ^{33}（汉借）	南（方）	nã^{31}（汉借）
西（方）	ɕi^{33}（汉借）	北（方）	pɤ^{31}（汉借）
东南	tõ^{33} nã^{31}（汉借）	西北	ɕi^{33} pɤ^{31}（汉借）
中间	ɔ^{31} kɔ^{55}（汉借）	中心	ɔ^{31} kɔ^{55} tsɤ̃^{55} tsɤ̃^{55}
旁边	ɔ^{31} tɕɛ^{55} bɔ^{33}	左（边）	ɔ^{55} fɛ^{33}
右（边）	ɔ^{55} zo^{33}	前（边）	ɔ^{31} vḭ^{31} dzɤ^{55}
后（边）	ɔ^{55} xo^{33} do^{31} mɛ^{55}	外（边）	ɔ^{31} ni^{55} dɤ^{31}
里（边）	ɔ^{31} khõ^{31}	角儿	kɛ̱^{31} lɔ^{33}（汉借）

尖儿	thɛ33 dzõ33 dzõ33	边儿	khɔ31 pɛ33（半借）
周围	khɔ31 dʑi55 bi̱31 tɕhi31	底	khɤ31 ti31（半借）
对面	tui55 mɛ31（汉借）	正面	ɔ55 vi̱31 dzɤ55 ɕĩ55
背后	ɔ55 xo31 do31 ma55	上方（地势，河流）	ɔ31 khɛ31 ɕi55
下方（地势，河流）	ɔ31 khɯ55 ɕi55	（桌子）上	ɔ31 khɛ31
（桌子）下	ɔ31 khɯ55	（天）上	khɛ31
（天）底下	khɯ55	（墙）上	khɛ31
时间	nɛ55 ni31	今天	ni33 thɔ33
昨天	ɔ31 ni31 thɔ33	前天	sɿ31 ni31 thɔ33
大前天	sɿ33 sɿ33 ni31 thɔ33	明天	ɔ55 ɕɛ55
后天	phɛ31 ne̱31	大后天	sɔ55 ni31
今晚	ʑi31 mɯ33 tɕhi31 thɔ33	明晚	ɔ55 ɕɛ55 mɯ33 tɕhi31
昨晚	ɔ31 mɯ33 tɕhi31 thɔ33	白天	mɯ33 ni31 thɔ33
早晨	mɯ33/31 ɕɛ33	黎明	mɯ33 thɯ55 dzɤ̃31 xɤ31
中午	dzɔ33 dzo33 nu55 o31	下午	mɯ33 tɕhi31 tho33 dzɔ33 dzo33
晚上	mɯ33 tɕhi31	半夜	pã55 ʑɛ55（汉借）
子（鼠）	xe̱33 khu33/31	丑（牛）	ɛ̃33 khu33/31
寅（虎）	lo31 khu31	卯（兔）	thɔ31 ɬo31 khu33/31
辰（龙）	lõ33 khu33/31（汉借）	巳（蛇）	sɛ55 khu33/31
午（马）	mo33 khu33/31	未（羊）	xɔ31 khu33/31
申（猴）	no̱31 khu33/31	酉（鸡）	ʑe̱33 khu33/31
戌（狗）	tɕhi33 khu33/31	亥（猪）	ve̱31 khu33/31
日子	ni31	初一	de̱33 thi31
初二	de̱33 ni31	初三	de̱33 sɔ33/55
初十	de̱33 tshɯ31	月	xo31 bu31
一月	tsɤ̃33 ʑɛ31 tɕĩ33（汉借）	二月	ɤ55 ʑɛ31（汉借）
三月	sã33 ɣo31（半借）	四月	sɿ33 ɣo31（半借）
五月	ŋ33 ɣo31	六月	tshu̱31 ɣo31
七月	sɿ31 ɣo31	八月	xɛ̃31 ɣo31
九月	gɯ31 ɣo31	十月	tshɯ31 ɣo31
十一月	tshɯ31 thi31 ɣo31	十二月	tsau33 ɣo31
闰月	zɤ̃55 ʑɛ31（汉借）	年	khu33
今年	ʑi33 khu31	去年	ɔ31 ne̱33 khu31
前年	sɿ33 ne̱33 khu31	明年	ne̱33 khu31
后年	ne̱33 ne̱33 khu31	从前	ɔ55 vi̱31 dzɤ55
以前	ɔ55 vi̱31 dzɤ55	古时候	ɔ55 vi̱31 dzɤ55 thɔ31
现在	ʑi55 tɕhɛ33	将来，以后，今后	ɔ55 xo33 do31 mɛ55
开始（开始时）	kha31 sɿ31（汉借）	最后	tsui33 xɤ55（汉借）
星期	ɕĩ33 tɕhi33（汉借）	星期一	ɕĩ33 tɕhi33 ʑi31（汉借）
星期二	ɕĩ33 tɕhi33 ɤ35（汉借）	星期三	ɕĩ33 tɕhi33 sã33（汉借）
星期四	ɕĩ33 tɕhi33 sɿ35（汉借）	星期五	ɕĩ33 tɕhi33 u33（汉借）
星期六	ɕĩ33 tɕhi33 lu31（汉借）	星期日	ɕĩ33 tɕhi33 thiɛ55（汉借）
夏	tshu31	秋	sã31 ŋɔ31

冬	tõ^{33}（汉借）	除夕	xo^{31} bo^{31} sɔ^{33} tshɤ^{31}
节日	tɕɛ^{31} tɕhi^{55}（汉借）	一	thi̱^{31}
二	ni^{31}	三	sɔ^{33}
四	ɬi^{55}	五	ŋ^{33}
六	tshu̱^{31}	七	sɿ^{31}
八	xɛ̃^{31}	九	gɯ^{55}
十	tshɯ^{31}	十一	tshɯ^{31} ti^{31}
十二	tshɯ^{31} ni^{31}	十三	tshɯ^{31} sɔ^{33}
十四	tshɯ^{31} ɬi^{55}	十五	tshɯ^{31} ŋ^{33}
十六	tshɯ^{31} tshu̱^{31}	十七	tshɯ^{31} sɿ^{31}
十八	tshɯ^{31} xɛ̃^{31}	十九	tshɯ^{31} gɯ^{55}
二十	ni^{31} tsɯ^{55}	三十	sɔ^{33} tshɯ^{31}
四十	ɬi^{55} tshɯ^{31}	五十	ŋ^{33} tshɯ^{31}
六十	tshu̱^{31} tshɯ^{31}	七十	sɿ^{31} tshɯ^{31}，sɿ^{31} tsɯ^{31}
八十	xɛ̃^{31} tshɯ^{31}	九十	gɯ^{55} tshɯ^{31}
百	xo^{31}	一百零一	ɔ^{31} xo^{31} ɣɤ^{33} ɔ^{33} lɯ^{33}，ɔ^{31} xo^{31} thi̱^{31}（lɯ^{33}）
千	tõ^{55}	万	vã^{55}（汉借）
十万	tshɯ^{31} vã^{55}（半借）	百万	ɔ^{31} xo^{31} vã^{55}（半借）
千万	ɔ^{31} tõ^{55} vã^{55}（半借）	亿	ʑi^{33} khɯ^{31}
（一）个（人）	lɯ^{33}	（一）个（碗）	lɯ^{33}，thɤ^{33}
（一）条（河）	tho^{33}，pɔ^{55}	（一）条（绳子）	pɔ^{55}
（一）条（鱼）	tshã^{55}	（一）张（纸）	tsã^{33}（汉借）
（一）页（书）	tsã^{33}（汉借）	（一）个（鸡蛋）	lɯ^{33}
（两）只（鸟）	tu^{33}	（一）根（棍子）	pɔ^{55}
（一）根（草）	pɔ^{55}	（一）粒（米）	lɯ^{33}
（一）把（扫帚）	tsɤ^{55}	（一）把（刀）	phɛ^{33}
（一）棵（树）	dzɛ̃^{55}	（两）本（书）	pɤ̃^{31}（汉借）
（一）行（麦子）	lu^{55}（汉借）	（一）座（桥）	tsõ^{55}
（一）把（菜）	pɔ^{31}	（一）把（米）	pɔ^{31}
（一）枝（笔）	thɛ^{33}	（一）堆（粪）	bɤ^{31}
（一）桶（水）	thõ^{31}（汉借）	（一）碗（饭）	pa̱^{33}
（一）块（地）	tsho^{55}	（一）块（石头）	thɔ̱^{33}
（一）片（树叶）	pha̱^{31}	（一）朵（花）	pu^{33}
（一）句（话）	tɕɛ^{33}	（一）首（歌）	sɤ^{33}（汉借），lɤ^{33}
（一）件（衣）	thɔ^{33}	（一）件（事）	tsɿ̃^{33}，tha̱^{31}
（一）双（鞋）	dzɤ^{31}	（一）对（兔子）	dzɤ^{31}
（一）群（羊）	tɤ^{31}	（一）段（路）	dʑɛ^{31}（汉借）
（一）节（竹子）	dʑɛ^{31}（汉借）	（一）天（路）	ni^{31}
（一）只（鞋）	phɛ̱^{33}	（一）家（人）	ɣɤ^{33}
（一）叠	dʑi^{33}	（一）剂（药）	fu^{55}（汉借）
（一）卷（布）	ko^{31}	（一）筐（菜）	lo^{33}（汉借）
（一）背（菜）	lo̱^{33}	（一）捆（柴）	dzɤ̃^{55}

(一)捧(土)	phɤ̃^{31}(汉借)	(一)岁口(牛,马)	khu^{33}
(一)驮	to^{55}(汉借)	(一)排(房子)	lu^{55}(汉借)
(一)串(珠子)	tshuɛ^{55}(汉借)	(一)滴(油)	thɛ̱^{33}
(一)面(旗)	pɔ̱^{31}	(一)半	pɔ̃^{33}
(一)层	tshɛ̃^{31}	(一)份	fɛ^{55}(汉借)
(两)层(楼)	tshɛ̃^{31}(汉借)	(一)封(信)	fõ^{55}(汉借)
(一)间(房)	di̱^{33}	(一)包(东西)	pau^{33}(汉借)
(一)瓶(酒)	phĩ^{31}(汉借)	(一)盒(药)	xo^{31}(汉借)
(一)滩(泥)	thɔ̃^{31}(汉借)	(一)袋(烟)	thɛ̃^{55}
一斤半	ɔ^{31} tsɛ̃^{55} phɛ^{33}	半(斤)	(pã^{55}) tɕĩ^{33}(汉借)
(一)斤	tsɛ̃^{55}(汉借)	(一)两	lõ^{31}(汉借)
(一)秤(十斤)	tshɯ^{31} tsɛ̃^{55}(半借)	(一)斗	(ɔ^{31}) tu^{33}(汉借)
(一)升	(ɔ^{31}) phɛ^{33}	(二)升	(ni^{31}) phɛ^{33}
(一)里	li^{31}(汉借)	(一)庹	ɔ^{31} phɛ^{31}
(一)尺	tshʅ^{31}(汉借)	(一)丈	tsã^{55}(汉借)
(两)尺	tshʅ^{31}(汉借)	(一)拃	tu^{33}
(一)指(宽)	tsʅ^{31}(汉借)	(一)步	bɤ^{31}(汉借)
(一)架(牛)	tɕa^{55}(汉借)	(一)寸	tshuɛ̃^{55}(汉借)
(一)分	fõ^{33}(汉借)	(一)元	thɔ^{33}
(一)角	gɔ^{31}(汉借)	(一)亩	mu^{33}(汉借)
(一)点钟	ti^{31} tsõ^{33}(汉借)	一会儿	ɔ^{31} ko^{33}
(一)天	ni^{31}	(一)夜	xɛ^{31}
(一)昼夜	(ɔ^{31}) ni^{31} (ɔ^{31}) xɛ^{33}	(一个)月	xo^{31} bo^{31} ɔ^{31} lɯ^{33}
(一)年	khu^{33}	(一)岁	khu^{33}
(一)辈子	(ʑi^{31}) pɛ^{55} tsʅ^{31}(汉借)	(一)代(人)	ta^{55}(汉借)
(去一)次	pi̱^{33}	(来一)回	pi̱^{33}
(吃一)顿	dɛ^{31}	(喊一)声	tɕi̱^{33}
(打一)下	tha^{33}	(踢一)脚	tha^{33}
(咬一)口	nɛ̱^{31}	一点	tɕi̱^{33}
一些	mu^{55}	几个	xo^{31} no^{31} lɤ^{33}
每天	ɔ^{31} ni^{31} ni^{31}	每个	ɔ^{31} lɤ^{33} lɤ^{33}
(一)倍	ɔ^{31} fã^{33} fã^{33}	我	ŋ^{31}
我俩	ŋ^{31} ni^{31} (lɤ^{33})	我们	ŋ$^{31/55}$ bɤ̱^{31}
你	nɔ^{31}	你俩	nɔ$^{31/55}$ ni^{31} (lɤ^{33})
你们	nɔ$^{31/55}$ bɤ̱^{31}	他	gɯ^{55}
他俩	khɔ^{31} ni^{31} (lɤ^{33})	他们	khɔ^{31} bɤ̱^{31}
大家	ɔ^{31} kha^{55}	自己	tsʅ^{55} tɕi^{31}(汉借)
我自己	ŋ^{31} tɕa^{55} tɕa^{55}	你自己	nɔ^{31} tɕa^{55} tɕa^{55}
他自己	gɯ^{55} tɕa^{55} tɕa^{55}	别人	ɔ^{31} dzo^{55}
这	ʑi^{55} nɛ^{33}	这个	ʑi^{55} lɤ^{33}
这些	ʑi^{55} mɯ^{55}	这里	ʑi^{55} nɛ^{33}
这边	ʑi^{55} tɔ^{55}	这样	ʑi^{55} thɔ^{33}
那(近指)	gɯ^{55}	那个	gɯ^{55} lɤ^{33}

那些	gɯ^{55} mɯ^{55}	那里	gɯ^{55} nɛ^{33}
那边	gɯ^{55} tɔ^{55}	那样	gɯ^{55} fɛ^{33}
谁	ɔ^{31} su^{33}	什么	ɔ^{35} dzɔ^{55}
哪个	ɔ^{55} lɤ^{33}	哪里	ɔ^{55} nɛ^{33}
几时	ɔ^{55} tɕhɛ^{33}	怎么	ɔ^{55} tho^{33}
多少	xo^{31} no^{31}	几个(疑问代词)	xo^{31} no^{31} lɤ^{33}
为什么	xɔ^{55} ʑɛ$^{33/31}$ lɔ^{33}	其他	ɔ^{31} dzo^{55}
各自	ɔ^{55} mɛ^{33} tɕa^{55} tɕa^{55}	一切	ɔ^{31} kha^{55}
全部	ɔ^{31} kha^{55}	大	ɣɛ^{33}
小	nɛ^{55}	粗	ɣɛ^{33}
细	ɕi^{55}（汉借）	高	mo^{55}
低	di^{55}（汉借），mɔ^{31} mo^{55}	凸	kõ^{33}
凹	ɣo^{33}	长	sɛ̃^{55}
长（时间长）	sɛ̃^{55}	矮	di^{55}
短	nɯ̃^{33}	远	vɤ^{33}
近	mɔ^{31} vɤ^{33}	宽	khuã^{33}（汉借）
窄	tsɤ̱^{31}（汉借）	宽敞	khuã^{33}（汉借）
狭窄	tsɤ̱^{31}（汉借）	厚	xɤ^{55}（汉借）
薄	bo^{33}	深	nɛ̱^{31}
浅	mɔ^{31} nɛ̱^{31}	满	dɛ̃^{31}
空	khõ^{31}（汉借）	瘪	bɛ^{31}（汉借）
多	phɤ^{33}	少	nɛ̃
方	fã^{33}（汉借）	圆（平面）	vɛ̃^{31}
圆（立体）	dɛ̃^{31} lɛ̃^{33} lɛ̃^{33}	扁	pɛ^{31} thɔ^{31} thɔ^{31}
尖	tsu^{55}	平	dɔ^{31}
皱	tsɤ^{55}（汉借）	正（面）	ɔ^{31} ni^{55} dɤ^{31} mi^{55}
反（面）	ɔ^{31} khõ^{31} mi^{55}	（打得）准	tsuɛ̃^{31}（汉借）
偏	vɛ^{55}（汉借）	歪	vɛ^{55}（汉借）
顺	suɛ̃^{55}（汉借）	倒	to^{55}（汉借）
横（的）	vɛ^{55}（汉借）	竖（的）	gɤ^{55} xɤ^{31}
直	tu^{31}	斜	vɛ^{55}（汉借）
弯（的）	ku^{55}，kɛ̃^{55}	黑	nɛ̱^{33}
白	thu^{31}	红	nɤ^{55}
黄	sɛ^{55}	绿	ni^{55}
蓝	ni^{55}	紫	tsɿ^{33}（汉借）
灰	phɛ^{31}	亮（的）	dɔ^{33}
暗	nɛ̱^{33} bɤ^{31} bɤ^{31}	重	li^{33}
轻	lɔ^{31}	快	khua^{55}（汉借）
慢	phi^{31}	空闲	lɤ̱^{33}
早	nɛ̱^{31}	迟	lɛ^{31}
锋利	thɛ̱^{33}	钝	mɔ^{31} thɛ̱^{33}
清（的）	dzɛ̃^{31}	浑浊	mɔ^{31} dzɛ̃^{31}
胖	tshu^{55}	（猪）肥	tshu^{55}

瘦	ɕɛ^{55}	（地）瘦	ɕɛ^{55}
干（的）	fa̠^{31}	湿（的）	nɯ^{31}
（粥）稠	tshɤ̠^{31}（汉借）	（粥）稀	ɕi^{33}（汉借）
（布）密	dʑi^{55}	（头发）稀	gɔ^{33}
硬	kɤ̠^{33}	软	nɤ̠^{33} bɤ̠^{33}
粘	na̠^{33} dʑi^{33}	光滑	di^{33} nɤ^{31} nɤ^{31}
粗糙	gɛ^{33} sɛ^{33} sɛ^{33}	（米）细	ɕi^{55}（汉借）
（路）滑	di̠^{33}	紧	tɕĩ^{31}（汉借）
松	sõ^{33}（汉借）	脆	tshuɛ^{55}（汉借）
（房子）牢固	khɤ̃^{31}	乱	luã^{55}（汉借）
对	xo^{31}（汉借）	错	mɔ^{31} xo^{31}（半借），tsho^{55}（汉借）
真	tsɤ̃^{33}（汉借）	假	mɔ^{31} tsɤ̃^{33}（半借），ɔ^{31} tɕa^{31}（半借）
生（的）	ɔ^{31} tsã^{33}	新	ɕi̠^{31}（汉借）
旧	ɬɯ^{55}, mɔ^{31} ɕi̠^{31}（汉借）	好	ɔ^{31} nu^{55}
坏	dʑi̠^{31}（指东西），mɔ^{31} nu^{55}（指人）	（价钱）贵	tɕhe^{33}
便宜	phu^{33} lɔ^{31}	（植物）老	mɔ^{31}
（植物）嫩	nɤ^{33} bɤ^{33}	年老	mɔ^{31}
年轻	ɬɛ̠^{31}	美	tshɤ̃^{55}
丑	ni^{55} tɕhɛ^{33}	热	ŋɤ^{31}
（天气）冷	dʑɛ̠^{33}	（水）冷	（冷）tɕhi̠^{31}，（冰冷）tsɔ̠^{31}
（水）温	tshɤ̃^{33}	暖和	tshɤ̃^{33}
难	gu^{31} tɕhɛ^{33}	容易	gu^{31} so^{31}
（气味）香	ɕã^{33}（汉借）	臭	tshɿ^{31}
（味道）香	ɕã^{33}（汉借）	酸	tɕɛ̠̃^{55}
甜	tshɿ^{55}	（味道）苦	khɔ^{33}
（生活）苦	khu^{31}（汉借）	辣	zɔ^{55}
咸	khɔ^{33}	（盐）淡	da̠^{33}（汉借）
涩	tsɿ^{31}	腥	tshɔ^{33}（汉借）
臊	tshɔ^{33}（汉借）	腻	niã^{55}（汉借）
忙	na̠^{31} phɤ^{33}	富	xɤ̠^{31}
穷	so^{33}	丰富	ɣɛ̃^{35} dzɔ^{31}
干净	kã^{33} tɕĩ^{55}（汉借）	脏	ɣɛ̃^{35} tsã^{33}（汉借）
热闹	zɤ^{31} nɔ^{55}（汉借）	安静	ɔ^{55} khɯ^{55} ɕi^{55} o^{33} dzɔ^{31}
活（的）	su^{55} ɔ^{31} ɕɛ^{33}	新鲜	ɕi^{33} ɕi^{33}（汉借）
死（的）	sɿ^{31}	一样的	thɛ̠^{31} sɤ^{31}
清楚	tɕhĩ^{33} tshu^{31}（汉借）	明亮	ɣɛ̃^{35} dɔ^{33}
好吃	nɛ^{55}	不好吃	mɔ^{31} nɛ^{55}
好听	nu^{55} ni^{55} so^{31}	好看	ni^{55} so^{31}
难看	ni^{55} tɕhɛ^{33}	响	nɛ^{31}
辛苦	ɕĩ^{31} khu^{31}（汉借）	闷	mɤ^{55}（汉借）
慌张	xuã^{33}（汉借）	急忙	tsã^{31} tsã^{31}（汉借）
花（布）	gu^{33}	聪明	tshõ^{55} mi^{31}（汉借），lĩ^{31}（汉借）
傻	lɯ̃^{55}	蠢	lɯ̃^{55}

机灵	lĩ^{31}（汉借）	老实	lɔ^{35} sɿ^{31}（汉借），tu^{31}
狡猾	tɕɔ^{31} xua^{31}（汉借）	骄傲	tɕɔ^{33} ɣɔ^{55}（汉借）
合适	xo^{31} sɿ^{55}（汉借）	勇敢	ʑõ^{33} kã^{33}（汉借）
客气	khɛ^{31} tɕhi^{55}（汉借）	吝啬	ɣɛ̃^{35} zɔ^{55}
勤快	lau^{31} tshau^{55}（汉借）	懒	lã^{31}（汉借）
巧	tɤ^{55} xo̱^{31}	努力	uo^{33} thɯ̱^{31}
可怜	so^{33} nĩ^{33}	高兴	kau^{55} ɕi^{55}（汉借）
幸福	dzɔ^{31} nu^{55}	平安	phi^{31} ã^{33}（汉借）
舒服	ɕɛ^{31} lɛ̃^{31}	悲哀	dzɔ^{31} tɕhɛ^{33}
亲热	tɕhi^{33} zɤ^{31}（汉借）	单独	（ɔ^{31} lɯ^{33}） dɤ^{33} dɤ^{33}
陡峭	dʑɛ^{33}	早早地	xo^{55} nɛ̱^{31} nɛ̱^{31}
慢吞吞	lɛ̃^{31} kɤ̃^{33} kɤ̃^{33}	亮晶晶	liã^{55} thã^{31} thã^{31}（汉借）
黑洞洞	nɛ̱^{33} bɤ^{31} bɤ^{31}	灰扑扑	pha^{31} tsho^{31} tsho^{31}
绿油油	ni^{55} sõ^{31} sõ^{31}	红彤彤	nɤ^{55} bo^{31} bo^{31}
黄灿灿	sɛ^{55} bɛ^{55} bɛ^{55}	轻飘飘	lɔ^{31} phɔ^{31} phɔ^{31}
水淋淋	ʑi^{31} dzu^{31} dzu^{31}	赤裸裸	dã^{33} lu^{55} lu^{55}
乱七八糟	xũ^{55} ku^{33} xũ^{55} tsã^{55}	零零碎碎	dʑi̱^{31} gu^{33} dʑi̱^{31} li̱^{31}
慌慌张张	xuã^{31} xuã^{31} tsã^{33} tsã^{33}（汉借）	马马虎虎	ma^{33} ma^{33} xu^{33} xu^{33}（汉借）
啰里啰唆	tsɔ^{33} ku^{33} tsɔ^{33} tɕĩ^{33}	糊里糊涂	fu^{31} li^{55} fu^{31} thu^{31}（汉借）
半新半旧	mɔ^{31} ɕi̱^{31} mɔ^{31} ɬɯ^{55}	弯弯曲曲	lɔ^{55} lɔ^{55} kɛ̃^{55} kɛ̃^{55}，lɔ^{55} gu^{33} lɔ^{55} kɛ̃^{55}
挨打	dɛ^{33} tshɛ^{31}	爱	thɛ^{31} uɔ^{55} nu^{55}
爱（吃）	ɣa^{55} dzo^{33}	安慰	tsho^{31}
按	ni̱^{33}	熬(药)	tsɔ^{55}
熬（粥）	ɣau^{33}（汉借）	拔（草）	tɕi̱^{33}
拔（火罐）	（xo^{31} kuɛ^{55}） bu^{31}，dɛ^{33}	把（尿）	tɕɛ^{55}
耙（田）	tɕɛ̱^{33}	掰开	pha̱^{31} khɔ^{31}
摆（整齐）	pa^{35} tɔ^{33}（半借）	摆动	ɬɯ^{55} lɤ^{31} ɬɯ^{55} lɛ^{33}
败	su^{33}（汉借）	搬（家）	pã^{33}（汉借）
搬（凳子）	tshɛ^{31}	帮助	ɣo^{33} dzɔ^{31}
绑	ta̱^{31}	包（药）	po^{33}（汉借）
剥（花生）	thɯ^{31}	剥（牛皮）	thɯ^{31}
饱	bu^{33}	抱	tɛ̱^{33}
刨	dzɤ^{33}	背（孩子）	bu^{31}
焙干	ɬu^{55} fa^{31}	背（书）	pɛ^{55}（汉借）
（口）闭	mi^{55}	闭（口）	mi^{55}
编（辫子）	pĩ^{33}（汉借）	编（篮子）	ʑĩ^{31}
变大	pĩ^{55} ɣɛ^{33}（半借）	变小	pĩ^{55} nɛ^{55}（半借）
变黑	pĩ^{55} nɛ^{33}（半借）	变红	pĩ^{55} nɯ^{55}（半借）
扁	pe^{31}（汉借）	压扁	ni̱^{33} pe^{31}
病	nu^{31}	补（衣）	na̱^{31}
补（锅）	na̱^{31}	擦（桌子）	sɿ^{33}
擦掉	sɿ^{33} vɛ^{35}	猜（谜）	tsha^{55}（汉借）
猜中	tsha^{55} tso^{31} ɔ^{55}（汉借）	裁	da̱^{33}

踩	dɣ̠^{33}	刺痛	to^{31} nu^{31}
藏（东西）	kɤ^{31} tsɛ^{55}	蹭（痒）	sɛ^{33}
插（牌子）	tshɤ^{31}（汉借）	插（秧）	tɛ^{55}
差（两斤）	tshɔ^{33}（汉借）	拆（房子）	tshɛ̠^{31}（汉借）
塌毁	bɤ^{31}	搀扶	tɔ^{55} zɛ^{31}
掺（水）	tso̠^{31}	缠（线）	li^{33} khɛ^{31}
馋（肉）	tshã^{31}（汉借）	（嘴）馋	tshã^{31}（汉借）
尝	dzo^{55} ni^{55}	偿还	khu^{31}
唱	tshã^{55}（汉借）	吵	ka^{33} ɕɛ̠^{31}
炒	ɬu^{55}	沉	dõ^{31}
称（粮食）	tsɛ̠^{55}	称赞	khuã^{31}（汉借）
炫耀	khuã^{31}（汉借）	（用杠子）撑住	tu^{31}（汉借）
撑开（口袋）	tɕi̠^{33} khɔ^{31}	撑（伞）	dɛ̠^{33}
撑(船)	ɣa^{33}	成（了）	gu^{31}
完成	gu^{31}	盛（饭）	khɣ̠^{31}
盛得下	tɛ^{33} dɛ̠^{31}	承认	zɣ̃^{55}（汉借）
充满	dɛ̃^{31}	吃	dzo^{33}
冲（在前）	tɛ^{33} dɛ̃^{31}	（用水）冲	tshõ^{33}（汉借）
舂	tɛ̠^{31}	抽（出）	gɔ^{31}
抽（烟）	dɔ^{31}	抽打	dɛ^{33}
出嫁	xõ^{55}	出（水痘）	du̠^{33}
出去	du̠^{33} lɤ^{31}	出（太阳）	du̠^{33}
出来	du̠^{33} lɛ^{33}	取出	xɤ^{31} thɛ^{35}
锄（草）	ɣõ^{31}（指稻田），tshu^{33}（指旱地）	穿（衣）	vi̠^{31}
穿（鞋）	dɣ̠^{31}	穿（针）	sɛ̃^{31}
吹（喇叭）	mu̠^{33}	吹（灰）	mu̠^{33}
捶打	tɛ̠^{31}	传（开）	ɤ^{55} khɔ^{31}
喘（气）	xɛ̠^{31}，tshuã^{31}（汉借）	戳	to̠^{31}（汉借）
（被）戳破	to̠^{31} thõ^{31}（汉借）	刺（痛）	to̠^{31}（汉借）
催	tsɣ̃^{31} tsɣ̃^{35} tɕɛ̠^{33}	搓（绳）	va̠^{31}
错（了）	mɔ^{31} xo^{31}	锉	tsho^{55}
搭（架子）	tɔ^{33}（汉借）	答应	ta̠^{31} ʑĩ^{55}（汉借）
打（人）	dɛ^{33}	打（手势）	lɛ̠^{31} pi^{31}
打（针）	dɛ^{33}	打（猎）	ʑi^{31} u^{31} dɛ^{33}
打（枪）	ba̠^{33}	打（中）	ba^{33} tsɣ̃^{55}
打仗	tsã^{55} dɛ^{33}	打架	tɕa^{55} tɛ̠^{31}
打倒	dɛ^{33} bɤ^{31}（指物），tɛ̠^{31} bɤ^{31}（指人）	打（水）	dɛ^{33}
打（柴）	ɣɤ^{33}	打扮	sɤ^{31} sɿ^{31}
打赌	tu^{31} tɕɛ^{31}（半借）	打瞌睡	nɛ̠^{33} kɤ^{33} tɕhɛ̠^{33}
打喷嚏	ɔ^{55} thi^{31} mu^{31}	打滚儿	bɛ̃^{31} lɛ̃^{55} pu^{33}
打哈欠	ɔ^{55} xɔ^{31} mu^{31}	打嗝儿（呃逆）	kɯ^{55} lɯ̠ ^{31} thɤ^{31}
打饱嗝儿	ɤ^{31} lɤ^{31} tɤ^{33}	打鼾	xɛ̃^{55} gɔ^{31} dɣ̠^{33}
打开	dɛ^{31} khɔ^{31}，khɔ^{31} thɤ^{31}	打闪	mu^{33} ɬɤ^{31}

打雷	mu^{33} tɣ̃^{31}	带（钱）	tɛ^{33}（汉借）
带（孩子）	xɛ^{31}	带（路）	xɛ^{31}
戴（帽子）	dɣ̱^{31}	戴（包头）	（m^{33}） pɛ^{55}
戴（手镯）	dɣ̱^{31}	耽误	tã^{33} ko^{31}（汉借）
当（兵）	tã^{33}（汉借）	挡（风）	tsɤ^{33}
（墙）倒	bɣ̱^{33}	弄倒（墙）	gu^{31} bɣ̱^{31}
捣碎	tɛ̱^{31} mɤ^{33}	（把水）倒（掉）	nɛ̱^{31}
到达	gɯ^{55} tshɤ^{31}	得到	ɣo̱^{31}
等待	xɔ^{31}	地震	mi^{55} lɯ^{33}
滴（水）	thɛ̱^{33}	低（头）	kɯ^{33}
点（头）	dĩ^{31}（汉借）	点（火）	tu̱^{31}
燃烧	du̱^{31}	点（灯）	tu̱^{31}
垫	khɔ^{33}	叼	tshɣ̱^{31}
掉（过头）	tsɔ^{55}	掉（下）	tshɛ^{31} lo^{33}
掉（眼泪）	thɛ̱^{33}	吊	kuɔ^{33}
钓（鱼）	tiɔ^{55}（汉借）	跌倒	kuã^{55} pɤ^{33}（半借）
叠（被）	tsɣ̱^{31}（汉借）	（蚊子）叮	tshɤ^{31}
钉（钉子）	tĩ^{55}（汉借）	丢失	na̱^{31}（uo^{35}）
抖（灰）	ko^{55}	懂	sa̱^{31}
（手）冻（了）	tsɔ̱^{31}	（虫子在）动	lɯ^{33}
使动	gu^{31} lɯ^{33}	兜着	tɣ̱^{33}（汉借）
读	sɔ^{33}	堵塞	sɣ̱^{31}（汉借）
赌博	ʑi^{31} mo^{31} dʑɛ^{31}	渡（河）	gɯ^{31}
断（气）	tɕhi̱^{33}	（线）断	tɕhi̱^{33}
弄断（线）	gu^{31} tɕhi̱^{33}	（棍子）断	tɕhi̱^{33}
弄断（棍子）	gu^{31} tɕhi̱^{33}	堆（草）	bɤ^{31}
蹲	tsu^{55}	炖	tɣ̃^{55}（汉借）
躲藏	no^{55}	剁（肉）	to^{55}（汉借）
跺（脚）	to^{55}（汉借）	饿	nɛ̱^{31}
恶心	fɔ̱^{31} ɣo^{31} ɕĩ^{33}	发抖	bi^{31} li^{31} ko^{55}
发烧	xo^{33} tshɣ̃^{33}	发愁	tso^{31} tɕi̱^{31}（汉借）
发芽	（khɔ^{31} dzɛ^{31}） bu^{33} du̱^{33}	（把衣服）翻过来	ʑi^{31} pu^{33}
（在床上）翻身	ʑi^{31} pu^{33}	犯法	fã^{55} fa^{31}（汉借）
犯罪	fã^{55} tsui^{55}（汉借）	放（水）	thɯ^{31}
放置	tɔ^{33}	放（盐）	tɛ^{33}
放牧	thɤ^{31}	放火	（mɛ^{33}） tu̱^{31} tu̱^{31}
放屁	bɛ^{31} tshɿ^{31}	放假	fã^{55} tɕa^{33}（汉借）
放心	fã^{55} ɕĩ^{33}（汉借）	飞	de^{31}
分（东西）	fɤ^{55}	分（家）	（ɣɤ^{31}） fɤ^{55}
分离	fɤ^{55}	（使）分开	kɯ̱ ^{33} vɤ^{33} khɔ^{31}
疯	nɛ̱^{31}	缝	dzɿ^{31}
敷	tɣ̱^{31}	孵	mu^{33}
扶	tɔ^{33}	伏（着栏杆）	phu^{31}

腐烂	tshɿ^{31} ɣo^{31}	盖（土）	bɤ^{31}
盖（被）	dzɿ^{31}	盖（房子）	tɔ^{55}
干（了）	fa̱^{31}	晒干	ɬɣ̱^{31} fa̱^{31}
感冒	tshɿ^{33} nɯ^{33} mo^{31} dzɛ̱̃^{31}	感谢	nɔ^{31} nɔ^{55} u^{55} o^{33}
赶集	ɬi^{33} ɬi^{33}	赶（牛）	te^{31}
赶（上）	te^{31} ma^{31}	敢	kɯ^{33}
干（活儿）	na̱^{31} mu^{31}	硌（脚）	kɣ̃^{55}（汉借）
告诉	the^{31}	割（肉）	da̱^{33}
割下	da̱^{33} tɕɛ^{35}	割（绳）	da̱^{33}
割断	da̱^{33} tɕhi^{33}	割（草）	tshɛ^{31}
隔（河）	kɛ̱^{31}（汉借）	给	bi^{31}
够（长度）	lu̱^{31}	够（数）	lu̱^{31}
够（岁数）	lu̱^{31}	（往上）够	mɛ^{55}
跟（在后面）	tɛ^{31}	耕	gɔ^{33}
（猪）拱（土）	bu^{33}	钩	kɣ̱^{33}（汉借）
估计	ku^{31}（汉借）	故意	pã^{33} ʑi^{33}
箍	ku^{33}（汉借）	鼓	bɤ^{31} to^{31}
刮（毛）	tɕi^{33}	刮（风）	mu^{33}
挂（在墙上）	kuo^{33}（汉借）	怪（你）	kuɛ^{33}（汉借）
关（门）	tɔ^{33}	关（门）（自动）	dɔ^{33}
关（羊）	dɛ^{33} kɯ^{33}	关住	dɛ^{33} kɯ^{33} tɛ^{31}
管（学生）	kuã^{31}（汉借）	灌（水）	tɛ^{33}
跪	kɣ̃^{33}	滚	pu^{33}
过（年）	tshɯ^{31}	过（桥）	sɤ^{33}
过（两年）	go^{31}（汉借）	共计	ɔ^{31} kha^{55}
害羞	ɕɛ̱^{31} tɔ^{55}	害怕	dzu^{33}
含	mɤ^{55}	喊（人开会）	ɤ^{55}
喊叫	kɔ^{55} dɛ^{31}	（天）旱	fa̱^{31}
喝	dɔ^{31}	合（多少钱）	xo^{31}（汉借）
合适	xo^{31} sɿ^{31}（汉借）	合上（书本）	xũ^{55}（汉借）
烘（衣服）	kɔ^{55}	哄	tsho^{31}
后悔	ɔ^{55} xuɛ̱^{31}	划（船）	ɣa^{33}
画（画儿）	xuɔ^{55}（汉借）	怀孕	dzɔ^{31}
还（账）	khu^{31}	还（钢笔）	khu^{31}
换	po^{55}	唤（狗）	ɤ^{55}
回	ku̱^{31} le^{33}	（使）回	ɤ^{55} ku̱^{31} le^{33}
回头	tsɔ^{55} khu^{31}	回忆	dɯ^{31} ni^{55}
回答	ta̱^{31} ʑĩ^{55}（汉借）	会（写）	gu^{31} kɣ̱^{31}
浑浊	na̱^{33} vi̱^{33} vi̱^{33}	搅浑	ɣa̱^{31} na̱^{33} vi^{33}
活（了）	su^{55}	养活	tɛ^{55} su^{55}
获得	ɣo̱^{31}	和（泥）	dʑɛ^{31}
积（水）	（ʑi^{31}） ɣɛ^{31}	（水）积	tɕi^{31}（汉借）
（很）挤	tɕi^{31}（汉借）	挤（进）	tɕi^{31}（gɯ^{33} lɤ^{31}）

挤（奶）	ni^{55} ,tɕi^{31}（汉借）	积攒	tsã̠^{31}（汉借）
记录	tɕi^{55} zɛ^{31}	寄（信）	tɕi^{55}（汉借）
忌（嘴）	tɕi^{55}（汉借）	系（腰带）	nɛ̠^{31}
夹（菜）	nɤ^{33}	（腋下）夹	tɕa̠^{31}（汉借）
嫁（女儿）	xõ^{55}	捡	tshɤ^{33}
减	nɛ^{33}	剪	nɤ^{33}
（冻）僵	kɤ^{31}	讲（故事）	tɕã^{31}（汉借）
降落	lo^{31}	交换	po^{55}
交给	gɯ^{55} bi^{31}	交（朋友）	tɛ^{55}
浇（水）	ɕɛ^{31}	（烧）焦	dʑi^{33}
嚼	go^{33}	教	mo^{55}
搅	ɣa^{33}	（公鸡）叫	nɛ^{31}
（母鸡）叫	nɛ^{31}	（猫）叫	nɛ^{31}
（驴）叫	nɛ^{31}	（马）叫	nɛ^{31}
（牛）叫	nɛ^{31}	（狗）叫	kuã^{55}
（猪）叫	nɛ^{31}	（羊）叫	nɛ^{31}
（老虎）叫	nɛ^{31}	（狼）叫	nɛ^{31}
叫（名字）	ɤ^{55}	接住	xɯ^{31} dza^{31}
揭（盖子）	xɯ^{31} khɔ^{31}	结（果子）	dɤ̠^{31}
结冰	dʑɛ^{31}	结婚	mɛ^{31} tshɯ^{31}
结（结子）	khɔ^{31} pu^{31} thɤ^{31}	解（疙瘩）	tɕhi^{31} thɤ^{31}
鞋（开）了	khɔ^{31}	借（钱）	tshɿ^{33}
借出	tshɿ^{33} thiɛ^{35}	借入	tshɿ^{33} lɛ^{31}
借（工具）	mu^{33}	浸泡	ti̠^{33}
禁止	tshɿ^{33} thiɛ^{35}	紧（了）	tɕĩ̠^{31}
浸入	tshɿ^{33} lɛ^{31}	进（屋）	gɯ^{33} lɤ^{31}
经过	ko^{55} kuo^{31}	惊动	tɕĩ^{55} tshɛ^{31}
受惊	ɣa^{33}	救	tɕu^{55}（汉借）
居住	xɛ̠^{31}	举（手）	tshɛ^{31}
锯	ʑi^{31}	聚齐	tɤ^{55} gɤ^{33}
卷（布）	nɤ^{33}	蜷缩	xɯ^{31} dza^{31}
掘	du^{33}	卡住	tɔ^{55} tshɛ^{31}
开（门）	khɔ^{31}	（水）开（了）	xɛ̠^{31}
（花）开（了）	vi^{31}	开（车）	khɛ^{33}（汉借）
开会	xui^{55} khɛ^{33}（汉借）	砍（树）	dzi^{33}
砍（骨头）	dzi^{33}	看	ni^{55}
（给）看	ŋɔ^{31}	看见	ni^{55}
(病人去)看(病)	ni^{55}	扛	kɔ^{55}
考试	khɔ^{31} sɿ^{55}	烤（火）	khɔ^{31}（汉借）
靠	khau^{55}（汉借）	磕头	thɤ^{31}
咳嗽	tsɤ^{31}	渴	fa̠^{31}
刻	khɛ̠^{31}（汉借）	啃	tɕi̠^{33}
抠	ɣɤ^{33}	扣（扣子）	khu^{33}

空闲	lɤ^{33}	哭	ŋɯ^{55}
枯萎	khu^{33}(汉借)	跨	tɕha^{55}
睏	xɛ̃^{55} sɛ̃^{31} le^{31}	拉	tɕi̱^{33}
拉（屎）	thi^{31} xɔ^{31}	辣	zɔ^{55}
落，遗失	dõ^{31}	来	le^{31}
捞	lao^{31}(汉借)	老	mɔ^{31}
勒	tɛ̱^{31}	累	lui^{55}(汉借)
连接	tsɛ̱^{31}	炼（油）	lĩ^{55}(汉借)
炼（铁）	lĩ^{55}(汉借)	（饭）凉	tɕhi^{31}
量	gɔ^{31}	晾（衣）	ɕɛ̱^{33}
聊天	lɛ^{55} go^{31}	裂开	dʑi^{55} khɔ^{31}
淋	nɤ^{33}	（水）流	zɛ^{33}
留（种子）	tɔ^{33}	滤	li^{55}(汉借)
搂（在怀里）	tɛ̱^{33}	漏（雨）	lu^{55}(汉借)
聋	bɔ̃^{33}	乱（了）	luã^{55}(汉借)
弄乱	gu^{31} luã^{55}(半借)	摞	no^{55}
（太阳）落	dɤ^{31}	麻木	vi^{31}
骂	ka^{33}	满（了）	dɛ̃^{31}
满意	mã^{31} ʑi^{55}(汉借)	梦	(ʑi^{31} mɛ̱^{31}) xõ^{33}
埋	bɤ^{31} dzɛ^{55}	买	vɛ^{31}
卖	ɣo^{31}	冒（烟）	de^{31}
没有	mɔ^{31} dzɔ^{31}	发霉	bu^{31} ɣo^{31}
蒙盖	bɤ^{31} dzɛ^{55}	眯	mi^{55}(汉借)
（鸟）鸣	nɛ^{31}	（火）灭	sɿ^{31}
抿着（嘴）	mɤ^{55}(汉借)	明白	sa̱^{31}
摸	mo^{33}(汉借)	磨（刀）	sɛ^{33}
磨（面）	tshɿ^{33}	拧（手巾）	sɿ^{33}
拧（螺丝钉）	sɿ^{33}	拿	xɤ^{31}
拿到	ɔ^{31} xɤ^{31}	挠（痒）	khu^{33}
蔫	dzu^{31}	捏	ni̱^{33}
弄直	pha̱^{33} tu^{31}	弄乱	gu^{31} luã^{55}(半借)
弄歪	gu^{31} vɛ^{55}(汉借)	弄湿	gu^{31} na^{33}
呕吐	phi^{31}	趴	dɤ̃^{31}
（人）爬	phɔ^{31}	（虫子）爬	phɔ^{31}
（鸡）扒（土）	phã$^{31/51}$(汉借)	爬（山）	dɛ̱^{33}
爬（树）	dɛ̱^{31}	拍（桌子）	la̱^{33}
排（队）	xɤ^{31} xo̱^{31}	派（人）	pha^{55}(汉借)
（蛇）盘	ku^{33} khɛ^{31}	跑	ko̱^{31}
跑（马）	ko̱^{31}	泡（菜）	ti̱^{33}
赔偿	khu^{31}	赔（本）	khu^{31}
捧	tɤ̱^{33}	碰撞	tɤ^{55}
膨胀	bɤ^{31} to̱^{31}	披（衣）	go^{31} dzɛ^{31}
劈（柴）	khɛ^{33}	撇了（一层油）	xɤ^{31}

漂浮	bu^{31}	泼（水）	phe^{31}
破（篾）	khɛ^{33}	（衣服）破	sɛ^{55}
（竹竿）破	dʑɛ^{31}	（碗）破	kha̱^{31}
打破（碗）	dɛ^{33} tɕhi^{55}	剖	phɛ^{55} khɔ^{31}
佩带	dɤ^{35}	铺	khɔ^{33}
欺负	tɕhi^{33}（汉借）	欺骗	xõ^{31}（汉借）
砌	tɕi^{55}	骑	dzɛ̃^{33}
起来	to̱^{31} lɛ^{33}	气（人）	tɕhi^{55}（汉借）
生气	tɕhi^{55} dzɤ^{33}（半借）	牵（牛）	sã^{31}
欠（钱）	tshɔ^{33}	嵌	nɤ̱^{33}
掐	tɕhi̱^{31}	抢	phɛ^{31}
敲	dɛ^{33}	翘（尾巴）	tɕhau^{33}（汉借）
撬	tɕhau^{55}（汉借）	劁（猪）	tɤ̱^{31}
切（菜）	ɣɤ^{31}	亲（小孩）	dɯ^{31}
求（人）	tɕhu^{31}（汉借）	赶（路）	kã^{31}（汉借）
取	xɤ^{31}	取（名）	mɛ^{55} mɛ^{55}，mɛ^{55} tɤ̱^{31}
娶	tshɤ^{31}	去	lɤ^{31}
驱赶	te^{31}	痊愈（病）	nu^{55}
缺（一个口）	kha̱^{31}	瘸（了）	thɛ^{33}
全（了）	dzɤ^{31}	染	xɔ^{31}
让（路）	zã^{55}（汉借）	绕（道）	tsɔ^{55}
热（剩饭）	mɯ^{33}	忍耐	zɛ̃^{31} nɛ^{55}（汉借）
认（识）	sa̱^{31}	扔	lu^{33}
揉（面）	zɿ^{31}	洒（水）	ɕɛ^{31}
撒谎	ɔ^{31} xo^{31} ɤ^{55}	撒（尿）	xo^{31}
撒（种）	ɕɛ^{33}	塞（洞）	sɤ^{31}（汉借），tsu̱^{31}
（珠子）散（了）	bɛ^{33}	散（会）	sã^{55}
散开（鞋带）	dɤ^{31}	解开	tɕhi^{31} thɛ^{35}
扫	sɿ^{33}	杀（人）	ɕi̱^{31}
杀（鸡）	ɕi̱^{31}	筛（米）	tso^{55}
晒（衣服）	ɬɤ̱^{31}	晒（太阳）	me^{55}
扇（风）	sã^{33}（汉借）	骗（牛）	sã^{55}（汉借）
伤（手）	dɛ̱^{33}	商量	sã^{33} liã^{33}（汉借）
上（楼）	dɛ̱^{33}	上（肥）	phɛ^{31}
烧（火）	du̱^{31}	舍不得	khu^{31} ɕa^{55} lu̱^{31}
射（箭）	ba̱^{33}	射中	ba̱^{33} tsɤ̃^{55}
伸（手）	tɕhɛ^{31} thɤ^{31}	生长	ɣɛ^{33} to̱^{31}
生（锈）	mi^{55} dʑi^{33} dzo^{33}	生（疮）	du̱^{33}
生（孩子）	（ɔ^{55} gɯ^{33}） xɛ^{31}	省（钱）	sɤ̃^{31}（汉借）
剩	dʑɛ^{31}	胜利	du̱^{33}
升起	to̱^{31}	失败	pa^{55}
释放	thɤ^{31}	使（他做）	gu^{31}
使用	zɤ^{33}	试	sɿ^{55}（汉借），gu^{31}

是	ŋɤ^{31}	收割	gɤ^{31}（汉借）
收到	ɔ^{31} xɤ^{31}	收（伞）	dɛ̃^{33} lõ^{31}
收拾	gu^{31} lõ^{31}	梳	tɕhɛ^{33}
输	su^{31}（汉借）	熟悉	（ɣɛ̃^{35}） sa̱^{31}
（饭）熟	mɛ̱^{31}	（果子）熟	mɛ̱^{31}
瘦（了）	ɕɛ^{55}	数（数目）	ɣɤ^{31}
漱（口）	tɕhi^{33}	摔倒	tɕhɛ^{31} ti^{33} lɛ^{33}
甩	dɛ^{31}	闩（门）	khu^{55} khɛ^{31}
拴（牛）	ta̱^{31}	涮	ɬɔ^{33}
睡	ʑi̱^{31}	睡着	ʑi̱^{31} sɿ^{31}
说	ɤ^{55}，dzɤ^{33}	说假话	ɔ^{31} xɔ^{31} dzɤ^{33}
撕	tɕi^{33}	死	sɿ^{31}
算	suã^{55}（汉借）	（米粒）碎（了）	mɤ̱^{33}
压碎	ni^{31} mɤ̱^{33}	（腿）酸	gɤ^{31} ɣɯ^{55} sɿ^{31}
损坏	gu^{31} tɕhi^{31}	索取	sɔ^{55}
锁（门）	dɯ^{33} tsa^{55}	塌	thɔ^{31}
踏	dɤ̱^{33}	抬	tshɛ^{31}
抬得动	tshɛ^{31} to^{31} tɕhi^{55}，tshɛ^{31} to^{31} ta^{31}	贪心	thã^{31} ɕĩ^{31}（汉借）
摊开（粮食）	dɔ^{31} khɔ^{31}（汉借）	弹（棉花）	so^{55} lo^{55} pa̱^{33}
弹（琴）	pa̱^{33}	淌（泪）	zɛ^{33}
躺	gɤ^{55} ʑi̱^{31}	烫（手）	thã^{55}（汉借）
逃跑	ko^{31} lo^{33}	掏	ka̱^{33}
讨（饭）	sɔ^{55}	套（衣服）	vi̱^{31}
（头）疼	nu^{31}	踢	du̱^{33}
提（篮子）	thi̱^{31}	剃（头）	tshɛ^{31}
（天）阴	mu^{33} dɤ̱^{33}	（天）晴	so^{31}
（天）亮	mu^{33} thɯ^{33} dzɤ̃^{31}	（天）黑	m^{31} nɛ̱^{33}
填（坑）	thĩ^{31}（汉借）	舔	la̱^{31}
挑选	sɤ^{55}	挑(担)	vɛ̱^{31}
跳舞	vu^{33} pi̱^{33}（半借）	跳（远）	pi̱^{33}
（脉）跳	pi̱^{33}	贴	ɕi̱^{33} tɤ̱^{31}
听	dʑo^{33} ni^{55}	听见	ɣo^{31} dʑo^{33}
停止	nɔ^{33}	通（路）	dõ^{31}（汉借）
通知	thõ^{33} tsɿ^{33}（汉借）	捅	to^{31}（汉借）
吞	dɔ^{31}	偷	khɯ^{33}
投掷	dzɿ^{31}（汉借）	（湿）透	lu̱^{31}
吐（痰）	phi̱^{31}	涂（漆）	ɕi̱^{33}
推	ti^{55}	推动	ti^{55} lɯ̱^{33}
退货	nu^{33} nu^{33} thuɛ^{33}	褪（色）	thui^{55}（汉借）
蜕（皮）	po^{55}	拖（木头）	gɔ^{31}
拖延(时间)	tho^{33}	脱（衣）	ɬ̥ɤ̱^{33}
（头发）脱落	bɛ^{31}	脱（臼）	tha̱^{31}
驮	tɕi̱^{33}	挖	du^{33}

剜	ka̲^{31}	弯	ku^{55}，kɛ̃^{55}
弄弯	thu^{33} ku^{55}	完	gu^{31} kɤ^{55} ua^{35}
玩耍	lɛ^{55} go^{31}	忘记	me^{31}
喂（奶）	ta̲^{31}	歪（了）	vɛ^{55}
闻（嗅）	nɯ^{31}	问	dɔ^{31} ni^{55}
握（手）	sã^{31}	握（笔）	tsa^{33} zɛ̃^{31}
捂（嘴）	mõ^{31} zɛ̃^{31}	吸（气）	（ɕɛ^{31}）gɔ^{31}
（把火）熄灭	gu^{31} sɿ^{31} ɛ^{55}	习惯	ɕi^{31} kuã^{33}（汉借）
洗（碗）	tɕhi^{33}	洗（衣）	tɕhi^{33}
洗澡	tɕhi^{33}	洗（脸）	tɕhi^{33}
喜欢	ɕi^{31} xuã^{33}（汉借）	瞎	ta̲^{33}
下（楼）	di^{33} lɛ^{33}	下（猪崽）	xɛ^{31}
下（蛋）	（ʑɛ^{33} fu^{31}）fu^{31}	下（雨）	lɛ^{31}
下（霜）	dɔ^{31}	下（雪）	dɔ^{31}
吓唬	tsu̲^{33}	下陷	do^{31}
想	du^{31}	响	nɛ^{31}
想起	du^{31} xɔ^{31}	想（去）	lɯ^{31} ni^{31} ni^{31}
象	sɤ^{31}	消失	na^{31} uo^{35}
（肿）消（了）	zɤ^{31}	硝（皮子）	tshu^{33}
消灭	ma̲^{31} ɕɛ^{35}	削	tshu^{33}
小心	ɕɔ^{31} ɕĩ^{33}（汉借）	笑	ɣɛ^{31}
写	ɕɛ^{31}（汉借）	泻	fu^{31}
相信	dzã^{31}	擤	xɯ̃^{33}
醒	nɯ^{33}	休息	nɔ^{33}
修（机器）	ɕɔ^{33}	修（鞋）	na̲^{31}
绣（花）	tshɤ̲^{33}	学	sɔ^{55}
熏	fu^{33}	寻找	so^{31}
压	ni̲^{33}	（嗓子）哑（了）	sɔ̲^{33}
阉（鸡）	ɕĩ^{33}（汉借）	腌（菜）	tɕɛ^{33}
咽（口水）	dɔ^{31}	研（药）	ɣɯ̲^{31}
仰（头）	tshɛ^{31} tɔ̲^{31}	痒	zɔ^{33}
养（鸡）	te^{55}	养（孩子）	te^{55}
摇晃	ɬɯ^{33}	摇（头）	ɬɯ^{33}
（被狗）咬	tshɤ̲^{31}	咬住	tshɤ̲^{31} dzɤ^{31}
舀（水）	khɤ̲^{31}	要	ŋɔ^{33}
医治	ʑi^{33}（汉借）	依靠	kho^{55}（汉借）
（水）溢（出来）	dɛ̃^{33}，du^{33} lɛ^{33}	赢	ʑĩ^{31}（汉借）
迎接	ʑĩ^{31} tɕɛ^{31}（汉借）	引（路）	xɛ^{31}
拥抱	tɛ̲^{33}	游泳	ɣa^{33}
洗澡	ʑi^{31} tɕhi^{33}	有（钱）	dzɔ^{31}
有（人）	dzɔ^{31}	有（事）	dzɔ^{31}
（桌上）有（碗）	dzɔ^{31}	（碗里）有（水）	ni^{31}
（奶里）有（糖）	ni̲^{31}	遇见	ti^{31} o^{55} ŋɔ^{31}，tɤ^{33} kɤ^{33}，tɤ^{33} tso̲^{31}
约定	dzɤ̲^{33} nu^{55}，ɤ^{55} nu^{55}，ɤ^{55} xo^{31}（半借）	越过	ko^{55} vɛ^{33} lo^{33}

翻过	fã^{33} vɛ^{33} lɤ^{31}（半借）	（头）晕	nɛ̱^{33} vɛ^{55}
愿意	lɛ^{55}	栽（树）	tɛ^{55}
在（屋里）	dzɔ^{31}	赠送	xo^{31}
凿	tso̱^{31}（汉借）	（刀）扎	tshɤ^{33}
扎（刺）	tɛ̱^{31}	眨（眼）	tɕhi̱^{33}
炸（石头）	tsɤ̱̃^{55}	榨（油）	dɛ^{33}
摘（花）	thɯ^{33}	粘（信）	tsã^{33}（汉借）
站	gɯ^{55} xɤ̱^{31}	张（嘴）	khɔ^{31}
长（大）	ɣɛ^{55} tɔ̱^{31}	涨（大水）	ɣɛ^{55}
胀（肚子）	tshɤ̱̃^{55}（汉借）	着（火）	du̱^{31}
着急	ɣo^{33} ŋa^{33}	着凉	dʑɛ̱^{33} tshɛ^{31}
找（零钱）	po^{55}（汉借）	找到	o^{31} so^{31}
（太阳）晒	ɬɤ̱^{31} mɛ^{55}	（马蜂）蛰	tĩ̱^{55}（汉借）
睁开（眼睛）	khɔ^{31}	遮蔽	tsho^{31} khɛ^{31}
争夺	phɛ^{31}	蒸	põ^{33}
知道	sa̱^{31}	织	ʑĩ̱^{31}
指	tu^{31}	种（麦子）	te^{55}
肿	phɤ^{31}	煮	tɕɛ^{31}
抓	tsa̱^{33}	抓住	tsa̱^{33} dzɛ^{31}
转（身）	tsɔ^{55} khu^{31}	转动	tsɔ^{55} lɯ^{33}
（使）转动	gu^{31} lɯ^{33}	装	te^{33}
装得下	te^{33} te^{31}	追	te̱^{31}
捉	tsa̱^{33}	捉住	ta̱^{33} dzɛ^{31}
（鸡）啄（米）	thu^{33}	走	sɤ^{33}
足够	lu̱^{31}	租（房）	tsu^{33}（汉借）
钻（洞）	tsɔ^{55} lɯ^{33}	醉	ɕɛ^{33}
坐	gɯ^{55} ni^{31}	做	mu^{31}
做（生意）	（sɛ̃^{35} ʑi^{55}） mu^{31}		

四 彝语四百词测试表

测试表 1（8—12 岁）

编号	汉义	里山彝语	龙翔	普梅	师云琴	沐建国	李家伟	普丽	李琴芬	李彬	孔庆富
1	天	mu^{33}	A	C	A	A	A	A	A	A	A
2	太阳	ɔ^{55} tshu^{31}	C	D	A	C	B	B	A	B	A
3	星星	tsɛ̃^{55} mo^{31}	D	A	C	A	D	A	D	D	D
4	雷	mu^{33} tɤ̃^{31}	D	C	A	A	C	C	A	A	B
5	风	mi^{33} xɛ̃^{33}	B	B	A	A	B	A	B	C	A
6	雨	ɔ^{55} fu^{33}	B	A	A	A	A	A	A	A	A
7	火	mɛ^{33} tu̱^{31}	A	A	C	A	A	A	A	A	A
8	烟（火烟）	mɛ^{33} khɯ^{33}	C	D	D	D	B	B	D	D	A
9	山	bɤ^{31}	C	C	A	A	A	A	D	A	A
10	河	ʑi^{31} thɔ^{33}	D	D	C	D	C	C	A	D	B
11	井	ʑi^{31} tsa̱^{31}	D	D	D	A	D	C	D	A	D
12	路	dzo^{31} mo^{31}	A	A	A	A	A	A	A	A	A
13	土	nɛ̱^{31} tshɤ^{33}	C	A	A	A	A	A	A	A	A
14	旱地	mi^{55}	C	D	A	C	B	A	D	C	C
15	水田	mi^{55} nɛ̱^{33}，ʑi^{31} mi^{55}	C	D	D	C	C	C	A	A	C
16	石头	lu̱^{33} bɤ^{31}	A	A	A	A	A	A	A	A	A
17	水	ʑi̱^{33} ʑɛ̱^{31}	A	A	A	A	A	A	A	A	A
18	水滴	ʑi̱^{33} ʑɛ̱^{31} thɛ̱^{33}	C	C	B	A	B	D	C	D	A
19	盐	tsho^{33}	B	C	A	A	A	A	A	A	A
20	村子	tɕhɛ^{33}	C	D	C	B	B	A	C	D	D
21	桥	dzɤ^{31} gɤ^{31}	D	D	C	B	D	C	B	A	C
22	坟	lu̱^{31} bɤ^{31}	C	A	B	B	C	A	A	A	B
23	头	m^{33} dɤ^{33}	B	A	A	A	A	A	A	A	A
24	头发	m^{33} tɕhɛ^{31}	A	A	A	A	A	A	A	A	A
25	额头	nɤ^{55} bu^{33} tsã^{55}	C	C	B	D	B	A	A	C	C
26	眉毛	nɛ̱^{33} bu^{31} tsã^{55}	C	B	D	C	D	B	C	A	A
27	眼睛	nɛ̱^{33}	A	A	A	A	A	A	A	A	A
28	鼻子	nu^{55} bu^{31}	A	A	A	A	A	A	A	A	A
29	耳朵	lu^{55} pɔ^{55}	B	A	A	A	A	A	A	A	A
30	脸	bo^{33} mɛ^{33}，tha^{31} nɛ̱^{31}	B	A	B	A	A	A	B	C	A
31	嘴	nɛ̱^{31} phi^{33}	B	A	A	A	A	A	A	A	A
32	嘴唇	nɛ̱^{31} pa̱^{31}	C	A	A	C	A	C	D	B	B
33	胡子	nɛ̱^{31} bɛ^{31}	B	A	B	A	B	A	A	A	A

34	脖子	lo^{33} bɛ̱^{31}	A	A	A	A	A	A	A	A	A
35	肩膀	lɛ̱^{31} phu^{33}	C	A	C	C	B	C	A	C	B
36	背（部）	phe^{55} de^{31}	C	C	B	C	C	C	B	A	D
37	膝盖	gɤ̱^{31} mi^{55} tɕi̱^{31}	C	C	A	A	A	C	C	A	B
38	脚	gɤ̱^{31}	A	A	A	A	A	A	A	B	A
39	脚踝	gɤ̱^{31} nɛ̱^{33} sɤ^{33}	C	C	D	B	D	D	D	C	D
40	手	lɛ̱^{31}	A	A	A	A	A	A	A	A	A
41	手指	lɛ̱^{31} tsɿ^{55}	C	C	C	A	A	B	C	C	A
42	拇指	lɛ̱^{31} mo^{31}	C	A	A	C	C	A	A	C	A
43	指甲	lɛ̱^{31} sɛ^{33} mo^{31}	A	A	A	C	A	C	A	B	A
44	皮肤	dʑi^{55} phi^{31}	D	A	C	C	D	D	D	C	A
45	痣	so^{31} mɛ̱^{31}	C	A	C	B	B	B	A	C	B
46	血	sɿ^{33}	D	A	A	A	A	A	A	B	A
47	脑髓	ũ^{33} nɔ̃^{31}	D	D	D	D	D	D	D	D	C
48	骨头	ɣɯ^{55} bɛ^{31}	C	A	C	C	B	C	C	A	A
49	牙齿	dzɛ^{31}，dzɛ^{31} tsɿ^{31}	A	A	C	A	A	A	A	A	A
50	舌头	ɬo^{55} phɛ̱^{31}	A	A	C	B	B	A	A	A	B
51	肺	tshɿ^{31} bɤ^{31}	D	D	D	D	C	D	D	D	C
52	心脏	nɛ̱^{33}	D	D	D	B	D	A	D	A	A
53	肝	sɛ̃^{31}	D	D	C	D	C	D	D	D	C
54	胆	tɕi^{55}	D	D	D	D	D	D	D	D	B
55	胃	thi^{33} tɛ^{33} põ^{33}	D	D	D	A	C	D	D	D	C
56	肠子	u^{31}	C	B	A	A	C	C	D	C	A
57	屎	thi^{33}	B	B	A	A	A	A	A	B	A
58	尿	ɕi^{55}	A	C	A	A	A	A	A	A	A
59	汗	tɕɔ^{31}	C	C	C	A	B	A	A	A	B
60	口水	nɛ^{31} ʑi^{31}	C	A	C	A	A	A	D	A	A
61	鼻涕	nu^{55} tshɿ^{31}	C	C	B	A	A	D	A	A	A
62	眼泪	nɛ̱^{33} ʑi^{31}	A	A	C	A	A	C	A	A	A
63	脓	dɛ̃^{31} ʑi^{31}	C	D	C	C	C	C	C	C	B
64	汉族	thɔ^{31} ni^{55} pho^{31}	C	C	C	B	B	A	B	B	A
65	小孩儿	ɔ^{55} kɯ^{33} zo^{33}	C	A	A	A	A	A	A	A	A
66	老人	tshɔ^{31} mɔ^{31}	A	A	A	A	A	B	A	A	A
67	妇女	mɛ^{31} dʑɛ^{31} mo^{31}	C	D	A	A	B	A	C	B	D
68	小伙子	tshɔ^{31} ɬɛ^{31} o^{55}	A	C	B	A	B	A	A	A	C
69	姑娘	ni^{55} ɬɛ̱^{31} mo^{31}	A	A	C	A	B	A	A	B	C
70	病人	nu^{33} tɕhi^{31} pho^{31}	A	D	C	C	A	B	A	B	A
71	官	dzɿ^{55} ma̱^{31}	C	B	D	C	C	C	D	B	D
72	瞎子	nɛ̱^{33} ta^{33} pho^{31}（mo^{31}）	C	B	C	B	A	A	A	B	A
73	跛子	kɤ^{31} thɛ̱^{33} pho^{31}（mo^{31}）	C	D	C	B	C	C	D	A	B
74	傻子	tshɔ^{31} lɯ̃^{55}	C	D	D	D	D	C	A	B	B
75	儿子	zo^{33}	C	D	C	A	B	C	D	D	C
76	儿媳妇	mɛ^{31} dzu^{33} ɬɛ̱^{31}	C	D	D	A	D	C	C	D	C

77	女儿	mɛ^{55}	C	A	B	A	B	A	A	B	C
78	孙子	ɬi^{33} o^{33}	C	D	D	A	D	B	A	C	D
79	丈夫	m^{55} tsɛ^{55}	D	D	A	A	B	C	D	B	D
80	妻子	m^{31} mɛ^{31}	D	D	A	C	C	A	C	A	D
81	侄子	zɔ$^{33/31}$ du^{31}	C	D	D	A	C	D	D	D	D
82	嫂子	ɔ^{55} mɛ^{31}	C	D	D	A	D	C	C	C	D
83	牛	ɛ̃^{33}	A	B	A	A	A	A	A	A	A
84	公牛	ɛ̃̄^{33} bɔ^{33}	D	D	D	A	C	C	C	D	C
85	母牛	ɛ̃̄^{33} mo^{31}	C	D	A	A	A	B	A	D	C
86	（动物）毛	n̄u^{33}	C	A	C	A	A	C	A	B	A
87	尾巴	mɛ^{33} dzu^{33}	A	A	C	A	B	A	C	D	A
88	马	mo^{33}	C	A	D	A	A	A	A	A	A
89	山羊	tɕhi^{31} mo^{31}	B	A	A	C	A	A	A	B	A
90	猪	vɛ̱^{31}	A	A	A	A	A	A	A	A	A
91	狗	tɕhi^{33}	A	A	A	A	A	A	A	A	A
92	猫	mɛ^{55} nɯ^{33} mo^{31}	A	A	A	A	A	A	A	A	A
93	鸡	ʑɛ̱^{33}	A	A	A	A	A	A	A	A	A
94	翅膀	do^{31} nɛ̱^{31}	A	A	B	A	A	A	A	A	A
95	鸭子	ɤ^{33}	A	B	D	A	A	A	A	A	A
96	鹅	ɛ^{55} lɛ^{33} mo^{31}	D	A	B	C	B	C	A	C	C
97	老虎	ʑi^{31} mo^{31}	C	D	A	C	D	A	C	A	A
98	猴子	ɔ^{55} no̱^{31} mo^{31}	A	C	C	C	B	A	A	B	A
99	野猪	vɛ̱^{31} ni^{55} mo^{31}	C	C	C	A	C	C	B	B	A
100	老鼠	mi^{31} dɤ^{33} mo^{31}	C	A	C	A	A	A	A	C	A
101	松鼠	go^{31} po^{33} mo^{31}	D	B	B	C	A	A	B	C	A
102	鸟	xɛ̱^{33}	C	A	A	A	A	B	B	A	A
103	鸟窝	xɛ̱^{33} bɤ^{31}	C	A	A	A	A	B	A	B	A
104	老鹰	de^{31} mɔ^{31} mɔ^{31} mo^{31}	C	C	D	C	A	C	B	C	C
105	猫头鹰	fu^{33} fu^{33} mo^{31}	C	C	A	C	C	B	B	C	B
106	燕子	tɕi^{55} ka̱^{31} li^{55} mo^{31}	C	A	B	B	A	A	A	C	A
107	麻雀	ɔ^{55} dzo^{55} dzo^{55} mo^{31}	C	D	B	C	D	A	D	C	D
108	蝙蝠	bɤ^{31} nɛ^{55} nɛ^{33} mo^{31}	D	D	D	D	D	D	D	C	D
109	乌鸦	ɔ^{55} nɛ̱^{33} mo^{31}	C	D	C	C	C	C	D	D	D
110	啄木鸟	ɕi^{33} po^{33} to^{33} mo^{31}	C	D	C	C	C	D	D	D	A
111	蛇	sɛ̃^{33} mo^{31}	B	A	A	A	A	A	A	A	A
112	鱼	ɔ^{55} m^{33}	A	A	A	A	A	A	A	A	A
113	鳞	ɔ^{55} m^{33} kɤ^{33}	C	D	D	C	D	C	D	C	A
114	虾	bɯ^{31} dʑɛ^{31} mo^{31}	C	A	D	C	D	C	D	D	D
115	鳝鱼	xɔ^{31} dʑi^{31} mo^{31}	C	D	C	C	C	C	C	B	B
116	虫	bu^{33} mo^{31}	C	D	C	B	C	C	A	B	B
117	跳蚤	tɕhi^{33} tɕhi^{33} mo^{31}	B	C	C	A	A	A	C	A	C
118	虱	ɕi^{31} mo^{31}	C	D	C	B	C	C	C	C	D
119	虮子	ɕi^{31} fu^{31}	D	D	C	D	D	D	C	D	D

120	苍蝇	xɔ^{31} mo^{33} mo^{31}	C	A	C	A	A	A	A	A	A
121	蚊子	xɔ^{31} sɛ^{55} mo^{31}	A	A	C	A	A	A	A	B	A
122	蜘蛛	ɔ^{55} na^{31} tshɛ^{31} tshɛ^{31} mo^{31}	C	A	D	C	C	C	D	C	C
123	蚂蟥	xɔ^{31} bi^{31} mo^{31}	C	D	D	C	D	C	D	C	C
124	蚂蚁	bu^{55} xɤ^{31} mo^{31}	C	C	B	C	A	C	C	C	C
125	蜜蜂	do^{33} mo^{31}	A	A	B	A	A	A	A	A	A
126	蚂蚱	ɔ^{55} pa̱^{33} mo^{31}	C	C	C	C	B	C	A	C	C
127	蜻蜓	tɕã^{33} dɤ^{55} dɤ^{55} mo^{31}	D	C	C	C	D	D	C	C	A
128	毛虫	bi^{31} dzu^{33} mo^{31}	C	A	C	C	A	C	A	C	B
129	螃蟹	bɤ^{31} lɔ^{55} dʑa^{31} mo^{31}	C	D	C	C	C	C	C	A	C
130	螺蛳	ɔ^{55} ko^{31} mo^{31}	D	D	D	C	D	A	A	B	A
131	树	dzɤ̃^{31}，ɕi^{31}	A	B	A	A	A	A	A	A	A
132	树枝	ɕi$^{33/31}$ lɛ̱^{31}	A	B	C	B	A	A	B	C	A
133	根	pa̱^{31}	A	A	C	A	A	C	C	A	A
134	叶子	ɕi$^{33/31}$ pha̱^{31}	C	A	C	A	A	A	A	B	A
135	花	bi^{55} lu^{31}	A	A	A	A	A	A	A	A	A
136	（水果）核	sɛ^{33}	C	D	C	A	A	A	A	C	A
137	竹子	mo^{55}	A	A	B	A	A	A	A	A	A
138	竹笋	mo^{55} pu^{33}	C	D	A	C	D	D	A	D	B
139	藤子	na̱^{31} ko̱^{31}	D	D	D	C	C	C	C	C	B
140	刺儿	dzɤ^{31} bɤ^{31}	D	C	C	A	A	B	A	C	A
141	桃子	ɔ^{55} ɣɔ^{33}	A	A	A	A	A	A	A	A	A
142	梨	gu^{55} lu^{31}	A	C	A	A	A	A	A	A	A
143	石榴	ʑɛ̱^{33} nɔ^{55}	A	A	C	C	A	A	A	C	B
144	水稻	tɕhe^{31}	C	D	D	A	C	C	A	D	A
145	糯米	tɕhɛ^{31} nɔ^{55}	C	C	C	C	C	B	C	B	C
146	种子	sɿ^{31}	D	D	C	C	C	A	B	C	C
147	谷穗	tɕhɛ^{31} nɛ^{33}	D	D	C	C	D	C	C	C	B
148	稻草	pɤ̱^{31}	D	D	C	C	C	C	C	C	C
149	小麦	so^{55}	D	B	B	A	A	A	A	C	C
150	荞麦	go^{33}	D	D	A	C	D	D	A	C	D
151	玉米	so^{55} bɤ^{31}，ʑi^{55} mɛ^{31}	C	A	C	C	A	A	A	A	A
152	棉花	so^{55} lo^{55} vi^{31}	D	D	C	C	C	A	A	C	C
153	油菜	kɔ^{55} lɔ^{31}	D	A	C	C	C	C	C	C	C
154	韭菜	tsɤ^{33} ɣɔ^{33}	C	A	C	C	A	A	A	A	A
155	白菜	ɣɔ^{31} phɛ^{31} thu^{31}	A	D	D	A	D	B	C	C	D
156	毛芋头	ɔ^{55} dɛ^{33} bɤ̱^{31}	C	D	C	C	A	C	D	C	C
157	茄子	ɔ^{55} tsõ^{31}	A	A	C	C	B	A	A	C	A
158	蒜	su^{33} bɛ̱^{31}	C	A	C	C	C	B	B	C	A
159	姜	tshɔ^{33} bɛ̱^{31}	A	C	C	C	A	A	C	B	A
160	柿子	ɔ^{55} bɛ̃^{55}	D	C	A	C	B	A	A	D	C
161	黄豆	ɔ^{55} nu̱^{31} mo^{31} sɛ̱^{33}	C	D	B	D	C	C	D	C	A
162	蚕豆	ɔ^{55} nu̱^{33}	C	C	D	D	D	B	B	C	A

163	豌豆	so^{55} nu^{33} mo^{31}	D	C	C	C	C	A	D	C	C
164	红薯	ɔ^{55} na^{31} nɤ^{55}	C	C	A	C	A	C	B	D	A
165	草	su^{33} be^{31}	C	A	C	C	A	A	A	A	A
166	鸡棕	mɤ^{55} tsẽ^{31}	C	A	C	C	B	A	D	B	A
167	蘑菇	mɤ^{55} lɤ^{55}	C	C	A	A	A	A	A	B	A
168	米	tɕhe^{31} thu^{55}	A	A	C	A	B	A	A	A	A
169	饭	dzo^{31}	A	A	A	A	A	A	A	A	A
170	稀饭	lɔ^{55} xã^{33}	C	A	C	A	C	A	A	A	A
171	粑粑	lɔ^{55} ta̱^{31}	A	A	A	A	A	A	A	C	A
172	肉	pɔ^{55} xo^{33}	A	A	A	A	A	A	A	A	A
173	瘦肉	khɔ^{31} xo^{33} tɕĩ̱^{55} tɕĩ̱^{55}	C	A	C	A	D	A	D	C	C
174	花椒	dzɤ̱^{31}	C	A	C	C	C	B	B	C	A
175	鸡蛋	fu^{31}	C	A	A	A	A	A	A	A	A
176	蜂蜜	do^{55} ʑi^{31}	C	A	B	C	A	A	A	B	A
177	汤	ʑi^{31}	D	A	C	C	A	C	A	A	C
178	酒	dʑi^{31}	A	A	B	A	A	A	A	A	A
179	药	kho^{31} tɕhi^{33}	A	B	A	A	A	A	A	B	A
180	米糠	tɕhe^{31} khɛ^{33}	C	D	C	A	C	C	D	D	B
181	线	tshɛ̃^{31}	A	A	B	A	A	A	A	A	A
182	布	pho^{31}	C	D	C	A	A	A	C	B	A
183	衣服	thɔ^{31}	A	A	A	A	A	A	A	A	A
184	衣领	lɛ^{31} khɛ^{33}	D	A	A	C	D	D	C	C	C
185	衣袖	lɛ̱^{31} du̱^{31}	C	A	C	C	C	B	C	B	A
186	扣子	thɔ^{31} dzu^{33} khu^{55}	C	C	C	A	C	A	C	B	C
187	裤子	ɬɔ^{31}	A	B	A	A	A	A	A	A	A
188	帽子	m^{33} ku^{33}	A	A	A	A	A	A	A	A	A
189	腰带	dzu^{33} nɛ̱^{31}	D	D	C	C	D	C	D	C	A
190	鞋	tɕhi^{31} nɤ^{33}	A	A	A	A	A	A	A	A	A
191	梳子	m^{33} tɕhɛ^{33}	B	D	A	A	A	A	A	A	A
192	篦子	m^{33} dzo^{33}	D	D	C	C	D	D	D	D	C
193	耳环	lo^{33} tsa^{33}	C	A	A	A	B	A	A	B	C
194	戒指	lɛ̱^{31} pa̱^{31}	D	A	C	C	D	A	A	C	A
195	枕头	m^{55} gɤ^{31}	B	A	C	A	A	B	A	A	A
196	斗笠	khu^{31} lu^{33}	A	D	D	A	C	D	D	C	C
197	房子	xɛ^{31}	A	A	A	A	A	A	B	A	A
198	牛圈	ɛ̃^{55} bɤ^{31}	D	A	C	A	A	A	A	A	A
199	瓦	tsɔ^{33} khɤ^{33}	C	A	C	C	C	C	A	B	A
200	木头	ɕi$^{33/31}$ thɤ^{31}	B	D	C	A	A	C	D	A	A
201	柱子	zɛ̃^{31} mo^{31}	D	B	C	C	C	B	A	B	A
202	门	li^{33} go^{31}	A	A	C	A	A	A	C	C	A
203	床	ʑi^{31} do^{31}	A	A	C	B	A	A	A	A	A
204	扫帚	mo^{55} sɿ^{33}	B	A	B	A	A	A	A	B	A
205	柴	ɕi^{33}	A	A	B	A	A	A	A	B	A

206	（菜）刀	po^{55} to^{33}	A	A	B	A	C	B	A	A	A
207	碗	pɛ̠^{33} sɛ̃^{33}	A	C	B	A	A	A	A	B	A
208	筷子	mi^{55} dzu^{31}	A	A	B	A	A	A	A	B	A
209	斧头	nɤ^{55} dzu^{33}	C	C	B	A	B	B	A	C	A
210	钱（货币）	ʑi^{31} mo^{31}	A	A	A	A	A	A	A	A	A
211	针	ɣɤ̠^{31}	C	B	C	A	C	A	A	B	A
212	锁	dzɔ^{33} pɔ^{33}	C	C	C	C	C	B	A	A	A
213	钥匙	dzu^{33} khɔ^{31}	A	A	A	A	A	A	A	A	A
214	船	ɬi^{55}	A	A	D	C	A	A	C	C	B
215	锄头	tsɤ̃^{31} khu^{31}	A	A	B	C	A	A	A	B	A
216	扁担	tɔ^{55} dzu^{33}	D	C	C	C	C	D	B	B	C
217	绳子	tɕi^{33} tshã^{55}	A	C	D	A	A	C	C	B	A
218	筛子	xo^{55} tɕɛ^{55}	A	C	C	C	B	B	C	C	C
219	大簸箕	xo^{55} mo^{31}	D	D	C	C	D	C	D	D	D
220	（石）磨	tshɿ^{33} lu^{33}	D	D	C	C	A	C	D	C	C
221	话	miɛ^{31}	A	A	A	B	A	A	A	A	A
222	前边	ɔ^{31} vi̠^{31} dzɤ^{55}	A	A	A	A	A	A	A	A	A
223	后边	ɔ^{55} xo^{33} do^{31} mɛ^{55}	A	A	A	A	A	A	A	A	A
224	今天	ni^{33} thɔ^{33}	A	A	A	A	A	A	A	A	A
225	明天	ɔ^{55} ɕɛ^{55}	A	A	A	A	A	A	A	B	A
226	后天	phɛ^{31} nɛ̠^{31}	A	A	A	A	A	C	A	A	A
227	早晨	mɯ$^{33/31}$ ɕɛ^{33}	C	A	A	A	A	A	A	A	A
228	晚上	mɯ^{33} tɕhi^{31}	A	A	A	A	A	A	A	A	A
229	（一）年	khu^{33}	C	C	C	A	A	A	C	A	A
230	今年	ʑi^{33} khu^{31}	B	C	A	A	A	A	A	A	A
231	去年	ɔ^{31} nɛ̠^{33} khu^{31}	C	A	A	A	A	A	A	C	B
232	明年	nɛ̠^{33} khu^{31}	C	C	B	A	B	C	A	A	C
233	一	thi^{31}	A	A	A	A	A	A	B	D	D
234	二	ni^{31}	A	A	A	A	A	A	B	C	C
235	三	sɔ^{33}	A	A	A	A	A	A	D	A	A
236	四	ɬi^{55}	A	A	A	A	A	A	D	A	C
237	五	ŋ^{33}	C	A	A	A	A	A	D	A	C
238	六	tshu̠^{31}	D	D	C	A	C	C	D	C	C
239	七	sɿ^{31}	D	D	C	A	D	C	D	C	D
240	八	xɛ̃^{31}	D	D	C	A	D	C	D	C	D
241	九	kɯ^{55}	D	D	B	A	D	C	D	C	C
242	十	tshɯ^{31}	C	D	C	A	C	C	D	C	A
243	十一	tshɯ^{31} ti^{31}	D	D	C	A	C	D	D	D	A
244	百	xo^{31}	B	D	C	A	D	C	D	A	C
245	千	tõ^{55}	D	D	C	A	D	A	D	D	C
246	（一）个（人）	lɤ^{33}	A	A	A	A	A	A	A	A	A
247	（一）个（碗）	thɤ^{33}	D	C	A	A	A	A	A	A	A
248	（一）条（绳子）	pɔ^{55}	D	B	C	A	B	A	A	C	A

249	（一）粒（米）	tsɤ^{55}	B	A	C	A	A	A	B	A	B
250	（一）双（鞋）	dzɤ^{31}	D	B	A	A	A	B	A	C	A
251	（一）拃	tu^{33}	D	D	B	C	C	C	A	C	D
252	我	ŋ^{31}	A	A	A	A	A	A	A	A	A
253	我们	ŋ$^{31/55}$ bɤ̱^{31}	A	A	A	A	A	A	A	A	A
254	你	nɔ^{31}	A	A	A	A	A	A	A	A	A
255	你俩	nɔ$^{31/55}$ ni^{31} lɤ^{33}	D	A	A	A	A	A	D	A	A
256	他	gɯ^{55}	C	A	A	A	A	A	A	A	A
257	他们	khɔ^{31} bɤ̱^{31}	A	A	A	A	A	A	B	A	A
258	这	ʑi^{55} nɛ^{33}	C	B	A	A	A	D	C	C	A
259	这些	ʑi^{55} mɯ^{55}	C	B	C	A	A	A	D	A	A
260	远	vɤ^{33}	B	D	C	A	A	A	A	A	A
261	深	nɛ̱^{31}	C	B	B	A	A	A	A	A	C
262	满	dɛ̃^{31}	C	B	A	C	A	A	A	A	A
263	多	phɤ^{33}	A	D	A	A	A	A	A	A	A
264	少	nɛ̃^{33}	A	D	A	A	A	A	A	A	A
265	尖（的笔）	tsu^{55}	C	D	A	A	A	B	D	D	C
266	弯（的刀）	ku^{55}，kɛ̃^{55}	D	D	A	A	B	D	D	C	A
267	黑	nɛ̱^{33}	C	B	A	A	A	A	A	A	A
268	白	thu^{31}	A	A	A	A	A	A	A	A	A
269	红	nɤ^{55}	C	A	A	A	A	A	A	A	A
270	黄	sɛ^{55}	C	A	A	A	A	A	A	A	A
271	绿	ni^{55}	C	C	A	C	A	A	C	B	A
272	重	li^{33}	A	C	A	A	A	A	A	A	A
273	轻	lɔ^{31}	C	B	C	A	A	A	D	B	A
274	锋利	thɛ̱^{33}	C	D	C	A	A	A	A	C	A
275	胖	tshu^{55}	A	A	A	A	A	A	A	A	A
276	瘦	ɕɛ^{55}	C	B	A	C	A	A	A	B	A
277	干（的）	fɛ̱^{31}	A	B	A	A	A	A	A	A	C
278	硬	kɤ̱^{33}	A	B	C	A	A	A	A	C	C
279	好	o^{31} nu^{55}	C	A	B	A	A	A	A	A	A
280	（价钱）贵	tɕhɛ^{33}	A	D	B	A	A	A	A	A	C
281	热	ŋɤ^{31}	C	B	A	A	A	A	A	B	A
282	冷	dʑɛ̱^{33}	A	A	A	A	A	A	A	A	A
283	酸	tɕɛ^{55}	A	D	B	A	A	A	A	A	A
284	甜	tshɿ^{55}	A	C	A	A	A	A	A	B	A
285	辣	zɔ^{55}	A	C	C	A	A	A	A	B	A
286	咸	khɔ^{33}	C	D	B	A	B	A	A	A	A
287	涩	tsɿ^{31}	D	C	C	C	B	B	D	A	A
288	拔（草）	tɕɿ^{33}	A	C	B	A	A	A	A	A	A
289	耙（田）	tɕɛ̱^{33}	C	D	C	C	C	C	D	C	B
290	剥（花生）	thɯ^{31}	D	A	C	C	A	A	A	C	A
291	饱	bu^{33}	A	D	B	A	A	B	A	A	A

292	补（衣）	na̱^{31}	A	B	B	B	C	C	D	A	A
293	踩	dɤ̱^{33}	A	B	B	A	A	A	A	A	A
294	炒（菜）	ɬu^{55}	C	B	B	B	A	A	D	C	A
295	沉	dõ^{31}	D	A	B	C	C	C	D	C	B
296	称（粮食）	tsɛ̱^{55}	D	D	C	C	A	A	D	A	C
297	盛（饭）	khɤ̱^{31}	B	A	C	A	A	A	A	A	A
298	吃	dzo^{33}	A	A	A	A	A	A	A	A	A
299	舂	tɛ̱^{31}	D	D	C	D	D	A	A	D	C
300	抽（烟）	dɔ^{31}	A	A	A	A	B	B	D	A	A
301	出去	du̱^{33} lɤ^{31}	A	A	A	A	A	A	A	A	A
302	穿（衣）	vi̱^{31}	A	A	C	A	A	A	A	B	A
303	穿（鞋）	dɤ̱^{31}	A	A	C	A	A	A	A	A	A
304	吹（喇叭）	mu̱^{33}	D	A	B	A	A	A	A	A	A
305	搓（绳）	va̱^{31}	D	D	D	C	D	B	D	D	C
306	打（人）	dɛ^{33}	A	A	A	A	A	B	A	A	A
307	戴（帽子）	dɤ̱^{31}	A	A	B	A	A	A	A	C	A
308	读	sɔ^{33}	A	C	A	A	A	A	A	A	A
309	渡（河）	gɯ^{31}	D	D	C	C	D	C	D	D	C
310	（线）断（了）	tɕhi^{33}	A	C	C	C	A	A	A	A	B
311	放（牛）	thɤ^{31}	A	A	B	A	A	A	A	A	A
312	飞	de^{31}	A	A	B	A	A	A	D	A	A
313	盖（土）	bɤ^{31}	C	D	D	A	A	C	C	A	B
314	缝	dzɿ^{31}	A	A	B	C	A	A	A	B	C
315	孵	mu^{33}	D	D	A	C	C	A	D	C	C
316	干（活儿）	na̱^{31} mu^{31}	C	A	B	A	A	A	A	A	A
317	割（肉）	da̱^{33}	A	A	B	A	A	A	A	C	C
318	给	bi^{31}	A	A	B	C	A	B	A	C	A
319	够（长度）	lu̱^{31}	A	D	B	A	A	A	A	A	C
320	关（门）	tɔ^{33}	A	A	B	A	A	A	A	A	A
321	害羞	ɕɛ̱^{31} tɔ^{55}	C	A	C	C	B	A	A	B	C
322	害怕	dzu^{33}	A	C	C	A	A	A	A	B	A
323	喝	dɔ^{31}	A	A	A	A	A	A	A	A	A
324	换	po^{55}	A	C	B	A	A	B	A	B	A
325	回（家）	ku̱^{31} le^{33}	A	A	B	A	A	A	A	A	A
326	会（写）	gu^{31} kɤ̱^{31}	A	C	B	B	A	D	A	D	A
327	夹（菜）	nɤ^{33}	B	A	C	A	B	A	A	B	A
328	嚼	go^{33}	C	C	A	A	B	A	A	D	C
329	教（书）	mo^{55}	C	C	A	A	A	A	A	A	A
330	（公鸡）叫	nɛ^{31}	D	A	C	A	A	B	A	C	A
331	揭（盖子）	xɯ^{31} khɔ^{31}	D	C	B	B	A	A	C	A	A
332	借（钱）	tshɿ^{33}	A	A	A	A	A	C	A	A	A
333	借（锄头）	mu^{33}	A	C	A	A	A	A	A	A	C
334	开（门）	khɔ^{31}	A	A	B	A	A	A	A	A	A

335	（水）开	xɛ̱^{31}	D	C	C	A	B	B	A	C	C
336	（花）开	vi^{33}	A	A	A	A	A	C	A	A	C
337	磕（头）	thɤ^{31}	A	A	B	A	A	A	A	B	A
338	咳嗽	tsɤ^{31}	C	C	B	C	A	A	A	A	B
339	哭	ŋɯ^{55}	A	A	C	A	A	A	A	A	A
340	拉	tɕi̱^{33}	A	A	B	A	A	A	D	B	A
341	来	le^{31}	A	A	A	A	A	A	A	A	A
342	连接	tsɛ̱^{31}	A	D	D	A	A	D	D	B	C
343	裂开	dʑi^{55} khɔ^{31}	A	C	B	C	A	A	C	C	A
344	（脚）麻	vi^{31}	B	C	C	C	B	A	D	D	C
345	骂	ka^{33}	A	C	A	A	A	A	A	B	A
346	埋	bɤ^{31}	A	D	C	A	A	A	A	A	D
347	买	vɛ^{31}	A	A	A	A	A	B	A	A	A
348	卖	ɣo^{31}	A	B	C	A	A	B	A	A	A
349	磨（刀）	sɛ^{33}	B	B	C	B	A	A	A	A	A
350	拿	xɤ^{31}	A	A	A	A	A	A	A	A	A
351	呕吐	phi^{31}	A	A	B	A	A	A	A	C	A
352	爬（山）	dɛ̱^{31}	D	A	D	A	C	C	B	D	C
353	跑	ko̱^{31}	A	A	A	A	A	A	A	A	A
354	劈（柴）	khɛ^{33}	C	A	C	C	A	A	A	C	C
355	骑	dzɛ̃^{33}	D	A	B	B	A	B	A	A	A
356	牵（牛）	sã^{31}	A	A	B	B	A	A	A	A	A
357	切（菜）	ɣɤ^{31}	C	C	B	A	A	A	A	A	A
358	染	xɔ^{31}	C	D	D	B	A	C	D	A	C
359	解开	tɕhi^{31} thɛ^{35}	D	C	B	A	A	B	C	A	A
360	杀（人）	ɕi̱^{31}	A	B	A	A	A	A	A	A	A
361	筛（米）	tso^{55}	C	D	C	B	C	A	D	B	A
362	晒（衣服）	l̥ɤ̱^{31}	A	A	B	A	A	A	A	A	A
363	晒（太阳）	me^{55}	D	A	B	A	A	C	D	D	A
364	是	ŋɤ^{31}	A	D	A	A	A	A	A	A	A
365	割（草）	tshɛ^{31}	C	D	B	C	A	A	C	B	A
366	梳	tɕhɛ^{33}	C	B	A	A	B	A	A	A	A
367	（饭）熟	mɛ̱^{31}	A	A	B	A	A	A	A	A	A
368	睡	ʑi̱^{31}	A	A	A	A	A	A	A	A	C
369	说	ɤ^{55}，tsɤ^{33}	A	B	A	B	A	A	B	A	C
370	抬	tshɛ^{31}	A	A	B	C	A	A	A	A	A
371	舔	la^{31}	C	C	B	A	A	A	A	C	A
372	挑选（东西）	sɤ^{55}	C	D	C	C	A	C	D	D	A
373	听	dʑo^{33} ni^{55}	A	C	A	A	A	A	A	A	A
374	偷	khɯ^{33}	A	A	A	A	A	A	A	A	A
375	吐（痰）	phi̱^{31}	D	C	B	A	A	A	A	A	A
376	推	ti^{55}	D	D	A	A	A	A	D	D	A
377	挖	du̱^{33}	C	C	B	C	A	A	A	A	B

378	闻（嗅）	nɯ^{31}	C	C	B	B	A	A	A	A	A
379	问	dɔ^{31} ni^{55}	A	D	B	A	A	A	A	A	A
380	洗（衣）	tɕhi^{33}	A	A	A	A	A	A	A	A	A
381	笑	ɣɛ^{31}	A	B	A	A	A	A	A	A	A
382	摇（头）	l̥ɯ^{33}	D	B	C	A	A	A	A	A	A
383	舀（水）	khɤ̱^{31}	D	B	A	B	A	A	A	C	A
384	要	ŋɔ^{33}	A	A	A	B	A	A	A	C	D
385	有（钱）	dzɔ^{31}	A	A	A	A	A	A	A	A	A
386	晕（头）	nɛ̱^{33} vɛ^{55}	A	C	B	B	A	A	A	A	A
387	栽（树）	tɛ^{55}	A	C	A	A	A	A	A	B	A
388	摘（花）	thɯ^{33}	A	C	A	A	A	A	A	A	D
389	知道	sa̱^{31}	A	A	A	A	A	A	A	A	A
390	指	tu^{31}	A	A	C	A	B	B	D	C	C
391	肿	phɤ^{31}	C	C	C	D	A	B	A	D	A
392	煮	tɕɛ^{31}	A	B	B	B	A	A	A	A	B
393	醉	ɕɛ^{33}	A	C	C	A	A	A	A	A	A
394	坐	gɯ^{55} ni^{31}	A	A	A	A	A	A	A	A	A
395	做	mu^{31}	A	D	A	A	A	A	D	D	C
396	张（嘴）	khɔ^{31}	A	A	C	A	A	A	A	A	A
397	织（布）	ʑĩ^{31}	C	D	D	A	C	C	D	D	D
398	捉	tsa̱^{33}	A	C	A	D	A	B	A	C	A
399	追	te̱^{31}	A	C	A	A	A	A	A	B	A
400	眨（眼）	tɕhi̱^{33}	C	A	A	A	A	A	A	D	C

测试表 2（13—18 岁）

编号	汉义	里山彝语	李志富	白少天	李艳芝	李琴	李智文	李艳华	师云强	李晓萍	李雨枫
1	天	mu^{33}	A	A	A	A	D	A	A	A	A
2	太阳	ɔ^{55} tshu^{31}	A	A	A	A	A	A	A	A	A
3	星星	tsɛ̃^{55} mo^{31}	C	A	C	A	D	C	C	A	A
4	雷	mu^{33} tɤ̃^{31}	C	A	A	B	D	C	D	C	C
5	风	mi^{33} xɛ̃^{33}	A	A	A	A	D	A	A	A	A
6	雨	ɔ^{55} fu^{33}	A	A	A	A	A	A	A	A	A
7	火	mɛ^{33} tu̱^{31}	A	A	A	A	D	A	A	A	A
8	烟（火烟）	mɛ^{33} khɯ^{33}	C	D	A	A	D	D	C	A	C
9	山	bɤ^{31}	A	A	A	A	C	A	A	A	A
10	河	ʑi^{31} thɔ^{33}	C	C	C	C	D	D	C	C	A
11	井	ʑi^{31} tsa̱^{31}	C	C	B	B	D	D	D	A	A
12	路	dzo^{31} mo^{31}	A	A	A	A	D	A	A	A	A
13	土	nɛ̱^{31} tshɤ^{33}	A	A	A	B	C	A	A	A	B
14	旱地	mi^{55}	A	A	A	A	D	D	D	A	A
15	水田	mi^{55} nɛ̱^{33}，ʑi^{31} mi^{55}	D	C	A	B	D	D	C	C	A
16	石头	lu̱^{33} bɤ^{31}	A	A	A	A	D	A	A	A	A

17	水	ʑi̱^{33} ʑɛ̱^{31}	A	A	A	A	A	A	A	A	A
18	水滴	ʑi̱^{33} ʑɛ̱^{31} thɛ̱^{33}	A	A	A	C	C	D	C	A	C
19	盐	tsho^{33}	A	A	A	A	C	B	A	A	A
20	村子	tɕhɛ^{33}	C	D	C	C	C	C	C	A	C
21	桥	dzɤ^{31} gɤ^{31}	C	D	C	C	C	A	C	A	A
22	坟	lu̱^{31} bɤ^{31}	A	A	A	B	D	B	A	A	A
23	头	m^{33} dɤ^{33}	A	A	A	A	C	A	A	A	A
24	头发	m^{33} tɕhɛ^{31}	A	A	A	A	C	A	A	A	A
25	额头	nɤ^{55} bu^{33} tsã^{55}	D	A	A	C	D	D	D	A	A
26	眉毛	nɛ̱^{33} bu^{31} tsã^{55}	C	A	A	A	D	C	C	B	A
27	眼睛	nɛ̱^{33}	A	A	A	A	C	A	A	A	A
28	鼻子	nu^{55} bu^{31}	C	A	A	A	C	A	A	A	A
29	耳朵	lu^{55} pɔ^{55}	A	A	A	A	C	A	A	A	A
30	脸	bo^{33} mɛ^{33} , tha^{31} nɛ̱^{31}	A	A	A	A	C	A	A	A	A
31	嘴	nɛ̱^{31} phi^{33}	A	A	A	A	C	A	A	A	A
32	嘴唇	nɛ̱^{31} pa̱^{31}	C	A	A	A	C	C	C	A	A
33	胡子	nɛ̱^{31} bɛ^{31}	A	A	A	A	C	A	A	A	A
34	脖子	lo^{33} bɛ̱^{31}	A	A	A	A	C	A	A	A	A
35	肩膀	lɛ̱^{31} phu^{33}	A	A	C	B	C	B	C	A	A
36	背（部）	phe^{55} de^{31}	C	A	A	B	D	A	A	B	A
37	膝盖	gɤ̱^{31} mi^{55} tɕi̱^{31}	C	A	C	A	D	B	C	A	C
38	脚	gɤ̱^{31}	A	A	A	A	C	A	A	A	A
39	脚踝	gɤ̱^{31} nɛ̱^{33} sɤ^{33}	D	C	C	D	D	D	D	C	A
40	手	lɛ̱^{31}	A	A	A	A	C	A	A	A	A
41	手指	lɛ̱^{31} tsɿ^{55}	A	A	A	A	C	C	A	A	A
42	拇指	lɛ̱^{31} mo^{31}	A	A	A	C	D	C	C	A	A
43	指甲	lɛ̱^{31} sɛ^{33} mo^{31}	C	A	A	A	C	A	B	A	A
44	皮肤	dʑi^{55} phi^{31}	C	C	C	C	C	D	D	C	A
45	痣	so^{31} mɛ̱^{31}	A	A	A	A	C	A	B	A	A
46	血	sɿ^{33}	A	A	A	A	D	A	A	A	A
47	脑髓	ũ^{33} nɔ̃^{31}	D	C	D	D	D	D	D	C	D
48	骨头	ɣɯ^{55} bɛ^{31}	C	C	A	A	C	A	D	A	A
49	牙齿	dzɛ^{31} , dzɛ^{31} tsɿ^{31}	A	A	A	A	C	A	A	A	A
50	舌头	ɬo^{55} phɛ̱^{31}	C	A	A	A	C	A	C	A	A
51	肺	tshɿ^{31} bɤ^{31}	D	D	D	B	D	D	D	C	D
52	心脏	nɛ̱^{33}	D	A	A	A	D	A	A	A	A
53	肝	sɛ̃^{31}	D	D	C	C	D	D	D	D	C
54	胆	tɕi^{55}	D	A	D	C	D	D	D	C	C
55	胃	thi^{33} tɛ^{33} põ^{33}	D	D	D	C	D	D	D	C	C
56	肠子	u^{31}	C	C	A	C	D	D	A	A	A
57	屎	thi^{33}	A	A	A	A	C	A	A	A	A
58	尿	ɕi^{55}	A	A	A	A	C	A	A	A	A
59	汗	tɕɔ^{31}	A	A	A	B	D	A	A	A	A

60	口水	nɛ^{31} ʑi^{31}	B	A	B	A	C	A	A	A	A
61	鼻涕	nu^{55} tshɿ^{31}	C	A	A	A	C	C	A	B	A
62	眼泪	nɛ̱^{33} ʑi^{31}	A	A	A	C	D	A	A	A	A
63	脓	dɛ̃^{31} ʑi^{31}	C	C	B	B	D	C	D	A	A
64	汉族	thɔ^{31} ni^{55} pho^{31}	A	A	A	A	C	A	A	A	A
65	小孩儿	ɔ^{55} kɯ^{33} zo^{33}	A	A	A	A	C	A	A	A	A
66	老人	tshɔ^{31} mɔ^{31}	A	A	C	A	C	A	A	A	A
67	妇女	mɛ^{31} dʑɛ^{31} mo^{31}	A	C	A	C	C	B	D	C	A
68	小伙子	tshɔ^{31} ɬɛ^{31} o^{55}	D	B	A	A	D	C	A	A	A
69	姑娘	ni^{55} ɬɛ̱^{31} mo^{31}	A	A	A	A	C	C	A	A	A
70	病人	nu^{33} tɕhi^{31} pho^{31}	C	B	A	A	D	A	A	A	A
71	官	dzɿ^{55} ma̱^{31}	C	A	A	B	C	A	C	A	A
72	瞎子	nɛ̱^{33} ta^{33} pho^{31}（mo^{31}）	A	C	A	A	D	A	A	A	A
73	跛子	kɤ^{31} thɛ̱^{33} pho^{31}（mo^{31}）	C	A	A	A	D	C	D	A	C
74	傻子	tshɔ^{31} lɯ̃^{55}	D	A	C	B	D	A	A	B	A
75	儿子	zo^{33}	A	A	A	A	A	A	A	A	A
76	儿媳妇	mɛ^{31} dzu^{33} ɬɛ̱^{31}	D	C	C	A	D	B	B	A	A
77	女儿	mɛ^{55}	A	A	A	A	C	A	A	A	A
78	孙子	ɬi^{33} o^{33}	A	C	A	A	C	A	A	A	A
79	丈夫	m^{55} tsɛ^{55}	A	A	A	A	D	A	A	A	A
80	妻子	m^{31} mɛ^{31}	A	A	A	A	D	A	A	A	A
81	侄子	zɔ$^{33/31}$ du^{31}	C	C	D	C	C	D	D	C	C
82	嫂子	ɔ^{55} mɛ^{31}	D	C	A	B	C	B	A	A	A
83	牛	ɛ̃^{33}	A	A	A	A	A	A	A	A	A
84	公牛	ɛ̃̄^{33} bɔ^{33}	C	C	C	C	D	C	B	A	A
85	母牛	ɛ̃̄^{33} mo^{31}	A	C	A	B	D	D	A	A	A
86	（动物）毛	n̄u^{33}	A	A	A	A	C	B	A	A	A
87	尾巴	mɛ^{33} dzu^{33}	A	A	A	A	C	A	A	A	A
88	马	mo^{33}	A	A	A	A	C	B	A	A	A
89	山羊	tɕhi^{31} mo^{31}	C	A	A	C	A	A	A	A	A
90	猪	vɛ̱^{31}	A	A	A	A	A	A	A	A	A
91	狗	tɕhi^{33}	A	A	A	A	C	A	A	A	A
92	猫	mɛ^{55} nɯ^{33} mo^{31}	A	A	A	A	C	A	A	A	A
93	鸡	ʑɛ̱^{33}	A	A	A	A	C	A	A	A	A
94	翅膀	do^{31} nɛ̱^{31}	A	A	A	A	D	B	A	A	A
95	鸭子	ɣ^{33}	A	A	A	A	C	A	A	A	A
96	鹅	ɛ^{55} lɛ^{33} mo^{31}	D	A	A	A	C	C	A	B	A
97	老虎	ʑi^{31} mo^{31}	A	C	C	A	C	D	A	A	A
98	猴子	ɔ^{55} no̱^{31} mo^{31}	A	C	A	A	C	A	A	A	A
99	野猪	vɛ̱^{31} ni^{55} mo^{31}	A	A	A	A	C	A	A	A	A
100	老鼠	mi^{31} dɤ^{33} mo^{31}	A	A	B	A	C	A	A	A	A
101	松鼠	go^{31} po^{33} mo^{31}	A	A	A	C	C	C	A	A	A
102	鸟	xɛ̱^{33}	A	A	A	A	C	A	A	A	A

103	鸟窝	xɛ̱^{33} bɤ^{31}	A	A	A	A	D	A	A	A	A
104	老鹰	de^{31} mɔ^{31} mɔ^{31} mo^{31}	D	A	C	A	D	C	B	A	A
105	猫头鹰	fu^{33} fu^{33} mo^{31}	D	A	A	A	D	C	D	A	A
106	燕子	tɕi^{55} ka̱^{31} li^{55} mo^{31}	C	A	A	A	D	A	A	A	A
107	麻雀	ɔ^{55} dzo^{55} dzo^{55} mo^{31}	D	C	D	A	D	D	D	C	C
108	蝙蝠	bɤ^{31} nɛ^{55} nɛ^{33} mo^{31}	D	D	D	C	D	D	D	A	C
109	乌鸦	ɔ^{55} nɛ̱^{33} mo^{31}	D	A	D	B	D	D	D	C	B
110	啄木鸟	ɕi^{33} po^{33} to^{33} mo^{31}	D	A	D	C	D	D	D	A	A
111	蛇	sɛ̃^{33} mo^{31}	A	A	A	A	C	A	A	A	A
112	鱼	ɔ^{55} m^{33}	A	A	A	A	C	A	A	A	A
113	鳞	ɔ^{55} m^{33} kɤ^{33}	D	C	C	A	D	B	A	C	D
114	虾	bɯ^{31} dʑɛ^{31} mo^{31}	C	C	D	A	D	D	C	A	A
115	鳝鱼	xɔ^{31} dʑi^{31} mo^{31}	A	C	C	C	D	C	B	A	A
116	虫	bu^{33} mo^{31}	C	C	A	C	D	A	D	C	A
117	跳蚤	tɕhi^{33} tɕhi^{33} mo^{31}	A	A	A	A	C	A	B	A	A
118	虱	ɕi^{31} mo^{31}	D	B	A	C	D	A	D	C	C
119	虮子	ɕi^{31} fu^{31}	D	A	A	C	D	D	D	A	D
120	苍蝇	xɔ^{31} mo^{33} mo^{31}	A	A	B	A	C	A	A	A	A
121	蚊子	xɔ^{31} sɛ^{55} mo^{31}	A	A	A	A	C	A	B	A	A
122	蜘蛛	ɔ^{55} na^{31} tshɛ^{31} tshɛ^{31} mo^{31}	C	C	A	D	D	C	D	A	A
123	蚂蟥	xɔ^{31} bi^{31} mo^{31}	D	C	D	C	D	C	C	A	B
124	蚂蚁	bu^{55} xɤ^{31} mo^{31}	D	A	A	A	D	A	C	A	A
125	蜜蜂	do^{33} mo^{31}	C	A	A	A	C	A	A	A	A
126	蚂蚱	ɔ^{55} pa̱^{33} mo^{31}	A	A	A	B	C	A	A	A	A
127	蜻蜓	tɕã^{33} dɤ^{55} dɤ^{55} mo^{31}	D	B	C	C	C	D	C	B	D
128	毛虫	bi^{31} dzu^{33} mo^{31}	D	A	D	C	C	B	D	C	A
129	螃蟹	bɤ^{31} lɔ^{55} dʑa^{31} mo^{31}	A	A	C	A	C	D	A	A	A
130	螺蛳	ɔ^{55} ko^{31} mo^{31}	D	C	A	C	D	C	D	A	D
131	树	dzɤ̃^{31} ,ɕi^{31}	A	A	A	A	C	A	A	A	A
132	树枝	ɕi$^{33/31}$ lɛ̱^{31}	A	A	A	C	C	C	B	A	A
133	根	pa̱^{31}	A	A	A	A	C	B	A	A	A
134	叶子	ɕi$^{33/31}$ pha̱^{31}	A	A	B	A	D	A	A	A	A
135	花	bi^{55} lu^{31}	A	A	A	A	C	A	A	A	A
136	（水果）核	sɛ^{33}	C	A	B	A	D	C	B	A	A
137	竹子	mo^{55}	C	A	A	C	D	A	A	A	A
138	竹笋	mo^{55} pu^{33}	D	D	D	C	D	D	A	A	C
139	藤子	na̱^{31} ko̱^{31}	C	A	C	C	D	C	D	A	A
140	刺儿	dzɤ^{31} bɤ^{31}	C	A	C	C	D	B	D	A	A
141	桃子	ɔ^{55} ɣɔ^{33}	A	A	A	A	C	A	A	A	A
142	梨	gu^{55} lu^{31}	A	A	A	A	C	A	A	A	A
143	石榴	ʑɛ̱^{33} nɔ^{55}	C	B	A	A	D	B	D	A	A
144	水稻	tɕhe^{31}	C	A	A	A	C	A	A	B	A
145	糯米	tɕhɛ^{31} nɔ^{55}	C	A	A	C	C	C	B	C	C

146	种子	sɿ^{31}	D	A	A	C	C	A	A	A	C
147	谷穗	tɕhɛ^{31} nɛ^{33}	D	C	C	C	C	D	D	C	C
148	稻草	pɤ̱^{31}	D	A	A	C	C	C	C	A	A
149	小麦	so^{55}	D	C	A	B	D	B	A	A	B
150	荞麦	go^{33}	D	B	C	C	D	D	D	A	C
151	玉米	so^{55} bɤ^{31} ,ʑi^{55} mɛ^{31}	A	A	A	A	C	A	A	A	A
152	棉花	so^{55} lo^{55} vi^{31}	C	C	A	A	D	C	D	C	B
153	油菜	kɔ^{55} lɔ^{31}	C	A	C	A	D	A	D	C	A
154	韭菜	tsɤ^{33} ɣɔ^{33}	D	A	A	B	C	A	A	C	A
155	白菜	ɣɔ^{31} phɛ^{31} thu^{31}	D	C	A	A	C	C	D	C	D
156	毛芋头	ɔ^{55} dɛ^{33} bɤ̱^{31}	C	B	A	C	C	A	B	C	B
157	茄子	ɔ^{55} tsõ^{31}	A	A	A	A	C	B	A	C	A
158	蒜	su^{33} bɛ̱^{31}	C	B	A	C	C	D	B	C	B
159	姜	tshɔ^{33} bɛ̱^{31}	C	A	A	A	D	C	D	B	A
160	柿子	ɔ^{55} bɛ̃^{55}	D	A	A	A	C	B	C	A	A
161	黄豆	ɔ^{55} nu̱^{31} mo^{31} sɛ̱^{33}	D	C	C	A	C	D	C	A	C
162	蚕豆	ɔ^{55} nu̱^{33}	D	C	C	A	D	C	C	A	A
163	豌豆	so^{55} nu^{33} mo^{31}	C	C	C	A	D	C	C	C	C
164	红薯	ɔ^{55} na^{31} nɤ^{55}	A	A	C	A	C	A	A	C	A
165	草	su^{33} be^{31}	A	A	B	A	C	A	A	C	A
166	鸡棕	mɤ^{55} tsẽ^{31}	C	B	A	A	C	A	B	C	A
167	蘑菇	mɤ^{55} lɤ^{55}	A	A	A	A	C	A	A	C	A
168	米	tɕhe^{31} thu^{55}	A	A	A	A	D	A	A	C	A
169	饭	dzo^{31}	A	A	A	A	A	A	A	A	A
170	稀饭	lɔ^{55} xã^{33}	A	A	C	C	D	A	A	A	A
171	粑粑	lɔ^{55} ta̱^{31}	A	A	A	A	C	D	A	A	A
172	肉	pɔ^{55} xo^{33}	A	A	A	A	C	A	A	A	A
173	瘦肉	khɔ^{31} xo^{33} tɕĩ̱^{55} tɕĩ̱^{55}	D	C	A	C	C	A	D	C	B
174	花椒	dzɤ̱^{31}	C	B	A	C	D	C	A	A	A
175	鸡蛋	fu^{31}	A	A	A	A	C	A	A	A	A
176	蜂蜜	do^{55} ʑi^{31}	A	A	C	A	D	C	A	B	B
177	汤	ʑi^{31}	D	A	A	A	D	B	A	A	C
178	酒	dʑi^{31}	A	A	A	A	C	A	A	A	A
179	药	kho^{31} tɕhi^{33}	A	A	A	A	C	A	A	A	A
180	米糠	tɕhe^{31} khɛ^{33}	C	A	C	C	D	D	D	C	C
181	线	tshɛ̃^{31}	A	A	A	A	C	C	C	A	A
182	布	pho^{31}	C	A	A	A	D	B	A	C	B
183	衣服	thɔ^{31}	A	A	A	A	B	A	A	A	A
184	衣领	lɛ^{31} khɛ^{33}	D	B	C	C	D	A	A	A	C
185	衣袖	lɛ̱^{31} du̱^{31}	D	A	A	A	D	A	A	A	A
186	扣子	thɔ^{31} dzu^{33} khu^{55}	D	A	C	B	D	B	B	A	C
187	裤子	ɬɔ^{31}	A	A	A	A	B	A	A	A	A
188	帽子	m^{33} ku^{33}	A	A	A	A	C	A	A	A	A

189	腰带	dzu^{33} nɛ̱^{31}	C	C	C	C	D	C	C	B	C
190	鞋	tɕhi^{31} nɤ^{33}	A	A	A	A	C	A	A	A	A
191	梳子	m^{33} tɕhɛ^{33}	A	A	A	A	C	A	A	A	A
192	篦子	m^{33} dzo^{33}	D	D	D	C	D	D	D	A	D
193	耳环	lo^{33} tsa^{33}	C	A	A	C	D	A	A	A	A
194	戒指	lɛ̱^{31} pa̱^{31}	C	A	A	C	D	A	A	A	A
195	枕头	m^{55} gɤ^{31}	A	A	A	C	C	B	B	A	A
196	斗笠	khu^{31} lu^{33}	D	A	A	C	D	D	C	A	D
197	房子	xɛ^{31}	A	A	A	A	C	A	A	A	A
198	牛圈	ɛ̃^{55} bɤ^{31}	A	A	A	A	C	A	B	A	A
199	瓦	tsɔ^{33} khɤ^{33}	D	A	A	C	C	D	B	A	A
200	木头	ɕi$^{33/31}$ thɤ^{31}	A	A	C	C	C	C	B	A	A
201	柱子	zɛ̃^{31} mo^{31}	D	B	A	C	D	D	A	A	C
202	门	li^{33} go^{31}	A	A	A	A	C	B	A	A	A
203	床	ʑi^{31} do^{31}	A	A	A	C	C	A	A	A	A
204	扫帚	mo^{55} sɿ^{33}	A	A	A	A	C	A	A	A	A
205	柴	ɕi^{33}	A	A	A	A	C	A	A	A	A
206	（菜）刀	po^{55} to^{33}	A	A	A	A	C	A	B	A	A
207	碗	pɛ̱^{33} sɛ̃^{33}	A	A	A	A	A	A	A	A	A
208	筷子	mi^{55} dzu^{31}	A	A	A	A	A	A	A	A	A
209	斧头	nɤ^{55} dzu^{33}	C	A	B	C	C	A	A	A	A
210	钱（货币）	ʑi^{31} mo^{31}	A	A	A	A	A	A	A	A	A
211	针	ɣɤ̱^{31}	C	C	A	A	D	C	A	A	A
212	锁	dzɔ^{33} pɔ^{33}	C	A	A	A	C	B	B	A	A
213	钥匙	dzu^{33} khɔ^{31}	A	A	A	A	C	B	A	A	A
214	船	ɬi^{55}	D	A	A	A	D	B	A	A	A
215	锄头	tsɤ̃^{31} khu^{31}	C	A	A	A	C	C	A	A	A
216	扁担	tɔ^{55} dzu^{33}	C	C	A	C	C	C	A	A	A
217	绳子	tɕi^{33} tshã^{55}	D	A	A	A	C	B	A	A	A
218	筛子	xo^{55} tɕɛ^{55}	C	C	A	B	D	A	D	A	C
219	大簸箕	xo^{55} mo^{31}	D	C	A	C	D	D	D	A	C
220	（石）磨	tshɿ^{33} lu^{33}	D	C	C	D	D	D	D	A	A
221	话	miɛ^{31}	A	A	A	B	D	A	A	A	A
222	前边	ɔ^{31} vi̱^{31} dzɤ^{55}	A	A	A	A	C	A	A	A	A
223	后边	ɔ^{55} xo^{33} do^{31} mɛ^{55}	A	A	A	A	D	A	A	A	A
224	今天	ni^{33} thɔ^{33}	A	A	A	A	C	A	A	A	A
225	明天	ɔ^{55} ɕɛ^{55}	A	A	A	A	C	A	A	A	A
226	后天	phɛ^{31} nɛ̱^{31}	A	A	A	A	C	A	A	A	A
227	早晨	mɯ$^{33/31}$ ɕɛ^{33}	A	A	A	A	C	A	A	A	A
228	晚上	mɯ^{33} tɕhi^{31}	A	A	A	A	C	A	A	A	A
229	（一）年	khu^{33}	A	A	A	A	C	A	A	A	A
230	今年	ʑi^{33} khu^{31}	A	A	A	A	C	A	A	A	A
231	去年	ɔ^{31} nɛ̱^{33} khu^{31}	A	A	A	A	C	C	B	A	A

232	明年	nɛ̠^{33} khu^{31}	A	A	C	B	C	B	A	A	A
233	一	thi^{31}	A	A	A	B	C	D	C	A	A
234	二	ni^{31}	A	A	A	A	C	D	A	A	A
235	三	sɔ^{33}	A	A	C	A	C	D	A	A	A
236	四	ɬi^{55}	A	A	C	A	C	D	A	A	A
237	五	ŋ^{33}	A	A	C	A	C	D	A	A	A
238	六	tshu̠^{31}	A	A	C	A	C	D	A	A	A
239	七	sɿ^{31}	A	C	A	A	C	D	D	A	A
240	八	xɛ̃^{31}	A	C	B	A	C	D	A	A	A
241	九	kɯ^{55}	A	A	C	A	C	D	D	A	A
242	十	tshɯ^{31}	A	C	A	A	C	D	A	A	A
243	十一	tshɯ^{31} ti^{31}	A	A	C	B	D	D	D	A	C
244	百	xo^{31}	A	C	A	A	C	C	A	A	A
245	千	tõ^{55}	C	A	A	B	C	A	A	A	A
246	（一）个（人）	lɤ^{33}	A	A	A	A	C	A	A	A	A
247	（一）个（碗）	thɤ^{33}	A	A	A	A	C	A	A	A	A
248	（一）条（绳子）	pɔ^{55}	A	A	A	A	C	A	A	A	A
249	（一）粒（米）	tsɤ^{55}	A	A	A	A	D	A	A	A	A
250	（一）双（鞋）	dzɤ^{31}	A	C	A	A	C	A	A	A	A
251	（一）拃	tu^{33}	D	C	C	A	D	B	B	C	A
252	我	ŋ^{31}	A	A	A	A	C	A	A	A	A
253	我们	ŋ$^{31/55}$ bɤ̠^{31}	A	A	A	A	C	A	A	A	A
254	你	nɔ^{31}	A	A	A	A	C	A	A	A	A
255	你俩	nɔ$^{31/55}$ ni^{31} lɤ^{33}	A	A	A	A	C	A	A	A	A
256	他	gɯ^{55}	A	A	A	A	C	A	A	A	A
257	他们	khɔ^{31} bɤ̠^{31}	A	A	A	B	C	A	B	A	A
258	这	ʑi^{55} nɛ^{33}	A	A	A	A	A	A	A	A	A
259	这些	ʑi^{55} mɯ^{55}	A	A	A	C	C	A	B	A	B
260	远	vɤ^{33}	A	A	A	A	D	B	A	A	A
261	深	nɛ̠^{31}	A	A	A	A	C	A	A	A	A
262	满	dɛ̃^{31}	A	A	A	A	C	A	A	A	A
263	多	phɤ^{33}	A	A	A	A	D	A	A	A	A
264	少	nɛ̃^{33}	A	A	A	A	D	A	A	A	A
265	尖（的笔）	tsu^{55}	A	C	A	C	D	A	D	A	A
266	弯（的刀）	ku^{55}，kɛ̃^{55}	A	C	A	A	D	B	C	A	A
267	黑	nɛ̠^{33}	A	A	A	A	D	A	A	A	A
268	白	thu^{31}	A	A	A	A	C	A	A	A	A
269	红	nɤ^{55}	A	A	A	A	D	A	A	A	A
270	黄	sɛ^{55}	A	A	A	A	D	A	A	A	A
271	绿	ni^{55}	A	A	A	A	C	A	A	A	A
272	重	li^{33}	A	A	A	A	C	A	A	A	A
273	轻	lɔ^{31}	A	A	A	A	C	D	A	A	A
274	锋利	thɛ̠^{33}	C	A	C	A	C	A	B	A	C

275	胖	tshu^{55}	A	A	A	A	C	A	A	A	A
276	瘦	ɕɛ^{55}	A	A	A	A	D	A	A	A	A
277	干（的）	fɛ̱^{31}	A	A	A	A	D	A	B	A	A
278	硬	kɣ̱^{33}	A	A	A	A	D	A	B	A	A
279	好	o^{31} nu^{55}	A	A	A	A	C	A	A	A	A
280	（价钱）贵	tɕhɛ^{33}	A	A	A	A	C	A	C	A	A
281	热	ŋɤ^{31}	A	A	A	A	C	A	B	A	A
282	冷	dʑɛ̱^{33}	A	A	A	A	C	A	A	A	A
283	酸	tɕɛ^{55}	A	A	A	A	C	A	A	A	A
284	甜	tshɿ^{55}	A	A	A	A	D	A	A	A	A
285	辣	zɔ^{55}	A	A	A	A	C	A	A	A	A
286	咸	khɔ^{33}	A	A	A	A	C	A	B	A	A
287	涩	tsɿ^{31}	D	A	B	A	C	C	A	A	C
288	拔（草）	tɕɿ^{33}	A	A	A	A	D	A	A	A	A
289	耙（田）	tɕɛ̱^{33}	D	C	B	A	D	D	A	A	C
290	剥（花生）	thɯ^{31}	C	A	A	B	D	A	A	A	A
291	饱	bu^{33}	A	A	A	A	A	A	A	A	A
292	补（衣）	na̱^{31}	A	A	A	A	D	C	C	C	A
293	踩	dɣ̱^{33}	A	A	A	A	C	A	A	A	A
294	炒（菜）	ɬu^{55}	A	A	A	A	C	A	B	A	A
295	沉	dõ^{31}	D	D	C	C	D	B	B	A	C
296	称（粮食）	tsɛ̱^{55}	A	A	A	B	D	B	C	C	C
297	盛（饭）	khɣ̱^{31}	C	A	A	A	C	A	A	A	A
298	吃	dzo^{33}	A	A	A	A	A	A	A	A	A
299	舂	tɛ̱^{31}	D	D	D	A	D	D	D	D	C
300	抽（烟）	dɔ^{31}	A	A	A	A	C	A	A	A	A
301	出去	du̱^{33} lɤ^{31}	A	A	A	A	A	A	A	A	A
302	穿（衣）	vi̱^{31}	A	A	A	A	C	A	A	A	A
303	穿（鞋）	dɣ̱^{31}	A	A	A	A	C	A	A	A	A
304	吹（喇叭）	mu̱^{33}	A	A	A	A	C	A	A	A	A
305	搓（绳）	va̱^{31}	C	C	A	B	C	D	A	A	C
306	打（人）	dɛ^{33}	A	A	A	A	A	A	A	A	A
307	戴（帽子）	dɣ̱^{31}	A	A	A	A	C	A	A	A	A
308	读	sɔ^{33}	A	A	A	A	A	A	A	A	A
309	渡（河）	gɯ^{31}	D	D	A	C	D	C	A	C	D
310	（线）断（了）	tɕhi^{33}	C	A	A	B	C	B	A	A	A
311	放（牛）	thɤ^{31}	A	A	A	A	C	A	A	A	A
312	飞	de^{31}	A	A	A	A	C	A	A	A	A
313	盖（土）	bɤ^{31}	A	A	A	B	D	A	A	A	C
314	缝	dzɿ^{31}	A	A	A	A	D	A	A	A	A
315	孵	mu^{33}	C	B	A	B	C	B	C	A	A
316	干（活儿）	na̱^{31} mu^{31}	A	A	A	A	C	A	A	A	A
317	割（肉）	da̱^{33}	A	A	A	B	C	A	A	A	A

318	给	bi^{31}	A	A	A	A	A	B	A	A	A
319	够（长度）	lu̠^{31}	A	A	A	A	A	A	A	A	A
320	关（门）	tɔ^{33}	A	A	A	A	D	A	A	A	A
321	害羞	ɕɛ̠^{31} tɔ^{55}	C	A	A	A	C	A	A	A	A
322	害怕	dzu^{33}	A	A	A	A	C	A	A	A	A
323	喝	dɔ^{31}	A	A	A	A	A	A	A	A	A
324	换	po^{55}	A	A	A	A	C	A	A	A	A
325	回（家）	ku̠^{31} le^{33}	A	A	A	A	A	A	A	A	A
326	会（写）	gu^{31} kɤ̠^{31}	A	A	A	A	C	A	A	B	A
327	夹（菜）	nɤ^{33}	B	A	A	A	C	A	A	A	A
328	嚼	go^{33}	A	C	A	C	C	C	C	A	A
329	教（书）	mo^{55}	A	A	A	A	C	A	A	A	A
330	（公鸡）叫	nɛ^{31}	A	A	A	A	D	C	B	A	A
331	揭（盖子）	xɯ^{31} khɔ^{31}	C	C	A	A	C	B	A	C	A
332	借（钱）	tshʅ^{33}	A	A	A	A	C	A	A	A	A
333	借（锄头）	mu^{33}	C	A	A	A	D	A	A	A	A
334	开（门）	khɔ^{31}	A	A	A	A	C	A	A	A	A
335	（水）开	xɛ̠^{31}	D	A	A	A	C	B	B	A	A
336	（花）开	vi^{33}	A	A	A	A	D	A	C	A	A
337	磕（头）	thɤ^{31}	C	A	A	A	C	A	B	A	A
338	咳嗽	tsɤ^{31}	C	A	A	A	C	B	A	A	A
339	哭	ŋɯ^{55}	A	A	A	A	C	A	A	A	A
340	拉	tɕi̠^{33}	A	A	A	A	C	A	A	A	A
341	来	le^{31}	A	A	A	A	B	A	A	A	A
342	连接	tsɛ̠^{31}	D	A	A	A	C	D	A	A	C
343	裂开	dʑi^{55} khɔ^{31}	A	A	A	A	D	A	A	A	A
344	（脚）麻	vi^{31}	A	A	A	A	C	A	A	A	A
345	骂	ka^{33}	C	A	A	B	C	A	A	A	A
346	埋	bɤ^{31}	A	A	A	A	C	C	A	A	A
347	买	vɛ^{31}	A	A	A	A	C	A	A	A	A
348	卖	ɣo^{31}	A	A	A	A	C	A	A	A	A
349	磨（刀）	sɛ^{33}	A	A	A	B	C	B	A	A	A
350	拿	xɤ^{31}	A	A	A	A	A	A	A	A	A
351	呕吐	phi^{31}	A	A	A	B	C	A	A	A	A
352	爬（山）	dɛ̠^{31}	C	D	C	A	D	A	A	C	C
353	跑	ko̠^{31}	A	A	A	A	C	A	A	A	A
354	劈（柴）	khɛ^{33}	C	C	A	B	D	A	A	A	A
355	骑	dzɛ̃^{33}	A	A	A	A	C	A	A	A	A
356	牵（牛）	sã^{31}	A	A	A	B	C	A	A	A	A
357	切（菜）	ɣɤ^{31}	A	C	A	A	C	A	A	A	A
358	染	xɔ^{31}	C	C	C	C	D	D	D	C	C
359	解开	tɕhi^{31} thɛ^{35}	C	A	A	C	C	A	A	A	A
360	杀（人）	ɕi̠^{31}	A	A	A	A	C	A	A	A	A

361	筛（米）	tso^{55}	C	D	A	C	D	A	D	A	C
362	晒（衣服）	l̥ɤ̠^{31}	A	A	A	A	C	A	A	A	A
363	晒（太阳）	me^{55}	A	A	A	A	C	A	A	A	A
364	是	ŋɤ^{31}	A	A	A	A	C	A	A	A	A
365	割（草）	tshɛ^{31}	A	A	A	C	C	A	A	A	C
366	梳	tɕhɛ^{33}	A	A	A	A	C	A	A	A	A
367	（饭）熟	mɛ̠^{31}	A	A	A	A	C	A	A	A	A
368	睡	ʑi̠^{31}	A	A	A	A	A	A	A	A	A
369	说	ɤ^{55}，tsɤ^{33}	A	A	A	A	C	A	A	A	A
370	抬	tshɛ^{31}	A	A	A	A	C	A	B	A	A
371	舔	la^{31}	A	A	A	B	D	A	A	A	A
372	挑选（东西）	sɤ^{55}	A	A	A	A	C	B	C	C	A
373	听	dʑo^{33} ni^{55}	A	A	A	A	C	A	A	A	A
374	偷	khɯ^{33}	A	A	A	A	C	A	A	A	A
375	吐（痰）	phi̠^{31}	A	A	A	A	C	A	B	A	A
376	推	ti^{55}	A	A	C	A	C	A	A	A	C
377	挖	du̠^{33}	A	C	A	C	C	A	A	A	A
378	闻（嗅）	nɯ^{31}	B	A	A	A	D	A	A	A	A
379	问	dɔ^{31} ni^{55}	A	C	A	A	C	A	A	A	A
380	洗（衣）	tɕhi^{33}	A	A	A	A	C	A	A	A	A
381	笑	ɣɛ^{31}	A	A	A	A	C	A	A	A	A
382	摇（头）	l̥ɯ^{33}	A	A	A	A	C	A	A	A	A
383	舀（水）	khɤ̠^{31}	A	A	A	A	C	A	A	A	A
384	要	ŋɔ^{33}	A	A	A	A	C	A	A	A	A
385	有（钱）	dzɔ^{31}	A	A	A	A	A	A	A	A	A
386	晕（头）	nɛ̠^{33} vɛ^{55}	C	A	A	A	C	A	A	A	A
387	栽（树）	tɛ^{55}	A	C	A	A	D	A	A	A	A
388	摘（花）	thɯ^{33}	A	A	A	A	D	A	A	A	A
389	知道	sa̠^{31}	A	A	A	C	A	A	A	A	A
390	指	tu^{31}	D	A	C	A	D	A	B	A	C
391	肿	phɤ^{31}	A	D	A	A	D	A	B	A	A
392	煮	tɕɛ^{31}	A	A	A	A	C	A	A	A	A
393	醉	ɕɛ^{33}	A	A	A	A	D	A	A	A	A
394	坐	gɯ^{55} ni^{31}	A	A	A	A	C	A	A	A	A
395	做	mu^{31}	A	A	A	A	C	A	A	A	A
396	张（嘴）	khɔ^{31}	A	A	A	A	C	A	A	A	A
397	织（布）	ʑĩ^{31}	D	A	D	D	D	C	C	C	D
398	捉	tsa̠^{33}	A	D	A	A	C	A	A	A	A
399	追	te̠^{31}	A	A	A	A	C	A	A	A	A
400	眨（眼）	tɕhi̠^{33}	D	A	A	A	D	A	C	A	A

测试表 3（19—37 岁）

编号	汉义	里山彝语	李春梅	师正海	李家彬	龙兵	李艳珍	李丽琴	孔兰珍	李家应	李秀林
1	天	mu^{33}	A	A	A	A	A	A	A	A	A
2	太阳	ɔ^{55} tshu^{31}	A	A	A	A	A	A	A	A	A
3	星星	tsɛ̃^{55} mo^{31}	A	A	B	A	A	C	A	D	A
4	雷	mu^{33} tɤ̃^{31}	A	A	A	A	A	A	A	C	A
5	风	mi^{33} xɛ̃^{33}	A	A	A	A	A	A	A	A	A
6	雨	ɔ^{55} fu^{33}	A	A	A	A	A	A	A	A	A
7	火	mɛ^{33} tu̱^{31}	A	A	A	A	A	A	A	A	A
8	烟（火烟）	mɛ^{33} khɯ^{33}	A	A	A	A	C	A	B	C	A
9	山	bɤ^{31}	A	A	A	A	A	A	A	A	A
10	河	ʑi^{31} thɔ^{33}	C	A	B	B	C	C	C	A	A
11	井	ʑi^{31} tsa̱^{31}	B	C	B	A	A	A	A	A	A
12	路	dzo^{31} mo^{31}	A	A	A	A	A	A	A	A	A
13	土	nɛ̱^{31} tshɤ^{33}	A	A	A	A	A	A	A	A	A
14	旱地	mi^{55}	A	D	B	A	A	A	A	A	A
15	水田	mi^{55} nɛ̱^{33}，ʑi^{31} mi^{55}	C	B	C	A	A	A	A	A	A
16	石头	lu̱^{33} bɤ^{31}	A	A	A	A	A	A	A	A	A
17	水	ʑi̱^{33} ʑɛ̱^{31}	A	A	A	A	A	A	A	A	A
18	水滴	ʑi̱^{33} ʑɛ̱^{31} thɛ̱^{33}	B	C	A	A	B	A	A	A	A
19	盐	tsho^{33}	A	A	A	A	A	A	A	A	A
20	村子	tɕhɛ^{33}	A	B	A	A	A	A	A	A	A
21	桥	dzɤ^{31} gɤ^{31}	A	A	A	A	A	A	B	C	A
22	坟	lu̱^{31} bɤ^{31}	A	A	A	A	A	A	A	C	A
23	头	m^{33} dɤ^{33}	A	A	A	A	A	A	A	A	A
24	头发	m^{33} tɕhɛ^{31}	A	A	A	A	A	A	A	A	A
25	额头	nɤ^{55} bu^{33} tsã^{55}	A	B	A	A	A	A	A	C	A
26	眉毛	nɛ̱^{33} bu^{31} tsã^{55}	A	C	B	A	C	A	A	C	A
27	眼睛	nɛ̱^{33}	A	A	A	A	A	A	A	A	A
28	鼻子	nu^{55} bu^{31}	A	A	A	A	A	A	A	A	A
29	耳朵	lu^{55} pɔ^{55}	A	A	A	A	A	A	A	A	A
30	脸	bo^{33} mɛ^{33}，tha^{31} nɛ̱^{31}	A	A	A	A	A	A	A	A	A
31	嘴	nɛ̱^{31} phi^{33}	A	A	A	A	A	A	A	A	A
32	嘴唇	nɛ̱^{31} pa̱^{31}	A	A	A	A	A	A	A	C	A
33	胡子	nɛ̱^{31} bɛ^{31}	A	A	A	A	A	A	A	C	A
34	脖子	lo^{33} bɛ̱^{31}	A	A	A	A	A	A	C	C	A
35	肩膀	lɛ̱^{31} phu^{33}	A	B	A	A	A	A	A	C	A
36	背（部）	phe^{55} de^{31}	A	A	A	A	A	A	A	C	A
37	膝盖	gɤ̱^{31} mi^{55} tɕi̱^{31}	A	A	A	A	B	A	A	C	A
38	脚	gɤ̱^{31}	A	A	A	A	A	A	A	A	A
39	脚踝	gɤ̱^{31} nɛ̱^{33} sɤ^{33}	C	C	C	D	B	C	A	C	A

40	手	lɛ̱^{31}	A	A	A	A	A	A	A	A	A
41	手指	lɛ̱^{31} tsɿ^{55}	A	B	A	A	A	A	B	C	A
42	拇指	lɛ̱^{31} mo^{31}	A	A	A	A	A	A	A	C	A
43	指甲	lɛ̱^{31} sɛ^{33} mo^{31}	A	A	A	A	A	A	A	C	A
44	皮肤	dʑi^{55} phi^{31}	A	C	A	A	A	A	A	C	A
45	痣	so^{31} mɛ̱^{31}	C	A	A	A	A	A	A	D	A
46	血	sɿ^{33}	A	A	A	A	A	A	A	A	A
47	脑髓	ũ^{33} nɔ̃^{31}	B	A	C	C	C	C	A	C	A
48	骨头	ɣɯ^{55} bɛ^{31}	A	A	A	A	A	A	A	C	A
49	牙齿	dzɛ^{31}，dzɛ^{31} tsɿ^{31}	A	A	A	A	A	A	A	A	A
50	舌头	ɬo^{55} phɛ̱^{31}	A	A	A	A	A	A	A	A	A
51	肺	tshɿ^{31} bɤ^{31}	C	A	B	B	A	A	C	C	A
52	心脏	nɛ̱^{33}	A	A	A	A	A	A	A	A	A
53	肝	sɛ̃^{31}	A	A	B	C	C	C	B	C	A
54	胆	tɕi^{55}	D	B	C	A	A	D	A	D	D
55	胃	thi^{33} tɛ^{33} põ^{33}	C	A	C	C	D	C	C	C	D
56	肠子	u^{31}	A	A	B	A	D	A	A	C	A
57	屎	thi^{33}	A	A	A	A	A	A	A	A	A
58	尿	ɕi^{55}	A	A	A	A	A	A	A	A	A
59	汗	tɕɔ^{31}	A	A	A	A	A	A	A	A	A
60	口水	nɛ^{31} ʑi^{31}	A	A	A	A	A	A	A	A	A
61	鼻涕	nu^{55} tshɿ^{31}	A	A	A	A	A	A	A	C	A
62	眼泪	nɛ̱^{33} ʑi^{31}	A	B	A	A	A	A	A	A	A
63	脓	dɛ̃^{31} ʑi^{31}	A	A	B	A	C	A	A	C	A
64	汉族	thɔ^{31} ni^{55} pho^{31}	A	A	A	A	A	A	A	A	A
65	小孩儿	ɔ^{55} kɯ^{33} zo^{33}	A	A	A	A	A	A	A	A	A
66	老人	tshɔ^{31} mɔ^{31}	A	A	A	A	A	A	A	A	A
67	妇女	mɛ^{31} dʑɛ^{31} mo^{31}	B	A	A	A	C	A	A	A	A
68	小伙子	tshɔ^{31} ɬɛ^{31} o^{55}	A	A	A	A	A	A	A	A	A
69	姑娘	ni^{55} ɬɛ̱^{31} mo^{31}	A	A	A	A	A	A	A	A	A
70	病人	nu^{33} tɕhi^{31} pho^{31}	A	A	B	A	A	A	A	B	A
71	官	dzɿ^{55} ma̱^{31}	A	A	B	A	D	A	A	A	A
72	瞎子	nɛ̱^{33} ta^{33} pho^{31}（mo^{31}）	A	A	B	A	A	A	A	B	A
73	跛子	kɤ^{31} thɛ̱^{33} pho^{31}（mo^{31}）	A	C	B	A	D	A	B	A	A
74	傻子	tshɔ^{31} lɯ̃^{55}	A	A	B	A	B	A	A	A	A
75	儿子	zo^{33}	A	A	A	A	A	A	A	A	A
76	儿媳妇	mɛ^{31} dzu^{33} ɬɛ̱^{31}	A	A	B	A	A	A	A	A	A
77	女儿	mɛ^{55}	A	A	A	A	A	A	A	A	A
78	孙子	ɬi^{33} o^{33}	A	A	A	A	A	A	A	A	A
79	丈夫	m^{55} tsɛ^{55}	A	A	A	A	A	A	A	A	A
80	妻子	m^{31} mɛ^{31}	A	A	A	A	A	A	A	A	A
81	侄子	zɔ$^{33/31}$ du^{31}	A	A	A	A	A	B	C	A	A
82	嫂子	ɔ^{55} mɛ^{31}	A	A	A	A	B	A	A	A	A

83	牛	ε̃^{33}	A	A	A	A	A	A	A	A	A
84	公牛	ε̃̄^{33} bɔ^{33}	C	A	A	A	A	C	A	A	A
85	母牛	ε̃̄^{33} mo^{31}	A	A	A	A	A	A	A	C	A
86	（动物）毛	n̄u^{33}	A	A	A	A	A	A	A	A	A
87	尾巴	mε^{33} dzu^{33}	A	A	A	A	A	A	A	A	A
88	马	mo^{33}	A	A	A	A	A	A	A	A	A
89	山羊	tɕhi^{31} mo^{31}	A	A	A	A	A	A	A	A	A
90	猪	vε̱^{31}	A	A	A	A	A	A	A	A	A
91	狗	tɕhi^{33}	A	A	A	A	A	A	A	A	A
92	猫	mε^{55} nɯ^{33} mo^{31}	A	A	A	A	A	A	A	A	A
93	鸡	ʑε̱^{33}	A	A	A	A	A	A	A	A	A
94	翅膀	do^{31} nε̱^{31}	A	A	A	A	A	A	A	C	A
95	鸭子	ɤ^{33}	A	A	A	A	A	A	A	A	A
96	鹅	ε^{55} lε^{33} mo^{31}	A	A	B	A	A	A	A	A	A
97	老虎	ʑi^{31} mo^{31}	A	A	A	A	A	A	A	C	A
98	猴子	ɔ^{55} no̱^{31} mo^{31}	A	A	A	A	A	A	A	A	A
99	野猪	vε̱^{31} ni^{55} mo^{31}	A	A	A	A	A	A	A	A	A
100	老鼠	mi^{31} dɤ^{33} mo^{31}	A	A	A	A	A	A	A	A	A
101	松鼠	go^{31} po^{33} mo^{31}	B	A	A	A	C	A	B	C	A
102	鸟	xε̱^{33}	A	A	A	A	A	A	A	A	A
103	鸟窝	xε̱^{33} bɤ^{31}	A	B	A	A	A	A	A	C	A
104	老鹰	de^{31} mɔ^{31} mɔ^{31} mo^{31}	A	A	B	A	B	C	B	A	A
105	猫头鹰	fu^{33} fu^{33} mo^{31}	A	A	B	A	C	C	A	C	C
106	燕子	tɕi^{55} ka̱^{31} li^{55} mo^{31}	A	A	A	A	A	C	A	A	A
107	麻雀	ɔ^{55} dzo^{55} dzo^{55} mo^{31}	D	C	C	A	D	C	C	C	A
108	蝙蝠	bɤ^{31} nε^{55} nε^{33} mo^{31}	D	A	B	A	A	C	C	C	C
109	乌鸦	ɔ^{55} nε̱^{33} mo^{31}	A	A	B	C	B	C	C	A	C
110	啄木鸟	ɕi^{33} po^{33} to^{33} mo^{31}	D	B	B	A	A	C	A	C	D
111	蛇	sε̃^{33} mo^{31}	A	A	A	A	A	A	A	A	A
112	鱼	ɔ^{55} m^{33}	A	A	A	A	A	A	A	A	A
113	鳞	ɔ^{55} m^{33} kɤ^{33}	A	B	B	C	A	A	A	A	A
114	虾	bɯ^{31} dʑe^{31} mo^{31}	A	A	C	A	A	A	A	C	A
115	鳝鱼	xɔ^{31} dʑi^{31} mo^{31}	B	B	A	A	B	A	A	C	A
116	虫	bu^{33} mo^{31}	A	B	B	B	C	A	A	C	A
117	跳蚤	tɕhi^{33} tɕhi^{33} mo^{31}	C	B	A	A	B	A	A	A	A
118	虱	ɕi^{31} mo^{31}	C	C	C	A	C	A	A	A	A
119	虮子	ɕi^{31} fu^{31}	D	A	C	A	C	A	C	A	A
120	苍蝇	xɔ^{31} mo^{33} mo^{31}	A	A	A	A	A	A	A	A	A
121	蚊子	xɔ^{31} sε^{55} mo^{31}	A	A	A	A	A	A	A	A	A
122	蜘蛛	ɔ^{55} na^{31} tshε^{31} tshε^{31} mo^{31}	C	B	B	A	C	A	A	C	A
123	蚂蟥	xɔ^{31} bi^{31} mo^{31}	C	C	B	A	C	A	B	C	A
124	蚂蚁	bu^{55} xɤ^{31} mo^{31}	A	B	B	A	B	A	A	C	A
125	蜜蜂	do^{33} mo^{31}	A	A	A	A	A	A	A	A	A

126	蚂蚱	ɔ^{55} pa̱^{33} mo^{31}	A	A	B	A	A	A	A	A	A
127	蜻蜓	tɕã^{33} dɤ^{55} dɤ^{55} mo^{31}	A	A	A	A	A	A	A	C	C
128	毛虫	bi^{31} dzu^{33} mo^{31}	C	B	B	A	A	C	C	C	C
129	螃蟹	bɤ^{31} lɔ^{55} dʑa^{31} mo^{31}	B	A	C	A	A	C	C	C	C
130	螺蛳	ɔ^{55} ko^{31} mo^{31}	C	C	B	C	B	A	B	C	D
131	树	dzɤ̃^{31}，ɕi^{31}	A	A	A	A	A	A	A	A	A
132	树枝	ɕi$^{33/31}$ lɛ̱^{31}	A	A	A	A	A	A	A	A	A
133	根	pa̱^{31}	A	A	A	A	A	A	A	C	A
134	叶子	ɕi$^{33/31}$ pha̱^{31}	A	A	A	A	A	A	A	A	A
135	花	bi^{55} lu^{31}	A	A	A	A	A	A	A	A	A
136	（水果）核	sɛ^{33}	A	A	A	A	A	C	A	A	A
137	竹子	mo^{55}	A	A	A	A	A	A	A	A	A
138	竹笋	mo^{55} pu^{33}	D	A	C	A	A	D	A	C	A
139	藤子	na̱^{31} ko̱^{31}	A	C	B	A	B	A	A	C	A
140	刺儿	dzɤ^{31} bɤ^{31}	A	A	A	A	A	A	A	C	A
141	桃子	ɔ^{55} ɣɔ^{33}	A	A	A	A	A	A	A	A	A
142	梨	gu^{55} lu^{31}	A	A	A	A	A	A	A	A	A
143	石榴	ʑɛ̱^{33} nɔ^{55}	A	B	A	A	A	A	A	C	C
144	水稻	tɕhe^{31}	A	A	A	A	A	A	A	A	A
145	糯米	tɕhɛ^{31} nɔ^{55}	A	A	A	A	A	A	A	A	A
146	种子	sɿ^{31}	B	C	A	A	A	A	A	A	A
147	谷穗	tɕhɛ^{31} nɛ^{33}	C	C	B	A	A	A	A	C	A
148	稻草	pɤ̱^{31}	A	B	A	A	C	A	A	A	A
149	小麦	so^{55}	A	A	A	A	A	A	A	A	A
150	荞麦	go^{33}	B	C	C	A	A	C	A	C	A
151	玉米	so^{55} bɤ^{31}，ʑi^{55} mɛ^{31}	A	A	A	A	A	A	A	A	B
152	棉花	so^{55} lo^{55} vi^{31}	A	A	B	C	A	C	A	C	A
153	油菜	kɔ^{55} lɔ^{31}	A	A	B	A	A	C	A	C	A
154	韭菜	tsɤ^{33} ɣɔ^{33}	A	A	A	A	A	A	A	C	A
155	白菜	ɣɔ^{31} phɛ^{31} thu^{31}	A	B	B	C	A	A	A	A	A
156	毛芋头	ɔ^{55} dɛ^{33} bɤ̱^{31}	B	A	A	A	A	A	A	C	A
157	茄子	ɔ^{55} tsɔ̃^{31}	A	A	A	A	A	A	A	A	A
158	蒜	su^{33} bɛ̱^{31}	B	A	A	C	A	A	A	C	A
159	姜	tshɔ^{33} bɛ^{31}	A	A	A	A	A	A	A	A	A
160	柿子	ɔ^{55} bɛ̃^{55}	A	A	A	A	A	B	C	A	A
161	黄豆	ɔ^{55} nu̱^{31} mo^{31} sɛ̱^{33}	A	A	A	A	A	A	A	A	A
162	蚕豆	ɔ^{55} nu̱^{33}	A	B	A	A	A	C	A	A	A
163	豌豆	so^{55} nu^{33} mo^{31}	A	B	C	A	D	C	A	A	C
164	红薯	ɔ^{55} na^{31} nɤ^{55}	A	A	A	A	B	A	A	A	A
165	草	su^{33} be^{31}	A	A	A	A	A	A	A	A	A
166	鸡棕	mɤ^{55} tsɛ̃^{31}	A	A	A	A	A	A	A	C	A
167	蘑菇	mɤ^{55} lɤ^{55}	A	A	A	A	A	A	A	A	A
168	米	tɕhe^{31} thu^{55}	B	A	A	A	A	A	A	A	A

169	饭	dzo^{31}	A	A	A	A	A	A	A	A	A
170	稀饭	lɔ^{55} xã^{33}	A	A	A	A	A	A	A	A	A
171	粑粑	lɔ^{55} ta̱^{31}	A	A	A	A	A	A	A	A	A
172	肉	pɔ^{55} xo^{33}	A	A	A	A	A	A	A	A	A
173	瘦肉	khɔ^{31} xo^{33} tɕĩ̱^{55} tɕĩ̱^{55}	C	A	A	A	A	A	A	A	A
174	花椒	dzɤ̱^{31}	A	A	A	A	A	A	A	C	A
175	鸡蛋	fu^{31}	A	A	A	A	A	A	A	A	A
176	蜂蜜	do^{55} ʑi^{31}	A	A	A	A	A	A	A	A	A
177	汤	ʑi^{31}	A	A	A	A	A	A	A	A	A
178	酒	dʑi^{31}	A	A	A	A	A	A	A	A	A
179	药	kho^{31} tɕhi^{33}	A	A	A	A	A	A	A	A	A
180	米糠	tɕhe^{31} khɛ^{33}	A	A	B	C	A	A	A	C	A
181	线	tshɛ̃^{31}	A	A	A	A	A	A	A	A	A
182	布	pho^{31}	A	A	A	A	A	A	A	A	A
183	衣服	thɔ^{31}	A	A	A	A	A	A	A	A	A
184	衣领	lɛ^{31} khɛ^{33}	C	A	B	A	B	A	A	A	A
185	衣袖	lɛ̱^{31} du̱^{31}	A	A	A	A	A	A	A	C	A
186	扣子	thɔ^{31} dzu^{33} khu^{55}	A	A	A	A	A	A	A	C	A
187	裤子	ɬɔ^{31}	A	A	A	A	A	A	A	A	A
188	帽子	m^{33} ku^{33}	A	A	A	A	A	A	A	A	A
189	腰带	dzu^{33} nɛ̱^{31}	A	A	B	A	C	C	A	A	A
190	鞋	tɕhi^{31} nɤ^{33}	A	A	A	A	A	A	A	A	A
191	梳子	m^{33} tɕhɛ^{33}	A	A	A	A	A	A	A	B	A
192	篦子	m^{33} dzo^{33}	A	C	C	A	D	C	C	C	A
193	耳环	lo^{33} tsa^{33}	A	A	A	A	A	A	A	C	A
194	戒指	lɛ̱^{31} pa̱^{31}	A	A	A	A	A	A	A	A	A
195	枕头	m^{55} gɤ^{31}	A	A	A	A	A	A	A	A	A
196	斗笠	khu^{31} lu^{33}	B	C	B	C	B	A	B	C	A
197	房子	xɛ^{31}	A	A	A	A	A	A	A	A	A
198	牛圈	ɛ̃^{55} bɤ^{31}	A	A	A	A	A	A	A	A	A
199	瓦	tsɔ^{33} khɤ^{33}	A	A	A	A	A	A	A	A	A
200	木头	ɕi$^{33/31}$ thɤ^{31}	A	A	A	A	C	A	A	B	A
201	柱子	zɛ̃^{31} mo^{31}	A	A	A	A	B	A	A	A	A
202	门	li^{33} go^{31}	A	A	A	A	B	A	A	A	A
203	床	ʑi^{31} do^{31}	A	A	A	A	A	A	A	A	A
204	扫帚	mo^{55} sɿ^{33}	A	A	A	A	A	A	A	C	A
205	柴	ɕi^{33}	A	A	A	A	A	A	A	A	A
206	（菜）刀	po^{55} to^{33}	A	A	A	A	A	A	C	A	A
207	碗	pɛ̱^{33} sɛ̃^{33}	A	A	A	A	A	A	A	A	A
208	筷子	mi^{55} dzu^{31}	A	A	A	A	A	A	A	A	A
209	斧头	nɤ^{55} dzu^{33}	A	A	A	A	A	A	A	C	A
210	钱（货币）	ʑi^{31} mo^{31}	A	A	A	A	A	A	A	A	A
211	针	ɣɤ̱^{31}	A	A	A	A	A	A	A	C	A

212	锁	dzɔ^{33} pɔ^{33}	A	A	A	A	A	A	A	C	A
213	钥匙	dzu^{33} khɔ^{31}	A	A	A	A	A	A	A	A	A
214	船	ɬi^{55}	A	A	A	A	A	A	A	D	A
215	锄头	tsɤ̃^{31} khu^{31}	A	A	A	A	B	A	A	A	A
216	扁担	tɔ^{55} dzu^{33}	A	B	A	A	A	A	A	A	A
217	绳子	tɕi^{33} tshã^{55}	C	A	A	A	A	A	A	A	A
218	筛子	xo^{55} tɕɛ^{55}	A	A	A	C	B	A	A	C	A
219	大簸箕	xo^{55} mo^{31}	A	C	B	C	A	A	A	C	A
220	（石）磨	tshɿ^{33} lu^{33}	B	C	B	A	A	B	A	C	A
221	话	miɛ^{31}	A	A	A	A	A	A	A	A	A
222	前边	ɔ^{31} vi̠^{31} dzɤ^{55}	A	A	A	A	A	A	A	A	A
223	后边	ɔ^{55} xo^{33} do^{31} mɛ^{55}	A	A	A	A	A	A	A	A	A
224	今天	ni^{33} thɔ^{33}	A	A	A	A	A	A	A	A	A
225	明天	ɔ^{55} ɕɛ^{55}	A	A	A	A	A	A	A	A	A
226	后天	phɛ^{31} nɛ̠^{31}	A	A	A	A	A	A	A	A	A
227	早晨	mɯ$^{33/31}$ ɕɛ^{33}	A	A	A	A	A	A	A	A	A
228	晚上	mɯ^{33} tɕhi^{31}	A	A	A	A	A	A	A	A	A
229	（一）年	khu^{33}	A	A	A	A	A	A	A	A	A
230	今年	ʑi^{33} khu^{31}	A	A	A	A	A	A	A	A	A
231	去年	ɔ^{31} nɛ̠^{33} khu^{31}	A	A	A	A	A	A	A	A	A
232	明年	nɛ̠^{33} khu^{31}	A	A	A	A	A	A	C	A	A
233	一	thi^{31}	A	A	A	A	A	A	A	A	A
234	二	ni^{31}	A	A	A	A	A	A	A	A	A
235	三	sɔ^{33}	A	A	A	A	A	A	A	A	A
236	四	ɬi^{55}	A	A	A	A	A	A	A	A	A
237	五	ŋ^{33}	A	A	A	A	A	A	A	A	A
238	六	tshu̠^{31}	A	A	A	A	A	A	A	A	A
239	七	sɿ^{31}	A	A	A	A	A	A	A	A	A
240	八	xɛ̃^{31}	A	A	A	A	A	A	A	A	A
241	九	kɯ^{55}	A	A	A	A	A	A	A	A	A
242	十	tshɯ^{31}	A	A	A	A	A	A	A	A	A
243	十一	tshɯ^{31} ti^{31}	A	B	A	C	A	A	A	A	A
244	百	xo^{31}	B	A	A	A	A	A	A	A	A
245	千	tõ^{55}	A	A	A	A	A	A	A	A	A
246	（一）个（人）	lɤ^{33}	A	A	A	A	A	A	A	A	A
247	（一）个（碗）	thɤ^{33}	A	A	A	A	A	A	A	A	A
248	（一）条（绳子）	pɔ^{55}	A	A	A	A	A	A	A	A	A
249	（一）粒（米）	tsɤ^{55}	A	A	A	A	A	A	A	A	A
250	（一）双（鞋）	dzɤ^{31}	A	A	A	A	A	A	A	A	A
251	（一）拃	tu^{33}	A	A	A	A	A	A	A	A	A
252	我	ŋ^{31}	A	A	A	A	A	A	A	A	A
253	我们	ŋ$^{31/55}$ bɤ̠^{31}	A	A	A	A	A	A	A	A	A
254	你	nɔ^{31}	A	A	A	A	A	A	A	A	A

255	你俩	nɔ$^{31/55}$ ni^{31} lɤ^{33}	A	A	A	A	A	A	A	A	A
256	他	gɯ^{55}	A	A	A	A	A	A	A	B	A
257	他们	khɔ^{31} bɤ̠^{31}	A	A	A	A	A	A	A	A	A
258	这	ʑi^{55} nɛ^{33}	A	A	A	A	A	A	A	A	A
259	这些	ʑi^{55} mɯ^{55}	A	B	A	A	A	A	A	A	A
260	远	vɤ^{33}	A	B	A	A	A	A	A	A	A
261	深	nɛ̠^{31}	A	A	A	A	A	A	A	A	A
262	满	dɛ̃^{31}	A	B	A	A	A	A	A	A	A
263	多	phɤ^{33}	A	A	A	A	A	A	A	A	A
264	少	nɛ̃^{33}	A	A	A	A	A	A	A	A	A
265	尖（的笔）	tsu^{55}	A	C	A	C	A	A	A	A	A
266	弯（的刀）	ku^{55}，kɛ̃^{55}	A	B	A	A	A	A	A	C	A
267	黑	nɛ̠^{33}	A	A	A	A	A	A	A	A	A
268	白	thu^{31}	A	A	A	A	A	A	A	A	A
269	红	nɤ^{55}	A	A	A	A	A	A	A	A	A
270	黄	sɛ^{55}	A	A	A	A	A	A	A	A	A
271	绿	ni^{55}	A	A	A	A	A	A	A	A	A
272	重	li^{33}	A	A	A	A	A	A	A	A	A
273	轻	lɔ^{31}	A	A	A	A	A	A	A	A	A
274	锋利	thɛ̠^{33}	A	B	A	C	A	A	A	A	A
275	胖	tshu^{55}	A	A	A	A	A	A	A	A	A
276	瘦	ɕɛ^{55}	A	A	A	A	A	A	A	A	A
277	干（的）	fɛ̠^{31}	A	B	A	A	A	A	A	A	A
278	硬	kɤ̠^{33}	A	A	A	A	A	A	A	A	A
279	好	o^{31} nu^{55}	A	A	A	A	A	A	A	A	A
280	（价钱）贵	tɕhɛ^{33}	A	A	A	A	A	A	A	A	A
281	热	ŋɤ^{31}	A	A	A	A	A	A	A	A	A
282	冷	dʑɛ̠^{33}	A	A	A	A	A	A	A	A	A
283	酸	tɕɛ^{55}	A	A	A	A	A	A	A	A	A
284	甜	tshɿ^{55}	A	A	A	A	A	A	A	A	A
285	辣	zɔ^{55}	A	A	A	A	A	A	A	A	A
286	咸	khɔ^{33}	A	A	A	A	A	A	A	A	A
287	涩	tsɿ^{31}	C	B	B	A	C	A	A	A	A
288	拔（草）	tɕɿ^{33}	A	A	A	A	A	A	A	A	A
289	耙（田）	tɕɛ̠^{33}	A	A	A	A	A	A	A	A	A
290	剥（花生）	thɯ^{31}	A	A	A	A	A	A	A	A	D
291	饱	bu^{33}	A	A	A	A	A	A	A	A	A
292	补（衣）	na̠^{31}	A	A	A	A	A	A	A	A	A
293	踩	dɤ̠^{33}	A	A	A	A	A	A	A	A	A
294	炒（菜）	ɬu^{55}	A	A	A	A	A	A	A	A	A
295	沉	dõ^{31}	A	C	A	B	A	A	B	A	C
296	称（粮食）	tsɛ̠^{55}	A	A	A	A	A	A	A	A	A
297	盛（饭）	khɤ̠^{31}	A	A	A	A	A	A	A	A	A

298	吃	dzo^{33}	A	A	A	A	A	A	A	A	A
299	春	tɛ̠^{31}	A	D	A	A	A	C	A	A	A
300	抽（烟）	dɔ^{31}	A	A	A	B	A	A	A	A	A
301	出去	du̠^{33} lɤ^{31}	A	A	A	A	A	A	A	A	A
302	穿（衣）	vi̠^{31}	A	A	A	A	A	A	A	A	A
303	穿（鞋）	dɤ̠^{31}	A	A	A	A	A	A	A	A	A
304	吹（喇叭）	mu̠^{33}	A	A	A	A	A	A	A	A	A
305	搓（绳）	va̠^{31}	A	A	B	A	A	A	A	A	A
306	打（人）	dɛ^{33}	A	A	A	A	A	A	A	A	A
307	戴（帽子）	dɤ̠^{31}	A	A	A	A	A	A	A	C	A
308	读	sɔ^{33}	A	B	A	A	A	A	A	A	A
309	渡(河)	gɯ^{31}	A	A	C	C	A	A	A	C	A
310	（线）断（了）	tɕhi^{33}	A	B	A	A	A	A	A	A	A
311	放（牛）	thɤ^{31}	A	A	A	A	A	A	A	A	A
312	飞	de^{31}	A	A	A	A	A	A	A	A	A
313	盖（土）	bɤ^{31}	A	A	A	A	A	A	A	A	A
314	缝	dzɿ^{31}	A	A	A	A	B	A	C	A	A
315	孵	mu^{33}	A	A	A	A	A	A	A	B	A
316	干（活儿）	na̠^{31} mu^{31}	A	A	A	A	A	A	A	A	A
317	割（肉）	da̠^{33}	A	A	A	A	A	A	A	A	A
318	给	bi^{31}	A	A	A	A	A	A	A	A	A
319	够（长度）	lu̠^{31}	A	A	A	A	A	A	A	A	A
320	关（门）	tɔ^{33}	A	A	A	A	A	A	A	A	A
321	害羞	ɕɛ̠^{31} tɔ^{55}	A	A	A	A	A	A	A	A	A
322	害怕	dzu^{33}	A	A	A	A	A	A	A	A	A
323	喝	dɔ^{31}	A	A	A	A	A	A	A	A	A
324	换	po^{55}	A	A	A	A	A	A	A	A	A
325	回（家）	ku̠^{31} le^{33}	A	A	A	A	A	A	A	A	A
326	会（写）	gu^{31} kɤ̠^{31}	A	A	A	A	A	A	A	C	A
327	夹（菜）	nɤ^{33}	A	A	A	A	A	A	A	A	A
328	嚼	go^{33}	A	A	A	A	A	A	A	C	A
329	教（书）	mo^{55}	A	A	A	A	A	A	A	A	A
330	（公鸡）叫	nɛ^{31}	A	A	A	A	A	A	A	A	A
331	揭（盖子）	xɯ^{31} khɔ^{31}	A	A	A	B	A	A	A	A	A
332	借（钱）	tshɿ^{33}	A	A	A	A	A	A	A	A	A
333	借（锄头）	mu^{33}	A	B	A	A	A	A	A	A	A
334	开（门）	khɔ^{31}	A	A	A	A	A	A	A	A	A
335	（水）开	xɛ̠^{31}	A	A	A	A	A	A	A	A	A
336	（花）开	vi^{33}	A	A	A	A	A	A	A	A	A
337	磕（头）	thɤ^{31}	A	A	A	A	A	A	A	A	A
338	咳嗽	tsɤ^{31}	A	A	A	A	A	A	A	A	A
339	哭	ŋɯ^{55}	A	A	A	A	A	A	A	A	A
340	拉	tɕi̠^{33}	A	B	A	A	A	A	A	A	A

341	来	le^{31}	A	A	A	A	A	A	A	A	A
342	连接	tsɛ̱^{31}	A	A	A	A	A	A	B	A	A
343	裂开	dʑi^{55} khɔ^{31}	A	B	A	A	A	A	A	A	A
344	（脚）麻	vi^{31}	A	C	A	A	B	A	A	C	A
345	骂	ka^{33}	A	A	A	A	A	A	A	A	A
346	埋	bɤ^{31}	A	B	A	A	A	A	A	A	A
347	买	vɛ^{31}	A	A	A	A	A	A	A	A	A
348	卖	ɣo^{31}	A	A	A	A	A	A	A	A	A
349	磨（刀）	sɛ^{33}	A	A	A	A	A	A	A	A	A
350	拿	xɤ^{31}	A	A	A	A	A	A	A	A	A
351	呕吐	phi^{31}	A	A	A	A	A	A	A	A	A
352	爬（山）	dɛ̱^{31}	A	A	A	C	A	A	A	C	B
353	跑	ko̱^{31}	A	A	A	A	A	A	A	A	A
354	劈（柴）	khɛ^{33}	A	A	A	A	A	A	A	A	A
355	骑	dzɛ̃^{33}	A	A	A	A	A	A	A	A	A
356	牵（牛）	sã^{31}	A	A	A	A	A	A	A	A	A
357	切（菜）	ɣɤ^{31}	A	A	A	A	A	A	A	A	A
358	染	xɔ^{31}	A	C	A	A	B	A	A	C	A
359	解开	tɕhi^{31} thɛ^{35}	A	A	A	A	A	A	A	A	A
360	杀（人）	ɕi̱^{31}	A	A	A	A	A	A	A	A	A
361	筛（米）	tso^{55}	A	A	B	A	A	A	A	A	A
362	晒（衣服）	l̥ɤ̱^{31}	A	A	A	A	A	A	A	A	A
363	晒（太阳）	me^{55}	A	A	A	A	A	A	A	A	A
364	是	ŋɤ^{31}	A	A	A	A	A	A	A	A	A
365	割（草）	tshɛ^{31}	A	A	A	A	A	A	A	B	A
366	梳	tɕhɛ^{33}	A	A	A	A	A	A	A	A	A
367	（饭）熟	mɛ̱^{31}	A	A	A	A	A	A	A	A	A
368	睡	ʑi̱^{31}	A	A	A	A	A	A	A	A	A
369	说	ɤ^{55}，tsɤ^{33}	A	A	A	A	A	A	A	A	A
370	抬	tshɛ^{31}	A	A	A	A	A	A	A	A	A
371	舔	la^{31}	A	A	A	A	B	A	A	A	A
372	挑选（东西）	sɤ^{55}	A	A	A	A	A	A	A	A	A
373	听	dʑo^{33} ni^{55}	A	A	A	A	A	A	A	A	A
374	偷	khɯ^{33}	A	A	A	A	A	A	A	A	A
375	吐（痰）	phi̱^{31}	A	B	A	A	A	A	A	C	A
376	推	ti^{55}	A	A	A	A	A	A	A	C	A
377	挖	du̱^{33}	A	A	A	A	A	A	A	A	A
378	闻（嗅）	nɯ^{31}	A	A	A	A	A	A	A	A	A
379	问	dɔ^{31} ni^{55}	A	A	A	A	A	A	A	A	A
380	洗（衣）	tɕhi^{33}	A	A	A	A	A	A	A	A	A
381	笑	ɣɛ^{31}	A	A	A	A	A	A	A	A	A
382	摇（头）	l̥ɯ^{33}	A	A	A	A	A	A	A	A	A
383	舀（水）	khɤ̱^{31}	A	A	A	A	A	A	A	A	A

384	要	ŋɔ^{33}	A	A	A	A	A	A	A	A	A
385	有（钱）	dzɔ^{31}	A	A	A	A	A	A	A	A	A
386	晕（头）	nɛ̱^{33} vɛ^{55}	A	A	A	A	A	A	A	A	A
387	栽（树）	tɛ^{55}	A	A	A	A	A	A	A	A	A
388	摘（花）	thɯ^{33}	A	A	A	A	A	A	A	A	A
389	知道	sa̱^{31}	A	A	A	A	A	A	A	A	A
390	指	tu^{31}	A	A	A	A	A	A	A	A	A
391	肿	phɤ^{31}	A	A	A	A	A	A	A	A	A
392	煮	tɕɛ^{31}	A	A	A	A	A	A	A	A	A
393	醉	ɕɛ^{33}	A	A	A	A	A	A	A	A	A
394	坐	gɯ^{55} ni^{31}	A	A	A	A	A	A	A	A	A
395	做	mu^{31}	A	B	A	C	A	A	A	A	A
396	张（嘴）	khɔ^{31}	A	A	A	A	A	A	A	A	A
397	织（布）	ʑĩ^{31}	A	C	B	C	A	C	A	C	A
398	捉	tsa̱^{33}	A	A	A	A	A	A	A	A	A
399	追	te̱^{31}	A	A	A	A	A	A	A	A	A
400	眨（眼）	tɕhi̱^{33}	A	A	A	A	A	A	A	C	A

测试表 4（38—71 岁）

编号	汉义	里山彝语	沐永顺	李正荣	李生贵	李汝成	李自明	李应起	李高有
1	天	mu^{33}	A	A	A	A	A	A	A
2	太阳	ɔ^{55} tshu^{31}	A	A	A	A	A	A	A
3	星星	tsɛ̃^{55} mo^{31}	A	A	A	A	A	A	A
4	雷	mu^{33} tɤ̃^{31}	A	A	A	A	A	A	A
5	风	mi^{33} xɛ̃^{33}	A	A	A	A	A	A	A
6	雨	ɔ^{55} fu^{33}	A	A	A	A	A	A	A
7	火	mɛ^{33} tu̱^{31}	A	A	A	A	A	A	A
8	烟（火烟）	mɛ^{33} khɯ^{33}	A	A	A	A	A	A	A
9	山	bɤ^{31}	A	A	A	A	A	A	A
10	河	ʑi^{31} thɔ^{33}	A	A	A	C	A	A	A
11	井	ʑi^{31} tsa̱^{31}	A	A	A	A	A	A	A
12	路	dzo^{31} mo^{31}	A	A	A	A	A	A	A
13	土	nɛ̱^{31} tshɤ^{33}	A	A	A	A	A	A	A
14	旱地	mi^{55}	A	C	A	A	A	A	A
15	水田	mi^{55} nɛ̱^{33}，ʑi^{31} mi^{55}	A	A	A	B	A	A	A
16	石头	lu̱^{33} bɤ^{31}	A	A	A	A	A	A	A
17	水	ʑi̱^{33} ʑɛ̱^{31}	A	A	A	A	A	A	A
18	水滴	ʑi̱^{33} ʑɛ̱^{31} thɛ̱^{33}	A	A	A	C	A	A	A
19	盐	tsho^{33}	A	A	A	A	A	A	A
20	村子	tɕhɛ^{33}	A	B	A	A	A	A	A
21	桥	dzɤ^{31} gɤ^{31}	A	A	A	A	A	A	A
22	坟	lu̱^{31} bɤ^{31}	A	A	A	A	A	A	A

23	头	m^{33}dɤ^{33}	A	A	A	A	A	A	A
24	头发	m^{33}tɕhɛ^{31}	A	A	A	A	A	A	A
25	额头	nɤ^{55}bu^{33}tsã^{55}	A	B	A	B	A	A	A
26	眉毛	nɛ̱^{33}bu^{31}tsã^{55}	A	A	A	B	A	A	A
27	眼睛	nɛ̱^{33}	A	A	A	A	A	A	A
28	鼻子	nu^{55}bu^{31}	A	A	A	A	A	A	A
29	耳朵	lu^{55}pɔ^{55}	A	A	A	A	A	A	A
30	脸	bo^{33}mɛ^{33}, tha^{31}nɛ̱^{31}	A	A	A	A	A	A	A
31	嘴	nɛ̱^{31}phi^{33}	A	A	A	A	A	A	A
32	嘴唇	nɛ̱^{31}pa̱^{31}	A	B	A	B	A	A	A
33	胡子	nɛ̱^{31}bɛ^{31}	A	A	A	A	A	A	A
34	脖子	lo^{33}bɛ̱^{31}	A	A	A	A	A	A	A
35	肩膀	lɛ̱^{31}phu^{33}	A	A	A	A	A	A	A
36	背（部）	phe^{55}de^{31}	A	A	A	A	A	A	A
37	膝盖	gɤ̱^{31}mi^{55}tɕi̱^{31}	A	A	A	A	A	A	A
38	脚	gɤ̱^{31}	A	A	A	A	A	A	A
39	脚踝	gɤ̱^{31}nɛ̱^{33}sɤ^{33}	A	A	B	C	A	D	A
40	手	lɛ̱^{31}	A	A	A	A	A	A	A
41	手指	lɛ̱^{31}tsɿ^{55}	A	A	A	A	A	A	A
42	拇指	lɛ̱^{31}mo^{31}	A	A	A	A	A	A	A
43	指甲	lɛ̱^{31}sɛ^{33}mo^{31}	A	A	A	B	A	A	A
44	皮肤	dʑi^{55}phi^{31}	A	A	A	C	A	A	A
45	痣	so^{31}mɛ̱^{31}	A	A	A	C	A	A	B
46	血	sɿ^{33}	A	A	A	A	A	A	A
47	脑髓	ũ^{33}nɔ̃^{31}	A	A	A	A	A	A	A
48	骨头	ɣɯ^{55}bɛ^{31}	A	A	A	A	A	A	A
49	牙齿	dzɛ^{31}, dzɛ^{31}tsɿ^{31}	A	A	A	A	A	A	A
50	舌头	ɬo^{55}phɛ̱^{31}	A	A	A	A	A	A	A
51	肺	tshɿ^{31}bɤ^{31}	C	A	A	C	A	A	A
52	心脏	nɛ̱^{33}	C	A	A	A	A	A	A
53	肝	sɛ̃^{31}	B	A	A	C	A	A	A
54	胆	tɕi^{55}	C	A	A	C	A	A	B
55	胃	thi^{33}tɛ^{33}põ^{33}	C	A	B	C	A	A	A
56	肠子	u^{31}	A	A	A	A	A	A	A
57	屎	thi^{33}	A	A	A	B	A	A	A
58	尿	ɕi^{55}	A	A	A	A	A	A	A
59	汗	tɕɔ^{31}	A	A	A	A	A	A	A
60	口水	nɛ^{31}ʑi^{31}	A	A	A	A	A	A	A
61	鼻涕	nu^{55}tshɿ^{31}	A	C	A	A	A	A	A
62	眼泪	nɛ̱^{33}ʑi^{31}	A	A	A	A	A	A	A
63	脓	dɛ̃^{31}ʑi^{31}	A	A	A	A	A	A	B
64	汉族	thɔ^{31}ni^{55}pho^{31}	A	A	A	A	A	A	C
65	小孩儿	ɔ^{55}kɯ^{33}zo^{33}	A	A	A	A	A	A	A

66	老人	tshɔ^{31} mɔ^{31}	A	A	A	A	A	A	A
67	妇女	mɛ^{31} dʑɛ^{31} mo^{31}	A	A	A	A	A	A	A
68	小伙子	tshɔ^{31} ɬɛ^{31} o^{55}	A	A	A	A	A	A	A
69	姑娘	ni^{55} ɬɛ̱^{31} mo^{31}	A	A	A	A	A	A	A
70	病人	nu^{33} tɕhi^{31} pho^{31}	A	A	A	A	A	A	C
71	官	dzɿ^{55} ma̱^{31}	A	A	A	A	A	A	A
72	瞎子	nɛ̱^{33} ta^{33} pho^{31}（mo^{31}）	A	A	A	A	A	A	A
73	跛子	kɤ^{31} thɛ̱^{33} pho^{31}（mo^{31}）	A	C	A	A	A	A	A
74	傻子	tshɔ^{31} lɯ̃^{55}	A	B	A	A	A	A	A
75	儿子	zo^{33}	A	A	A	A	A	A	A
76	儿媳妇	mɛ^{31} dzu^{33} ɬɛ̱^{31}	A	A	A	A	A	A	A
77	女儿	mɛ^{55}	A	A	A	A	A	A	A
78	孙子	ɬi^{33} o^{33}	A	A	A	A	A	A	A
79	丈夫	m^{55} tsɛ^{55}	A	A	A	A	A	A	A
80	妻子	m^{31} mɛ^{31}	A	A	A	A	A	A	A
81	侄子	zɔ$^{33/31}$ du^{31}	A	A	A	A	A	A	A
82	嫂子	ɔ^{55} mɛ^{31}	A	A	A	A	A	A	A
83	牛	ɛ̃^{33}	A	A	A	A	A	A	A
84	公牛	ɛ̃̄^{33} bɔ^{33}	A	B	A	C	A	A	A
85	母牛	ɛ̃̄^{33} mo^{31}	A	A	A	A	A	A	A
86	（动物）毛	n̄u^{33}	A	B	A	A	A	A	A
87	尾巴	mɛ^{33} dzu^{33}	A	A	A	A	A	A	A
88	马	mo^{33}	A	A	A	A	A	A	A
89	山羊	tɕhi^{31} mo^{31}	A	A	A	A	A	A	A
90	猪	vɛ̱^{31}	A	A	A	A	A	A	A
91	狗	tɕhi^{33}	A	A	A	A	A	A	A
92	猫	mɛ^{55} nɯ^{33} mo^{31}	A	A	A	A	A	A	A
93	鸡	ʑɛ̱^{33}	A	A	A	A	A	A	A
94	翅膀	do^{31} nɛ̱^{31}	A	A	A	A	A	A	A
95	鸭子	ɤ^{33}	A	A	A	A	A	A	A
96	鹅	ɛ^{55} lɛ^{33} mo^{31}	A	A	A	A	A	A	A
97	老虎	ʑi^{31} mo^{31}	A	A	A	A	A	A	A
98	猴子	ɔ^{55} no̱^{31} mo^{31}	A	A	A	A	A	A	A
99	野猪	vɛ̱^{31} ni^{55} mo^{31}	A	A	A	A	A	A	A
100	老鼠	mi^{31} dɤ^{33} mo^{31}	A	A	A	A	A	A	A
101	松鼠	go^{31} po^{33} mo^{31}	A	A	B	A	A	A	B
102	鸟	xɛ̱^{33}	A	A	A	A	A	A	A
103	鸟窝	xɛ̱^{33} bɤ^{31}	A	A	A	A	A	A	A
104	老鹰	de^{31} mɔ^{31} mɔ^{31} mo^{31}	A	A	A	A	A	A	A
105	猫头鹰	fu^{33} fu^{33} mo^{31}	A	B	A	A	A	B	A
106	燕子	tɕi^{55} ka̱^{31} li^{55} mo^{31}	A	A	A	A	A	A	A
107	麻雀	ɔ^{55} dzo^{55} dzo^{55} mo^{31}	C	A	A	A	A	B	A
108	蝙蝠	bɤ^{31} nɛ^{55} nɛ^{33} mo^{31}	A	A	B	A	A	B	C

109	乌鸦	ɔ^{55} nɛ̱^{33} mo^{31}	A	A	A	A	A	B	A
110	啄木鸟	ɕi^{33} po^{33} to^{33} mo^{31}	A	A	A	A	A	A	A
111	蛇	sɛ̃^{33} mo^{31}	A	A	A	A	A	A	A
112	鱼	ɔ^{55} m^{33}	A	A	A	A	A	A	A
113	鳞	ɔ^{55} m^{33} kɤ^{33}	C	A	A	A	A	A	A
114	虾	bɯ^{31} dʑɛ^{31} mo^{31}	A	A	A	A	A	A	A
115	鳝鱼	xɔ^{31} dʑi^{31} mo^{31}	A	A	A	A	A	A	A
116	虫	bu^{33} mo^{31}	A	A	A	A	A	B	A
117	跳蚤	tɕhi^{33} tɕhi^{33} mo^{31}	A	A	A	A	A	A	A
118	虱	ɕi^{31} mo^{31}	B	C	A	A	A	A	A
119	虮子	ɕi^{31} fu^{31}	C	A	C	B	A	A	C
120	苍蝇	xɔ^{31} mo^{33} mo^{31}	A	A	A	A	A	A	A
121	蚊子	xɔ^{31} sɛ^{55} mo^{31}	A	A	A	A	A	A	A
122	蜘蛛	ɔ^{55} na^{31} tshɛ^{31} tshɛ^{31} mo^{31}	C	A	A	C	A	A	A
123	蚂蟥	xɔ^{31} bi^{31} mo^{31}	C	C	A	A	A	A	A
124	蚂蚁	bu^{55} xɤ^{31} mo^{31}	A	A	A	C	A	A	A
125	蜜蜂	do^{33} mo^{31}	A	A	A	A	A	A	A
126	蚂蚱	ɔ^{55} pa̱^{33} mo^{31}	B	B	A	A	A	A	A
127	蜻蜓	tɕã^{33} dɤ^{55} dɤ^{55} mo^{31}	A	C	A	A	A	A	C
128	毛虫	bi^{31} dzu^{33} mo^{31}	C	B	A	A	A	A	A
129	螃蟹	bɤ^{31} lɔ^{55} dʑa^{31} mo^{31}	A	B	A	A	A	A	A
130	螺蛳	ɔ^{55} ko^{31} mo^{31}	B	A	A	A	A	A	A
131	树	dzɤ̃^{31} ,ɕi^{31}	A	A	A	A	A	A	A
132	树枝	ɕi$^{33/31}$ lɛ̱^{31}	A	A	A	A	A	A	A
133	根	pa̱^{31}	A	A	A	A	A	A	A
134	叶子	ɕi$^{33/31}$ pha̱^{31}	A	A	A	A	A	A	A
135	花	bi^{55} lu^{31}	A	A	A	A	A	A	A
136	（水果）核	sɛ^{33}	A	B	A	B	A	A	A
137	竹子	mo^{55}	A	A	A	A	A	A	A
138	竹笋	mo^{55} pu^{33}	A	A	A	C	A	A	A
139	藤子	na̱^{31} ko̱^{31}	A	C	A	B	A	A	A
140	刺儿	dzɤ^{31} bɤ^{31}	A	A	A	C	A	A	A
141	桃子	ɔ^{55} ɣɔ^{33}	A	A	A	A	A	A	A
142	梨	gu^{55} lu^{31}	A	A	A	A	A	A	A
143	石榴	ʑɛ̱^{33} nɔ^{55}	B	A	A	C	A	A	A
144	水稻	tɕhe^{31}	B	A	A	A	A	A	A
145	糯米	tɕhɛ^{31} nɔ^{55}	A	A	A	A	A	A	A
146	种子	sɿ^{31}	A	A	A	A	A	A	A
147	谷穗	tɕhɛ^{31} nɛ^{33}	A	C	A	A	A	A	A
148	稻草	pɤ̱^{31}	A	B	A	A	A	A	A
149	小麦	so^{55}	A	A	A	A	A	A	A
150	荞麦	go^{33}	A	A	A	A	A	A	A
151	玉米	so^{55} bɤ^{31} ,ʑi^{55} mɛ^{31}	A	A	A	A	A	A	A

152	棉花	so^{55} lo^{55} vi^{31}	A	A	A	A	A	A	A
153	油菜	kɔ^{55} lɔ^{31}	A	A	A	A	A	A	A
154	韭菜	tsɤ^{33} ɣɔ^{33}	A	A	A	A	A	A	A
155	白菜	ɣɔ^{31} phɛ^{31} thu^{31}	A	A	A	B	A	A	A
156	毛芋头	ɔ^{55} dɛ^{33} bɤ̱^{31}	A	A	A	A	A	A	A
157	茄子	ɔ^{55} tsõ^{31}	A	A	A	A	A	A	A
158	蒜	su^{33} bɛ̱^{31}	A	A	A	C	A	A	A
159	姜	tshɔ^{33} bɛ̱^{31}	A	A	A	A	A	A	A
160	柿子	ɔ^{55} bɛ̃^{55}	A	A	A	A	A	A	A
161	黄豆	ɔ^{55} nu̱^{31} mo^{31} sɛ̱^{33}	A	A	A	A	A	A	A
162	蚕豆	ɔ^{55} nu̱^{33}	A	A	A	A	A	A	A
163	豌豆	so^{55} nu^{33} mo^{31}	A	A	A	C	A	A	A
164	红薯	ɔ^{55} na^{31} nɤ^{55}	A	A	A	A	A	A	A
165	草	su^{33} be^{31}	A	A	A	A	A	A	A
166	鸡棕	mɤ^{55} tsẽ^{31}	A	A	A	B	A	A	A
167	蘑菇	mɤ^{55} lɤ^{55}	A	A	A	A	A	A	A
168	米	tɕhe^{31} thu^{55}	A	A	A	A	A	A	A
169	饭	dzo^{31}	A	A	A	A	A	A	A
170	稀饭	lɔ^{55} xã^{33}	A	A	A	A	A	A	A
171	粑粑	lɔ^{55} ta̱^{31}	A	A	A	A	A	A	A
172	肉	pɔ^{55} xo^{33}	A	A	A	A	A	A	A
173	瘦肉	khɔ^{31} xo^{33} tɕĩ^{55} tɕĩ^{55}	A	B	A	C	A	A	A
174	花椒	dzɤ̱^{31}	B	A	A	C	A	A	A
175	鸡蛋	fu^{31}	A	A	A	A	A	A	A
176	蜂蜜	do^{55} ʑi^{31}	A	A	A	A	A	A	A
177	汤	ʑi^{31}	A	A	A	A	A	A	A
178	酒	dʑi^{31}	D	A	A	A	A	A	A
179	药	kho^{31} tɕhi^{33}	A	A	A	A	A	A	A
180	米糠	tɕhe^{31} khɛ^{33}	A	A	A	A	A	A	A
181	线	tshɛ̃^{31}	A	A	A	A	A	A	A
182	布	pho^{31}	A	A	A	A	A	A	A
183	衣服	thɔ^{31}	A	A	A	A	A	A	A
184	衣领	lɛ^{31} khɛ^{33}	B	A	A	B	A	A	A
185	衣袖	lɛ̱^{31} du̱^{31}	A	A	A	A	A	A	A
186	扣子	thɔ^{31} dzu^{33} khu^{55}	A	A	A	A	A	A	A
187	裤子	ɬɔ^{31}	A	A	A	A	A	A	A
188	帽子	m^{33} ku^{33}	A	A	A	A	A	A	A
189	腰带	dzu^{33} nɛ̱^{31}	C	A	A	C	A	A	A
190	鞋	tɕhi^{31} nɤ^{33}	A	A	A	A	A	A	A
191	梳子	m^{33} tɕhɛ^{33}	A	A	A	A	A	A	A
192	篦子	m^{33} dzo^{33}	C	C	B	C	A	A	C
193	耳环	lo^{33} tsa^{33}	A	A	A	C	A	A	A
194	戒指	lɛ̱^{31} pa̱^{31}	A	A	A	A	A	A	A

195	枕头	m^{55} gɤ^{31}	A	A	A	A	A	A	A
196	斗笠	khu^{31} lu^{33}	A	B	C	A	A	A	A
197	房子	xɛ^{31}	A	A	A	A	A	A	A
198	牛圈	ɛ̃^{55} bɤ^{31}	A	A	A	A	A	A	A
199	瓦	tsɔ^{33} khɤ^{33}	A	A	A	B	A	A	A
200	木头	ɕi$^{33/31}$ thɤ^{31}	A	A	A	A	A	A	A
201	柱子	zɛ̃^{31} mo^{31}	A	A	A	A	A	A	A
202	门	li^{33} go^{31}	A	A	A	A	A	A	A
203	床	ʑi^{31} do^{31}	A	A	A	A	A	A	A
204	扫帚	mo^{55} sɿ^{33}	C	A	A	A	A	A	A
205	柴	ɕi^{33}	A	A	A	A	A	A	A
206	（菜）刀	po^{55} to^{33}	A	A	A	A	A	A	A
207	碗	pɛ̱^{33} sɛ̃^{33}	A	A	A	A	A	A	A
208	筷子	mi^{55} dzu^{31}	A	A	A	A	A	A	A
209	斧头	nɤ^{55} dzu^{33}	A	A	A	A	A	A	A
210	钱（货币）	ʑi^{31} mo^{31}	A	A	A	A	A	A	A
211	针	ɣɣ̱^{31}	A	A	A	A	A	A	A
212	锁	dzɔ^{33} pɔ^{33}	A	A	A	A	A	A	A
213	钥匙	dzu^{33} khɔ^{31}	A	A	A	A	A	A	A
214	船	ɬi^{55}	A	A	A	A	A	A	A
215	锄头	tsɤ̃^{31} khu^{31}	A	A	A	A	A	A	A
216	扁担	tɔ^{55} dzu^{33}	A	A	A	A	A	A	A
217	绳子	tɕi^{33} tshã^{55}	A	A	A	A	A	A	A
218	筛子	xo^{55} tɕɛ^{55}	A	A	A	B	A	A	A
219	大簸箕	xo^{55} mo^{31}	A	A	A	A	A	A	A
220	（石）磨	tshɿ^{33} lu^{33}	A	A	A	C	A	A	A
221	话	miɛ^{31}	A	A	A	A	A	A	A
222	前边	ɔ^{31} vi̱^{31} dzɤ^{55}	A	A	A	A	A	A	A
223	后边	ɔ^{55} xo^{33} do^{31} mɛ^{55}	A	A	A	A	A	A	A
224	今天	ni^{33} thɔ^{33}	A	A	A	A	A	A	A
225	明天	ɔ^{55} ɕɛ^{55}	A	A	A	A	A	A	A
226	后天	phɛ^{31} nɛ̱^{31}	A	A	A	A	A	A	A
227	早晨	mɯ$^{33/31}$ ɕɛ^{33}	A	A	A	A	A	A	A
228	晚上	mɯ^{33} tɕhi^{31}	A	A	A	A	A	A	A
229	（一）年	khu^{33}	B	A	A	A	A	A	A
230	今年	ʑi^{33} khu^{31}	A	A	A	A	A	A	A
231	去年	ɔ^{31} nɛ̱^{33} khu^{31}	B	A	A	A	A	A	A
232	明年	nɛ̱^{33} khu^{31}	A	A	A	A	A	A	A
233	一	thi^{31}	A	A	A	A	A	A	A
234	二	ni^{31}	A	A	A	A	A	A	A
235	三	sɔ^{33}	A	A	A	A	A	A	A
236	四	ɬi^{55}	A	A	A	A	A	A	A
237	五	ŋ^{33}	A	A	A	A	A	A	A

238	六	tshu̱^{31}	A	A	A	A	A	A	A
239	七	sɿ^{31}	A	A	A	A	A	A	A
240	八	xɛ̃^{31}	A	A	A	A	A	A	A
241	九	kɯ^{55}	A	A	A	A	A	A	A
242	十	tshɯ^{31}	A	A	A	A	A	A	A
243	十一	tshɯ^{31} ti^{31}	A	A	A	A	A	A	A
244	百	xo^{31}	B	A	A	A	A	A	A
245	千	tõ^{55}	A	A	A	A	A	A	A
246	(一)个(人)	lɤ^{33}	A	A	A	A	A	A	A
247	(一)个(碗)	thɤ^{33}	A	A	A	A	A	A	A
248	(一)条(绳子)	pɔ^{55}	A	A	A	A	A	A	A
249	(一)粒(米)	tsɤ^{55}	D	A	A	A	A	A	A
250	(一)双(鞋)	dzɤ^{31}	A	A	A	A	A	A	A
251	(一)拃	tu^{33}	A	A	A	A	A	A	A
252	我	ŋ^{31}	A	A	A	A	A	A	A
253	我们	ŋ$^{31/55}$ bɤ̱^{31}	A	A	A	A	A	A	A
254	你	nɔ^{31}	A	A	A	A	A	A	A
255	你俩	nɔ$^{31/55}$ ni^{31} lɤ^{33}	A	B	A	A	A	A	A
256	他	gɯ^{55}	A	A	A	A	A	A	A
257	他们	khɔ^{31} bɤ̱^{31}	A	A	A	A	A	A	C
258	这	ʑi^{55} nɛ^{33}	A	A	A	A	A	A	A
259	这些	ʑi^{55} mɯ^{55}	A	A	A	A	A	A	A
260	远	vɤ^{33}	A	A	A	A	A	A	A
261	深	nɛ̱^{31}	A	B	A	A	A	A	A
262	满	dɛ̃^{31}	A	A	A	A	A	A	A
263	多	phɤ^{33}	A	A	A	A	A	A	A
264	少	nɛ̃^{33}	A	A	A	A	A	A	A
265	尖(的笔)	tsu^{55}	A	A	A	A	A	A	A
266	弯(的刀)	ku^{55},kɛ̃^{55}	A	C	A	B	A	A	A
267	黑	nɛ̱^{33}	A	A	A	A	A	A	A
268	白	thu^{31}	C	A	A	A	A	A	A
269	红	nɤ^{55}	A	A	A	A	A	A	A
270	黄	sɛ^{55}	A	A	A	A	A	A	A
271	绿	ni^{55}	A	A	A	A	A	A	A
272	重	li^{33}	A	A	A	A	A	A	A
273	轻	lɔ^{31}	A	A	A	A	A	A	A
274	锋利	thɛ̱^{33}	A	A	A	A	A	A	A
275	胖	tshu^{55}	A	A	A	A	A	A	A
276	瘦	ɕɛ^{55}	A	A	A	A	A	A	A
277	干(的)	fɛ̱^{31}	A	A	A	A	A	A	A
278	硬	kɤ̱^{33}	A	A	A	A	A	A	A
279	好	o^{31} nu^{55}	A	A	A	A	A	A	A
280	(价钱)贵	tɕhɛ^{33}	A	A	A	A	A	A	A

281	热	ŋɤ^{31}	A	A	A	A	A	A	A
282	冷	dʑɛ̱^{33}	A	A	A	A	A	A	A
283	酸	tɕɛ^{55}	A	A	A	A	A	A	A
284	甜	tshʅ^{55}	A	A	A	A	A	A	A
285	辣	zɔ^{55}	A	A	A	A	A	A	A
286	咸	khɔ^{33}	A	C	A	A	A	A	A
287	涩	tsʅ^{31}	A	C	B	C	A	A	C
288	拔（草）	tɕʅ^{33}	A	A	A	A	A	A	A
289	耙（田）	tɕɛ̱^{33}	A	A	A	A	A	A	A
290	剥（花生）	thɯ^{31}	A	A	A	A	A	A	A
291	饱	bu^{33}	A	A	A	A	A	A	A
292	补（衣）	na̱^{31}	A	A	A	A	A	A	A
293	踩	dɤ̱^{33}	A	A	A	A	A	A	A
294	炒（菜）	ɬu^{55}	A	A	A	B	A	A	A
295	沉	dõ^{31}	C	A	A	C	A	A	A
296	称（粮食）	tsɛ̱^{55}	A	A	A	A	A	A	A
297	盛（饭）	khɤ̱^{31}	A	C	A	A	A	A	A
298	吃	dzo^{33}	A	A	A	A	A	A	A
299	舂	tɛ̱^{31}	A	C	A	A	A	A	A
300	抽（烟）	dɔ^{31}	A	A	A	A	A	A	A
301	出去	du̱^{33} lɤ^{31}	A	A	A	A	A	A	A
302	穿（衣）	vi̱^{31}	A	A	A	A	A	A	A
303	穿（鞋）	dɤ̱^{31}	A	A	A	A	A	A	A
304	吹（喇叭）	mu̱^{33}	A	A	A	A	A	A	A
305	搓（绳）	va̱^{31}	A	A	A	C	A	A	A
306	打（人）	dɛ^{33}	A	A	A	A	A	A	A
307	戴（帽子）	dɤ̱^{31}	A	A	A	A	A	A	A
308	读	sɔ^{33}	A	A	A	A	A	A	A
309	渡(河)	gɯ^{31}	C	A	A	C	A	A	A
310	（线）断（了）	tɕhi^{33}	A	A	A	A	A	A	A
311	放（牛）	thɤ^{31}	A	A	A	A	A	A	A
312	飞	de^{31}	A	A	A	A	A	A	A
313	盖（土）	bɤ^{31}	A	A	A	A	A	A	A
314	缝	dzʅ^{31}	A	A	A	A	A	A	A
315	孵	mu^{33}	A	A	A	B	A	A	A
316	干（活儿）	na̱^{31} mu^{31}	A	A	A	A	A	A	A
317	割（肉）	da̱^{33}	B	A	A	B	A	A	A
318	给	bi^{31}	A	A	A	A	A	A	A
319	够（长度）	lu̱^{31}	A	A	A	A	A	A	A
320	关（门）	tɔ^{33}	A	A	A	A	A	A	A
321	害羞	ɕɛ̱^{31} tɔ^{55}	A	A	A	A	A	A	A
322	害怕	dzu^{33}	A	A	A	A	A	A	A
323	喝	dɔ^{31}	A	A	A	A	A	A	A

324	换	po^{55}	A	A	A	A	A	A	A
325	回（家）	ku̱^{31} le^{33}	A	A	A	A	A	A	A
326	会（写）	gu^{31} kɣ̱^{31}	B	A	A	A	A	A	A
327	夹（菜）	nɤ^{33}	B	A	A	A	A	A	A
328	嚼	go^{33}	A	B	A	A	A	A	A
329	教（书）	mo^{55}	A	A	A	B	A	A	A
330	（公鸡）叫	nɛ^{31}	A	A	A	A	A	A	A
331	揭（盖子）	xɯ^{31} khɔ^{31}	C	C	A	A	A	A	A
332	借（钱）	tshɿ^{33}	A	A	A	A	A	A	A
333	借（锄头）	mu^{33}	A	A	A	A	A	A	A
334	开（门）	khɔ^{31}	A	A	A	A	A	A	A
335	（水）开	xe̱^{31}	A	A	A	A	A	A	A
336	（花）开	vi^{33}	A	A	A	A	A	A	A
337	磕（头）	thɤ^{31}	A	A	A	A	A	A	A
338	咳嗽	tsɤ^{31}	A	A	A	A	A	A	A
339	哭	ŋɯ^{55}	A	A	A	A	A	A	A
340	拉	tɕi̱^{33}	A	A	A	B	A	A	A
341	来	le^{31}	A	A	A	A	A	A	A
342	连接	tse̱^{31}	A	A	A	B	A	A	A
343	裂开	dʑi^{55} khɔ^{31}	A	A	A	A	A	A	A
344	（脚）麻	vi^{31}	A	A	A	A	A	A	A
345	骂	ka^{33}	A	A	A	A	A	A	A
346	埋	bɤ^{31}	A	A	A	B	A	A	A
347	买	vɛ^{31}	A	A	A	A	A	A	A
348	卖	ɣo^{31}	A	A	A	A	A	A	A
349	磨（刀）	sɛ^{33}	A	A	A	A	A	A	A
350	拿	xɤ^{31}	A	A	A	A	A	A	A
351	呕吐	phi^{31}	A	A	A	A	A	A	A
352	爬（山）	de̱^{31}	C	A	A	C	A	A	A
353	跑	ko̱^{31}	A	A	A	A	A	A	A
354	劈（柴）	khɛ^{33}	B	A	A	A	A	A	A
355	骑	dzɛ̱^{33}	A	A	A	A	A	A	A
356	牵（牛）	sã^{31}	A	A	A	A	A	A	A
357	切（菜）	ɣɤ^{31}	A	A	A	A	A	A	A
358	染	xɔ^{31}	A	A	A	A	A	A	A
359	解开	tɕhi^{31} thɛ^{35}	A	A	A	A	A	A	A
360	杀（人）	ɕi̱^{31}	A	A	A	A	A	A	A
361	筛（米）	tso^{55}	A	A	A	A	A	A	A
362	晒（衣服）	l̥ɣ̱^{31}	A	A	A	A	A	A	A
363	晒（太阳）	me^{55}	A	A	A	A	A	A	A
364	是	ŋɤ^{31}	A	C	A	A	A	A	A
365	割（草）	tshɛ^{31}	A	A	A	A	A	A	A
366	梳	tɕhɛ^{33}	B	A	A	A	A	A	A

367	（饭）熟	mɛ̠^{31}	A	A	A	A	A	A	A
368	睡	ʑi̠^{31}	A	A	A	A	A	A	A
369	说	ɤ^{55}，tsɤ^{33}	A	A	A	A	A	A	A
370	抬	tshɛ^{31}	B	A	A	A	A	A	A
371	舔	la^{31}	A	A	A	B	A	A	A
372	挑选（东西）	sɤ^{55}	B	A	A	B	A	A	A
373	听	dʑo^{33} ni^{55}	A	A	A	A	A	A	A
374	偷	khɯ^{33}	A	A	A	A	A	A	A
375	吐（痰）	phi̠^{31}	A	A	A	A	A	A	A
376	推	ti^{55}	A	A	A	A	A	A	A
377	挖	du̠^{33}	A	A	A	A	A	A	A
378	闻（嗅）	nɯ^{31}	A	A	A	A	A	A	A
379	问	dɔ^{31} ni^{55}	A	A	A	A	A	A	A
380	洗（衣）	tɕhi^{33}	A	A	A	A	A	A	A
381	笑	ɣɛ^{31}	A	A	A	A	A	A	
382	摇（头）	l̥ɯ^{33}	A	A	A	A	A	A	A
383	舀（水）	khɤ̠^{31}	A	A	A	A	A	A	A
384	要	ŋɔ^{33}	A	A	A	A	A	A	A
385	有（钱）	dzɔ^{31}	A	A	A	A	A	A	A
386	晕（头）	nɛ̠^{33} vɛ^{55}	A	A	A	A	A	A	A
387	栽（树）	tɛ^{55}	A	A	A	A	A	A	A
388	摘（花）	thɯ^{33}	A	A	A	B	A	A	A
389	知道	sa̠^{31}	A	A	A	A	A	A	A
390	指	tu^{31}	A	A	A	A	A	A	C
391	肿	phɤ^{31}	A	A	A	A	A	A	A
392	煮	tɕɛ^{31}	A	A	A	A	A	A	A
393	醉	ɕɛ^{33}	A	A	A	A	A	A	A
394	坐	gɯ^{55} ni^{31}	A	A	A	A	A	A	A
395	做	mu^{31}	A	A	A	A	A	A	A
396	张（嘴）	khɔ^{31}	A	A	A	A	A	A	A
397	织（布）	ʑī̠^{31}	A	B	A	C	A	A	A
398	捉	tsa̠^{33}	A	A	A	A	A	A	A
399	追	te̠^{31}	A	A	A	A	A	A	A
400	眨（眼）	tɕhi̠^{33}	A	A	A	A	A	A	A

五 彝语句法测试大纲

一、句法测试目的

1. 了解里山彝族青少年对母语句法规则的掌握情况。
2. 认识里山彝族青少年在母语句法规则习得上存在的问题。

二、句法测试大纲的构成

大纲分为三部分:单句、复句和特殊句式。每个部分涵盖3—7个不同的语法点,共15个语法点。基本上能反映彝语语法的面貌。

三、测试方法

因为里山彝语没有文字,因此,我们采用口语翻译法,测试彝族青少年对母语语法规则的掌握情况。采用翻译法的好处是,被测试人可能会在我们没有预见到的地方(非测试点)出错,从而为我们提供更多有用的研究资料。

具体做法:先给出汉语句子,然后要求被测试人用彝语来表达这个句子的意思。评判的方式是:不限定唯一的标准答案,因为每个人的用词和表达方式各有不同,所以被测试人说出来的句子只要能与汉语句子意思一致就算正确。

四、被测试人的基本情况

抽出5份调查样本,其基本情况是:

甲:李生宝,男,42岁,初中文化,芭蕉村村委会主任,落水洞人,以此人的发音为参照。

乙:李家彬,男,23岁,大专文化,待业在家,落水洞人。

丙:李春梅,女,19岁,初中毕业,里山龙玉蔬菜脱水菜厂工人,落水洞人。

丁:普丽,女,12岁,里山小学五年级学生,落水洞人。

戊:普梅,女,8岁,里山小学二年级学生,落水洞人。

五、测试大纲样本

(一)单句

共7个测试句,旨在考察里山彝族青少年对一些基本句法结构的掌握情况。

1. 我和他一起去。

考察并列结构中连词“和”的使用。

甲：ŋ^{31} na^{55} gɯ^{55} ɔ^{31} thɛ$^{33/35}$ lɤ^{31}.

我 和 他 一起 去

乙：ŋ^{31} na^{55} gɯ^{55} ɔ^{31} thɛ$^{33/35}$ lɤ^{31}.

我 和 他 一起 去

丙：ŋ^{31} gɯ^{55} ɔ^{31} thɛ$^{33/35}$ lɤ^{31}.

我 他 一起 去

丁：mu$^{31/33}$ ni^{31} lɤ^{33} ɔ^{31} thɛ^{33} lɤ^{31}.

我 两 个 一起 去

戊：ŋ^{31} na^{55} nɔ^{31} ɔ^{31} thɛ^{33} lɤ^{31}.（经提示后，nɔ^{31} 改说成 gɯ^{55}）

我 和 你 一起 去

2. 他可能不来了。

考察修饰结构（偏正结构）中能愿副词“可能”的句法位置。

甲：gɯ^{55} le^{31} ɔ^{31} kɤ̠^{31} bɤ^{31} dɤ^{31} ɔ^{33}.

他 来 不会 可能

乙：gɯ^{55} mɔ^{31} le^{31} ko^{31} bɤ^{31} du^{31}.

他 不 来 可能

丙：gɯ^{55} ɔ^{55} thɔ^{31} mɔ^{31} le^{31} ko^{31}.

他 可能 不 来

丁：thɔ^{55} mɔ^{31} le^{31} kɔ^{31} bu^{31} du^{31}.（常把 gɯ^{55}“他”说成汉语 thɔ^{55}“他”）

他 不 来 可能

戊：（想了很久后）

ɔ^{55} thɔ^{31} gɯ^{55} mɔ^{31} le^{31} kɔ^{33}.

可能 他 不 来

还说成：

gɯ^{55} mɔ^{31} le^{31} kɔ^{33} bu^{31} du^{31}.

他 不 来 可能

3. 从昨天到今天，他都没吃饭。

考察介词结构中格助词“从……到……”的使用。

甲：ɔ^{31} ni^{31} tho^{33} ɔ^{55} ni^{33} tho^{33} tshɤ^{33} gɯ^{55} sɿ^{55} dzo^{31} mɔ^{31} dzo^{33} lo^{33}.

昨天 从 今天 到 他（话助）饭 没 吃 （助）

乙：ɔ^{31} ni^{31} tho^{33} ɔ^{55} ni^{33} tho^{33} tshɤ^{33} gɯ^{55} dzo^{31} mɔ^{31} dzo^{33} lo^{33}.

昨天 从 今天 到 他 饭 没 吃 （助）

丙：ɔ^{31} ni^{31} tho^{33} ɔ^{55} ni^{33} tho^{33} tshɤ^{33} gɯ^{55} dzo^{31} mɔ^{31} dzo^{33} lo^{33}.

昨天 从 今天 到 他 饭 没 吃 （助）

丁：ɔ^{31} ni^{31} tho^{33} ɔ^{55} ni^{33} tho^{33} tshɤ^{33}， thɔ^{55} ɔ^{31} ʑã^{55} su^{55} mɔ^{31} dzo^{33} tshɛ^{31} lo^{33}.

昨天 从 今天 到 他 一样 （话助）没 吃 着（助）

（先说 thɔ^{55}，后来改说 gɯ^{55}）

戊：ɔ^{31} ni^{31} tho^{33} tɔ^{35} ni^{33} tho^{33} gɯ^{55} ɔ^{33} bi^{31} su^{55} dzo^{31} mɔ^{31} dzo $^{33/35}$ lo^{33}.

昨天 到 今天 他 一回（话助）饭 没 吃 （助）

（第二遍改说成：）

ɔ^{31} ni^{31} tho^{33} tɔ^{35} ni^{33} tho^{33} gɯ^{55} su^{55} dzo^{31} mɔ^{31} dzo$^{33/35}$ lo^{33}.

昨天 到 今天 他（话助）饭 没 吃 （助）

4. 你吃饱了吗？

考察动补结构中补语的使用。

甲：nɔ^{31} dzo^{33} dzo^{33} bu^{33} ɔ^{55}?

你 吃 吃 饱（助）

乙：nɔ^{31} dzo^{33} dzo^{33} bu^{33} ɔ^{55}?

你 吃 吃 饱（助）

丙：nɔ^{31} dzo^{33} dzo^{33} bu^{33} ɔ^{55}?

你 吃 吃 饱（助）

丁：nɔ^{31} dzo^{33} dzo^{33} bu^{33} ɔ^{31}?

你 吃 吃 饱（助）

戊：nɔ^{31} dzo^{33} dzo^{33} bu^{33} ɔ^{31}?

你 吃 吃 饱（助）

5. 他给我一本书。

考察双及物结构中的宾语。

甲：gɯ^{55} sɿ^{33} so^{31} ɔ^{33} pẽ^{31} ŋ^{31} bi^{31}.

他 书 一本 我给

乙：gɯ^{55} sɿ^{33} so^{31} ɔ^{33} pẽ^{31} ŋ^{31} bi^{31}.

他 书 一本 我给

丙：gɯ^{55} sɿ^{33} so^{31} the^{33} pɤ̃^{31} ŋ^{31} bi^{31}.

他 书 一 本 我给

丁：thɔ^{55} sɿ^{33} so^{31} ɔ^{31} pɤ̃^{31} mu^{31} bi^{31}.

他　书　　一本　我　给

戊：gɯ^{55} sɿ^{33} so^{31} ɔ^{31} pɤ̃^{31} ŋ^{31} bi^{31}.

他　书　　一本　我给

6．我很害怕。

考察动词的自动、使动范畴。

甲：ŋ^{31}ɛ̃^{35} dzu̲^{33}.

我很害怕

乙：ŋ^{31}ɛ̃^{35} dzu^{33}.

我很害怕

丙：ŋ^{31}ɛ̃^{35} dzu̲$^{33/31}$ ɔ^{31}.

我很害怕（助）

丁：mu^{31}ɛ̃^{35} dzu̲^{33} ɔ^{31}.

我　很害怕（助）

戊：ŋ^{31} ʑɛ̃^{35} dzu̲^{33} ɔ^{31}.

我很　害怕（助）

7．我吓唬他一下。

考察动补结构。

甲：ŋ^{31} gɯ^{55} ɔ^{31} tha^{33} tsu̲^{33}.

我他　一下　吓唬

乙：ŋ^{31} gɯ^{55} ɔ^{31} tha^{33} tsu̲^{33}.

我他　一下　吓唬

丙：ŋ^{31} gɯ^{55} ɔ^{31}（或 the^{31}）　tha^{33} tsu̲^{33}.

我他　一　　　　　下　吓唬

丁：mu^{33} gɯ^{55} ɔ^{31} tha^{33} tsu̲^{33}.

我　他　一下　吓唬

戊：ŋ^{31} gɯ^{55} ɔ^{31} tha^{31} tsu̲^{33}.

我他　一下　吓唬

（二）复句

重点考察彝族青少年对关联词语的掌握和长句表达的完整性。

8. 你去，我也去。

考察并列复句的使用。

甲：nɔ^{31} ni^{55} lɤ^{33} ŋ^{31} ni^{55} lɤ^{31}.

你 也 去 我 也 去

乙：nɔ^{31} lɤ^{33} ŋ^{31} ni^{55} lɤ^{31}.

你 去 我 也 去

丙：nɔ^{31} lɤ^{33} ŋ^{31} ni^{55} lɤ^{31}.

你 去 我 也 去

丁：nɔ^{31} ni^{55} lɤ^{33} mu^{31} ni^{55} lɤ^{3}.

你 也 去 我 也 去

戊：nɔ^{31} ni^{55} lɤ^{33} ŋ^{31} ni^{55} lɤ^{3}.

你 也 去 我 也 去

9. 下雨的话我就不去了。

考察假设复句的使用。

甲：ɔ^{55} fu^{33} mo^{33} le^{31} ŋ^{31} su^{55} mɔ^{31} lɤ^{31} kɔ^{33}.

雨 下 我（话助）不 去（助）

乙：ɔ^{55} fu^{33} mo^{33} le^{31} ŋ^{31} tɕo^{55} mɔ^{31} lɤ^{31}.

雨 下 我 就 不 去

丙：ɔ^{55} fu^{33} mo^{33} le^{31} ŋ^{31} tɕo^{55} mɔ^{31} lɤ^{31} kɔ^{33}.

雨 下 我 就 不 去（助）

丁：ɔ^{55} fu^{33} mo^{33} le^{33} mu^{31} tɕo^{55} mɔ^{31} lɤ^{31} kɔ^{33}.

雨 下 我 就 不 去（助）

戊：ɔ^{55} fu^{33} mo^{33} le^{33} ŋ^{31} tɕo^{55} mɔ^{31} lɤ^{31} kɔ^{33}.

雨 下 我 就 不 去（助）

10. 因为生病了，所以我没去。

考察因果复句的使用。

甲：ŋ^{31} nu^{31} tɕhi̠^{31} xɔ^{55} ʑe^{33} ni^{33} ŋ^{31} mɔ^{31} lɤ^{31}.

我 生病 所以 我 不 去

乙：nu^{31} tɕhi̠^{31} ɔ^{33} ni^{55} ŋ^{31} mɔ^{31} lɤ^{31} lo^{33}.

生病 所以 我 没 去（助）

丙：ŋ^{31} nu^{31} tɕhi̠^{31} ɔ^{33} ni^{55} mɔ^{31} lɤ^{31} lo^{33}.

我 生病 所以 没 去（助）

丁：nũ^{31} tɕhi̠^{31} ɔ^{55} gɯ^{55} mɔ^{31} lɤ^{31} lo^{33}.

病 他 不 去（助）

戊：ŋ^{31} nũ^{31} tɕhi̠^{31} ɔ^{55} ŋ^{31} mɔ^{31} lɤ^{31} kɔ^{31}.

我病 我没 去（助）

（三）特殊句式

重在考察一些特殊句式的结构。

11．我们都是彝人。

考察判断句的使用。

甲：ŋ$^{31/33}$ bɤ^{31} su^{55} ne̠^{33} sɿ^{55} pho^{31}.

我们 （话助）彝族人

乙：ŋ$^{31/33}$ bɤ^{31} ne̠^{33} sɿ^{55} pho^{31} le^{55}.

我们 彝族人 （助）

丙：ŋ$^{31/33}$ bɤ$^{33/31}$ mu^{55} su^{55} ne̠^{33} sɿ^{55} pho^{31} tsɔ^{55} le^{55}.

我们 都 彝族人 是（助）

丁$_1$：ŋ^{31} bɤ$^{33/31}$（停顿很久）……

我们

丁$_2$：ŋ^{31} bɤ$^{33/31}$（重复三次） sɿ^{55}……

我们 是

丁$_3$：ŋ^{31} bɤ$^{33/31}$（重复一次） thɔ^{31} ni^{55} mo^{31}……

我们 汉族人

丁$_4$：ŋ^{31} bɤ$^{33/31}$ ne^{33} sɿ^{55} mo^{31} le^{55}

我们 彝族人

戊：ŋ^{31} bɤ$^{33/31}$（重复三次） ɔ^{31} kha^{55} mu^{55} su^{55} sɿ^{33} ʑi^{33} tshu^{33}.

我们 都 都 是 彝族

（经妈妈提示后，改说 ne^{33} sɿ^{55} pho^{31}）

（还说成：）

ŋ^{31} bɤ$^{33/31}$ ɔ^{31} kha^{55} mu^{55} su^{55} ne̠^{31} sɿ^{55} pho^{31}.

我们 都 都 彝族人

（又说成：）

ŋ^{31} bɤ$^{33/31}$ ne̠^{31} sɿ^{55} pho^{31} dzɔ^{33} le^{33}.

我们 彝族 是

12．哥哥比我高。

考察差比句的使用。

甲：ɔ^{55} ko^{33} ŋ^{31} the^{55} mo^{55}.

哥哥 我比 高

乙：ɔ^{55} ko^{33} ŋ^{31} da^{31} bo^{33}（或 the^{55}） mo^{55}.

哥哥 我比 高

丙：ɔ^{55} ko^{33} ŋ^{31} da^{31} bo^{33}（或 the^{55}） mo^{55} ɔ^{31}.

哥哥 我比 高（助）

丁：ŋuɔ^{55} ko^{33} mu^{31} da^{31} bo^{33} mo^{55}.

我 哥 我 比 高

戊：ŋuɔ^{55} ko^{33} ŋ^{31} da^{31} bo^{33} mo^{55} ɔ^{31}.

哥哥 我比 高（助）

13. 妈妈让我去买菜。

考察兼语句的使用。

甲：ɔ^{55} mo^{31} ŋua^{35} ɔ^{55} ta̠^{33} ɣɔ^{31} vɛ^{31} lɤ^{31}.

妈妈 我（助）叫 菜 买 去

乙：ɔ^{55} mo^{31} ŋua^{35} ta^{33} ɣɔ^{31} vɛ^{31} lɤ^{31}.

妈妈 我 叫 菜 买 去

丙：ɔ^{55} mo^{31} ŋua^{35} ta^{33} ɣɔ^{31} vɛ^{31} lɤ^{31} ɤ^{55}.

妈妈 我 叫 菜 买 去 说

丁：ŋua^{51} mo^{33} ŋua^{35} ɔ^{55} ta̠^{33} lɤ^{31} ɔ^{55}（中间停顿很久） ɣɔ^{31} vɛ^{31} lɤ^{31}.

我 妈 我 叫 去（助） 菜 买 去

戊：ŋua^{51} mo^{33} ŋua^{31} ɔ^{55} ta̠^{33} lɔ^{55} ɣɔ^{31} vɛ^{31} lɤ^{31} kɔ^{33} ɔ^{33}.

我妈 我（助）叫 去 菜 买 去（助）（助）

（还说成：）

ŋua^{51} mo^{33} ŋua^{31} ɔ^{55} ta̠^{33} lɔ^{55} ɣɔ^{31} vɛ^{31} lɤ^{31} ɤ^{55}.

我 妈 我（助）叫 去 菜 买 去 说

14. 他用刀砍树。

考察连动句的使用。

甲：gɯ^{55} fɛ^{55} tɛ^{55} xɯ^{31} ɔ^{55} ɕi̠^{33} dʑi̠^{33}.

他 刀 拿（助） 树 砍

乙：gɯ^{55} fɛ^{55} tɛ^{55} xɯ^{31} ɔ^{55} ɕi^{33} dʑi̠^{33}.

他 刀 拿（助） 树 砍

丙：gɯ^{55} fɛ^{55} tɛ^{55} xɯ^{31} ɔ^{55}　ɕi^{33} dʑi̱^{33} .

他　刀　拿（助）　树 砍

丁：thɔ^{55} tha^{31} ku^{31} xɯ^{31} ɔ^{55}　ɕi^{33} khɛ^{33} .

他　砍刀　拿（助）　柴 劈

戊：gɯ^{55} tha^{31} ko^{31} ɔ^{33}　xɯ^{31} ɔ^{55} ɕi^{33} khɛ^{33} .

他　砍刀　（助）拿（助）柴 劈

15. 听说她爸爸回来了。

考察转述句的使用。

甲：ɔ^{31} dʑo^{33} ɔ^{55}　khɔ^{55} te^{33} gu^{31} lɛ^{33} uɔ^{35} .

听说（助词）她　爸 回来　（助）

乙：khɔ^{55} te^{33} gu^{31} le^{33} o^{33} tsɤ^{33} ma̱^{31} .

她　爸 回来（助）听说

丙：khɔ^{55} te^{33} gu^{31} le^{33} o^{33} tɕo^{33} le^{55} .

她　爸 回来（助）听说

（还说成：）

khɔ^{55} te^{33} gu^{31} le^{33} o^{33} tsɤ^{33} le^{55} ma̱^{31} .

她　爸 回来（助）听说

丁：tɕu^{33} ni^{55} ɔ^{55} khɔ^{55} te^{33} gu^{31} le^{33} ɔ^{55} .

听说　（助）她　爸 回来（助）

戊：ɔ^{31} tɕo^{55} khɔ^{55} te^{33} gu^{31} le^{33} o^{33} .

听说　他爸　回来（助）

六 彝族语言观念调查问卷

问 卷 一

被调查人姓名:李春梅 年龄:19 文化程度:初中 职业:工人 居住地:芭蕉村二组

请在您所选答案前的拉丁字母下划"√"

1. 您怎么看待彝族掌握汉语的作用? A

   A 很有用 B 有些用 C 没有用

2. 您认为学好汉语的目的是:(按重要程度排序) CAB

   A 找到好的工作,得到更多的收入 B 升学的需要 C 便于与外族人交流

3. 您怎么看待彝族掌握彝语的作用? A

   A 很有用 B 有些用 C 没有用

4. 您认为掌握彝语的目的是什么?(按重要程度排序) CBA

   A 找到好工作,增加收入 B 便于与本族人交流

   C 了解和传承本族的传统文化

5. 对您来说,下列哪种语言最重要?(请按重要程度排序) ACBD

   A 汉语普通话 B 彝语 C 当地汉语方言 D 英语

6. 如果彝族人成为汉语单语人,您的态度是什么? C

   A 迫切希望 B 顺其自然 C 无所谓 D 不希望

7. 您希望本地广播站使用什么语言播音?(可多选) A

   A 彝语 B 普通话 C 当地汉语方言 D 无所谓

8. 干部在村里开会发言时,你希望他们说什么语言? B

   A 普通话 B 彝语 C 当地汉语方言

9. 如果有人在外地学习或工作几年后回到家乡,不再说彝语,您如何看待? A

   A 可以理解 B 反感 C 听着别扭 D 不习惯 E 无所谓

10. 如果有机会学习英语,您的态度是什么? A

    A 非常愿意 B 愿意 C 无所谓 D 不愿意

请根据实际情况选择问题:

11. 您希望自己会说什么语言? /您希望子女最好会说什么语言?(可多选) ABC

A 普通话　　B 彝语　　C 当地汉语方言　　D 无所谓

12. 您最想到什么学校上学？/您愿意把子女送到什么学校学习？　B

A 用汉语授课的学校　　B 用汉语和彝语授课的学校

C 用汉语和英语授课的学校

13. 如果家里的兄弟姐妹不会说彝语，您的态度是什么？/如果家里的孩子不会说彝语，您的态度是什么？　C

A 赞成　　B 无所谓　　C 反对

14. 如果家里的兄弟姐妹不肯说彝语，您的态度是什么？/如果你家里的孩子不肯说彝语，您的态度是什么？　C

A 赞成　　B 无所谓　　C 反对

15. 您自己学说话时，父母最先教给您的是哪种语言？/您家的孩子学说话时，您最先教给他的是哪种语言？　B

A 普通话　　B 彝语　　C 当地汉语方言

问　卷　二

被调查人姓名：龙兵　年龄：23　文化程度：初中　职业：农民　居住地：象平村一组

请在您所选答案前的拉丁字母下划“√”

1. 您怎么看待彝族掌握汉语的作用？　A

A 很有用　　B 有些用　　C 没有用

2. 您认为学好汉语的目的是：（按重要程度排序）　CBA

A 找到好的工作，得到更多的收入　　B 升学的需要　　C 便于与外族人交流

3. 您怎么看待彝族掌握彝语的作用？　A

A 很有用　　B 有些用　　C 没有用

4. 您认为掌握彝语的目的是什么？（按重要程度排序）　BCA

A 找到好工作，增加收入　　B 便于与本族人交流

C 了解和传承本族的传统文化

5. 对您来说，下列哪种语言最重要？（请按重要程度排序）　ACDB

A 汉语普通话　　B 彝语　　C 当地汉语方言　　D 英语

6. 如果彝族人成为汉语单语人，您的态度是什么？　B

A 迫切希望　　B 顺其自然　　C 无所谓　　D 不希望

7. 您希望本地广播站使用什么语言播音？（可多选）　B

A 彝语　　B 普通话　　C 当地汉语方言　　D 无所谓

8. 干部在村里开会发言时，你希望他们说什么语言？　C

A 普通话　　B 彝语　　C 当地汉语方言

9. 如果有人在外地学习或工作几年后回到家乡，不再说彝语，您如何看待？　A

A 可以理解　　B 反感　　C 听着别扭　　D 不习惯　　E 无所谓

10. 如果有机会学习英语，您的态度是什么？　A

A 非常愿意　　B 愿意　　C 无所谓　　D 不愿意

请根据实际情况选择问题：

11. 您希望自己会说什么语言？/您希望子女最好会说什么语言？（可多选）　ABC

A 普通话　　B 彝语　　C 当地汉语方言　　D 无所谓

12. 您最想到什么学校上学？/您愿意把子女送到什么学校学习？　C

A 用汉语授课的学校　　B 用汉语和彝语授课的学校

C 用汉语和英语授课的学校

13. 如果家里的兄弟姐妹不会说彝语，您的态度是什么？/如果家里的孩子不会说彝语，您的态度是什么？　B

A 赞成　　B 无所谓　　C 反对

14. 如果家里的兄弟姐妹不肯说彝语，您的态度是什么？/如果你家里的孩子不肯说彝语，您的态度是什么？　B

A 赞成　　B 无所谓　　C 反对

15. 您自己学说话时，父母最先教给您的是哪种语言？/您家的孩子学说话时，您最先教给他的是哪种语言？　B

A 普通话　　B 彝语　　C 当地汉语方言

问　卷　三

被调查人姓名：李秀林　年龄：37　文化程度：小学　职业：农民　居住地：下许家庄

请在您所选答案前的拉丁字母下划"√"

1. 您怎么看待彝族掌握汉语的作用？　A

A 很有用　　B 有些用　　C 没有用

2. 您认为学好汉语的目的是：（按重要程度排序）　CBA

A 找到好的工作，得到更多的收入　B 升学的需要　C 便于与外族人交流

3. 您怎么看待彝族掌握彝语的作用？　A

A 很有用　　B 有些用　　C 没有用

4. 您认为掌握彝语的目的是什么？（按重要程度排序）　BCA

A 找到好工作，增加收入　　B 便于与本族人交流

C 了解和传承本族的传统文化

5. 对您来说，下列哪种语言最重要？（请按重要程度排序）　BCAD

A 汉语普通话　　B 彝语　　C 当地汉语方言　　D 英语

6. 如果彝族人成为汉语单语人，您的态度是什么？　D

A 迫切希望　B 顺其自然　C 无所谓　D 不希望

7. 您希望本地广播站使用什么语言播音？（可多选）　D

A 彝语　　B 普通话　　C 当地汉语方言　　D 无所谓

8. 干部在村里开会发言时，你希望他们说什么语言？　C

A 普通话　　B 彝语　　C 当地汉语方言

9. 如果有人在外地学习或工作几年后回到家乡，不再说彝语，您如何看待？　B

A 可以理解　B 反感　C 听着别扭　D 不习惯　E 无所谓

10. 如果有机会学习英语，您的态度是什么？　A

A 非常愿意　B 愿意　C 无所谓　D 不愿意

请根据实际情况选择问题：

11. 您希望自己会说什么语言？/您希望子女最好会说什么语言？（可多选）　ABC

A 普通话　　B 彝语　　C 当地汉语方言　　D 无所谓

12. 您最想到什么学校上学？/您愿意把子女送到什么学校学习？　C

A 用汉语授课的学校　　B 用汉语和彝语授课的学校

C 用汉语和英语授课的学校

13. 如果家里的兄弟姐妹不会说彝语，您的态度是什么？/如果家里的孩子不会说彝语，您的态度是什么？　B

A 赞成　　B 无所谓　　C 反对

14. 如果家里的兄弟姐妹不肯说彝语，您的态度是什么？/如果你家里的孩子不肯说彝语，您的态度是什么？　B

A 赞成　　B 无所谓　　C 反对

15. 您自己学说话时，父母最先教给您的是哪种语言？/您家的孩子学说话时，您最先教给他的是哪种语言？　C

A 普通话　　B 彝语　　C 当地汉语方言

七 调查日志

5月18日

中央民族大学“985”工程创新基地“云南里山彝族语言使用情况”课题组成立。举行了第一次课题组成员会议，布置课题任务，讨论计划，初步分工。课题组成员有：戴庆厦、田静、金海月、时建、赵敏、崔霞。

6月9日至29日

分别进行调查前的准备工作。包括：收集、复印已有的云南通海县里山彝语的研究成果；熟悉云南里山彝语的基本情况；大致了解彝语的特点；配备调查所需的仪器（电脑、摄像机、照相机、录音机等）；编写调查问卷和调查提纲。

7月4日

上午，课题组成员开会，对课题组的具体任务进行分工；检查此次调查的前期准备工作，查缺补漏，补充材料，检查调查所需设备。

下午，第一批课题组成员（时建、赵敏和崔霞）出发赴云南。

7月5日

课题组组长戴庆厦教授抵达云南。当晚，云南师范大学与云南民族大学设宴招待，戴庆厦教授与云南民族大学东南亚语言学院院长杨光远教授、民族文化学院院长刘劲荣教授商谈建立“语言文化培训基地”事宜。

7月6日

戴庆厦教授与云南师范大学校长骆小所教授见面，交流了情况。中午，第一批课题组成员到达昆明，与组长汇合。立即转赴目的地通海县。途经玉溪市时受到新平县领导的热情接待。

下午，课题组抵达通海县，入住阳光宾馆后，立即召开会议，具体安排工作。饭后，课题组成员熟悉通海县城环境，并参观通海一中校园，了解该校情况。

7月7日

通海县委常委兼办公室主任王军、县民族宗教事务局何照友主任，在通印大酒店设宴款待组员。参加陪同的有里山彝族乡乡长普家忠。王军主任在致辞中充分肯定课题组工作的意义，并指示有关党委要全力支持课题组工作（包括提供必要的文献资料、调集相关人员协助工作、往返车辆供给等）。

7月8日

上午，课题组赴通海县里山彝族乡政府了解情况。与里山彝族乡乡长普家忠、里山乡里山村党总支书记普文武以及分管民族工作的李晟同志交谈，还对里山乡乡长普家忠进行了专访。之后，课题组成员到里山乡派出所，借取了里山乡芭蕉村户籍材料。

下午，对四街镇四寨村村民普丝雨、里山村村民李美凤和龙丽琼进行了彝语能力测试，并了解其语言观念。

晚上，将芭蕉村村民的基本信息输入电脑。

7月9日

上午，课题组成员对里山乡乡长普家忠、里山中心学校德育主任张姚波以及乡人大主席李汝成分别进行了专访。之后，到里山乡派出所借取大黑冲村、象平村的户籍材料。

下午，对芭蕉村芭蕉箐寨的村民孙勇进行了彝语能力测试，并向其了解芭蕉村一组和五组的语言使用情况。

全天记录彝语词汇，发音人孙勇（芭蕉村人）。

晚上，将大黑冲村和象平村村民的基本信息输入电脑。

7月10日

上午，玉溪师范学院民族文化与社会发展研究所常务副所长白碧波教授、外国语学院许鲜明副教授，专程来我住处交流语言文化调查经验。之后，课题组成员去里山派出所借取里山村的户籍材料。

下午，课题组成员对里山乡里山村十组村民小组组长陈家明进行了彝语能力测试，并了解其语言观念。课题组组员金海月到达通海。

继续记录孙勇的里山彝语词汇。

晚上，将里山村村民的基本信息输入电脑。

7月11日

上午，课题组成员去里山派出所归还户籍材料；赴里山乡乡政府了解大黑冲村五组、六组的语言使用情况。通过芭蕉村主任李生宝了解芭蕉村二组、三组的语言使用情况。

下午，玉溪师院白教授亲自驾车陪同课题组成员赴大黑冲村了解大黑冲村二组语言使用情况。

继续记录彝语词汇，发音人李家彬（芭蕉村人）。

晚上，将芭蕉村一组、二组、三组、四组以及大黑冲村的语言使用情况的材料输入电脑。

7月12日

上午，课题组成员向芭蕉村主任李生宝了解芭蕉村六组的语言使用情况。继续记录里山彝语词汇，发音人李家彬、李生宝（芭蕉村人）。

下午，对李家彬和李生宝进行了语言能力的测试，并确立二人为课题组彝语本体研究的发音合作人。

晚上，整理芭蕉村六组语言使用情况的材料以及对里山乡乡长普家忠、里山中心学校德育主任张姚波、乡人大主席李汝成的访谈材料，并输入电脑。

7月13日

上午，玉溪师院白教授陪同课题组成员赴里山乡乡政府和里山村村委了解里山村一组、二组、十组、十一组、十二组以及十三组的语言使用情况。

下午，整理材料并继续记录里山彝语词汇，发音人李家彬、李生宝（芭蕉村人）。

晚上，整理里山村语言使用情况的材料，并输入电脑。

7月14日

整理材料并继续记录里山彝语词汇，发音人李家彬、李生宝（芭蕉村人）。课题组第三批组员田静到达通海。

晚上，召开本课题组全体成员工作会，总结这一阶段的工作，布置下一阶段的任务。

7月15日

课题组成员在住地整理材料并继续记录里山彝语词汇，发音人李家彬、李生宝（芭蕉村人）。晚上，整理里山彝语语法研究的材料，并输入电脑。

7月16日

上午，了解里山彝语名词、形容词的特点，发音人李家彬、李生宝（芭蕉村人）。

下午，整理里山彝语约2500个基本词汇，汇编成册。

晚上，课题组成员开会，分析归纳白天语法调查的内容，并将语法材料输入电脑。

7月17日

了解里山彝语名词、形容词、量词以及代词的特点，发音人李家彬和李生宝，并将了解到的语法材料输入电脑。

7月18日

继续向发音人李生宝和李家彬了解里山彝语量词、代词的特点；撰写本书绪论部分。晚上，整理里山彝语量词、代词特点，并输入电脑；召开会议，确立书名为“语言国情调查系列丛书”之《云南里山乡彝族语言使用现状及其演变》，列出提纲，明确分工。

7月19日

白天，课题组全体成员受玉溪师院院长熊术新教授与语言研究所副所长白碧波教授的邀请，赴玉溪师院参观访问，与玉溪师院中文系及外语系部分教师进行座谈。在玉溪师院“涠公河民族民间文化传习馆”，举行了中央民族大学语言文学院与玉溪师范学院联合建立“民族语言文化培训基地”的签约仪式。戴庆厦教授和熊术新教授分别代表甲乙双方在协议书上签字。

晚上，在语言能力测试400词表的基础上增补难度较大的100词测试表。

7月20日

向发音人李生宝和李家彬了解里山彝语量词、否定范畴的特点。与发音人核对里山彝语名词的特点；整理里山彝语中汉语借词语音系统。并输入电脑。

晚上，修改里山彝语语言能力测试400词表；打印《家庭内部语言使用情况调查表》、《不同时期、不同场合语言使用情况调查表》及《语言观念调查表》。

7月21日

上午，向发音人了解里山彝语形修名结构、疑问句特点；整理里山彝族的普通话语音系统。

下午，赴芭蕉村二组（落水洞寨）了解彝族青少年的语言使用情况，分别对7位彝族青少年进行了彝语语言能力400词的测试以及语言观念的调查。

晚上，整理白天记录的语法特点以及语言测试的结果，并输入电脑。

7月22日

上午，赴芭蕉村二组（落水洞寨）继续了解彝族青少年的语言使用情况，对4位彝族青少年进行了彝语语言能力400词的测试，并做语言观念的调查。在落水洞寨找到里山彝语本体研究的第三位发音合作人李春梅。

下午，向发音人李家彬和李生宝了解里山彝语差比句、形修名结构以及疑问句的特点。整理里山彝族人说当地汉语方言的语音系统。与喀卓语调查小组全体成员同赴兴蒙乡就喀卓语研究举行座谈。

晚上，召开会议，总结这一阶段的工作，布置下一阶段的任务。

7月23日

上午，调查组成员与发音人李家彬以及白碧波教授同赴芭蕉村二组（落水洞寨）了解彝族青少年的语言使用情况，对4位彝族青少年进行了彝语语言能力400词的测试以及语言观念的调查，并抽样测试部分儿童彝语能力。

下午，整理彝语语言能力400词的测试结果及里山彝语词汇中的汉语借词。

晚上，整理白天了解的语法材料以及语言测试的结果，并输入电脑。

7月24日

调查组成员向发音人李家彬和李春梅了解里山彝语名词的性范畴、差比句的特点以及里山彝语的话语材料。

与发音人李春梅再次核对里山彝语词汇。通过两代人词汇的对比，了解里山彝族青少年的语言使用情况。

晚上，整理白天了解的语法材料，并输入电脑。

7月25日

向发音人李家彬和李春梅了解里山彝语形修名语序、述宾结构和结构助词的特点。继续核对里山彝语词汇。

晚上，整理白天了解的语法材料，并输入电脑。

7月26日

上午，与白碧波教授以及发音人李家彬同赴下许家庄了解语言使用情况。对5位彝族进行了彝语语言能力400词的测试以及语言观念的调查。

下午，赴象平村一组了解语言使用情况，对4位彝族进行了彝语语言能力400词的测试以及语言观念的调查。

晚上，召开会议，总结这一阶段的工作，布置下一阶段的任务。整理白天语言测试材料、统计数据，并输入电脑。

7月27日

向发音人李春梅了解里山彝语复句、述补结构的特点，记录长篇语料，并将整理的材料输入电脑。核对前期记录语料。

7月28日

继续向发音人李春梅了解里山彝语复句、述补结构的特点；记录长篇语料，并输入电脑；整理了解到的材料，撰写本书第二章、第三章。核对前期记录的语料。

7月29日

向发音人李家彬、李春梅了解里山彝语话题句特点；继续记录长篇语料。整理了解到的材料，撰写本书第四章。核对前期记录语料。

7月30日

上午，向发音人李家彬、李生宝了解里山彝语判断句特点。继续记录长篇语料。继续撰写本书第二、第三、第四章。

下午，对李春梅、李家彬、李生宝以及普丽进行彝语400词以及100词语言能力测试；了解青少年语言使用情况。核对前期记录语料。

晚上，整理白天记录的材料，并输入电脑。

7月31日

去通海县县委借取《通海县志》及相关材料；赴象平村和里山村了解青少年语言使用情况。对4位彝族青少年进行了彝语语言能力400词的测试以及语言观念的调查。

晚上，召开会议，总结这一阶段的工作，布置下一阶段的任务；整理白天语言测试材料、统计数据，并输入电脑。

8月1日

上午，同发音人李家彬一起赴里山乡了解医院、派出所、邮局等机关单位的语言使用情况。

下午，向发音人李家彬了解里山彝语判断句、结构助词以及差比句特点。继续记录长篇语料，撰写本书第二、第三、第四章等内容。

晚上，核对材料、语料，并输入电脑。

8月2日至8月4日

整理及分析所记录的所有语料并撰写本书各章节内容。

8月5日

向李家彬、李春梅以及李生宝核对语料，查缺补漏，补充材料。

晚上，与发音人聚餐，感谢他们对我们工作的大力支持。

8月6日

上午，课题组赴通海县里山彝族自治乡参观访问，并与乡政府领导进行座谈。玉溪师院白碧波教授、许鲜明教授等参加。

下午,课题组全体成员离开通海县,返回昆明。

晚上,云南民族大学民族文化学院院长刘劲荣教授、《云南师范大学学报》领导赵云生教授、罗骥教授设宴款待课题组全体成员。

8月7日

课题组离滇返京。

8月10日至8月20日

分工撰写的章节全部完成初稿,交齐后开始统稿。

8月20日至30日

统稿。

9月1日至9月16日

进一步修改全稿,完成全书的编辑技术工作。

9月16日

定稿。

八　照片

1. “爸爸妈妈教你们彝语吗？”

2. “你的彝语真不错！”

3. 再校对一次

4. 测试高中学生彝语400词

5. 测试结果：A级

6. 跟奶奶自然学会彝语

7. 今年的烤烟丰收啦!

8. 课题组成员穿上彝族服装多美啊!

9. 里山乡政府桂花飘香

10. 里山乡中心学校教学楼

11. 两兄弟的语言能力已存在差异

12. 认真核对词汇

13. 入户测试彝族青少年母语能力

14. 下许家庄汉族组长说一口地道的彝语

15. 学前班的儿童都是双语人

16. 一家三代都说彝语

17. 彝家住进了新楼房

18. 整理语料多紧张

19. 族际婚姻家庭的儿童会说流利的彝语

参 考 文 献

1. 陈士林、边仕明、李秀清 1985《彝语简志》，民族出版社。

2. 玉溪地区民族事务委员会 1992《玉溪地区民族志》，云南民族出版社。

3. 云南省通海县史志工作委员会 1992《通海县志》，云南人民出版社。

4. 玉溪地区民族事务委员会 1992《玉溪地区民族志》，云南民族出版社。

5. 戴庆厦 1994《语言与民族》，中央民族大学出版社。

6. 通海县民族事务委员会 1994《通海县少数民族志》，云南人民出版社。

7. 王远新 1999《汉语教学与研究》第二辑，中央民族大学出版社。

8. 马学良主编 2003《汉藏语概论》，民族出版社。

9. 齐沪扬、陈昌来 2004《应用语言学纲要》，复旦大学出版社。

10. 通海县史志编纂委员会 2005《通海年鉴》，德宏民族出版社。

11. 通海县里山乡统计站 2007《通海县里山乡二〇〇六年统计年鉴》，内部资料。

12. 戴庆厦主编 2007《基诺族语言使用现状及其演变》，商务印书馆。

后记

1986年，我带了两位最早的硕士研究生刘菊黄、傅爱兰到通海县兴蒙乡调查研究喀卓语。为了弄清喀卓语的系属及源流，对里山彝语也做了短时间的调查。当时由于时间、条件的限制，只对里山彝语的基本情况做了一些记录，未能深入进行。至今，里山彝语研究的公开发表成果除了我与刘菊黄、傅爱兰三人共同发表的《云南蒙古族喀卓语研究》（载《语言研究》1987年第1期）中有些里山彝语的信息外，几乎看不到别的。

里山彝语在彝语中是一个有特点的方言，对于彝语方言的研究乃至藏缅语族语言的历史比较研究都有其不可替代的价值。特别是作为一个民族乡的彝族共同语——里山彝语，其使用现状如何；现代化进程中，在强势语言汉语的包围和影响下，里山彝语有什么变化，是否还能稳定使用发展下去，这是我们感兴趣的新课题。

由教育部立项的中央民族大学"985"工程创新基地建立后，该基地的语言中心确立了"语言国情调查"课题，我们把"里山彝语的使用现状及其演变"列入了计划，成立了"里山彝语使用现状及其演变课题组"。没等到学校正式放假，我们就启程直奔云南省通海，开始了为期一个月的里山彝语调查。

这次调查的重要目的有三：一、对里山彝语的使用现状进行比较全面、深入的定量、定性调查，希望能够通过微观调查说明里山彝语在强势语言汉语的包围影响下，其使用功能是何状态，其使用活力如何。里山彝族使用母语的状况存在不同的层次，既有保持母语的地区，又有发生语言转用的地区，聚居区与杂居区的母语使用情况也存在差异。我们试图对不同地区的语言生活进行微观的描述，并探索其形成的条件和原因。二、比较系统、深入地记录里山彝语的语言结构，包括语音、词汇和语法结构，发现其特点和规律，为彝语方言研究增添一个新的个案。三、通过对里山彝语语言接触的调查研究，对里山彝语受汉语影响的程度、方式、规律有所认识。里山彝语在与汉语长期接触的过程中，大量吸收汉语的成分来丰富发展自己，使其能够与时俱进地适应社会发展需要。弄清里山彝族接受汉语影响的特点和规律，不仅有助于里山彝语的本体研究，还能为语言接触的理论研究提供一些新语料。

今年七月的北京热气炎炎，而"礼仪之邦"的名城通海则是凉爽宜人，为我们提供了一个舒适的工作环境。课题组全体成员团结一致，争分夺秒地努力工作，连近临我们住处的闻名胜地"秀山"也无暇观光。我们要一户一户地摸清语言情况，要入户调查，要记录访谈，还有做语言测试，工作是很艰苦的。白天调查回来，晚上要整理材料、研究问题。多记语料，多分析问题，成为课题组成员的共同任务。大家希望这次调查能为语言学研究、社会学研究提供一份有价值的个案，并为国家制定政策提供有益的依据。

我们的调查得到通海县各级领导的大力支持。县委常委、办公室主任王军、县民宗局局长何友对我们这次调查非常重视。我们还未来到通海，他们就与里山乡政府联系，指示他们要大力配合我们的工作，并做了具体安排，包括请政府解决我们在里山乡调查的往返用车。乡长普家忠、乡秘书林维齐、芭蕉村村委会主任李生宝，都一直配合我们工作。特别是村委主任李生宝，还是我们的发音合作人，一个月的大部分时间都陪伴我们调查。在我们入户调查的过程中，里山乡的广大彝族都非常热情地接待我们，主动为我们提供语料，使我们的记录、测试进行得很顺利。当我们要付给他们微薄的误工报酬时，他们都一再谢绝，许多人都说："你们是为我们里山彝族做事的，我们怎能取报酬呢！"多么感人肺腑的真言实语！

里山彝族的经济、文化面貌变化很大，许多村民都有手机、摩托车、电视机，穿着新潮的服装和旅游鞋。我们到象平村调查时，看到这个从远处搬迁过来的彝族新村新盖的一排排新房，看到一张张对新生活充满激情的笑脸，以及对我们这些不速之客的真诚接待，我们似乎沉浸在一个美好梦境中。二十年前我到过里山乡，那时的状况与现在已无法对比，其变化和进步是我万万没有想到的。

我们能按计划顺利完成任务，应特别感谢我们请来的固定发音人李生宝、李家彬、李春梅。他们的共同点是积极工作、和谐相处。李家彬不但耐心地为我们提供大量语料，而且还能帮助我们独立做一些语言使用的记录工作。他的彝语基础较好，而且思维敏捷，帮助我们解决在语言分析中遇到的一些难题。特别要感谢的是玉溪师范学院的白碧波教授。他得知我们在通海做调查，专程驱车来通海参加我们的调查，帮助我们做了许多事。我们去里山彝族调查，因为是雨季，有的地方路况不好，他总是主动开车送我们到目的地，照顾我们的工作，而且还与我们一起走访记录语料。他的好品质、好思想给我们留下了很深的印象。

本书在写作过程中，参考了彝族民族学研究的一些论著，在此一并表示感谢！

这次调查，我们课题组是与同校"985 工程""蒙古族喀卓语的使用现状及其演变"课题组在一起进行的。里山彝语与喀卓语有许多共同的特点，我们在工作中常与他们互通信息、交流经验。该课题组成员是：蒋颖、邱月、常俊之、赵燕珍。

我们愿以这本辛勤劳动换来的成果，献给积极上进的里山彝人，祝他们的新生活更上一层楼！

戴　庆　厦

2007 年 8 月于通海